남북 경계선의 사회학

남북 경계선의 사회학

창비

| 책머리에 |

정치적으로 매우 중요한 전환기가 될지도 모를 2012년 벽두에, 수년간 관심을 갖고 생각해온 내용을 정리한 책을 출간하게 되니 풀어야 할 숙제 하나를 마무리한 느낌이다. 이 책의 출간이 한반도의 평화와 남북한의 화해에 다소라도 도움이 되기를 기대하면서 특히 우리 학계가 무엇을 할 수 있고 또 해야 할까를 깊이 생각하는 계기가 되었으면 하는 바람도 품어본다. 하지만 김정일(金正日) 위원장 사망 이후 북한의 미래, 남북관계의 전망, 통일의 가능성 등에 대해 속 시원한 답을 듣고 싶은 사람들에게는 다소 불만스런 책이 될지도 모르겠다. 현안에 대한 해법이나 미래의 예상 씨나리오보다는, 한반도 안팎의 큰 흐름을 읽는 눈과 소통적 지혜에 관한 사유방식을 모색하려는 작업이었다는 점을 이해해주기 바란다.

남북관계에 대한 우리 사회의 논의는 비합리적이며 종종 소모적 정치논쟁으로 귀결되는 경향이 있다. 비상식적이고 특수한 한반도의 현실이 그런 태도를 조장하는 측면이 있음을 부인할 수는 없다. 하지만 북한과 통일 문제를 이야기할 때 가동되는 우리의 생각과 말 자체가 성찰적이지 못한 점도 그에 못지않은 큰 문제다. 무관심, 무지, 편견 같은 비교적 지적하기 쉬운 문제부터 좀처럼 자각하기 힘든 사고습관, 집합적 정서, 낡은 역사의식까지 총체적으로 반성해볼 필요가 있다. 진정성과 진지함을 가벼이 여기는 냉소적 태도와 만사를 정략적으로 판단하는 정치주의는 바람직한 통일평화를 위해 극복해야 할 병폐다. 미래에 대한 공동체적 책임의식과 이성적 합의능력에 대한 신뢰 없이, '좌파와 우파' '진보와 보수' 등의 정치적 편가름에 익숙한 매체나 담론도 뛰어넘어야 할 장애물이다.

2012년 현재 남북관계가 바람직하다고 말하는 사람은 거의 없다. 정치적으로 풀어야 할 과제가 적지 않은데, 그만큼 2012년의 변화를 통해 의미있는 전환의 계기가 마련되기를 기대해본다. 이와 더불어 지난 시대의 시행착오가 또다시 정치적 논쟁이나 감정적 편견의 확산으로 끝나지 않고 한단계 높은 수준의 비판적 사유능력의 창출로 이어지기를 빌어본다. 본래의 기대와 어긋난 현실까지도 탐구대상으로 삼으려 할 때 미래에 대한 대응역량은 더욱 커지고 풍부해질 것이다. '절문이근사(切問而近思)'라는 옛 선현의 경구처럼 평화롭고 인간다운 공동체를 꿈꾸는 '간절한 질문'을 우리 일상 속에 작동하는 남북한 경계선에 대한 '구체적 분석'을 통해 탐구하는 것이 사회과학과 인문학에 긴요한 시점이다. 이런 학문적 소통과 융합에 이 책이 적게나마 기여할 수 있기를 바란다.

이 책에 실린 내용들은 짧으면 지난 수년, 길게는 십여년 전부터 생각해오던 것이다. 부분적으로는 이미 다른 곳에 발표한 글도 있다. 이 과정에서 많은 분들의 도움을 받았다. 2006년 창립부터 필자가 책임을 맡아온 서울대학교 통일평화연구원의 연구진은 필자의 생각을 다듬고 발전시키는 데 큰 도움을 주었다. 이 중요한 업무를 지속적으로 감당할 수 있도록 배려해준 서울대학교와 여러 교수들께 감사의 뜻을 표한다. 남북 간의 화해와 평화를 위해 오랫동안 종사해온 많은 학계전문가, 국내외 연구기관, 대북지원 및 인권 관련 NGO, 그리고 시민사회의 이름없는 봉사자분 들께도 큰 자극과 도움을 입었다. 또한 이 책을 창비에서 간행하게 된 것이 참으로 감사하다. 창비 편집위원들의 지적 자극은 오랫동안 큰 도움이었고 편집실무진의 성실한 배려와 도움은 이 책의 완성도를 한껏 높여주었다.

끝으로 안식년까지 포기하고 방학도 없이 학교에만 나가는 생활을 잘 이해해준 아내 경혜와 두 딸 선영, 윤영, 그리고 군에 가 있는 아들 종인에게도 한없는 사랑과 고마움을 전한다. 우리 아들딸들이 살아가야 할 미래의 한반도에서 통일평화의 시대가 열리게 되기를 염원한다.

2012년 2월

박명규

차례

제3부 분석적 통일학의 정립

제4부 통일과 평화, 어떻게 준비할까

서장

남북경계선의 사회학

남한과 북한, 공식적으로 대한민국과 조선민주주의인민공화국 사이에는 정치적·지리적·문화적·심리적으로 독특한 경계선이 존재한다.[1] 남한과 북한은 한반도의 중간지대를 가로지르는 군사분계선으로 나뉘어 있고 분계선 위아래 2킬로미터의 비무장지대(DMZ)는 반세기 이상 '정전상태'를 유지하는 접촉단절판의 기능을 충실히 수행하고 있다. 이 선은 군사적 충돌을 관리하는 기능에 그치지 않고 정치적·사회적·경제적·문화적으로 남과 북이 소통하거나 오고 갈 기회를 차단하는 장벽으로서 매우 종합적인 기능을 수행한다.

무엇보다도 이 경계선은 한반도 주민의 생활세계를 완벽하게 두

1 현재 우리나라를 가리키는 용어는 대한민국, 한국, 남한 등 다양하다. 이 책에서는 '남한'이라는 표기를 주로 쓰되 문맥상 '대한민국'과 '한국'이 필요한 경우에는 이를 혼용하려고 한다. 이 책을 읽을 독자의 한 축으로서 북한 주민을 배려하는 뜻으로 양해해주셨으면 하는 바람이다.

영역으로 나눈다. 자본주의 시장경제와 사회주의 통제경제를 가르는 체제분할의 선이며 정보와 통신도 엄격히 차단하는 선이다. 정치활동은 말할 것도 없고 경제활동과 여가생활에서도 남과 북 사이에는 현저히 다른 두 '세계'가 존재한다. 심지어 헤어진 가족과 친척조차 소식을 주고받거나 만나는 것이 불가능하게 만든 비극적인 단절선이다. 이런 단절이 60년 넘도록 지속된 까닭에 사람들의 감정이나 의식, 태도에도 자연스러운 분할선이 그어졌다. 비록 같은 언어를 사용하고 오랜 역사와 문화를 공유해왔지만 실제로는 이 경계선을 중심으로 두개의 생활공간이 철저하게 분절되어 있음을 부인할 수 없다.

전세계 어디서도 보기 어려운 이 독특한 경계선은 국가 간의 경계를 나누는 국경선과 유사하면서도 다르다.[2] 임시 분할선이라고 부르기에는 제도로 굳어진 지 오래되었지만 그렇다고 항구적으로 존속할 선이랄 수도 없다. 남북한은 이 경계선을 유지하기 위해 엄청난 비용을 들이면서도 공식적으로나 정서적으로는 이 선이 사라져야 한다고 말한다. '비무장지대'라는 이름의 경계지대가 정작 세계에서 화력이 가장 밀집 배치된 지대라는 사실도 거대한 아이러니다. 이러한 모순 탓에 외국인은 물론이고 젊은 세대조차 지금의 현실을 정확히 이해하기 어려워한다. 과연 이 경계선을 어떻게 이해해야 할까?

2 2011년 8월 독일의 시사잡지 『슈피겔』은 베를린장벽 조성 50주년 특집기사에서 DMZ를 "세계에서 가장 위험한 국경선"이라고 표현했다. 이 기사는 한반도의 DMZ와 함께 북아일랜드 벨파스트의 '평화의 벽', 미국과 멕시코 국경선에 놓인 1100킬로미터의 장벽, 이스라엘과 팔레스타인 영토를 구분하는 760킬로미터의 분리장벽, 모로코 북부의 에스빠냐 영토인 세우따(Ceuta)와 멜리야(Melilla)에 설치된 장벽 등을 다루었다. 『연합뉴스』 2011.8.11.

탈경계 시대의 분단선

21세기는 광범위한 이동, 탈경계, 혼성화의 흐름이 심화되는 세계화와 정보화 시대다. 사람과 물자, 정보의 이동이 역사상 그 어느 때보다 활발해지면서 기존의 경계나 조직, 관행 들이 급속하게 해체되거나 변화될 수밖에 없는 시대다. 근대의 대표적 경계선이라 할 국경이 이제 단절과 통제가 아닌 소통과 상호작용의 공간으로 변모하고 있다. 여권이 시민의 필수품이 되고 비자 없이 오가는 해외지역이 늘고 있다. 유럽에서는 말할 것도 없고 동북아 지역에서조차 국경을 넘나드는 일이 어렵지 않게 되었다. 물자와 정보에서는 더더욱 경계가 무너져 모든 생활·문화 영역에서 교류와 소통이 급증했다.

남한사회도 이런 흐름에서 예외가 아니다. 아니 가장 적극적으로 이 흐름에 참여하는 사회 가운데 하나다. 세계 최고 수준의 정보화와 전례없는 속도의 이동성을 경험한 사회인 만큼 이전의 경계선이 그대로 유지되는 경우가 거의 없다. 국내와 국외, 도시와 농촌을 나누던 선은 지금 거의 사라졌고, 한국사회 내 언어·문화의 경계도 이전과는 그 양상이 매우 달라졌다. 남녀노소 등 사회적 경계도 눈에 띄게 바뀌었고 정상과 비정상을 가르던 윤리적 경계선조차 가장 빠른 속도로 바뀌어왔다.

이런 점을 생각하면 유독 남북한을 가르는 경계선만 지금도 공고하게 그 독특한 단절판의 기능을 수행하는 현실이 기이하게까지 느껴진다. 거의 모든 나라를 갈 수 있는 남한사람들도 북한만은 예외적으로만 방문이 가능하고, 오가는 방식과 절차도 매우 특수하며 그나마도 기회가 매우 적다. 정서 면에서도 친밀함과 거리감이 매우 극단적으로 공존해 북한주민과 만날 때에는 동족을 만나는 감흥과 더불어 스스로 경계하고 조심하게 되는 생체정치의 작동을 늘 실감하곤 한다.

남북한을 분할하는 이 선은 앞으로 얼마나 더 유지될 수 있을까? 21세기의 탈경계화 흐름은 남북한 사이의 장벽에 어떤 영향을 미칠 것이며 우리의 경계짓기 방식을 어떻게 바꿀 것인가? 이 질문은 21세기를 맞이한 한반도 구성원들이 피할 수 없는 물음이다. 특히 통일에 관한 남한인들의 관심은 '탈경계화'의 문제의식으로 전환되어 끊임없이 의문을 제기하고 있다. 왜 남한의 젊은이들은 육로로 북한을 거쳐 중국과 러시아로 여행할 수 없는가, 남과 북의 도로와 철도는 왜 연결되지 못하는가, 60년이나 헤어져 사는 가족들은 왜 만날 수 없는가, 기업인들은 왜 북의 자원과 토지, 노동력을 활용할 기회를 갖지 못하는가, 남한의 청년은 왜 동족을 적으로 규정하는 군대에 가야 하는가……. 비록 겉으로 드러나기는 어렵겠지만 북에서도 유사한 의문이 커갈 것이다. 왜 우리(북한주민)는 굶주림과 억압에 고통받아야 하는가, 남한으로 가기 위해서는 왜 위험하고도 고통스러운 탈북의 여정을 걸어야 하는가, 남쪽의 드라마와 노래, 정보는 왜 숨어서만 접해야 하는가…….

이런 의미에서 우리는 한국사회의 통일론을 기존의 경계선을 넘는 과제와 함께 고려해야 하고 이를 위해서는 이 경계선의 성격을 좀더 종합적으로 이해하고 분석하는 일이 시급하다. 이 선은 결코 고정되고 불변하는 것이 아니지만 그렇다고 손쉽게 무시되거나 해소될 수 있는 가상의 선도 아니다. 남북경계선의 사회학이 필요한 까닭은, 이 경계선이 정치·경제·사회·문화·역사·심리의 모든 차원에서 종합적으로 작동하는 독특한 경계이며 남북한 주민의 행동과 의식에 가로놓인 분할선이기도 하기 때문이다. 아래에서는 몇가지 가벼운 에피소드를 통해 남북경계선의 다차원적 성격을 짚어보려 한다.

에피소드 1: 국내선과 국제선

2006년 봄, 3박 4일 일정으로 평양을 방문한 적이 있다. 서울에서 평양으로 직항하는 전세기를 이용하게 되어 아침 일찍 김포공항행 택시를 탔다. 기사가 국내선 청사와 국제선 청사 중 어디가 목적지인지를 물어왔을 때 나는 움찔 놀랐다. 전혀 생각해본 적이 없는 질문이었기 때문이다. 평양을 가는 비행기가 뜬다는 사실에서부터 놀란 택시기사가 행선지를 헷갈린 것은 당연했다. 우리 둘은 이런저런 의견들을 나누고서 평양행 비행기가 적어도 국내선일 수는 없으리라는 결론을 내렸다. 기사는 나를 국제선 청사에 내려주었고 그 판단은 틀리지 않았다.

분명 평양은 '국내지역'이 아니다. 그렇다고 평양이 여느 외국과 꼭 같은 곳이 아닌 것도 분명한 사실이다. 평양은 세계 어느 나라보다도 가기가 어려운 곳이면서도 국가 간 여행에 필수적인 여권을 필요로 하지 않는 곳이기도 하다. 평양행에는 외교통상부가 발행하는 여권이 쓸모가 없다. 대신 통일부가 발행하는 '방북허가증'이 필요한데 그것은 기능적으로는 여권과 비슷하지만 성격은 매우 다르다. 당연히 북한의 방북허가도 일반 비자로서가 아니라 북한 측이 발급한 초청명단에 따른다. 외교통상부와 통일부, 여권과 방북허가증을 대비해보노라면 북한이라는 곳의 미묘하고도 복합적인 성격이 조금이나마 선명해진다. 방북을 위해 치러야 하는 품이 적지 않고 그 비용 역시 일반 국제여행의 기준과는 크게 다르며 개인별 자유여행이 불가능하다는 점 등을 따져보면 북한은 국내·국제의 구분을 넘어서는 '제3지대'라는 느낌을 받기도 한다.

1992년에 체결된 '남북 사이의 화해와 불가침 및 교류협력에 관한 합의서'(이하 기본합의서)는 남북관계를 "나라와 나라 사이의 관계가 아닌 통일을 지향하는 과정에서 잠정적으로 형성되는 특수관계"라고 규정한 바 있다. 남과 북은 국제법상 각각 유엔에 가입한 독자적 국가로 인정받으면서도 서로 개별 국가성을 인정하지 않는다. 통일을 최고의 미래과제로 설정하면서도 현실적으로는 거의 모든 영역에서 적대감과 이질성을 드러낸다. '동포'라는 동질성을 앞세우면서도 끊임없이 '남측'과 '북측'을 의식해야 하는 관계이며, 같은 고대사를 공유하면서도 이를 해석하는 데서 드러나는 차이 또한 명료한 특이한 관계다. 이런 점을 고려하면 남북관계를 형식논리적으로 이해하기란 쉽지 않아 보인다. '이것이기도 하고 저것이기도 한' 또는 '이것도 아니고 저것도 아닌' 식의 논리, 좋은 의미에서는 변증법적이고 복합적인 관계이지만 달리 보면 헷갈리고 이중적이며 때론 모순적인 관계일 수도 있는 것이다.

이런 특수한 관계는 앞으로 남북한의 교류가 늘어날수록 차차 보편적 관계로 바뀌어갈 것이다. 육로가 열려 더 많은 사람이 오가게 되면 일반 국내여행과 유사해질지 모른다. 하지만 남북관계가 잘 풀린다고 해서 평양행 비행기가 제주행 비행기처럼 국내선 청사에서 출발할 수 있을까? 먼 미래라면 모르겠으나 적어도 당분간은 쉽지 않을 것이다. '특수관계'와 '일시적'이라는 수사는 논리적으로 반드시 함께하는 것이 아니다. 특수관계의 규정력과 관성이 매우 강해서 특수성 자체가 제도화되고 오랫동안 존속하는 경우도 얼마든지 있기 때문이다.

국내여행도 국제여행도 아닌 이 특수한 여행을 다녀오면서 이 독특한 왕래가 지니는 함의와 미래지향성이 무엇일까 곰곰이 생각했다. 이 물음은 일차적으로 이 여행의 성격에 대한 것이지만 궁극적으로는 통일의 상(像)과 방향에 대한 총체적 인식과도 무관하지 않다. 남북 간의 여행길을 국제여행으로 간주함으로써 현재의 분단질서를 그대로 옹호할 수도 없고, 다른 한편 이처럼 독특한 남북관계를 무시한 채 당장에 자유로운 국내여행이 되기를 바라는 것도 비현실적이다. 남북 간의 '특수성'을 비정상적인 것으로 간주하기보다 이 자체에 담긴 역사성에서 세계사적 보편성을 지닌 요소들을 찾아냄으로써 새로운 자원으로 전환할 수는 없을까? 남북의 여행길이 국내여행처럼 자유롭고 편안하면서 동시에 국제여행처럼 서로의 독자성을 존중하며 배우려는 고차원적 상호관계를 동반하는 기회로 만드는 것이 중요한 과제가 아닐까 싶다.

에피소드 2: '안보관광'과 '통일관광'

서울대학교 통일평화연구원[3]에서 학생들을 대상으로 행하는 프로그램의 하나로 통일아카데미가 있다. 8주간 교육을 마친 후에는 이들 수료생과 함께 통일이라는 주제와 연관된 지역을 탐방한다. 2009년에는 수강생들에게 개성관광을 약속했다가 방문이 어려워진 탓

3 서울대학교에서 북한 및 통일 연구를 전담할 연구기관으로 설립된 이 기구는 2006년 통일연구소로 출발했고 2008년에 통일평화연구소로, 그리고 2011년에 통일평화연구원으로 개칭되었다. 이 책에서는 연도와 상관없이 현재의 명칭인 '서울대학교 통일평화연구원'으로 통일해 쓰고자 한다. 명칭 변경의 배경에 관해서는 이 책의 제10장을 참조.

에 공동경비구역(Joint Security Area) 및 비무장지대 탐방으로 대치했다. 다소 실망한 듯한 학생들에게 무언가 새로운 이야기를 들려주어야겠다고 느꼈다. 고민 끝에, 개성관광 무산은 21세기 현재 상황에서 비무장지대의 뜻을 정확히 인식한 뒤에 개성을 가는 것이 옳다는 하늘의 뜻이니 이를 받아들이자고 말했다.

임기응변이 섞이긴 했지만, 하루에 걸친 비무장지대 답사를 마치면서 필자 스스로 그 말이 무의미하지 않다고 느꼈다. 실제로 공동경비구역 내 판문점과 휴전선 주변을 답사하기란 쉽지 않다. 더더욱 요즘 학생들은 이곳을 둘러볼 기회가 거의 없다. 흥미로운 것은 개성관광은 '통일관광'인 반면 판문점과 휴전선 일대의 관광은 '안보관광'이라는 이름으로 소개된다는 점이다. 학생들이 느낀 안타까움은 사실 장소의 다름 자체에서 오는 것도 크지만 '안보관광'과 '통일관광'이란 말의 이미지 차이와도 무관해 보이지 않았다. 필자 스스로도 이 양자의 차이와 관계가 무엇일까가 새로운 숙제거리였다. 양자가 그저 대립적이라고 볼 수도 없고 '안보' 없이 통일이 가능할 것 같지도 않지만 그렇다고 양자의 관계가 모순 없이 수용되는 것도 아니다.

그날 내내 나는 어떤 곳에 가서 무엇을 보느냐도 중요하지만 그 장소의 성격을 '어떻게 이해하고 바라보는가'가 얼마나 중요한지를 절감했다. 사실 개성이나 공동경비구역이나 가기 힘들다는 점에서는 큰 차이가 없다. 두 곳 모두 철저하게 통제되고 자유롭게 활동할 수 없는 특이한 장소라는 점에서 유사하다. 오히려 공동경비구역은 복잡한 한반도의 현실, 유엔사와 정전협정체제의 실상을 이해하는 공간으로서는 개성에 비해 훨씬 낫다. 한편 '개성관광'을 선호하는 사람들의 마음 밑바탕에는 개성이라는 장소성 자체가 지니는 낭만적 향수 못지않게, 특정한 장소를 통해 회상하거나 떠올리고 싶어하는 특정한 이야기가 있다고 할 수 있다. 다시 말해 개성이란 장소성에 부여하는 시선과 해석이 판문점이란 장소성에 부여되는 그것들과 다르다는 것이다.

그런 점에서 '안보관광'과 '통일관광'이란 말의 차이부터 유념할 필요가 있다. 관광에 담긴 의미의 차이가 여기서 일단 분명해진다. 안보관광은 글자 그대로 '안보'의 시각에서 장소성을 부각하는 행위이고 그런 맥락에서 설명과 해설이 덧붙여진다. 필수코스로 땅굴견학이 포함되어 있는 것은 그런 의미에서 이해된다. 반면 통일관광은 북한지역을 방문한다는 의의뿐 아니라 '통일'의 맥락에서 관광의 장소성을 해석할 수 있다는 점이 매우 뚜렷하다. 금강산을 다녀오면서 실제로 그 아름다움에도 놀랐지만 오고 가는 버스 속에서 관광안내원이 해주는 다양한 설명과 해설에 더 많이 놀랐다. 갓 대학을 졸업한 젊은 안내원의 이야기 속에는 오가는 길 곳곳에 담긴 역사의 아픔과 분단의 비극이 녹아 있었기 때문이다.

1998년 11월 이후 십수년간 금강산 및 개성 관광을 통해 북한을 다녀간 사람의 숫자는 무려 수백만에 달한다. 관광 이외의 각종 협의, 사업 형태로 북한을 오고 간 사람들도 적지 않다. 다녀온 사람들의 생각과 마음이 반드시 같지 않다는 점은 종종 지적된 바 있다. 즉 어떤 이들은 북한의 실상을 보면서 남북 간 협력과 상호작용을 지지하는 마음이 더욱 커지는 데 반해 어떤 이들은 북한체제에 적개심과 거부감이 오히려 더 커지는 경우가 있다는 것이다. 아마 이러한 차이는 같은 장소, 동일한 대상을 서로 다른 시선, 상이한 관점으로 접근한 데서 비롯할 것이다. 어떤 이에게 낭만적인 아름다움을 주는 공간이 또다른 이에게는 울분을 자아내는 분노의 공간이 될 수 있다. 이렇게 보면 남북 간의 경계선은 사실 비무장지대를 중심으로 나뉜 지리적이고 공간적인 것만이 아니라 사물과 사람을 바라보는 우리의 시선과 의식에 뿌리내린 인식론적이고 미학적인 선일지 모른다.

금강산, 개성, 판문점, 땅굴, 비무장지대 관광을 통해 우리는 일차적으로 한반도를 동강낸 현실의 아픔, 공간적 분리에 눈을 뜨게 된다. 하지만 이런 장소성에 내포되어 있는 역사적 의미, 사회적·정치적 분열, 그리고 주민들의 상처 등을 되짚어보는 것도 이 지역 관광의 주요한 기능일 터이다. 나아가 '안보'와 '통일'이라는 두 이름에서 드러나듯 모순적인 듯 공존할 수밖에 없는 우리 시대의 집합적 관심사가 이 특정한 공간 속에 어떻게 개입되고 연루되는지를 곰곰이 성찰하는 기회로 삼는 것 또한 매우 중요하다. 이 특수한 지역을 관광하면서, 우리 마음과 생각 속에 당연한 듯 자리잡은 경계선을 성찰하고 되돌아보는 기회를 얻을 수 있다면, 그리하여 안보와 통일이란 두 이미지를 통합적으로 사고할 계기가 마련된다면 이름이야 어떻게 불러도 괜찮을 터이다. 물론 가장 바람직한 모습은 자유로운 내왕과 접촉이 가능한 여행길이 남북 간의 경계선을 넘어 열리게 되는 것임은 두말할 필요가 없다.

에피소드 3: 민족정체성과 국적

2010년 여름 월드컵에서 북한 대표팀으로 뛴 재일교포 정대세(鄭大世)가 화제의 대상이 되었다. 발군의 축구실력부터 관심을 끌었지만 그에 못지않게 특이한 성장배경, 북한국가를 들으며 흘린 눈물 때문에 더욱 언론의 조명을 받았다. 사실 그보다 앞서, 조선 국적으로 알려진 안영학(安英學)이 남한에서 활약하다 월드컵에서 북한대표팀에 합류하기도 했다. 한국 국적이 있으면서도 북한을 위해 뛰고 있는 정대세, 조선적 소유자이면서 대한민국의 프로구단에서 활동했던 안영학을 보면 국적 및 민족정체성에 대한 엄격한 구별과 현실적인 상호작용이 이미 상당히 복합적으로 변하고 있음을 느끼게 된다. 그렇다면 21세기에는 국적과 민족정체성의 상관관계가 어떻게 변화할 것인가?

사회학자 브루베이커(R. Brubaker)는 모든 공동체는 그 구성원들을 정당한 성원자격(멤버십)을 지닌 내부자와 그렇지 못한 외부자로 나누는 것이 불가피하다고 말했다. 민족과 국적은 이러한 성원자격의 근거로써 보편적으로 활용된다. 민족정체성은 한 개인에게 특정한 민족공동체에 속한다는 소속감과 정체성을 제공한다. 또한 국적은 특정한 국가공동체의 합법적 성원자격을 인정한다는 사회적 신분의 표지다. 물론 현대사회에서 모든 개인은 원칙적으로 평등한 존재로서 종교, 인종, 성별, 직업 그 어떤 것으로도 차별받지 않을 권리가 있지만 민족이나 국적은 여전히 중요한 경계짓기의 방식으로 작동한다. 민족의식은 그 안에 언어나 문화적·혈통적 요소들이 복합적으로 개입되어 있고 개인이 이러한 속성들을 자유롭게 선택하거나 변경하기는 어렵다. 국적의 경우는 배타적 귀속성이 기본원칙이어서 누구도 무국적자가 될 수 없고 다양한 국적을 공유할 수도 없다. 물론 국적을 선택하는 경우도 있지만 현실적으로 그 기회는 매우 제한되며, 대부분의 경우 국적은 사람들을 선천적으로 범주화하고 경계짓는 강력한 사회적 제도로 작동한다.

남한인과 북한인, 재일조선인을 한데 묶으면서 동시에 분리하는 원리도 민족과 국적이다. 양자 모두 독특한 통합의 원리와 분리의 기능을 공유한다. 정대세는 이 미묘한 선의 겹침과 어긋남을 가시적으로 보여주는 사례다. 그는 민족정체성을 고수한 까닭에 일본인과 구별되고, 북한과의 동일시를 고수해 북한대표팀의 일원이 되었다. 하지만 북한 국적이 인정되지 않는 일본사회에 사는 한 그는 북한 국적을 취득할 수 없고, 다른 국적을 취득하지 않는 한 이미 지닌 남한 국적을 포기하는 것도 불가능하다. 그에게 민족정체성, 정치적 소속감, 국적은 하나로 통합될 수 있는 것이 아니다. 이처럼 한반도의 남과 북을 가르는 경계선은 한반도 내부에 한정되지 않고 재일조선인들의 심리, 정체성, 삶의 한가운데에 고스란히 존재하면서 그들의 존재양식을 규정한다. 재일조선인 서경식(徐京植) 교수는 "국민과 난민 사이"라는 말로 그 모순적 위치를 설명한 바 있지만 어쩌면 그 말로도 불충분할지 모른다. 다시 말해 한 국가의 정상적 구성원으로 인정되는 것도 아니고 그렇다고 국가 없는 난민의 존재일 수도 없는 특이한 위치가 남북한을 가르는 경계선과 밀접하게 연결되어 있는 것이다.

이런 애매한 경계성이 반드시 부정적인 것만은 아닐 수도 있다. 실제로 정대세가 보여준 것은 어떤 새로운 가능성과 소통의 잠재력이다. 그는 남한 국적을 지니고서도 북한과의 정치적·심리적 동일시를 포기하지 않았다. 남한 축구선수 박지성(朴智星)에 대한 깊은 우애감을 표시하면서도 북한 대표팀의 일원이 된 것에 대한 자부심을 거리낌없이 표현했다. 일본에서 자란 젊은이다운 문화적 감수성과 영어 구사능력에서 드러나는 개방성뿐만 아니라 조선인으로서의 민족정체성 또한 결코 부정하지 않는 모습이 이색적이었다. 국적과 민족, 문화의 경계선을 부정하지 않지만 그것에 얽매이지도 않고 유연하고 자유롭게 활동의 공간을 열어가는 모습을 확인할 수 있다. 그의 모습을 보면서 수년전 일본 토오꾜오대학교에서 열린 '코리안 네트워크'를 표방한 국제학술회의의 기억이 떠올랐다. 강상중(姜尙中) 교수 등이 주도한 그 회의는 동아시아의 지나친 국가주의와 내셔널리즘의 한계를 벗어나 평화로운 새 연대와 공동체의 길을 찾는 힘을 '코리안 디아스포라' 네트워크로부터 찾아보자는 문제의식에서 출발했다. 중국의 조선족, 러시아의 고려인, 남한의 한국인과 북한의 조선인민, 일본의 조선인 등은 정치적 성향, 국적, 종교, 생활양식, 심지어 (그 구체적인 쓰임새를 보면) 언어조차 다르지만 서로 연대하고 통합할 수 있는 뿌리를 지닌 매우 독특한 존재들이다. 19세기 말 이래 험난한 역사를 통해 생겨난 코리안 디아스포라는 사실 그 뒤로도 매우 아픈 상처를 겪어왔다. 실제로 전세계에 흩어져 사는 이들은 대체로 거주국 사회에서 배제되거나 차별을 받으면서 자기 정체성의 혼란과 갈등을 경험했다. 하지만 21세기 세계화, 탈영토화의 흐름 속에서는 바로 이런 아픔과 한계가 새로운 자산과 힘이 될 수 있을 것이라고 전망해본다. 또한 이 가능성은 한반도의 남북한 경계를 넘어 새로운 통일과 소통의 장을 열어내는 주요한 동력이 될 것이다.

에피소드 4: '시장'의 경계와 '메이드 인 코리아'

노무현정부 시절 한미FTA 체결을 둘러싼 논란이 뜨겁던 당시 쟁점 가운데 하나는 개성공단 생산품의 '한국산 인정' 여부였다. 개성공단은 남한의 자본과 기술이 들어가고 북한의 인력과 토지가 제공되어 이루어진 독특한 '남북경협'의 장이다. 그곳은 적어도 남북한 사이에서는 국가 간 경제협력이 아닌 '민족경제'의 공간이어서 국가간 무역을 통할하는 원리와는 뚜렷이 구별되는 원리로 운영된다. 하지만 국제적으로는 '북한'에 있는 공단이고 따라서 남한에 있는 산업시설과는 엄연히 구별된다. 그곳에서 생산되는 품목은 '메이드 인 코리아'라 할 수 있지만 엄밀하게 말해 이때의 코리아가 'DPRK'(조선민주주의인민공화국)와 'ROK'(대한민국) 어느 쪽을 대표할 것인지, 혹은 양자를 포괄해 지칭할 수 있을지는 불분명하다. 더구나 경제적 이익을 놓고 치열한 숫자싸움을 벌이기 일쑤인 국제경제의 장에서 민족경제 공간이라는 독특한 지위를 인정받기란 쉽지 않다.

잘 알려져 있듯 개성공단은 남한과 북한의 합의로 조성된 경제지구로 그 자체가 다른 지역과 구별되는 특수공간이다.[4] 개성공단 생산현장을 가보면 남북을 가르는 경계선이 어디에 있는지 의심스러울 정도다. 한반도의 다른 곳에서는 찾아보기 어려운 사람과 물자, 기술의 상호작용이 일상적으로 이루어지고 있다. 북한 지역으로 출퇴근하는 남한의 근로자들도 상당수이며 대북무역을 통해 발생하는 일자리 수도 만만치 않다. 지금도 서울에서 출발해 자유로를 한시간 정도 달려가면 개성으로 진입하는 출입국사무소에 다다른다. 그곳은 한편으로는 출입이 엄격히 통제되는 경계지대이지만, 다른 한편 남측의 자본과 물자, 기술이 끊임없이 오가는 곳이기도 하다.

천안함사건(2010. 3.) 이후 정부가 북한의 책임을 묻겠다며 내놓은 조치 가운데 하나가 남북 간 교역활동의 전면통제 방침이었다. 그 효

4 2000년 8월 현대아산과 북한 김정일 국방위원장이 공업지구 건설에 합의하면서 추진되기 시작한 개성공단 사업은, 2002년 8월 제2차 남북경제협력추진위원회 합의를 거쳐 같은 해 11월 개성공업지구법이 제정된 뒤 2003년부터 현대아산과 한국토지공사가 기반시설조성공사에 착공하면서 본격화되었다. 이 사업은 남한의 자본·기술과 북한의 토지·인력이 결합한다는 특징을 지니며, 그 제반 사무는 북한의 개발총국과 남한의 관리위원회가 함께 관리·운영한다. 2011년 12월 현재 남한의 123개 기업이 가동중이며 북한 근로자의 수는 4만 8000명을, 생산액의 누계 규모는 12억 달러를 넘어섰다.

과에 대해서는 논란이 여전하지만 분명한 것 하나는 그동안 남북 간에 무시하기 어려울 정도의 물류, 교역이 이루어져왔다는 사실이다. 또한 특별한 승인하에 진행되는 것이긴 했으나 북한 항구와 남한 항구 사이에 오가는 배편도 적지 않았음이 이번 조치과정에서 재확인되었다. 2010년 정부가 북한과의 각종 경제교류를 중단하는 5·24조치를 발동함으로써 북한에 경제적 압박을 가하려 했지만 결과적으로 남한의 관련 기업이 더 큰 손실을 입었을 정도로 남북 간에는 여러 형태의 경제교류가 진행되고 있었던 것이다.

21세기에 들어 정치적·문화적 경계, 그리고 시장의 경계는 일치되지 않는다. 시장통합이나 단일시장화는 현대 자본주의체제의 기본동력이며 동시에 근대적 질서의 근간이기도 했던 국민국가의 경계를 뛰어넘고 때로는 바꿔내기도 한다. 구 사회주의권은 말할 것도 없고 아프리카 지역조차 시장의 측면에서는 점점 더 커다란 하나의 틀 속으로 편입된다. 시장은 지금까지 작동해온 많은 경계와 차이를 극복하게끔 하는 엄청난 힘으로 작용하고 있다.

21세기 세계는 전지구적 단일시장을 지향한다. WTO체제하에서 전세계의 대다수 국가들은 보호무역주의보다는 국가 간 장벽을 완화하고 물자의 자유로운 이동을 뒷받침하는 신자유주의의 흐름을 수용한다. 전세계적 단일시장화는 여전히 현실화 가능성이 불투명하지만, 지역 또는 특정 국가들 사이에서는 FTA 협정이 활발히 진행된다. 한국도 유럽 등 여러 지역과의 FTA가 이미 가동중이고 미국과도 2011년 말 FTA 비준이 완료되었다. 최근에는 한·중·일 FTA 추진을 위한 관민 합동연구도 시작되었다. 2012년 현재 세계 11위권의 무역대국인 남한이 누리는 경제적 성취도 상당부분 이런 세계시장과의 통합 덕택이다. 적어도 남북관계에서 볼 때 시장이 지닌 강력한 힘은 단지 남한경제의 발전뿐만 아니라 북한체제의 변화를 불러오는 긍정적 충격으로 작용할 가능성이 크다.

개성공단은 장기적으로 볼 때 그 경제적 효과보다도 남북한 경계선의 성격과 작동방식에 큰 변화를 가져오는 사회적 효과 면에서 더욱 중요해질 수 있다. 개성공단이라는 특수한 공간을 통해 남북의 근로자, 개성의 주민, 협력업체 경영인, 여행자, 나아가 정치인에 이르기까지 분단의 경계를 다양한 형태로 넘나들며 그것이 얼마나 새로운 관계와 통합을 이루어내는지를 경험할 것이기 때문이다. 그런 점에서 개성관광이 2012년 초 현재까지 재개되지 못하는 현실을 보면 참 가슴 아프다. 몇년 전 대학교수 40여명과 함께 개성관광을 간 적이 있는데 북한문제에 평소 관심이 적었던 분들도 단 하루의 여행이 남긴 인상이 매우 강렬했다고 말했다. 그 여정은 개성공단을 지나 개성 시내를 거쳐 박연폭포, 선죽교, 개성향교 등을 다녀오는 것이었다. 충격과 놀람은 여러가지 이유에서였는데 개성이 너무 가깝다, 도시환경의 격차가 심하다, 남과 북의 경계가 단순한 정치적 대립이나 지리적 분할만이 아니라 삶의 총체성 한가운데를 관통한다는 것을 느낄 수 있었다는 내용이었다. 이 공단과 관광을 통한 개성 지역의 변화경험은 앞으로 사회적 효과를 확대하는 주요한 계기로 작용할 잠재성이 크다.

에피소드 5: 조문의 정치와 심리적 거리

2011년 12월 19일 북한 김정일 국방위원장이 사망했다는 소식이 전해진 때부터 장례식이 거행된 28일까지 전세계의 이목은 한반도에 집중되었다. 당시 CNN, BBC, NHK를 비롯한 전세계 모든 언론이 관련 뉴스로 가득 찼고 신문 1면은 북한의 미래를 다룬 기사들이 차지했다. 전문가들은 김정은(金正恩)이 실질적 차기 권력자로 부각될지, 그 권력승계과정이 순탄할지, 권력체제의 성격은 어떻게 변할지, 핵이나 대외관계 등의 정책에는 어떤 변화가 나타날지 등에 관한 예측을 내놓느라 분주했다.

김정일 위원장의 장례는 그 자체가 중대한 정치행사였다. 장례위원의 순서에서 미래의 권력서열을 드러내고 장례절차의 신속함과 엄숙함을 통해 북한체제의 공고함을 드러내려는 의지가 뚜렷하게 느껴졌다. 김정일 위원장에 대한 조의와 김정은체제에 대한 지지의사를 가장 먼저 표명한 중국은 말할 것도 없고 미국과 일본 등이 보인 신속한 조의 표명 역시 북한의 새 지도부와의 새로운 관계설정을 염두에 둔 고도의 계산에서 비롯된 것이다. 남한의 반응 역시 이 점에서 예외일 수 없었는데 1994년 김일성(金日成) 주석 사망 당시의 조문파동에 비춰볼 때 이번에는 이중적 대응을 선택했다는 점이 눈에 띈다. 즉 정부는 조문 불가를 공식적으로 명백히 하면서도 북한주민에 대해서는 조의를 전달했고, 조문단 파견을 주장하는 시민사회단체의 요구는 불허하면서도 그들의 조의는 전달되도록 했다. 특히 김대중(金大中) 전 대통령의 부인 이희호(李姬鎬) 여사와 현정은(玄貞恩) 현대아산 회장의 조문방북을 허용함으로써 남북관계의 긍정적 개선을 희망한다는 뜻을 피력한 셈이다.

이 과정을 보면서 시인 유치환(柳致環)의 "지극히 가까웁고도 머언 자"라는 시구절이 떠올랐다. 장례식날 눈 오는 평양 거리를 가득 메운 동포의 눈물을 바라보는 서울의 시선은 그야말로 가깝고도 멀었다. 정상회담 상대방의 사망임에도 안타까움을 공개적으로 표명하기 어렵고 오히려 휴전선의 이상 없음을 확인해야 할 정도로 미묘한 관계인 것이다.

이런 거리감 속에는 상대방을 현실적 실체로 인정하면서 이데올로기적 편견에서 벗어나려는 냉정한 현실인식이 자리잡고 있다. 이 기회를 이용해 북한의 내부변화를 적극 견인해야 한다는 목소리도 없지 않지만 남한사회의 일상에 심대한 충격이 미치지 않도록 북한 체제가 연착륙하면서 점진적으로 전환하기를 바라는 소리가 더욱 또렷하다. 김정일 사망 이후 가장 중요한 대북정책이 무엇일지를 묻는 여론조사에 74.5퍼센트가 '안정유지'라고 대답한 사실에는 이와 같은 현실적 거리감이 반영되어 있다. 북한 역시 '조문 제한'을 격렬히 비난하고 교류단절을 호언하는 한편에서, 새로운 권력주체가 출현해 관계가 개선되기를 바라는 속내를 내비쳤다. 김정일의 사망과 장례, 조문파동을 거치면서 이념적 대립과 정서적 거리, 생활감각 면의 경계가 서로 맞물려 구성하는 이 독특한 남북관계의 실상을 직면해야 할 필요성을 절감하게 된다. 남북한이 서로에 대해 느끼는 냉정한 거리감과 민족의 이름으로 개입하려는 욕망, 그리고 60년 넘게 구조화된 상이한 일상의 삶 등을 목도하면서 21세기 한반도의 평화와 통일을 구현해야 할 숙제가 만만치 않음을 다시금 확인하게 되는 것이다.

에피소드 6: 남남갈등과 '검은 양'

남과 북 사이의 경계선이 가장 복잡하고도 아프게 작동하는 곳은 바로 우리 의식과 마음속이다. 전쟁을 경험하고 분단으로 인해 고통을 겪었던 분들은 두말할 필요가 없고 일반인들의 삶 가운데에도 자연스럽게 남과 북을 가르는 선이 또렷하게 존재한다. 상처를 드러내며 서로 경계짓던 세대들이 떠나간 자리에는 이제 새로운 젊은 세대들의 감각과 기호의 선이 자리잡고 있다. 프랑스 사회학자 부르디외(P. Bourdieu)가 취미나 습속, 감수성 같은 다양한 '구별짓기'를 현대판 계층화의 주요한 기제로 들었던 점에 비춰보면, 한국인의 '마음의 행로'에는 북과 관련된 태도나 지향이 상당히 중요한 부분을 차지한다.

어느 때부터인가 '종북좌파'와 '보수꼴통'이라는 말이 자주 쓰인다. 종북(從北)이 반드시 좌파와 연결되는 것도 아니며 보수가 반드시 꼴통이라는 비하를 받을 이유가 없다는 점에서 이런 조어방식은 비논리적이다. '종북'과 '친북', 그리고 북한에 대한 '동포애'를 갖는다는 말의 차이도 생각처럼 명확한 것이 아니어서 현실적으로 헷갈리는 내용이 되기 일쑤다. 하지만 이 용어들은 의외로 강력한 담론적 힘을 발휘하면서 사람을 이념적으로 나누고 정치적으로 공격하는 데 활용된다. 이 용어들의 영향력이 큰 것은 북한에 대한 우리의 태도가 이성보다 감정 면에서 영향을 많이 받기 때문이다. 이런 성향은 조건이 어느정도 갖추어지거나 책임을 지지 않아도 좋을 사적인 공간에서는 매우 강하게 분출되곤 한다. 논리 이전에 감정이, 냉정한 판단보다는 즉각적 반응이 지배하는 경우도 이런 상황에서 자주 보게 된다.

필자 주위에는 개인적으로 친밀하지만 유독 남북문제에 관해서는 이야기하지 않으려는 사람들이 의외로 많다. 가족 내에서, 모처럼 만난 술자리에서는 이 문제를 화제로 올리지 않는 것이 상책이라는 조언도 자주 듣는다. 이 문제가 그만큼 일상의 인간관계에도 끼어들고 있다는 뜻이다. 한편 북에서 접한 사람들과 이야기를 나눌 때에도 그런 경계선의 존재를 늘 느끼게 된다. '우리 민족끼리'나 '우리는 하나'라는 강조에도 불구하고 다른 한편에서 '남측'과 '북측'을 끊임없이 의식해야 하는 매우 불편한 경험을 하게 되는 것이다. 남한이나 북한, 개혁과 개방 등의 표현, 정치적 민주화나 인권 같은 쟁점은 말하지도, 토론하지도 말라는 주의를 늘 받는다. 영어라는 외국어를 매개로 해서만 의사소통이 되는 불편함 속에서도 국가나 민족이라는 정체성을 굳이 의식할 필요가 없는 '국제적' 만남에 비해, 언어와 음식을 공유하면서도 자신이 속한 집단의 정체성을 끊임없이 일깨우는 이 미묘한 관계, 특수한 성격이야말로 반세기 분단의 역사가 빚어낸 결과이자 앞으로 통일을 모색하는 데 정면으로 부딪쳐야 할 현실의 모습이 아닐 수 없다.

의식의 이러한 경계선은 여전히 우리 사회에서 이중적 기능을 수행한다. 하나는 현실을 옹호하고 유지하려는 보수적 심성과 짝해 '편리한 편견'의 근거로 기능하는 것이다. 적을 비난하고 상대방과 나를 철저히 구별함으로써 심리적 안정감을 누리는 방식은 어느 집단에서나 보편적이다. 사회심리학에서 '검은 양 효과'(the Black Sheep Effect)라고 부르는 현상, 즉 검은 색의 양(羊)을 찾아내 그것에 모든 불만과 오류의 책임을 전가함으로써 자신과 공동체의 평안을 도모하고자 하는 심리가 작동하는 것이다. 다른 한편에서 이 경계선은 한반도 분단과 남북 간 적대감이 가져오는 우리 삶의 근원적 다중성을 자각하게 함으로써 상대방을 이해하는 식견과 시야를 넓히도록 돕는 기능이 있다. 이를 성찰적 기능이라 부를 수 있는데, 이는 의식 내부의 경계적 사유를 상호이해와 공존가능성을 탐구하는 자원으로 만드는 주요한 동인이 된다. 물론 편견과 성찰이 언제나 명확하게 구별되는 것이 아니며 또한 성찰적 의식이 자연스럽게 자리잡는 것도 아니므로 건강한 대화와 교감, 소통의 노력은 늘 필요하다. 편안함을 희구하는 무의식과 집단적 편견을 이용하려는 정치인의 욕망으로부터 우리를 지켜내는 노력을 지속해야 할 것이다. 탈경계와 융합의 21세기에 남북한의 암울한 경계선이 그대로 존속하기는 사실상 불가능하다. 이 선을 어떻게 넘을 것인가, 그 경계지대에 어떤 형태의 새로운 공간을 만들어낼 것인가는 우리에게 남겨진 숙제다.

경계선의 사회학

남북한의 경계선은 현재 한반도 주민들의 삶과 의식을 규정하는 매우 중요한 환경변수다. 앞서 에피소드들에서 살펴보았듯이 남북을 가로지르는 선은 다양한 성격을 갖고 있다. 우선 이 경계선이 매우 냉엄한 제도적 틀을 지녔다는 점을 인식할 필요가 있다. DMZ의 철조망, 군사적 대치, 왕래의 통제, 이 다양한 단절의 전제가 되는 정전협정 조항들, 남북의 법제와 문화 등 어느 것 하나 무시하거나 간단히 바꿀 수 있는 것이 아니다. 그만큼 남북을 분할하는 경계선은 제도적으로 공고해지고 구조화되어 있으며 각종 법률과 관행으로 재생산되어왔다. 상상력과 의지, 소명감만으로는 이 경계선을 넘어서기가 쉽지 않다.

동시에 이 경계선이 상당히 모순되는, 근본적으로 문제적이고 불안정한 것임도 인식해야 한다. 남북의 분할선은 '국경'으로 인정받지 못할 뿐 아니라 정전협정 그 자체도 '잠정적' 속성을 벗어나지 못한다. 전세계가 국민국가체제하에서 서로를 승인하고 제도적으로 안정된 국경질서를 유지함에도 유독 남북한의 경계선은 이러한 제도적 안정성을 확보하지 못한다. 심지어 개성공단 사람들의 출퇴근길조차도 언제라도 막히거나 장애를 받을 수 있을 정도로 불안정하다. 심리적으로도 이 경계를 인정하지 않으려는 정서와 불가피한 장벽으로 보는 시각 사이에 큰 괴리가 있다. 무엇보다도 세계화·정보화 시대에 유독 남북한 사이에만 물리적·기술적·제도적·정치적·심리적 장벽을 60년 넘도록 높이 쌓아왔다는 이 시대착오적 현실이 상당한 모순을 내포한다는 점은 부인할 수 없다.

결국 남북한의 경계선은 역사적으로 보면 가변적이고 변화하지 않을 수 없는 선이다. 현실적으로 제도적 힘이 아무리 강고하고 또 그 힘이 재생산되는 관성이 크더라도 그 자체의 모순 때문에라도 이 선은 변하지 않을 수 없다. 이 가변성은 물론 불안정성, 위험성 등과도 연결되지만 동시에 바람직한 미래를 창출해낼 가능성과도 연결된다. 그런 점에서 우리에게 부여된 시대적 책임은 막중하다. 남북한의 경계선이 향후 어떻게 달라질지, 공동체의 삶과 개인의 생활에 어떤 변화를 가져다줄지는 우리의 선택과 판단에 상당부분 좌우될 것이다. 가변성이 객관적 조건이라면 책임성은 역사적 비전을 소유한 공동체 구성원의 책무에 해당한다. 양자의 결합 속에서 통일의 미래가 열리고 21세기에 걸맞은 경계선이 새롭게 구축될 것이다.

나아가 이 경계선이 21세기의 새로운 가치를 실현하는 공간으로 재구축될 가능성에 주목해야 한다. 통일이 되면, 평화가 오면, 남북을 나누던 분할선은 오히려 그 어디에서도 볼 수 없는 희귀한 생태관광지가 될 수 있을 것이다. 동북아를 평화와 연대의 가치로 이어줄 상징적인 공간으로도 자리매김할 수 있을 것이다. 분단의 아픈 상처를 복된 창의적 자산으로 바꾸어내는 멋진 아이러니가 만들어지느냐 아니냐는 우리 노력에 달려 있다. 20세기 한반도 역사의 아픔과 어리석음을 후대에 알리고 이를 넘어 자연과 평화의 향연을 맛보는 지역으로 바꾸어내는 것이야말로 우리에게 남겨진 가슴 벅찬 숙제가 아닐까 싶다.

제1부 남북한, 왜 갈등하는가

제1장

남북관계의 세 차원

우리에게 북한은 어떤 존재인가라는 질문에 대한 사람들의 응답은 각양각색이다. 어떤 이는 북한을 가족과 친척이 사는 고향 또는 민족공동체의 또하나의 거주지로 이해하고 어떤 이는 곤궁한 실패국가이자 위협적인 적대국이라고 생각한다. 여러 의식조사를 보면 많은 사람이 북한을 '협력하고 도와주어야 할 대상'이라고 응답하고 있지만 그와 동시에 '경계하고 적대시해야 할 대상'이라고 답한 사람들도 적지 않다. 일반인들은 대개 이 두가지 태도 사이의 어느 지점에서 자신의 입장을 정한다. 혹은 호불호의 감정이 동반되지 않는 무관심이나 이국(異國) 쯤으로 여기는 불편함으로 대응하는 경향도 적지 않다.

김정일 국방위원장이 사망하면서 북한에 대한 시각의 다양함이 새삼 부각되었다. 그를 두차례 남북정상회담의 상대편 주역이자 하나의 실질적 주권국가의 수장으로 생각한 사람들은 그에 상응하는 반응과 조의표명의 필요성을 언급했다. 반면 지난 시기 북한이 주도한 핵개발, 대남 군사도발 및 북한인권 문제 등의 책임자로 떠올리는 사람들은 그의 삶에 대한 비난과 부정적 평가를 숨기지 않았다. 정부는 고민 끝에 북한 당국이 아닌 주민에게 조의를 표하는 방식으로 이 난제를 피해가려 했지만 내외적으로 논란을 피하기는 어려웠다. 그의 죽음을 바라보는 우리 사회의 미묘한 긴장과 논란, 어색함과 불편함은 북한에 대한 모순된 인식, 이중적 태도가 반영된 현상이라 할 수 있다.

남북 간에는 늘 모순적 속성이 공존한다. '우리의 소원은 통일'이라고 가르치면서도 '국가안보를 위협하는 주적'에 대한 경계심을 강조하는 주장을 빠뜨리진 않는다. '민족경제'를 내세워 남북 간 경협의 중요함을 한껏 강조하다가도 어느날에는 '북한체제를 돕는 퍼주기'라는 공격 앞에 혼란스러워한다. 국제무대에서 국가 간 협상과 외교에 준하는 상호관계를 수행하면서도 정작 쌍방간에는 '같은 민족'이라는 점을 내세워 상대방의 주권성을 인정하지 않는 관계이기도 하다. 남북 간에 벌어지는 여러 차원의 상호작용은 이처럼 다양하고 이질적이어서 통일부, 국방부, 외교통상부가 수행하는 기능을 보면 언뜻 상호모순적이라는 느낌을 받게 된다. 그렇다고 이들 중 어느 하나가 우선적이고 다른 것은 부차적인 것이라고 우선순위를 정함으로써 문제를 해결할 수 있는 것도 아니다. 간단하게 어느 한 속성만을 선택적으로 강조하기 어려운 복합적이고 미묘한 지점에 현 시기 남북관계의 특징이 존재한다.

21세기 한국사회에서 북한과의 관계는 단순하게 대답을 내놓기 어려운 문제다. 끊임없이 변해가는 사회적·정치적 조건과 사회구성원의 의식과 태도의 변화에 따라 그 대답은 달라질 수 있다. 한가지 분명한 것은 북한에 대한 관심의 많고 적음, 감정의 좋고 나쁨, 지식의 정확성 여부와는 상관없이 향후 한국사회의 진로에 북한이 중대한 변수로 작용할 것이라는 점이다. 북한은 무시하거나 부정하려 해서 그렇게 될 수 있는 대상이 아니다. 마찬가지로 남한의 존재도 북한에 동일한 의미를 지닐 것이다. 그런 의미에서 남북한은 서로에게 미래역사의 출발조건을 규정하는 일종의 사회적·역사적 환경변수라 해도 좋다. 이 조건을 냉정하고도 객관적으로 점검하지 않은 채 서로 다른 상호규정과 자기중심적 이해에 집착해 불필요한 논쟁과 오해, 억측을 증폭하는 일은 그다지 현명해 보이지 않는다.

21세기 남북관계는 원리와 성격을 달리하는 세 차원이 중층적으로 결합되어 형성해가는 독특한 질서다. 우선 남북관계는 민족관계의 성격을 지닌다. 이는 남북한이 모두 분단된 현 상태를 바람직하지 않은 것으로 평가하고 같은 민족으로서의 정체성을 바탕에 두고 통일을 이루려는 의지를 공유하는 관계다. 60년 넘게 별개의 국가로 존속해온 두 정치체가 통일을 궁극적 목표로 공유한다는 사실이야말로 남북관계를 어떤 다른 국제적 관계와도 구별짓게 만드는 핵심요소다. 둘째, 남북관계는 적대관계라고 표현할 만큼 상호대립적 성격을 지닌다. 이는 분단과 전쟁, 냉전을 거치면서 형성되어온 정치적·군사적 대립과 체제대결에 바탕을 둔다. 기본적으로 냉전적 체제대결의 역사가 응축되어 있을 뿐만 아니라 한국전쟁에서 겪은 원한과 분노의 정서가 스며 있고, 세계 최대의 화약고인 비무장지대를 사이에 둔 관계인 것이다. 셋째, 남북관계는 이웃한 별개의 독립적 주권공동체 사이에 형성되는 준국가적 관계이기도 하다. 유엔에서 남북한은 각기 별개의 주권국가이며 남북한을 별개의 국가로 승인한 국가의 수 또한 160여개에 달한다. 이처럼 국제법적으로도 남한과 북한은 서로 다른 국가로 인정받는 경우가 적지 않아 세계적 차원에서는 남북관계가 별개의 인접국가 간에 형성되는 준국가관계처럼 이해될 수 있다.

제1장에서는 이처럼 서로 갈등하면서도 공존하는 세가지 차원의 속성을 역사성, 제도적 근거, 현실적 효과에 비추어 좀더 체계적으로 살펴보려 한다.

1. 민족관계

르낭(E. Renan)은 『민족이란 무엇인가』(*Qu'est-ce qu'une nation?*)라는 그의 유명한 책에서 민족을 구성하는 두 요소를 언급했다. 영광스런 과거에 대한 정서적 공감과 정치적·사회적 공동체를 유지하려는 현재적 의지가 바로 그것이다. 공통의 배경, 조건, 기억, 문화적 뿌리 같은 역사적 요소들이 전자의 중요한 부분이라면 운명공동체로서의 결속을 지속하겠다는 집합적 결단이 후자의 내용을 이룬다. 르낭이 민족을 가리켜 "매일매일의 국민투표"라고 했던 것으로 미루어보면 그는 후자를 더 중시했던 것으로 생각된다(Renan 2001).

르낭 식의 해석에 따르면 남북한의 민족관계는 양측 모두 오랜 과거와 문화적 공통성에 관한 정서적 공감대를 지닐 뿐만 아니라 정치적으로 하나의 공동체를 이루겠다는 의지를 공유하는 관계다. 다만 이런 상황이 영원히 변하지 않을 것이라고 보기는 어려운데, 분단 60년을 넘기면서 실제 민족적 동질성에 대한 믿음이나 통일의 필요성에 대한 확신에도 적지 않은 변화가 나타나고 있다.

1) 역사적·문화적 차원

남과 북에 거주하는 주민은 지금같이 분리된 공동체를 구성한 역사에 비해 하나의 공동체로 살아온 역사가 1300여년에 이른다. 뿐만 아니라 남북한은 언어, 풍습, 문화, 종족 등의 측면에서 세계적으로도 희소할 정도의 동질성을 유지해왔다. 현재까지도 언어와 문자를 공유하고 동질적인 문화적 정체감도 뚜렷한 편이다. 삼국시대 이래 함께 경험해온 다양한 사건, 인물, 유적 들은 남북을 하나로 묶는 상징적이고도 정서적인 요소로 작용한다. 최근 들어 상당한 변화를 겪고 있지만 음식과 의복, 친족관계와 절기문화, 주거생활을 포함하는 생활문화의 전영역에서 남북한의 동질성은 여전히 확인된다.

남북한에 하나의 민족이 형성된 시기가 언제인지, 이것을 가능케 한 조건이 무엇인지는 남북 간에 여러 견해들이 있다. 하지만 동일한 집합적 정체성을 지녀온 기간이 상당히 오래되었다는 데에는 이견이 없다.[5] 특히 신라에 의한 삼국통일이 한반도를 하나의 정치체로 통합해 오늘까지의 집합적 단위를 구성하게 한 중요한 계기가 되었고, 이후 중국과 몽골, 일본 등 주변국에 끝까지 저항하면서 독자성을 고수해온 항쟁의 역사는 한반도 주민에게 정치적 공동운명체의 성격을 부여했다. 또한 중앙집권적 지배체제를 500년 이상 유지해온 조선왕조는 전근대 정치체로서는 유례가 없을 정도로 장기적 안정성을 보였다. 그 장기지속의 역사 속에서 유교적 이념에 근거한, 위

5 남북한 학술교류 가운데 고고학, 언어학, 역사학, 민속학 등이 이런 점에서 독특한 위상을 점할 수 있다. 관점과 시선은 달라도 동일한 과거유산을 대상으로 하기 때문이다. 남한 사학계에서는 민족의 형성을 전근대적인 요소와 관련해 이론화하려는 시도와 근대 이후의 소산으로 보려는 시각이 대립한다. 신용하『한국민족의 형성과 민족사회학』, 지식산업사 2001. Hyung Il Pai, *Constructing "Korean" Origins*, Harvard University Press 2000.

로부터의 문화적 개입이 생활세계의 미세한 영역에까지 깊숙이 스며들었던 것이다.

물론 현재의 민족의식이 전적으로 전근대 시기의 요소들에 의해 구성된 것은 아니며 여기에 근대적 경험과 계기들이 중요하게 작용했음은 두말할 필요가 없다. 정치적 의미의 민족관념이 뚜렷하게 형성된 것은 19세기 말 서세동점(西勢東漸)의 역사과정에서였다. 중국의 몰락과 일본의 부상을 보면서 세계질서에 처음으로 하나의 국가로 참여하게 된 조선왕조의 구성원들은 자신의 의지와는 무관하게 '하나의' 운명적 공동체가 된다는 점을 자각하기 시작했다. 서구로부터 소개된 새로운 사상과 제도를 접하면서 '국민' 또는 '민족'이라는 새로운 정체성을 형성하려는 의식이 확산되었던 것이다. 20세기 초 애국계몽운동은 지역과 계층, 세대와 신분을 뛰어넘어 한반도 주민들이 하나의 국민이자 민족임을 깨우치려 노력한 대중운동이었다. 이 노력이 실패로 돌아가고 일본의 식민지가 된 이후 한반도 안팎에서 벌어진 독립운동에 북한지역과 남한지역 출신 간의 갈등이나 대립이 별달리 문제가 되지 않았던 것도 하나의 민족이라는 공고한 동일시 덕분이었다. 독립운동세력 내부에 지역적 갈등이 없지 않았고 운동노선을 둘러싸고 심각한 대립이 있었던 것도 사실이지만, 그것이 서로 다른 집단 간의 분리주의적 독립운동을 촉발한 적은 단 한 번도 없다.[6] 한반도가 하나의 공동체로 독립해야 한다는 점에 이견을 품은 세력이나 지방은 전혀 없었던 것이다.

아이러니하지만, 일제의 식민지 지배방식이 한반도 주민들로 하여

---

6 이 점에서 독립운동세력들의 노선투쟁과 분리주의적인 국가건설 전략은 반드시 일치하지 않는다. 일제하 독립운동세력들은 조직과 노선의 다양성에도 불구하고 단일한 민족국가수립이라는 목표에서는 다르지 않았다.

금 강력한 민족의식을 지니도록 만든 하나의 계기였던 점도 지적할 필요가 있다. 제국주의 일본은 명목상의 '동화정책'에도 불구하고 조선인과 일본인을 엄격히 구별하고 차별하는 정책을 폈다. 혈연적 요소를 근간으로 조선인을 법적·제도적으로 차등화한 것 자체가 혈연만이 아니라 삶의 모든 요소, 즉 언어와 문자, 과거 기억과 경험, 생활양식 등 모든 측면에서 조선인을 일본인과 구별되는 집단으로 재구성하는 제도적 장치로 기능했다.[7] 1919년 3·1운동은 전통적인 집합적 정체성이 새로운 자의식을 형성하고 그것이 강력한 동원력으로 바뀔 수 있음을 보여준 역사적 사건이었다. 이와 더불어 1920년대 신문과 잡지, 각종 사회운동과 조직을 매개로 광범위한 민족적 각성과 집합적 동일시가 진행되었다. 일본군위안부나 독도영유권 문제에 남북한이 동일한 반응을 보이는 데서도 알 수 있듯이 남북한의 민족의식에는 일본에 대한 특이한 집합적 태도가 포함되어 있는데 이는 앞에서 설명한 공통의 역사적 경험에서 비롯된 것이라 할 수 있다.

우리의 민족의식에 강한 혈통적 성격이 작용하는 이유는 단일민족이라는 신념 못지않게 헤어진 가족과 친족, 혈연 간 단절에 대한 현실적 반응의 측면이 적지 않다. 현재 민족감정의 바탕에는 예기치 못한 분단과 전쟁으로 인해 수많은 이산가족이 공유하는 망향의식이 깔려 있다. 원치 않게 헤어지게 된 부자연스러운 상태가 반세기 넘도록 계속되어온 현실이 역으로 남북한의 민족성을 절실히 상상하게 만드는 조건이 되었다. 고향에 대한 그리움, 헤어져 있는 가족

7 한반도의 민족정체성이 유독 혈연적 성격을 강하게 지니게 된 것에는 이런 일제 식민지배의 제도적 영향이 존재한다. 하지만 일부 서구학자들의 논저에서 보듯 이것만으로 한민족의 종족적 성격을 설명하는 것은 불충분하다. 에트니(ethnie)적 요소의 역사성은 매우 오랜 시간성을 지니기 때문이다. Anthony D. Smith, *The Ethnic Origins of Nations*, Basil Blackwell 1986 및 신용하, 앞의 책 참조.

에 대한 그리움, 다시 만나 하나로 합치고 싶은 정서가 남북한을 하나의 민족으로 묶는 커다란 요인으로 작용하는 것이다.[8] 1980년대에 놀라운 사회적 반향을 불러일으킨 이산가족찾기운동이나 근래에도 치러지는 이산가족 상봉행사를 보노라면 우리 민족의식 바탕에 어째서 진한 가족적 정서나 망향의 감정이 포함되는지를 짐작할 수 있다. 또한 20세기의 역사적 고난 속에서 타율적으로 이뤄진 전세계로의 이산, 이주(코리안 디아스포라)도 민족적 정서와 지향을 강화하는 데 크게 기여했다. 해외한인의 자의식과 경험 속에서 민족이란 범주는 매우 중요한 요소로 살아남아 지금도 활용되는 것이다.

2) 제도적 차원

겔너(E. Gellner)를 비롯한 학자들은 민족에 대한 정서나 감각은 자연스레 유지되지 않으며, 학교나 종교, 또는 법제 등을 통해 그 정체성을 적극적으로 사회화한 결과로 제도화된다고 강조한다(Gellner 1983). 다시 말해 당대의 어떤 공통된 의식이 아무리 정서적으로 강하다 해도 제도적으로 그 의식을 후대에 전승하고 확산하려는 노력이 뒷받침되어야 유지된다는 것이다. 이런 점에서 현실적으로 남북의 민족정체성을 뒷받침하는 가장 중요한 요소는 아마도 남북 모두 서로가 같은 민족임을 강조하고 또한 법체계를 통해 '통일'을 핵심가치이자 목표로 설정한다는 점일 것이다. 남북이 하나로 통일되어야 한다고 가르치는 공교육의 내용과 이를 명시한 헌법조문은 민족개념을 실질적으로 유효하게 만드는 가장 강력한 제도적 기반이며 혈

8 이와 관련해 서양의 한 연구자가 집단적 한(恨)의 정서와 민족의식의 상호성(reciprocity)을 분석한 바 있다. Roy Richard Grinker, *Korea and Its Future: Unification and the Unfinished War*, St. Martin's Press 1998.

통주의를 원칙으로 하는 국적법 또한 민족 범주를 뒷받침하는 법적 요소다.[9] 남북한 주민 모두 하나의 국민임을 전제하는 법적 논리의 바탕에는 서로가 동일한 민족으로 그 공동체적 귀속성을 공유한다는 전제가 자리한다. 탈북자들이 다른 외국인 이주자에 비해 한국국적을 취득하고 한국사회 성원으로 자리잡는 과정이 훨씬 수월한 이유도 이러한 법적 논리에 기초한다.

이처럼 헌법과 국적법이 남북한 민족관계를 뒷받침하는 것은 분명하지만 실제로 이 민족적 차원이 제도적 힘을 얻게 된 것은 탈냉전 이후 정책전환의 결과다. 1988년 노태우(盧泰愚) 대통령은 더이상 북한을 적으로 간주하지 않고 통일을 향한 동반자로 간주한다는 소위 '7·7선언'을 발표했다. 이후 남북한에는 '민족 내부관계'라고 부를 법한 새로운 상호작용이 제도화되기 시작했다. 1991년 체결되고 그 다음해에 발효된 기본합의서는 남북관계를 "통일을 지향하는 과정에서 잠정적으로 성립된 특수관계"라고 정의했을 뿐 아니라 실제로 이런 특수관계가 작동할 수 있는 다양한 수준별 장치들을 규정했다.[10] 이 합의서는 정치적·경제적·사회문화적 차원의 민족관계가 진행될 때 어떤 제도적 매개가 가능할지에 대해 상세하게 규정했다는 점에서 민족관계론의 기본장전이라 해도 과언이 아닌데, 현실에서는 제대로 실현되지 못하고 있지만 앞으로의 논의에서 계속 주요한 준

9 물론 남북한 주민을 하나의 민족으로 묶는 근거와 관련해 헌법, 국제법, 국적법 및 통일정책, 통일교육, 대북관계에 적용되는 논리나 원칙이 통합적이고 유기적으로 체계화되어 있다고 보기는 어렵다. 여기에는 불가피한 불일치도 있고 아직 제대로 대응하지 못해 벌어지는 혼선도 적지 않은데 이를 해소하는 것은 앞으로의 과제라 하겠다.

10 기본합의서의 의의에 대해서는 상당히 많은 연구들이 나왔지만 북한이 그동안 보여온 소극적이고 부정적인 태도와 2000년 남북정상회담 이후 6·15공동선언만을 앞세운 점 등으로 인해 이 기본합의서가 좀더 실질화되지 못한 점은 아쉬운 일이다.

거가 될 것이다. 6·15선언과 10·4선언 역시 이런 기본합의서 정신을 바탕으로 나타날 수 있었던 것이다.

현재 남북관계를 규율하는 각종 법규와 규정에도 이러한 민족 내적 관계를 뒷받침하는 내용들이 있다. 2003년 발효된 남북경제협력 4대 합의서를 비롯한 여러 합의서, 남북교류협력에 관한 법률과 시행령, 남북협력기금법과 시행령, 개성공업지구 지원에 관한 법률과 시행령, 개성공업지구법 등이 2012년 현재 남북한의 교류와 협력을 규정한다.[11] 이들 규정에는 '민족경제' 및 '민족 내부거래'라는 개념이 포함되어 있어 민족 범주와 관련한 특수한 성격을 보장한다. 대부분의 규정이 '남한주민 및 북한주민'이라는 문구를 포함하여 남북한 구성원이 실질적으로 별개의 범주로 간주된다. 하지만 이는 앞서 언급한 '민족 내부관계'라는 말에 연동되어 남한주민과 북한주민이 독특한 민족 내부관계를 구성한다는 점을 드러낸다. 경제 분야에서도 '민족경제'라는 범주를 내세워 일반 시장경제나 국제경제의 논리와 구별되는 한반도 차원의 경제협력질서를 제도화하려는 구상이 제시되기도 했다(이일영 2009; 정현곤 외 2009). 물론 21세기 세계경제체제 안에서 민족경제라는 전망이 타당한지에 관한 회의론이 적지 않지만 금강산 관광특구의 경험이나 현재 운영중인 개성공단은 단순히 국내경제도 아니고 그렇다고 국제경제도 아닌 특수한 형태의 '민족경제' 권역을 만들어갈 가능성을 보여준다.[12] 국적법이 국가구성원

---

11 통일부 홈페이지(http://www.unikorea.go.kr)에는 남북관계를 규율하는 다양한 법률과 시행령 등이 소개되어 있다.

12 개성공단의 향후 전망에 대해서는 의견이 다양하지만 적어도 남북한 경제공동체 구성을 목표로 남북한 당국 및 기업과 자본, 노동이 유기적으로 결합하는 제도가 마련되었을 뿐 아니라 악화된 남북 간 정치적 대결국면에서도 그 작동이 멈추지 않고 오히려 내실이 확충되고 있다는 점을 부인할 사람은 많지 않다. 이 점에서 개성공단의

의 자격 차원에서 민족 범주를 뒷받침하고 헌법이 통일이라는 미래 지향적 가치 차원에서 민족을 뒷받침한다면 개성공업지구를 비롯한 남북교류법규는 경제와 상호왕래라는 실생활의 영역에서 민족 권역의 필요성과 중요성을 뒷받침한다고 볼 수 있다.

3) 의식적·담론적 차원

현실적으로 남북관계를 동일한 민족공동체 내부관계로 파악하는 논리가 힘을 행사하는 영역은 제한되어 있다. 헌법의 규정에도 불구하고 대부분의 법적 권리와 의무는 한반도의 한쪽에만 적용되고 행사된다. 현재 남한에서 통용되는 수많은 법률과 정책은 기본적으로 북한을 대상으로 하지 않는다. '민족'이라는 개념도 대부분의 법률에서, 심지어 헌법에서조차 별로 쓰이지 않는다. 이처럼 민족은 현 상황에서 실질적인 정치적·법적 주체로서 힘을 행사하지 못한다. 하지만 다른 한편 당위적 차원이나 미래지향적 목표의 측면에서는 결코 무시할 수 없는 주체로 인식되는 경향이 있다. 바로 이런 인식의 차원이 민족이라는 정체성을 일상 속에서 구성하는 주요한 요소가 된다.

민족에 대한 의식을 구성하고 전승하는 데는 공교육이 매우 중요한 기능을 수행한다. 역사교육, 사회교육 등에서는 젊은 세대가 타당한 국민의식과 시민의식을 지니도록 하기 위한 교육내용을 중시한다. 분단체제 아래에 살면서 동시에 통일을 지향해야 하는 한국사회에서 젊은 세대가 집합적 정체성을 갖추도록 만드는 일은 매우 중요하다. 그러다보니 이와 관련해 역사교육 및 민족교육의 적합성 여부가 늘 도마에 오르곤 한다. 1990년대에 '세계화'가 강조되면서 지나

성격과 가능성을 단순히 경제학적 또는 정치학적 차원에서가 아니라 종합적인 민족사적 전망 속에서 설명하려는 노력이 필요하다.

치게 한국사 위주의 교육이 배타적 민족의식을 강화한다는 비판이 제기되기도 했고 실제로 '국사' 교과가 필수과목에서 제외되기도 했다. 하지만 북한이나 일본 또는 한국에 관한 청소년의 불충분한 인식이 문제가 되는 순간 다시금 한국사 교육의 중요성이 강조되는 모습을 본다. 2008년 이후 대한민국사를 제대로 가르쳐야 한다는 뉴라이트 계열의 비판이 제기된 이래 역사교육 논쟁이 다시금 부상하는 것도 역사교육이 민족의식의 형성 및 재구성에 상당히 큰 영향을 미친다는 사실을 반영한다.

흥미로운 것은 한국사 교과서는 많은 내용이 '민족'을 주어로 서술되어 자연스럽게 민족정서와 민족의식을 강화하는 경향을 지닌다는 점이다. 한국의 국사교육이 지나치게 단순한 민족 개념을 전제한다는 문제가 제기된 바 있고 학술적으로는 이에 대해 적지 않은 토론과 분석이 이루어졌지만 교과서 서술의 기본틀은 거의 변하지 않은 채 유지되고 있다.[13] 사회과목이 국민이나 시민을 중시하고 세계적 맥락을 강조하는 데 비해 역사교육, 특히 한국사교육은 한반도 주민의 오랜 역사적 기억과 문화적 요소를 꾸준히 강조함으로써 독특한 정치교육의 일익을 담당하는 셈이다.

민족 개념의 대중적 활용에도 주목할 필요가 있다. 민족이란 개념은 일상생활에서는 좀처럼 활용되지 않지만 남북한 사이 또는 중국, 일본과 역사논쟁을 벌일 때면 유독 강하게 부각된다. 특히 대중매체는 민족이란 상징 또는 이미지를 활용해 집합적 정서와 공동체적 단

13 역사교육과 관련한 논의는 종종 학술토론의 차원을 넘어 대중정치의 사안으로 비약하곤 한다. 그것은 역사교육, 그중에서도 국사교육이 민족정체성 확립을 위한 도구적 기능을 자임하는 데서 오는 자연스런 귀결이기도 하다. 권오훈 외 「민족의 수난과 역사교과서: 탈식민의 과제와 한국의 국사교과서」, 『역사교육논집』, 2005 특집.

합을 이끌어내려는 경향이 있다. 과거 역사의 재현을 통해 현재의 정체성을 구성하려는 각종 문화활동은 남북한 모두에서 확인된다. 드라마나 영화 등에서 역사적 소재들을 꾸준히 활용하는 남한의 대중문화 현실과 반일투쟁이라는 과거 경험을 정치적 정당성과 교화의 주요한 도구로 활용하는 북한의 방식은 이런 점에서는 일맥상통한다. 따라서 일본의 독도영유권 주장에 대한 거부감, 식민지배와 관련한 역사인식, 역사교과서·위안부 문제 등을 둘러싼 사회적 격분, 중국의 동북공정에 대한 반응 등은 언제든 민족담론을 재생할 강력한 동인을 내포한다. 스포츠 부문에서도 새로운 형태의 대중적 내셔널리즘이 민족이란 상징을 적극 소비하도록 부추길 개연성이 높다.[14]

특히 남북한 사이에 정치적으로 활용되는 민족논의는 다른 사회에서 찾기 어려운 한국만의 독특한 현실이자 과제다. 일례로 기본합의서, 6·15선언 및 10·4선언 등은 모두 '민족'을 기본 개념으로 사용하고 있는바, 그 바탕에는 오랜 역사를 공유한 하나의 민족이 통일국가를 이루어야 한다는 집합적 소망이 깔려 있다. 대중정치인들도 한반도의 미래전망과 통일한국을 언급할 때면 예외없이 민족담론을 사용한다.[15] 남북한이 동일한 민족공동체에 속한다는 의식은 해방 후 남과 북에 별개의 정치체가 수립되는 것을 한사코 거부하고 반대한 대중 정서와 맞닿아 있다. 분단체제가 지속되는 한 민족담론의 정치적 효과가 유지될 것이 분명한 이유가 여기에 있다.

14 해외에서 활동하는 한국계 인사들이 해당 지역에서 대중적 관심을 끌게 되면 국내 언론에 대서특필되는 경향이 있는데 그때마다 강조되는 '한국계'라는 성격규정은 민족이라는 측면을 비정치적인 형식으로 활용한 것이라고 볼 수 있다.

15 주의깊게 살펴보면 대통령이 되려는 정치인일수록 '민족'에 대한 언급이 많다. 이것은 민족이란 담론이 한국의 권력획득에서 남북관계 전반을 포괄해야 하는 상황을 반영한다.

남한은 근래 들어 인종구성이 다양해지면서 단일민족론을 더이상 강조하지 않고 다원주의, 다문화주의를 적극 수용하는 추세인데 그렇다고 남북한이 하나의 민족임을 부정하거나 무시하지는 않는다. 실제로 남북경협이나 대북지원사업은 늘 '민족 내부관계' 내지 '민족경제'라는 이름으로 정당화된다. 장차 통일과정에서 치러야 할 여러 부담과 책임도 이처럼 민족논리로 설명될 수밖에 없을 것이다. 북한 역시 남북관계에서 '우리 민족끼리'라는 문구를 가장 강력한 원칙으로 내걸고 있어 남북한 사이의 담론적 접점을 형성하는 데 민족은 필수 요소가 될 것이 분명하다.

다만 남북한이 사용하는 민족 개념이 동일하지 않고 그 차이가 점점 더 벌어지는 점은 냉정하고 비판적으로 바라봐야 한다. 북한은 남한이 다민족화 내지 다문화화를 적극 수용하려는 움직임을 강력하게 비난할 뿐 아니라 '김일성 민족'이라는 이념적 지향과 '우리 민족끼리'라는 대외적 자주성을 결합한 독자적 민족론을 강조하는데, 이는 남한의 민족론과 상충할 부분들이 적지 않을 뿐 아니라, 세계사적 흐름과도 부합하지 않는다. 2012년 북한 공동신년사설에서 엿볼 수 있듯이 북한은 자국의 인민을 '어버이 수령님의 사상과 위업을 이어받은 김일성 동지의 후손들'로 규정한다. 이로써 다문화적 상황에 맞는 유연한 민족론을 강조하고 있는 남한과의 편차는 점점 더 커질 가능성이 있다. 우리는 이러한 문제점을 비판적으로 짚으면서도 민족담론이 활용될 수 있는 공간에 관해 지혜롭게 접근해야 한다.

2. 적대관계

남북관계의 매우 중요한 성격 중 하나가 상대방을 인정하지 않는 적대적 대립이다. 남북한 정부가 별개로 수립된 과정 자체가 정통성을 둘러싼 서로 간의 배타적 경쟁이었다. 한반도에 단일한 민족국가가 수립되어야 한다는 당위론과 자신이 그 주체임을 주장하는 논리가 결합해 상대방을 용인하지 않는 적대적 대결관계가 자리잡았던 것이다. 이런 적대성은 북한이 무력으로 남한을 소멸하고 사회주의 체제로 통일하려 감행한 한국전쟁 이후 총체적으로 제도화되었다. 이 전쟁 동안 적지 않은 살상과 싸움, 배제와 공격이 자행되었던 탓에 남과 북 사이의 적개심은 사회구성원들의 마음속에 내면화되고 고착화되었다. 이 전쟁은 지금까지도 엄밀한 의미에서 국제법적 종결이 이루어지지 않았고 한반도의 허리는 여전히 군사적 충돌위험이 상존하는 '정전' 상태다. 이런 의미에서 남북 간의 적대관계는 의식이나 이념의 차이, 또는 문화의 차원으로만 설명할 수 없는 강력한 제도적·역사적·물리적 차원을 동반한 구조로 이해해야 한다.

1) 역사적 경험

남북한을 적대적 관계로 만든 역사적 원천은 1945년 해방 후 이데올로기 대립과 한국전쟁의 상처, 그리고 수십년간의 체제대립 과정에서 찾을 수 있다. 민족관계를 구성해온 장구한 시간대에 비추어 60년의 분단역사는 짧다고 볼 수 있지만, 이 기간에 한반도의 현재가 만들어졌다는 점에서 과거의 유산 못지않은 강력한 역사성을 지닌다고 보는 것이 더욱 타당하다.

분단은 오랫동안 하나의 공동체로 유지되던 주민과 영토, 생활공간을 대립적인 두 단위로 분할하는 과정이었다. 냉전과 이데올로기 대립이 맞물려 진행된 이 과정에서 남과 북은 상이한 두 정치체로 분리되었을 뿐 아니라 서로를 부정하는 적대적인 성격을 강화했고 내부구성원 역시 폭력적으로 재편했다.[16] 북한은 사회주의체제를 건립하려는 기획에 이념적으로 저항하는 개인이나 집단을 철저히 탄압하거나 추방했고 남한 역시 공산주의를 엄금하고 부정하는 반공주의체제를 강화했다. 남북은 각기 자신의 정당성을 확보하기 위해 상대방의 체제와 이념을 적대적인 것으로 간주했고 이런 이데올로기 부정은 세계적 차원의 냉전질서에 의해 뒷받침되었다. 북한은 '친일부역자'나 '지주자산가'를 자기 체제로부터 배제했고 남한은 '공산주의자'를 발붙일 수 없게 했다. 이로써 한반도의 휴전선은 국제적인 진영대립의 경계선으로 고착화되었다. 해방 직후부터 수십년간 회색지대를 허용하지 않은 적대적 분단은, 남과 북 어느 한편을 배타적으로 선택할 것을 강요하면서 한반도의 38선을 경계로 제도화되어온 것이다.

한국전쟁은 이러한 상호적대성을 강력한 기억과 정서로 한반도 구성원의 일상 속에 내면화했다.[17] 이 전쟁에서는 한 마을과 지역이

16 분단과정에 대한 많은 연구들이 이런 측면을 반영한다. 물론 이 적대성에는 단지 남과 북 사이의 이념적 대립만이 아니라 내부성원의 자격을 정치적으로 재구성하는 내적 배제도 포함되어 있다. 김동춘 『전쟁과 사회』, 돌베개 2006. 박명림 「분단질서의 구조와 변화: 적대와 의존의 대쌍관계동학 1945-1995」, 『국가전략』 제3권 1호, 1997.

17 한국전쟁이 대중들에게 어떤 심리적·문화적 효과를 가져왔는지에 관해서는 연구가 충분히 진행되지 않았다. 하지만 문학과 예술, 역사 분야에서 수많은 희생자를 초래한 한국전쟁에 대한 논의들은 적지 않았다. 물론 아직도 충분한 거리감을 유지할 정도로 객관화되긴 어려운 주제여서 자칫 정치적 논쟁의 대상이 될 소지가 충분하다. 서중석 외 『전장과 사람들』, 선인 2010.

이념적으로 나뉘고 서로 죽고 죽이는 관계에 놓였다. 심지어 부모와 친척, 자녀 사이에도 그런 대립이 작용했다(박찬승 2010). 2000년대에 들어와서야 비로소 전시하 공권력에 의한 민간인 희생의 사례들이 밝혀졌다. 이처럼 한국전쟁은 전쟁기는 물론이고 그후 오랫동안 한국사회 내에 동원과 감시, 불신과 적대감을 재생산하는 총체적 심성구조를 형성하는 데 기여했다(김득중 외 2007). 이 전쟁을 미군과 한국군이 주도한 북침으로 왜곡하는 북한은 전쟁기의 참혹함과 고통스러웠던 경험을 대남, 대미 증오심을 부추기는 데 활용해왔다. 주체사상을 내세운 북한식 체제를 운영하면서 일제하 반일투쟁 경험과 소위 '조국해방전쟁'의 대미항전 경험을 가장 중요한 기반으로 이용해온 것이다.

전쟁이 끝난 뒤 반세기가 지났지만 남북 간 충돌과 상호비방에 의해 적대성을 지속시키는 사건들은 계속되었다. 남조선혁명에 입각한 북한의 대남정책은 한국전쟁 이래 남한에서 대북 경계심과 적대성을 뒷받침하는 요인이 되었다. 1968년 1·21 청와대 기습사건, 울진·삼척지구 무장공비 침투사건, 1980년 KAL기 폭파사건과 1983년 아웅산 테러 등은 남북 간 적대성을 강화해온 징검다리들이었다.

2) 제도적 기반

이런 적대성이 남북관계에서 지속되는 주요한 요인은 그것이 제도적으로 일정한 구조를 형성하기 때문이다. 그 제도적 바탕에는 남북한이 각기 자기 체제의 정당성을 상대방에 대한 부정과 결합해놓은 건국원리가 깔려 있다. 남한 헌법은 한반도와 그 부속도서 전체를 영토로 규정함으로써 북한지역도 대한민국 영토의 일부로 보고 그곳을 통치하는 정권의 정당성을 인정하지 않는다. 북한 헌법 역시 남한지역을 미국의 식민지배 아래에 있는 미(未)해방지구로 간주하고 사회주의혁명의 대상으로 파악한다. 남북은 이처럼 모두 상대방의 정치적 정당성을 부정함으로써 한반도에 있는 유일한 정통정부로서 자신을 규정하려 했다. 당연히 그 배후에는 2차대전 이후 심화된 전지구적 냉전체제의 역사가 자리한다.

이런 적대성이 제도적으로 조밀하고도 체계적으로 자리잡게 된 계기는 앞서 말한 것처럼 한국전쟁이었다. 이 전쟁은 남북한의 대립을 넘어 중국과 미국을 비롯한 20여개 국이 참전하는 국제전의 성격을 띠었고 남북한이 서로를 '적'으로 간주하지 않을 수 없는 종합적 환경을 조성했다. 전쟁을 야기한 북한정권은 동족상잔의 비극과 엄청난 인적·물적 손실의 책임을 벗어나기 위해, 또한 전쟁을 치르며 큰 도움을 입은 중국 및 소련과 협력하기 위해 미국을 '제국주의국가'로 남한을 '미제(美帝)의 식민지'로 규정하고 비난하는 작업을 끊임없이 강화했다. 이 전쟁의 경험은 북한이 당시의 피해를 반미항쟁의 사회심리적 자산으로 활용하는 데서도 엿볼 수 있듯, 상당한 왜곡과 변형을 동반한 채 북한의 정치사회화에 불가결의 요소가 되었다. 남한의 경우에도 이 전쟁은 북한을 '소련의 괴뢰'이자 '침략자'로 규정하는 계기가 되었을 뿐 아니라 이 과정에서 한미상호방위협정이 체결됨으로써 지금의 한미동맹 틀을 구축하는 계기가 되었다. 한미동맹은 북한의 남침과 군사적 위협을 공동의 위협으로 상정하는 강력한 물리적 틀로서 미군의 남한 주둔을 정당화하는 근거가 되어왔다.[18]

18 탈냉전 이후 미국과 소련의 문서들이 공개되면서 한국전쟁의 성격과 실상에 대한 중요한 연구들이 이루어졌다. 박명림 『한국전쟁의 발발과 기원 1, 2』, 나남 1996 및 박태균 『한국전쟁』, 책과함께 2005 및 김학준 『한국전쟁: 원인, 과정, 휴전, 영향』, 박영사 2010 등.

이 군사협정은 쌍방에 대한 무력위협에 동맹으로서 지원을 약속하는 것이다. 이처럼 미군의 한반도 주둔이 북한의 군사위협을 전제로 하며, 북한은 역으로 주한미군을 자신들의 체제위협으로 간주하는 현실은 지금의 적대가 단순한 정서나 감정, 기억의 차원이 아니라 제도와 체제의 차원에서 작동하고 재생산되는 것임을 보여준다.[19]

1953년 7월 체결된 정전협정은 한국전쟁으로 심화된 적대성을 종식하는 주요한 절차의 하나였다. 구체적으로 이 협정은 유엔군, 중국인민군, 조선인민군 사이에 맺어진 잠정적인 전쟁중단 협정으로서, 현재의 휴전선을 군사분계선으로 정하고 양측 2킬로미터씩을 '비무장화'함으로써 쌍방 간 전투를 중단하고 전쟁을 종식하자는 합의였다. 그러나 이 협정의 조인으로 지금의 휴전선체제, 즉 정전협정체제가 발효되었고 한반도의 전쟁상태를 끝낼 수 있었던 것은 사실이지만 정상적 평화는 보장하지 못했다. 정전협정은 빠른 시일 내에 한반도에 평화협정을 체결할 것을 명시함으로써 그것이 잠정적 조치임을 강조했지만 평화협정 체결은 60년이 지나도록 미루어졌다. 이로써 남북한이 서로를 적대시하는 법적·정치적 조치들도 큰 틀에서 바뀌지 않았고 군사적 긴장이 지금까지 지속되어왔다. 이런 현실은 적대성이 여전히 남북관계를 규정하는 주요한 성격 가운데 하나임을 말해주며 평화체제 구축이 향후 남북관계 적대성의 완화를 위해 매우 중요한 과제임을 또한 일깨운다.

남북 간 적대관계를 규정하는 제도적 요소로는 남북한이 각기 내

19 '주적' 개념을 둘러싼 우리 사회의 논란도 이와 연결되어 있다. 이처럼 남북한이 군사적으로 대치하는 현실을 어떻게 파악하는가는 군사위협, 가상의 적, 전쟁과 테러 등을 다루어야 하는 국가안보적 차원에서 매우 중요한 문제다. 지충남 「대북포용정책과 주적 개념의 조화방안에 대한 연구」, 『한국동북아논총』 제15집, 2000.

부적으로 제정한 법적 조치들도 있다. 북한의 노동당 규약은 여전히 한반도 전역의 사회주의적 통일을 명시하고 있으며 남한을 적대적 대상으로 간주하는 공식·비공식의 통제와 교육도 여전하다. 남한의 국가보안법 역시 북한정권을 드러나지 않는 가장 위협적인 적으로 간주하여 법적으로는 자유로운 왕래와 접촉이 여전히 불가능하다. 남한의 경우 민주화 이래 사회주의 일반에 대한 이데올로기적 거부감이나 레드콤플렉스가 상당부분 약화되었지만, 이미 제도화된 북한과의 적대적 대립을 근본적으로 완화하기엔 부족하다. 비무장지대에 감도는 군사적 긴장과 경계초소의 긴박감은 세계 어디에서도 그 유례를 찾아보기 어렵다. 상대방을 '적'으로 간주하는 현실규정력은 여전한 것이다. 이런 조건은 군사분야의 기능 및 이해와 연결되어 훨씬 더 복잡한 구조가 작동한다. 즉 적의 존재, 적과의 대결의식은 경제난 이후 선군주의를 앞세우고 있는 북한이 전사회구성원을 군사적으로 동원하는 데 가장 긴요한 요소다. 북한이 핵을 개발하고 이를 이용해 국제정치협상을 위태롭게 벌여나가는 바탕에도 적대성을 최대한 협상의 카드로 활용하려는 전략적 사고가 내포되어 있다. 북한에 비해서는 군부에 대한 문민통제 원리가 비교적 잘 작동하는 남한에서도 군사력의 비중은 국력(경제규모)이 유사한 여타 사회에 비해 상당히 크다. 2004년 『국방백서』에서 주적 표기가 삭제된 이래, 북한을 '주적'으로 볼 것인가 여부를 놓고 간혹 논란이 벌어지기도 하지만 북한이 '현존하는 최대의 위협'이라는 점은 부인할 수 없다는 점에서 남북한 군사대립은 제도적 차원에서 자주 재확인된다. 체제안전을 확보하는 '안보'를 가장 중요한 국가적 의제로 삼는 입장에서는 북한을 잠재하는 적 또는 경계의 대상으로 바라보는 시선을 끊임없이 강조할 수밖에 없다. 한마디로 남북 간 적대성은 사회심리나 담론의 차원만이 아니라 제도적 차원에서 완화하려는 노력이 매우 중요하다.

3) 의식과 담론

남북관계의 적대성은 분단과 전쟁을 경험한 세대들에게는 굳이 별도의 교육이 불필요할 정도로 자연스럽게 자리잡았다. 형제와 부모를 전장에서 잃은 사람들에게 상대방은 적대적 대상이고 증오의 표적일 수밖에 없다. 하지만 이런 일차적 경험이 주는 충격은 시간이 흐르면서 완화되기 마련이다. 전후 반세기를 거치면서 전쟁으로 인한 증오심과 적개심을 품은 전쟁세대는 그 수가 지속적으로 줄었다. 상대방에 대한 거부감은 이제 교육과 매체를 통해 습득되는 이차적 지식이 되었다. 북한의 교육과 매체는 미제국주의와 남한체제에 대한 증오심과 적대의식을 강화하는 방향으로 정형화되어 있다. 북한의 주체사상 중심 교육은 김일성-김정일-김정은의 지도자 중심의 체제강화를 지향하는 정도와 비례해 남한사회에 대한 비판과 적대를 강조해왔다. 북한 문학과 공연, 텔레비전 방영물, 영화 등에서 확인되는 기본주제는 거의 동일하여 집합적 정서의 동질성 확보를 주된 목표로 한다. 남한의 공산주의 비판교육도 그에 상응해 북한체제에 대한 경각심과 대립의식을 확산하는 데 주요한 기제로 작동했다. 남한에서 반공교육은 종종 반북교육과 겹친다. 남한의 공교육은 북한의 호전성, 침략성, 비민족성, 억압성 등에 대한 굳어진 이미지를 수십년간 가르쳐왔다. 이런 표준화된 반공의식은 여타 문화영역에도 파급되어 각종 매체, 영상 속에서 재생산되었다.

탈냉전 시기에 들어 이런 적대적 정서는 적어도 남한사회에서는 상당히 약화되어왔다. 이러한 변화의 요인은 1990년대 이후 남한사회가 경험한 정치적 민주화, 세대전환, 레드콤플렉스 소멸 등이었다(박명규 2007). 전쟁세대가 물러서고 전후세대가 사회의 중추가 되면서, 또한 북한체제의 실상이 알려지면서 적어도 정서적 차원에서는 한국전쟁의 상처와 적대감이 희박해지고 대북한 위기의식이나 콤플렉스도 눈에 띄게 약화되었다. 민주화과정에서 대대적으로 전개되었던 '북한 바로 알기' 운동이 짧게나마 북한에 대한 이해와 공감의 정서를 뒷받침하기도 했고, 『태백산맥』을 비롯한 문학작품과 「공동경비구역 JSA」나 「웰컴 투 동막골」 같은 영화가 적대성을 완화하는 데 기여하기도 했다. 2000년 남북정상회담 이후에는 남북교류가 진전되고 금강산관광 등으로 북한을 오가는 사람들이 늘어나면서 소위 민족공조의 힘이 확대되기도 했다. 이런 접촉과 교류가 상대방의 실상을 좀더 정확하게 인식하고 적대적 관계를 완화하게 만든 효과는 매우 컸다. 하지만 이런 변화가 제도적으로 자리잡은 적대성을 근본적으로 바꿀 수는 없다. 남북한의 적대와 불신을 근본적으로 강화해온 조건들은 여전하며 체제를 유지하려는 정치적 의도에 따라 더욱 강화되기도 한다. 가끔 등장하는 간첩사건, 군사적 충돌, 상대방에 대한 험한 언설 등이 대중매체의 파급력과 맞물리면서 적대성과 공격성을 새롭게 재생산·재구성하기도 한다. 2010년의 천안함사건과 연평도포격은 아마도 남북한의 적대적 속성을 가시적으로 인식하게 만든, 또 그것을 더욱 강조해야 한다는 의식을 더욱 강화한 가장 최근의 사례라 할 것이다.

3. 준국가관계

남북한은 1991년 각기 독자적으로 회원자격을 얻는 방식으로 유엔에 동시 가입했다. 탈냉전이 본격화되던 세계사적 순간에 갑자기 전해진 이 소식은 남한사회에서도 여러가지 논란을 불러일으켰다. 1991년 당시 보수와 진보를 대변하던 매체들이 이를 둘러싸고 서로 다른 견해들을 피력했지만 분명한 것은 남과 북이 상대방의 국가적 존재성을 받아들였다는 점이다.[20] 남북의 헌법이 한반도에서는 오직 '하나의 국가'만 존재한다는 원칙을 고수하지만 현실적으로 존재하는 상대방의 존재성 또한 무시할 수 없게 된 것이다. 1992년 발효된 기본합의서에는 이런 현실이 반영되어 매우 독특한 정의가 사용되었다. "통일을 지향하는 과정에서 잠정적으로 형성된 특수관계"라는 표현이 그것이다. 이 특수관계론은 90년대 이래 남북관계의 성격을 지칭하는 핵심개념으로 쓰였다. 하지만 '특수성'과 '보편성'과의 관계를 둘러싸고 적지 않은 이견과 혼란이 남아 있는 것도 사실이다(제성호 1994; 이효원 2006).

유엔 동시가입은 남북관계에 상당히 중대한 의미전환을 가져왔다. 남한은 사회주의권 몰락과 발맞추어 북방정책을 수행해 구소련 및 중국, 동구권의 여러 국가와 수교했다. 북한 또한 미국 및 일본과 수교협상을 진행하여 결국 불발되긴 했으나, 그밖에도 남한과 별개의 국가로서 승인하는 국가들이 급증했다. 사실 유엔 동시가입은 북한이 오랫동안 거부해온 조치였는데 이를 수용할 수밖에 없었던 것은

20 예컨대 1991년에 『한국논단』과 『사회평론』 등의 잡지에서 다룬 '유엔 동시가입 이후 무엇이 달라져야 하나' 같은 논의에서 이런 점을 확인할 수 있다.

전세계적으로 사회주의권이 몰락하는 속에서 체제 자체를 유지하기 위해서였다. 그뿐 아니라 북한의 대외정책은 두 체제의 유지를 더욱 바라는 수동적인 방향으로 바뀌어갔다. 과거에 이데올로기 공세의 차원에서 이야기되던 '2체제 용인론'이 이제 북한체제의 존속에 관건적 원리로 강조되기에 이른 것이다. 북한이 국제기구에 연이어 적극 가입한 것도 1990년대 이후의 일이다. 이처럼 남북관계는 일종의 국가 간 관계와 유사한 준국가관계로 강화되어왔다.

1) 역사적 경험

남북한이 서로를 별개의 국가적 실체로 공인하는 것은 쉽지 않다. 당분간 명시적으로는 불가능할지도 모른다. 하지만 현실적으로 상대방을 국가에 준하는 정치체로 받아들이는 과정은 지난 20여년간 이어져왔다. 흥미로운 사실은 상대방을 독자적 정치체로 인정하는 과정이 남북한이 스스로를 독자적 국가로 이해하는 의식전환과 맞물려 있다는 점이다. 남북한은 2008년 각각 '건국 60주년' 기념행사를 대대적으로 거행했는데 '건국'에 주목하는 논의의 바탕에는 민족국가의 미완성이라는 측면보다는 독자적 국가건설을 더 강조하려는 지향이 뚜렷하다. 실제로 두 국가체제 건설의 당사자이면서도 통일되지 못한 것을 아쉬워하던 세대들이 점차 사라지고 분단구조 아래 태어나 각기 자기 체제를 당연시하며 살아온 세대가 늘어나면서 이런 감각은 더욱 뚜렷해지는 경향이다. 통일한국을 여전히 지향하지만 일상의 정치감각이나 생활영역에서는 각기 현재의 대한민국과 조선민주주의인민공화국을 개별 국가로 간주하는 정체성의 전환이 상당부분 진행되어온 것이다. 남한의 경우에는 1990년대를 거치면서 통일국가가 아니어도 이미 대한민국으로 충분한 근대국가가 이

룩된 것이라는 생각이 커지면서 동시에 북한을 준국가적 실체로 인정할 논리적 여유도 커졌다고 볼 수 있다.[21]

대한민국에 대한 동일시와 자부심이 커질수록 북한체제의 독자성을 인정하는 것도 쉬워진다. 유엔에서 당당히 선의의 경쟁을 벌이자고 주장하는 모습이나 국제기구에서 각자의 대표성을 굳이 방해하거나 거부하지 않겠다는 선언들은 그런 방향으로의 변화를 보여준다. 유엔 동시가입 당시 별다른 거부감이 나타나지 않았던 것은 자신감의 확대가 바탕이 되면서 상대방에 대한 포용력이 커졌기 때문이라 볼 수 있다. 1992년 기본합의서가 남북관계를 준국가적 관계로 간주하게 만드는 획기적 선언이라면 2000년 남북정상회담은 이를 전 세계적으로 뚜렷하게 각인하는 효과를 가져왔다. 남한의 대통령과 북한의 국방위원장이 포옹하고 상대방의 군대를 사열하며 상호 교류와 협력, 통일을 향한 합의문을 발표한 사건은 양자의 독자적 실체성을 명시적으로 확인해준 계기였다.

준국가적 관계가 강조되면서 나타나는 정치적·사회적 결과의 하나는 북한을 향해 국제법적 보편원칙을 강조하는 목소리가 커졌다는 사실이다. 즉 민족관계로서의 특수성을 지나치게 강조하는 것을 비판하며 국가 간 관계에서 흔히 기대되고 중시되는 내정불간섭, 호혜평등, 개방적 상호관계 등을 북한에 요구하는 경향도 커졌다. 북한의 핵개발과 인권 문제는 이런 점에서 '국가적 존재'로서 북한의 책임을 강조하고 압력을 행사하는 국제 레짐(international regimes)을

21 통계적으로 제시할 수는 없지만 수업을 통해 학생들에게 1948년 남북한에 각각 별도의 정부가 수립된 것을 ①민족국가 수립의 좌절과 실패, ②한반도 이남에서만 부분적인 국가건설, ③두개의 국민국가 형성 중 무엇으로 이해할 것인가라는 질문을 던졌을 때 압도적으로 ③을 선택하는 경향이 늘고 있다.

작동시켰다. 핵의 평화적 이용에 대한 주권적 성격과 '비핵화'라는 국제적 규범이 북한의 불투명한 핵전략을 둘러싸고 충돌했고 핵실험 이후에는 더욱 강한 국제적 압력이 작용하고 있다. 현재 가동중인 6자회담은 기본적으로 여러 국가들의 다자간 논의기구로서 기능하고 있는데 미국, 중국, 러시아, 일본과 함께 남과 북이 국제법상의 주권적 존재로 참여하는 것이다.[22]

북한 인권문제에 대한 유엔 결의안 등 국제사회의 압력은 북한의 준국가적 성격을 인정하는 측면과 무관치 않다. 유엔 회원국으로서, 여러 유엔협약의 체결당사국으로서 북한에 대한 국제사회의 요구이자 압력이기 때문이다. 결의안 채택과정에 남한정부가 어떻게 대응할 것인가가 논란이 되기도 했으나, 기본적으로 유엔에서의 논란들이 북한정부의 책임을 전제하는 것이란 점에서 보면 북한의 국가적 성격이 점점 강조되는 것은 분명해 보인다. 2007년 대선 당시 이명박(李明博) 후보는 이제 남북관계가 특수한 관계로서가 아니라 보편적 국제기준에 따라 평가되고 조정되어야 한다는 주장을 폈다. 이 발언에 기초해 통일부를 폐지하고 외교부가 북한관계를 다루는 것이 더 합리적이라는 주장도 나왔다. 실제로 이명박정부는 출범 초기에 통일부 폐지론을 심각하게 고려했던 것으로 알려졌다. 이런 사고의 바탕에는 북한을 더이상 적대적 대상으로 간주하지도 않지만 그렇다고 '특수한' 민족관계로서 바라볼 필요도 없다는 냉정한 현실인식이 깔려 있다. 다시 말해 북한도 독립된 국가성을 지닌 주체이니만큼 국

22 6자회담이 눈앞의 과제, 즉 북한의 핵문제를 해결하기 위한 일시적 틀이 아니라, 장기적으로 동아시아의 갈등관리와 평화구축을 위한 다자협력체제로 발전할 것을 기대하는 목소리도 있다. 만일 논의가 이런 방향으로 진행된다면, 북한은 더더욱 하나의 주권적 정치체로서 책임과 의무를 분담하는 주체가 되어야 할 것이다.

제사회의 보편적 기준에 따라 대응해야 마땅하다는 것이다.

2) 제도적 기반

남북관계를 국제관계의 보편적 틀 안의 국가관계에 준하는 것으로 보게 만드는 데는 특히 탈냉전 이후 한반도 안팎의 변화가 중요하게 작용한다. 우선 남북한의 유엔 동시가입이 가져다주는 국제법적 효과를 들 수 있다(장명봉 외 1992). 남북한이 별개의 의석으로 유엔 동시가입을 수용했다는 사실, 유엔을 무대로 진행되는 국제외교와 국가 간 질서에 남과 북이 별개의 주체로 참여하고 대화하며 상호 작용한다는 점은 준국가적 성격을 뒷받침하는 중요한 제도적 기반이다. 또한 남북한을 각기 별개의 국가로 인정하는 동시수교국이 다수 존재하는 국제질서도 중요한 배경을 이룬다. 예컨대 중국의 경우 종종 '한반도에 존재하는 두 국가'라는 입장을 공식적으로 표명한다. 베이징에는 대한민국 대사관과 더불어 조선민주주의인민공화국 대사관이 상주하는데 이처럼 중국 외교부는 남과 북을 별개의 외교관계로 관리한다.

2012년 1월 현재 북한은 세계 161개 국가와 외교관계를 맺고 있다. 미국과는 아직 국교를 정상화하지 못했지만, 미국의 공공기관이 제공하는 세계정보를 보아도 북한은 하나의 독자적 국가로서 취급된다. 미국과 일본마저도 북한을 국가로 인정하고 외교관계를 맺게 될 경우, 남북한은 양 당사자를 제외하고 거의 모든 주요한 국가로부터 별개의 주권국가로 인정받는 상황을 맞게 된다.

이런 세계적 환경은 불가피하게 남북관계의 준국가적 성격을 강화할 것이 분명하다. 북한 핵개발은 과거의 4자회담이나 2012년 1월 현재의 6자회담 틀에서 보듯 기본적으로 다자주의적 국제관계의 의제가 되어 있다. 북한의 도발에 대한 국제사회의 압력 역시 유엔을 통해 다자적 방식으로 개입하지 않을 수 없는 측면이 있다. 탈북자들에 대한 남한정부의 대응도 단지 헌법상 자국민이라는 관점에서만 접근할 수 없는, 주변국과 외교적 조율이 불가피한 의제가 되었다.[23]

남한에도 북한의 준국가적 상대성을 제도화한 법률과 조치가 존재한다. '남북교류에 관한 법률'은 북한과 '특수관계'를 전제로 하는 한편으로 북한에 준국가적 성격을 부여한 측면도 있다. 남북 교류와 접촉이 확대될수록 쌍방의 권한과 책임을 공유하는 방식이 확대되고 발전할 가능성이 높다. 하지만 남북관계를 '국가관계'로 규정하는 것은 위헌의 소지가 크고 현실적으로도 '민족 내부거래'를 '국제교역'으로 간주하게 만든다는 점에서 받아들여질 수 없다. 이렇게 준국가적 관계는 남북관계에서 명백한 '제도화'의 과정을 밟는 데 애매함과 어려움을 수반하면서도 일정하게 확대되어갈 것으로 예상된다.

3) 의식과 담론

북한을 별개의 국가적 존재로 인정하고 남북관계를 '준국가관계'처럼 인식하려는 의식이 조금씩 커져왔지만 이런 생각을 명시적으로 표명하거나 강조하는 담론은 뚜렷하지 않다. 공교육이나 대중매체, 정치인의 언설 등 어느 곳에서도 남북관계를 준국가적 성격으로 보아야 한다는 주장을 선뜻 앞세우지는 못한다. 이는 남북관계가 현실적 성격 못지않게 당위적 지향성을 요구하는 특수관계라는 점을 반영한다.

23 이 때문에 국적법의 규정과는 별도로 남북한 특수관계론에 입각해 당분간 남한적, 북한적을 별개 범주로 구성할 필요성이 제안되기도 한다. 제성호 「한국 국적법의 문제점 및 개선방안」, 『국제인권법』 제4호, 2001.

그럼에도 불구하고 최근 들어 준국가적 성격을 강조하는 견해들이 등장하는 것도 사실이다. 뉴스 시간에 대한민국 국기와 북한의 국기가 나란히 있는 회담장이나 홍보물이 별다른 여과 없이 전파를 탄다. 남북 외교장관회담이나 각종 대표회담을 전달하는 뉴스들은 암묵적이지만 북한의 독자성, 당사자성을 일깨우는 데 기여한다. 특히 북한에 호불호의 감정을 품지 않은 젊은 세대에게 북한은 적개심이나 동족애를 동반하지 않는 이웃국가로 간주되는 경향이 있다. 최근의 여러 의식조사를 보면 젊은 세대에서 북한의 당사자성을 어느정도 인정해야 한다는 반응이 좀더 분명하게 나타나는 추세이며, 북한을 별개의 국가적 실체로 간주해야 한다는 의견이 늘고 있는 점은 주목할 만하다. 이는 특별한 이념적 지향이나 정치적 판단이 작용해서라기보다 자연스런 정서적 변화의 귀결일 것이다.

예상컨대 머지않은 장래에 본격적으로 북한의 국가성에 주목하고 이를 승인하자는 주장 내지 논의가 부상할 가능성이 있다. 북한의 정치적 실체를 용인하려는 태도는 북한의 현실적 주권성을 용인하려는 진보적 관점에서뿐만 아니라 북한책임론을 앞세워 체제비판을 강화하려는 보수적 관점에서도 마찬가지로 설득력을 얻을 수 있다. 또한 민족중심적 사고에 대해 비판적 견해가 늘고 있는 현재의 탈민족적·다문화적 경향에서도 비슷한 모습이 나타날 수 있다. 이러한 추세는 남북관계에 대한 국제적 개입, 현실주의적 대처가 불가피해질수록 더욱 분명해질 것이다. 세계화의 진전과 다문화적 상황의 확대로 고전적 의미의 민족 범주가 상대화될수록 국가적 속성은 더욱 강조될 것이다. 무엇보다도 남한사람들의 대한민국에 대한 동일시가 늘어나는 것이 북한의 국가성을 용인하거나 강조하는 경향으로 이어질 수 있다. 다만 이러한 경향이 남북관계가 통일을 지향하는 민족적 특수관계임을 부인하는 단계로까지 나아가기는 쉽지 않을 것이다.

4. 세 차원의 결합양식과 그 변화

지금까지 서술한 세 관계양식은 공존하기 어려운 모순적 측면을 지닌다. 동족이자 적, 또한 별개의 주권적 실체라는 것을 동시에 용인하기란 심리적으로나 정책적으로나 쉬운 일이 아니기 때문이다. 현실적으로는 이들 세 차원이 동일한 힘을 행사한다기보다 특정 부분이 주도적 영향력을 미치는 방식으로 구조화되어 있다. 특히 냉전시기에는 북한을 적으로 보는 시선이 매우 강한 지배력을 행사했음은 두말할 필요가 없다. 하지만 지난 20여년간 남북관계의 성격에 적지 않은 변화가 나타난 것도 사실이다. 이 변화는 이들 세 차원의 어느 하나가 소멸되거나 없어진 것이 아니라 상호 간의 힘의 우열, 연결방식에 변화가 생겼음을 의미한다.

탈냉전 이후의 변화는 크게 보면 적대성의 약화, 민족관계의 강화라는 방향성을 지닌다. 하지만 이 변화의 성격과 통일이라는 미래가치 사이에는 크게 두가지 쟁점이 존재한다. 첫째는 적대성의 완화가 얼마나 실질적이고 불가역적인 변화인가라는 점이고, 둘째는 적대성의 약화가 민족관계의 확대로 이어질 것인가 아니면 한반도의 두 체제 간 차이를 심화할 것인가라는 점이다. 이 쟁점들은 지금도 남북관계의 성격을 둘러싸고 벌어지는 이념적 논란과 정치적 입장 차이에 고스란히 드러난다.

1) 적대성의 완화 여부

분단 직후 남북관계는 오랫동안 적대성이 주도해온 것이 사실이다. 특히 한국전쟁 이후 남북관계는 기본적으로 국가안보, 체제유지를 최우선으로 하는 맥락에서만 고려될 수 있었다. 상대방을 용인하는 것은 차치하고라도, 서로 만나는 것조차 엄청난 책임이 따르는 금단의 행동이었다. 하지만 1980년대 후반을 거치면서 적대성이 점차 완화되었고 1992년 기본합의서가 체결된 이후 남북관계는 '통일을 지향하는 과정에서 잠정적으로 형성된 특수관계'로 규정되기에 이르렀다. 이후 햇볕정책이 펼쳐지면서 남북 교류와 협력이 활발해졌고 이에 따라 적대성이 더이상 중요한 변수가 되지 않는 것처럼 보이는 상황도 나타났다. 적대관계의 이러한 현상적인 약화가 얼마나 실질적이고 불가역적인가에 대해서는 서로 다른 견해가 존재한다.

우선 적대성의 약화를 강조하는 입장에서는 이제 남북 간의 적대관계가 눈에 띄게 완화되었고 대신 민족관계의 회복과 공동체적 연대성의 강화가 나타난다고 본다. 이 관점은 분단과 통일, 이데올로기와 민족정체성을 상호대립적으로 파악하는 경향이 있다. 따라서 적대성의 소멸은 자연히 민족적 유대감과 정체성의 강화로 이어질 것으로 간주한다. 이 입장은 분단을 민족의 뜻과 무관하게 '덧씌워진' 굴레이자 족쇄로 간주하는 관점과 친화력이 매우 높으며 그에 따라 대중 정서와도 손쉽게 연결된다. 이런 시각은 남한정부의 공식적 통일정책인 '민족공동체 통일방안'에서도 확인된다. 즉 남북관계가 적대적 대결을 마감하고 점차 쌍방의 실체를 인정하면서 교류·협력하고 체제인정을 통한 남북연합적 공존을 이루게 되면 그런 흐름이 궁극적으로 '민족공동체'로의 통합을 강화할 것이라는 견해다. 이러한 기대는 남북한 교류협력의 근간을 이루는 전제이기도 하다. 북한이 강조해마지않는 '우리 민족끼리'라는 문구도 분단의 '외세규정적 성격'을 강조하면서 민족 부문의 강화를 지향하는 논리라 할 수 있다. 특히 2000년 남북정상회담 이후를 새로운 시대라고 규정했던 사람들은 적대성 해소와 새로운 단계의 이행을 역사적이면서도 불가피한 흐름으로 간주했다. 여러 논자들이 '6·15시대'를 매우 중요한 시기로 구분하려 했던 이유도 적대성의 해소가 민족관계를 강화하는 전환점이 된다고 보았기 때문이다. 6·15공동위원회 남측본부에서 발표했던 몇몇 성명서의 내용이나, 햇볕정책 아래에서 추진되었던 각종 공동사업의 발표문 등에서 확인할 수 있는 것은 모두 이런 유형에 속한다. 남북한의 적대성이나 대결적 성격은 이미 '과거'의 일로 간주하고 현재와 미래는 민족적 통합이나 최소한 공존 가능한 체제로서 연합이 가능할 것이라는 구상이 이에 해당할 터이다.

이 입장의 타당성을 뒷받침할 만한 현상들을 찾아내기란 그다지 어렵지 않다. 무엇보다도 1990년대 이후 남북관계의 전반적 개선과 각종 교류협력의 진전으로 '적대성'이 현저하게 약화된 것이 사실이다. 남북한의 최고지도자 간에 정상회담이 이루어지고 서로 간에 불가침과 적대행위 중단을 약속한 것은 매우 중대한 일이었다. 뒤이어 남북교류지원법이 만들어지고 합법적으로 남북한 교류와 접촉이 가능해진 것이나 개성공단이 문을 연 것이 적대관계의 해소를 의미한다고 볼 여지 또한 충분하다. 금강산관광을 통해 북한을 가본 국민들이 늘어나고 언론매체를 통해 북한의 정보가 다수 전해지면서 국민의 의식 속에서도 북한을 적대시하는 관점이 눈에 띄게 줄어들었다. 여기에 냉전적 대립에서 벗어나야 한다는 당위론이 분단극복의 지향점과 연결되면서 적대성의 약화 내지 소멸을 당연시하는 분위기가 확대되었던 것이다.

하지만 교류 확대와 접촉의 증대, 겉으로 드러나는 분위기의 호조가 남북 간에 구조적으로 자리잡은 적대성을 충분할 정도로, 또 불가역의 상태로까지 약화했는지는 생각만큼 명확하지 않다. 이와 관련해 노무현정부 이후 남북관계의 성격전환에 주목해볼 필요가 있다. 2005~2006년은 남북 간 교류협력의 차원에서는 매우 큰 진전이 있었지만 바로 그 시점에 북한은 핵실험을 강행하여 남한 주민들의 대북인식에 부정적 영향을 미쳤다. 다시 말해, 이명박정부의 출범이 남북관계의 악화를 심화한 측면이 분명히 있지만 그에 못지않게 북한 핵실험 이후 남북관계에 대한 인식의 전환이 보수정권의 출범을 가져온 측면도 무시할 수 없다. 이는 남북교류의 확대와 남북한 내의 체제위기감이 동시에 존재할 수 있음을 보여준다. 이와 더불어, 서울대학교 통일평화연구원의 의식조사에 따르면 이미 2006년부터 북한에 대한 비판적이고 부정적인 견해가 늘어왔다. 이는 교류의 진전과 함께 북한의 실상을 더욱 많이 알게 되면서 '우리 민족끼리'를 강조하는 민족론과 현실적인 사회적·경제적 책임성, 상호성의 불일치가 점차 문제로 부각되었기 때문이다.

남북관계의 적대성 약화가 과연 불가역적 상태로까지 진전되었는가에 관한 회의적 의견도 강하다. 무엇보다도 정치적·군사적 차원의 대결과 불신이 제도적으로 해소되지 못했다. 군사분계선을 둘러싼 남북 간 무력대치는 겉으로는 다소 완화된 면이 없지 않지만 본질적으로는 그 성격에 아무런 변화가 없다. 기본합의서에서 남북 간 군사회담을 정례화했지만 군사분야의 대화나 협의는 제대로 이루어지지 못했고 평화군축을 위한 노력은 첫걸음도 떼지 못했다. 2010년 천안함사건과 연평도포격은 남북관계의 적대적 대립이 언제라도 가시화하고 실제 전쟁상태로 비화할 가능성이 있음을 보여준다.

2000년 6·15공동선언이 '평화'문제에 관해 아무런 내용을 담지 못했다는 점이 비판의 대상이 되는 것도 이런 점에서 타당하다. 북한이 남한의 주권적 위상을 어디까지 존중하는지 논란인 가운데 노동당 대남전략의 기본노선이 완전히 변화했는지도 불투명하고, 더구나 2006년 북한의 핵실험은 군사적 대결의 수준을 다른 차원으로까지 확대했다. 아이러니하게도 북한은 6·15공동선언은 강조하면서도 기본합의서에서 약속한 쌍방의 실체 인정과 각종 교류의 제도화는 인정하려 들지 않았다. '우리 민족끼리'를 늘 강조하면서도 교류와 협력을 상세히 제도화하기보다는 선택적 의제에 한정된 정치적 타협을 더욱 중시했고 특히 핵과 같은 주요의제는 오로지 미국과 논의하려 했다. 남한의 정치체제, 즉 다원적 자유민주주의 자체를 인정하고 다양한 내외의 목소리에 귀기울이지 않으며, 남한 내 정치·사회세력 중 일부와만 대화하려는 경향이 여전하다. 그런 탓에 북한이 전통적인 대남전략인 혁명노선을 포기했는지 의심스럽다는 지적을 받기도 한다. 남한 역시 북한을 국가안보를 위협하는 최대의 가상 적으로 간주하는 틀을 말끔히 털어버리지 못하고 있다. 국가보안법은 여러가지 법적 논란을 거치면서도 현실적으로 불가피하다는 의견이 여전히 힘을 얻는 실정이다.

2) 민족관계와 준국가관계

민족관계를 최종적 단계로 간주하는 입장에서 적대성의 완화는 곧 동족으로서의 민족관계 강화로 이어질 것이다. 여기서 준국가적 관계라는 것은 그 중간단계를 '잠정적'이라고 지칭하는 것으로 파악된다. 반면 준국가관계를 오히려 최종 상태로 간주하는 견해가 있을 수 있다. 이 견해는 적대관계의 약화가 민족관계의 강화를 가져올 것은 분명하지만 결국은 준국가적 관계를 확대·강화할 것으로 파악한다. 이런 입장에서는 설사 상호 간 적대성이 약화된다고 해도 한반도에 두개의 국가가 실질적으로 존재하는 현실이 손쉽게 해체되거나 부정될 수 없다고 본다. 나아가 궁극적인 한반도의 미래전망을 민족으로서의 동질성 회복에서 찾기보다 한반도의 두 국가 두 체제가 평화롭게 공존하는 가운데 새로운 미래질서를 구축할 가능성에서 찾는다.

향후 북한과 미국, 일본 간 외교관계가 수립되고 북한이 국제질서 아래에서 정상적인 국가의 위치를 점하게 될 경우 남북한 간의 적대성이 완화되고 민족관계가 강화되는 측면 못지않게 각기 별개의 국가성이 뚜렷해질 가능성이 높다. 그렇다고 남북관계가 여느 국가 간 관계처럼 될 수는 없겠지만 '준국가적 관계'가 다방면에 걸쳐 부각될 것이다. 현재 남북 간 왕래의 제도화 상황을 보면 내용 면으로는 국경이동에 준하면서 형식상으로는 국경이동이 아닌 것으로 정의되어 있다. 즉 여권 대신 방문증이 발급되고 비자 대신 출입허가인이 발급되며 출입국이라 불리지는 않지만 '출입경'이라는 유사한 절차를 밟는다. 당연히 쌍방의 관할부서에서 출입국 절차에 준하는 출경과 입경의 점검과 허가를 수행하고 있다. 이후에 제도화가 좀더 진척될 경우 남북 간 대화 및 의견조율을 위한 상설기구가 만들어지고 상호출장소 같은 것이 설립될 수도 있다. 앞으로 남북 간 적대성이 완화되고 관계가 정상화될 경우 국가관계라 이름할 만한 속성이 좀더 강한 힘을 지니고 대두할 가능성이 높다.

어느 쪽을 강조하든 이런 진화론적 사고는 탈냉전기 이후 남북관계의 변화를 적절히 설명하는 측면이 있지만 동시에 여전히 무시할 수 없는 적대성을 고려하지 못한다는 측면이 있다. 정치적·군사적 대립상황을 극복할 수 있는 과정이나 방안을 미처 마련하지 못한 채 그 약화를 전제하거나 가정하는 경향도 없지 않아, 단순히 희망 섞인 정서나 이상론에 치우친다고 비난받기도 한다. 뿐만 아니라 민족적 요소에 대한 무비판적 전제가 비현실적이라는 지적도 안팎에서 제기된다.

현재로서는 세 속성이 병존하면서 독특한 구조적 틀을 이루는 것이 남북관계의 특수한 현실이라고 보는 것이 타당할 것이다. 남북한은 적대성과 의존성, 개별성과 상호부정성을 함께 지니면서도 그 틀의 재생산과 지속성을 강화하는 제도적 동력이 내재하여 쉽사리 어느 한쪽으로 전환하는 것이 쉽지 않다. 적대성이 완화된 듯 보이는 2000년대에도 제도적으로나 구조적으로는 결코 남북의 무력대립과 체제대결을 줄이지 못했다. 오히려 남북의 사회적·경제적 교류가 확대되는 동시에 자칫 정치적·군사적 대결과 긴장이 구조적으로 더 심화될 가능성도 있었다. 북한 입장에서 남한은 동족이자 협력의 대상이기도 하지만 그보다는 북한체제에 대한 궁극적 위협 대상이기 때문에 구조적으로 대립성을 완화할 수 없는 것이다. 북한이 손쉽게 개혁개방의 길로 나가지 못하는 이유를 남한의 존재에서 찾는 견해도 이와 같은 입장에 있다고 할 수 있다. 하지만 이 굳어진 정서를 바꾸어내는 힘 또한 남한과 북한, 주변 당사국들에게 있다. 적대성을 줄여나가는 한편 민족관계와 준국가관계의 양면성을 지혜롭게 조화해나가려는 집합적 노력이 필요하다.

제2장

비대칭적 분단국체제론

1. 남북관계 이론화의 현황과 과제

남북관계는 1992년 기본합의서에서 '쌍방 사이의 관계가 나라와 나라 사이의 관계가 아닌, 통일을 지향하는 과정에서 잠정적으로 형성되는 특수관계'라고 규정되었고 지금도 남북 간에는 이 논리가 통용된다. 이 특수관계론에는 전세계의 탈냉전과 한반도의 냉전상황 사이에 존재하는 불일치성이 반영되었다. 즉 사회주의권이 몰락하고 남북한 유엔 동시가입이 이루어진 상황에서 기존의 적대적 남북관계를 대체할 새로운 틀이 미처 창출되지 못한 과도기의 상태를 반영한 개념적 틀이다.

1990년대 이후의 남북관계는 바로 이 특수관계 논리를 바탕으로 이루어져왔다. 남북한은 서로의 체제를 인정하고 상호존중과 신의의 관계를 유지하면서도 일반 국가관계와는 다른 민족 내적 관계라는 점에 근거해 남북관계의 새로운 장을 열었다. 2005년 12월 제정된 '남북관계발전에 관한 법률'도 "남한과 북한의 관계는 국가 간의 관계가 아닌 통일을 지향하는 과정에서 형성되는 특수관계다"라고 정의하고 그에 기초해 "남한과 북한 간의 거래는 국가 간의 거래가 아닌 민족 내부의 거래로 본다"(제3조 1, 2항)고 명시한다. 이처럼 특수관계론은 남북관계의 불확실하고 모순적인 여러 측면을 규율하는 데 필요한 법적·논리적 근거를 제공함으로써 탈냉전시대로 이행하는 과정에서 서로의 정치적 실체를 받아들이고 상호관계를 정립해가는 데 크게 기여했다.

하지만 이 특수관계론은 현실에 필요한 유연함을 제공하는 만큼 표준화하기 어려운 난점도 내포한다. 각각의 정치적 관할지역도 아니면서 그렇다고 외국도 아닌 상대방과의 관계를 단지 '잠정적 특수관계'라고 확인하는 것만으로는 뒤따르는 다양한 문제들을 충분히 조정할 수 없기 때문이다. 따라서 구체적 현안이 생길 때마다 정치적 논란이 뒤따를 가능성이 있는데 실제로 남북의 교류와 협력이 진행되면서 나타난 많은 논란들은 이런 측면과 무관치 않다. 이 논리가 법적 정합성보다는 상황적이고 실용적인 개념이라는 지적도 이런 맹점을 잘 보여준다(이상훈 2004, 31면).

제2장은 남북관계의 특성으로 지적되는 '잠정적 특수관계'의 성격을 좀더 구체적이고 체계적으로 이해하려는 노력의 일환이다. 물론 법적 엄밀성의 잣대를 들이대려는 것은 아니고 그렇다고 정치적 상황론을 전개하려는 것도 아니다. 기본 의도는 남북관계가 보여주는 특수성과 잠정성을 적절히 포착할 수 있는 사회과학적 개념을 구성함으로써 앞으로 남북관계에 대한 종합적 이해를 가능케 할 지적 도구를 제공하고자 하는 것이다. 핵심요지는 남북관계의 특수성을

구성하는 원리가 분단 60년을 지나면서 일부 변했고 그 변화를 반영하는 새로운 개념화가 필요하다는 것이다.

2. '잠정적 특수관계'의 성격

기본합의서의 '잠정적 특수관계'에서 언급된 특수성은 분단 이후 민족사와 국가사의 불일치와 괴리를 근간으로 한다. 이에 관해서는 많은 사람이 공감을 표했고 기존의 논의가 충분히 밝히고 있다. 하지만 기본합의서가 체결된 지 20년 가까이 되면서 그간의 변화가 충분히 반영되지 못한 까닭에 현 시점의 특수성을 정확하게 설명하는 데는 한계가 있다. 그 한계는 기본적으로 남북한 관계를 국가/민족의 두 차원에 기초해 이해하는 틀에서 비롯된다. 즉 현재 남북관계는 정치공동체로서의 국가적 차원과 역사적·문화적 공동체로서의 민족적 차원이 불일치하는 상태다. 따라서 이 관계는 양자의 긴장을 해소하고 통합하려는 지향이 강하게 작용하는 관계로 여겨져왔다. 하지만 이미 60년이 넘도록 서로 다른 체제를 발전시켜온 한반도의 현대사, 다시 말해 남북한 주민의 생활세계의 차이와 이질성을 적절히 반영하지 않으면 현실적인 설득력이 떨어질 수밖에 없다. 냉전시기에는 이 차이를 정치적 대결과 동일시할 수 있었지만 탈냉전과 세계화의 시대에는 더이상 그런 방식은 설득력이 없으며 국가영역과 구별되는 사회적 공간, 집합적 생활세계의 경험을 반영하는 틀이 필요하다. 하여 지난 60년간 남북한 각각의 체제 아래에서 경험한 변화의 총체적 내용을 남북관계의 특수성을 설명하는 주요한 부분으로 포함하기 위해 지금까지의 국가/민족 이원모델에서 국가/민족/사회의 삼원모델로 전환할 필요가 있다는 점을 강조하고자 한다. 아래에서는 이 삼원모델을 적용하는 데 새롭게 덧붙여야 할 사회적 차원이란 무엇인지를 네가지 수준에서 좀더 자세히 설명하고자 한다.

1) 남북한 주체의 특성: 정부, 민족, 민간

남북관계 '특수성'의 핵심은 남한과 북한이라는 두 정치체가 통일을 지향하면서도 서로 대립한다는 사실에 있다. 여기에는 두개의 원리가 내재한다. 하나는 한반도에는 같은 민족에 의한 하나의 국가가 오랫동안 존속해왔고 앞으로도 그래야 한다는 논리이고, 또 하나는 1945년 이후 한반도에는 두개의 서로 다른 주권적 정치체가 구성되었고 그 현실을 존중할 수밖에 없다는 논리다.[24] 이 양자의 불일치가 배경이 되어, 별개이지만 하나를 지향하는 관계, 둘로 나뉘어 있으나 언젠가는 하나가 될 것으로 보는 관계가 남북한 특수성의 근간으로 여겨지는 것이다.

정치공동체 차원에서 본다면 남북한은 각기 배타적 주권을 행사하는, 사실상 두 국가를 대표하는 각각의 정부가 상호작용의 주요한 주체가 된다. 실제로 남북 간 모든 관계에서 정부 당국자의 권한과 책임, 역할은 막중하다. 물론 남북한 정부 간에는 현실의 필요성과는 별도로 상대방의 국가성이나 주권성을 인정하기 어려운 딜레마가 있다. 한반도에 두 국가의 존재를 인정할 수 없는 헌법과 민족사의 규정 탓에 각종 공식문건에서도 각각의 국호 대신 '남과 북' 또는 '쌍방'이라는 표현을 사용하고, '서로의 내정에 불간섭'한다는 원칙

24 구갑우(具甲祐)는 이것을 분단논리와 국가논리로 설명하며, 전자가 민족사적 시간성을 중시하는 역사학의 이론화라면 후자는 국제정치학 같은 사회과학의 이론화라고 대비한 바 있다. 구갑우 『비판적 평화연구와 한반도』, 후마니타스 2007, 109~20면.

을 빌려 두 정부 간의 특수관계를 수용한다. 남북 간 상호교류나 인적·물적 이동을 국제관계의 일반 원칙과 구별되게끔 관리하는 방식도 마찬가지다. 결국 정치적 주체 차원에서 남북관계의 특수성을 바라보면 일반 국가관계와는 다른, 적대적 분단체제를 구성하는 두 정치체가 빚어내는 특이한 상호작용에서 그 실체를 이해할 수 있을 것이다.

남북관계와 일반 국가관계의 가장 큰 차이점은 양측 모두 현재의 질서를 '잠정적인 것'으로 간주한다는 점이다. 다시 말해 현재의 남북한은 언젠가는 하나로 통일되어야 한다는 신념을 공유한다는 점이 가장 특이하다. 이러한 신념의 바탕에는 현존하는 두 정차체를 넘어서는 단일한 주체가 존재한다는 믿음이 있다. 이는 남북한이 하나의 민족이며, 하나의 국가를 지향하는 민중적 지향이 존재한다는 확신에 근거한다. 통일을 강조하는 논의가 흔히 정부 차원을 넘어 추상적일 수밖에 없는 '민족'을 앞세우는 이유는 민족이라는 주체가 남북분단을 극복하고 통일을 이루어야 할 필연성을 뒷받침한다고 생각하기 때문이다. 최근 한국현대사 서술을 둘러싸고 국가 중심 역사와 민족 중심 역사 간의 긴장이 표출된 것도 체제/민족의 불일치와 모순이 반영된 것이라 할 수 있다.

하지만 이 양자의 대립과 긴장만으로는 21세기 한반도의 남북관계를 정확히 설명하기 어렵다. 앞서도 언급한 것처럼 국가공동체를 중심으로 한 이해나 역사문화공동체에 기초한 민족 중심의 이해로 포괄되지 않는 비정치적이고 현재진행형인 영역이 매우 중요해지고 있기 때문이다. 국가나 민족의 경계가 갈수록 무의미해지는 경제영역, 다양한 공간에서 주체적으로 활동해가는 시민사회영역, 전통 민족문화의 범주를 넘어 융합되고 공존하는 다문화적 생활영역에 주목하지 않을 수 없는 것이다. 이런 영역들에서 작동하는 주체는 더이상 국가나 체제 또는 민족 같은 거대하고도 동질적인 주체로 포괄되지 않는다.

이처럼 한반도 한편에서 고도로 진전되고 있는 계층적·직업적·문화적 분화는 국가와 민족이라는 두 차원만으로 남북관계의 현재와 미래를 설명하지 못하게 만들고 있다. 예컨대 기업, 종교, 학술, 스포츠 등 독자성을 확보한 시민사회의 주체들은 심지어 개별 국가나 민족 단위를 초월해 다국적·초국적 활동까지 벌이고 있다. 실제로 탈냉전과 세계화의 흐름 속에서 경제활동, 환경운동, 의료지원, 종교교류, 학술협력 같은 다양한 활동 속에 이런 비정치적 주체들의 역할은 커지는 추세다.[25]

문제는 이런 변화를 남북관계의 이해에 어떻게 반영할 것인가다. 북한에는 남한에 대응할 만한 민간 부문이 거의 없기 때문에 남북관계 면에서 민간 부문의 비중이 크게 주목받지 못하는 측면이 분명히 존재한다. 하지만 그럼에도 불구하고 사회적 다원화가 상당부분 진전된 한국사회의 질적 전환을 고려하지 않은 채, 여전히 남북관계를 체제와 민족의 논리로만 설명할 수 없는 것도 사실이다. 이제 남북관계의 특수성을 주체의 차원에서 논할 때 남북의 정부관계만이 아니라 민간 부문도 독자적 주체로서 고려해야 할 때가 되었다. 이런 주장은 남북관계를 정권담당자들에게만 맡기지 말고 시민대중이 주체로서 참여해야 한다는 견해와도 연결된다. 하지만 이런 주장이 당위

25 예컨대 사회문화, 경제협력 분야에서 중요한 행위자로 참여한 시민단체나 기업, NGO 들은 단순한 정책대리자가 아니라 그들 스스로가 독자적인 행위주체로서 남북협력 거버넌스의 주요한 몫을 담당해왔다. 이교덕 외 『남북한 사회문화협력 거버넌스 활성화방안』, 통일연구원 2007.

나 정치적 제스처로 제기되는 것만으로는 불충분하다. 시민사회의 확대와 더불어 정치적인 것의 성격 자체가 달라지는 21세기적 상황이 실질적으로 반영되어야 한다. 이를 위해서는 남북관계에 다양한 사회주체의 자발적 영역과 활동공간을 수용하는 것이 필요하다. 남북관계에서 늘 중시되는 국민적 동의라는 것도 추상적인 국민 일반의 심정적 지지라기보다 시민사회 다양한 주체의 관심과 활동을 종합적으로 반영한다는 의미로 이해할 필요가 있다.

2) 양자관계의 특수성: 적대성과 포용성, 그리고 비대칭성

남북한 당사자의 성격이 특수한 만큼 그 관계의 성격에도 적대성과 포용성이 공존해왔다. 적대성은 지난 60년간 줄곧 지속되어온 구조적 속성의 하나인바, 주로 정치적·군사적 차원 즉 국가 차원의 특징이라 할 수 있다. 이데올로기적 분열, 민족상잔의 전쟁, 정전체제의 장기지속, 정치적·군사적 대립과 불신, 체제경쟁과 문화적 이질화 등 거의 모든 측면에서 나타나는 적대성은 권력주체로서의 국가 차원을 고려할 때 현실적으로 강한 근거를 지닌다. 이에 반해 민족공동체의 일원으로서 통일의 당위를 내세울 경우에는 한민족이라는 차원에서 포용성을 강조하게 된다. 1990년대 이후 남북 간 교류가 진전되면서 민족 내적인 동질성과 포용성이 널리 인식되어온 것도 사실이고 6·15공동선언 체결 이후 널리 쓰이는 '우리 민족끼리' 정신도 이런 민족공동체적 논리에 기초한 포용성을 주장하는 것이라 할 수 있다.

현실에서는 이처럼 서로를 잠재적 적국으로 간주하는 시각과 단일민족의 형제국으로 보는 관점이 똑같이 용납된다. 남한의 사회구성원들은 적대성과 포용성을 양 끝으로 하는 스펙트럼 사이 어딘가에서 스스로의 입장을 취할 수밖에 없고 정부의 정책도 이 양자 사이에서 오가는 경향을 보인다. 보수와 진보도 이런 위치설정과 매우 밀접하게 연관되어 있다. 하지만 남북관계를 이렇게 두 차원으로만 파악하는 것은 지난 20여년간의 변화를 반영하지 못한다. 탈냉전 이후 남북관계에는 적대성과 포용성 두 차원만으로는 설명되기 어려운 부분이 뚜렷하게 형성되고 발전해왔기 때문이다. 이 부분은 다양성과 자발성을 핵심으로 하는 사회적 차원에서 구성되는 제3의 영역이라 할 수 있다. 여기서는 국가나 민족이라는 전체 차원이 아니라 개인이나 집단 차원의 독자적 활동이 중심이 되므로, 다양하면서 이질적이고 복합적이면서 자율적인 관계성이 특히 부각된다. 기업이 주로 참여하는 남북 간 경제관계는 성격상 적대성과 포용성의 틀로 포착하기 어려운 상보성이나 의존성에 기초하며 다양한 비정부기구 역시 각각의 특수한 관심과 영역에서 자기 활동을 전개한다. 이들에게서는 정치적 관계에서 기대되는 일사불란한 원칙이나 입장을 찾기 어렵고, 스스로 원하지 않으면 언제든지 자기 활동을 변경하거나 중단할 수 있는 자발성과 가변성이 두드러진다. 내부의 여러 목소리 사이에는 갈등과 불일치도 적지 않다.

현재 남한에서는 자발성과 가변성을 동반하는 이런 사회적 관계가 매우 활발하게 진행되지만 북한에서는 이를 좀처럼 찾아볼 수 없다. 이는 남북관계의 성격이 갈수록 독특해짐을 보여준다. 사회적 차원의 이런 질적 차이가 남북관계에 반영되는 특징은 '비대칭성'으로 개념화할 수 있다. 비대칭성은 성격이 서로 다르기 때문에 빚어지는 질적 차이, 역할과 상호기대의 체계가 동질적이지 않은 데서 오는 불균형과 불일치의 차원을 종합적으로 포용하려는 개념이다. 다만 이것은 자율성, 자발성이 작동할 수 있는 씨스템의 차이를 반영하면서도 반드시 권력적 불평등성을 의미하지는 않는다. 남한과 유사한 시민적 주체가 북한에 존재하지 않기 때문에 이런 사회적 차원의 관계를 제도화하기는 어려울 것이지만 비대칭성은 그런 비제도적인 차원을 포괄할 수 있다.[26] 실제로 민간 부문의 교류협력을 당당하는 남한의 시민단체 내지 기업이 강조하는 관계와 북한의 당사자들이 원하는 그것 사이의 격차는 이런 비대칭성의 차원에서 이해해야 한다. 시장영역에서는 이 비대칭성이 상호보완적 구조를 만들어내는 조건이 될 수도 있으므로, 이를 객관적 현실로서 탐구하고 논의해야 한다. 남북관계에 민간의 자발적 참여가 커질수록 당분간 비대칭성은 더 커질 수 있는데, 과연 이것이 기존의 적대성, 포용성과 어떤 연관을 이루어갈 것인가는 앞으로 큰 과제로 부각될 것이다.

3) 관계의 시간성: 잠정성, 영속성, 그리고 구성성

남북한의 특수관계론을 구성하는 또다른 측면은 분단상태, 즉 남북한 병립상태의 지속에 관한 것이다. 남북은 현재의 질서가 결코 영구적이거나 최종적인 것이 아니라는 생각을 공유하고 이를 '잠정성'으로 표현했다. 다시 말해 남북관계는 현실 구조의 강고함에도 불구하고 남북한이 하나로 통합될 때까지만 존속하는 한시적인 틀이라는 것인데 이런 인식은 두말할 것도 없이 통일을 목표로 설정하는 것과 관련된다. 실제로 한국사회에서 통일은 '분단극복'이라는 말로도 표현되고, '분단시대'와 '통일시대'는 각각 중요한 시기구분 용어로

26 정치공동체나 민족공동체 차원에서 남북한은 논리적으로나 현실적으로 동일한 위상에서 대칭적 관계를 지닌 것으로 간주된다. 양자의 구체적인 각종 협상이나 대화에서도 이런 형식적 대등함은 남북관계의 기본질서의 하나가 되었다. 기본합의서가 '쌍방'의 대등한 존재를 인정하면서 상대방의 자율성에 간섭하지 않는다는 원칙을 표방한 것도 이런 양자관계의 대등한 성격을 반영한 것이다.

활용되기도 한다. 분단을 잠정적으로 파악하는 바탕에 남북한을 단일민족으로 간주하는 민족적 지향이 작동하는 것이다.

하지만 남북한은 각 체제가 지니는 항구성과 완결성에 관해서도 똑같이 강조한다. 남북한 모두 통일을 강조하면서도 동시에 자신의 체제옹호를 위한 논리와 정책을 매우 강조한다. 각각의 헌법이 표방하는 체제원리가 통일 이후에도 그대로 유지될 것인지 논란이 있을 수밖에 없음에도 남북한은 갈수록 스스로의 헌법적 원리와 국가성을 완전한 것으로 간주해왔다. 실제로 통일논의가 현존 정치질서를 불안하게 만들거나 심지어 근본적으로 부정하는 방식으로 전개되는 것을 받아들이기는 매우 어렵다. 통일이 헌법적 가치임에도 불구하고, 통일만을 강조하는 운동이 곧잘 체제비판운동으로 간주되기 쉬운 이유도 여기에 있다. 결국 국가적 차원에서 보면 남북한의 현 질서는 잠정적이면서도 영속적이다. 이런 이유로 한국에서 '내셔널하다'는 말은 본래의 뜻보다는 '긴장' 등 복합적인 의미를 내포한 말로 받아들여진다(박명규 2008).

제도화된 권력체계와 상당한 물리력을 60년 이상 보유해온 남북한의 두 정치체를 단순하게 잠정적인 틀로서 간주하는 것은 현실적이지 못하다. 이제라도 실질적으로 각 체제의 지속성과 공고함을 인정해야 한다. 그렇다고 현재의 남북관계를 항구적인 것으로 받아들일 수는 없으니, 이런 점에서 민족공동체의 영속성을 앞세워 정치적 차원의 잠정성이 지닌 문제를 끊임없이 지적하는 것은 의미가 없지 않다. 하지만 민족공동체의 영속성만으로 현존 분단체제의 잠정성을 설명하는 것은 점점 더 근거가 약해질 것이다. 역사적·문화적 공동체로서 민족을 인정하는 것이 반드시 하나의 정치단위로 통일되어야 한다는 당위성을 뒷받침하지 못하기 때문이다. 이런 점에서 '구성성(構成性)'이라는 차원을 새롭게 주목할 필요가 있다. 구성성은 항구적인 것은 아니지만 그렇다고 일시적인 것도 아닌 일정한 제도화의 힘을 나타낸다.[27] 앞으로 남북관계는 영속하는 민족공동체나 잠정적인 정치공동체라는 두 차원만이 아니라 현실 속에서 끊임없이 구성되고 또 재구성되는 자율적인 민간 부문의 관계를 중요한 차원으로 수용할 필요가 있다.

앞서 언급한 민간 부문, 시민사회적 공간이나 시장상황 등은 대체로 잠정성과 영속성이라는 두 차원과는 다소 다른 지속적 구성성을 특징으로 한다. 즉 경제적 관계, 사적 소통, 종교적 교류, 학술적 토론 등으로 이루어지는 사회적 소통공간은 법적 원리나 정치적 규정에 의해 일률적으로 안정성을 보장받기 어렵고 그렇다고 문화적 동질감에 의거해 존속하는 것도 아니다. 그것은 서로 다른 것의 상호 작용과 보완을 통해 지속적으로 구축되며 그런 지속성이 유지되는 한에서만 제도적 힘을 지닌다. 만약 남북한의 정권이 서로의 이해관계를 절충한 어떤 틀을 만든다 해도 사회적 관계가 그에 따라 전적으로 바뀌거나 연동하는 것은 아니다. 또한 남북정상회담에서 어떤 정치적 합의가 이루어져도 민간 부문에서는 논란과 불일치, 비난이 여전히 공존할 수 있다. 역으로 남북 간 정치적 대립이 격화되어도 민간 부문은 스스로의 판단과 이해의 상호성을 바탕으로 관계를 더욱 다져갈 수 있다. 그런 점에서 관계의 구성성은 시민사회의 자발성 내지 다원성과 밀접히 연관된다.

우리는 이런 사회적 구성성을 통해, 일정한 미래지향적 방향성과

27 구성성의 개념을 장구한 역사과정에 적용하면 국가나 민족도 모두 구성되는 것이라 할 수 있다. 하지만 일정한 시공간적 맥락에 한정해 볼 때 자발적 주체들의 구성성은 국가라는 제도나 민족공동체의 규정력과는 다소 다른 차원을 지닐 수 있다.

실천성의 차원에서 남북관계를 파악할 수 있다. 물론 정치적·군사적 차원에서도 통합을 위한 노력이 진행되어야 하지만, 그에 앞서 좀더 유연한 상호성이 작동할 수 있는 공간에서부터 이러한 노력이 진행될 필요가 있다. 실제로 민간 부문에서 형성되는 다양한 차원의 관계와 상호보완성은 고정성과 잠정성 사이 어디에 위치하면서, 고정되어 있던 것을 점차 유연하게 만들고 잠정적으로 여겨진 부분을 제도화하는 기능을 수행할 수 있다. 구성적 관계는 당사자들이 그 관계의 지속을 동의하는 한에서만 유지, 강화되는 것이어서 조건과 상황의 변화에 따라 부침하기 쉽지만 그만큼 유연하고 다차원적으로 작동할 수 있다. 1990년대 이후 민간 부문의 교류가 활성화되면서 남한주민 사이에 북한에 대한 친밀감과 더불어 실망감이 동시에 증대해왔다는 지적도 이런 가변성의 한 양상이다(박명규 외 2008). 이것은 사회적 관계의 불안정성이라 볼 수 있지만 동시에 매우 유용한 융통성이자 자발적 구성능력으로도 볼 수 있다.[28]

이상의 내용을 종합해 남북관계의 특수성을 다음과 같은 표로 정리할 수 있다. 남북관계는 민족공동체의 일부이면서 동시에 별개의 정치공동체라는 점을 존중하되 다양한 자발적 주체들이 독자적 활동공간을 구성하는 사회적 차원을 포괄하는 방식으로 이해할 수 있다. 또한 적대성과 포용성을 공유할 뿐 아니라 사회적 비대칭성이 공존한다는 점을 함께 파악해야 한다. 남북관계의 지속성은 제도적 영속성과 잠정성, 그리고 구성성의 세 차원을 포괄할 수 있어야 한다.

28 예컨대 한반도식 통일과정이 이런 융통성을 적절히 활용함으로써 자연스레 '사실상의 통일과정'으로 접어들 수 있으리라는 기대는 이런 입장을 반영한다. 실제로 모순적 측면들을 지혜롭게 관리하는 정치적 능력이나 복합적 사고에는 이런 융통성이 필요하지만 유연성 자체가 초래하는 어려움과 난관을 과소평가할 우려도 있다.

〈표〉 남북관계의 차원과 성격

	정치공동체 차원	민족공동체 차원	사회경제적 차원
주체의 성격	별개 정치주체/정권	민족공동체 일부	시민사회/민간/기업
관계의 성격	적대성과 주권성	포용성과 내부성	비대칭성과 이질성
체제의 시간성	잠정성	영속성	구성성

3. 새로운 개념의 모색

앞에서 설명한 특징들을 종합적으로 고려해 현재의 남북관계를 이론화하는 한 방안으로 '비대칭적 분단국체제'(asymmetrical divided states regime)라는 새로운 개념을 제안하고자 한다. 이 개념은 분단국, 체제, 그리고 비대칭성이라는 세 개념의 조합으로 구성된다. 이 각각의 적실성을 검토해보자.

1) 분단국

분단국(divided state) 또는 분단국가는 '본래 하나의 국가였으나 어떤 역사적 계기로 둘 이상의 국가로 나뉜 국가'를 뜻한다.[29] 본래 하나의 국가였다는 과거 사실도 중요하지만 그보다 장차 하나의 국가를 이루어야 한다는 민족적 열망과 아직 실현되지 않은 '전체로서의 국가'가 존재한다는 믿음이 더욱 중요하다. 크로포드(J. Crawford)

29 영어 'partitioned state'라는 말도 분단국으로 해석될 수 있다. 하지만 헤커(P. Hecker)는 이것을 본래 종족적으로나 문화적으로 다른 집단을 정치적으로 구별하고 분리하는 정치체에 대해 사용하고, 본래 하나였던 민족공동체가 분리된 경우인 'divided nation'과 구별한다. 당연히 남북한의 경우는 'divided nation'으로 범주화된다. Peter Hecker, "Partitioned States, Divided Resources: North/South Korea and Cases for Comparison," *IBRU Boundary and Security Bulletin*, Summer 1996, 65~67면.

는 'divided state'를 역사적으로 특수한 정치체를 표현하는 개념으로 정리하면서 독일과 베트남, 남북한의 사례를 검토했다. 영미권의 글에서는 이처럼 divided state라는 표현이 한국의 현실을 설명하는 개념으로 쓰이는 예들이 있는데, 이는 종종 국제법상 하나의 독립적 범주로 간주되기도 한다(Crawford 2006, 449면). 하지만 일반적으로는 'divided nation'과 혼용되고 'divided Korea'라는 말과도 구별되지 않고 쓰인다.

남한사회에서는 분단상태, 분단구조, 분단체제 같은 말이 종종 사용되지만 분단국(가)이라는 개념은 쓰이는 경우가 별로 없는 듯하다. 냉전시대에는 단일정통론 때문에, 그리고 탈냉전 상황에서는 남북을 개별 국가로 파악하는 '두 국가론'을 강화할 것을 우려해 그 쓰임이 기피되었을 것이다. 하지만 막연히 '남측과 북측'이라거나 그렇지 않으면 편의적으로 남한과 북한이라는 말을 사용하는 것은 남북한 주체의 성격을 명료하게 개념짓지 못하는 한계가 있다. 남한과 북한을 각각 독립국으로 간주하면 통일을 지향하는 현실을 왜곡할 수 있으며 그런 점에서 '두 국가론'을 내세우는 것은 곤란하다. 그렇다고 단순히 분단이라는 개념만을 강조하는 것은 통일과 대립되는 현상황을 표현하기에는 적합하지만 국제사회에서 국가적 주권성을 인정받는 양자의 특수한 주체성, 대립성, 관계성을 부각하는 데는 충분치 못하다. 분단국(가)이라는 개념은 이런 딜레마를 해소하는 데 도움을 줄 수 있다.

남한과 북한을 그 관계성 면에서 주목하면서도 각각의 단위성을 강조하려는 논의가 없었던 것은 아니다. 사회라는 개념을 활용해 남한사회와 북한사회를 대비하기도 하지만 이것이 엄밀한 개념으로 정립되어 있지는 못하다. 한편 남한과 북한을 각각 체제라는 개념으로 설명하려는 시도가 있었고 실제로 '1민족 2체제'라는 준공식적 논의에도 이 개념이 쓰인다. 여기서 체제는 사회라는 용어에 비해 더욱 독자적인 제도적 짜임을 반영하는 말이고 남북한이 각기 일정한 재생산구조를 갖추고 안정된 질서를 유지하는 단위임을 보여주는 데 유용하다. 하지만 체제나 사회라는 개념은 무척 다양한 수준에 적용 가능하고 추상성이 높아 국가 단위가 지니는 제도적 무게나 위상을 드러내는 데는 어려움이 있다. 국가의 힘과 위상이 국내적으로나 국제적으로 여전히 중요한 시대상황을 고려할 때 국가성의 차원을 정확히 반영하는 개념화가 무엇보다도 필요하다. 특히 남북한이 유엔에 동시 가입하고 분단 60년이 지나면서 각각의 국가성이 더욱 강화된 현실을 제대로 반영하기 위해서라도 체제나 사회 개념이 아닌 다른 개념이 필요하다.

이런 의미에서 분단국(가)이란 개념을 대안으로 고려할 수 있다. 분단국을 정의하자면 같은 공동체로부터 나뉜 다른 분단국가와 재통합을 추진중인 특수한 유형의 국가다. 사실 분단국 개념은 새로운 것이 아니며 이미 몇몇 사람들에 의해 쓰여왔다. 예컨대 제성호(諸成鎬)는 남북한 특수관계의 법적 성격을 설명한 글에서 '분단국으로서의 남북한'이라는 표현을 여러번 사용한다. 그에 따르면 "남북한은 하나의 민족으로 구성되어 있고 공통의 언어, 문화, 역사를 가진 분단국이다. (…) 통일에 관한 남북한의 정치적 의지에 대해 제3국이 이를 부인하는 것은 분단국 내부에 관한 국제법 원칙에 비추어 용인될 수 없다"(제성호 1994, 19~20면). 구갑우 역시 남북한 관계를 메타이론적으로 접근하는 글에서 매우 적극적으로 분단국가 개념을 사용한다. 그는 남북관계를 "분단국가 대 분단국가의 관계로 정의할 수 있다"고까지 서술했고 남북관계의 역사적 구조를 "분단국가의 성격과 형태"를 통해 확인할 수 있다고 주장했다(구갑우 2007, 109, 137면). 그는 분단국가의 역사적 형태론을 논리적으로 고찰하면서 분단성과 국가성의 관계가 반비례적이라고 지적하는데, 즉 분단성의 약화가 국가성의 강화로 귀결될 가능성은 높지만 그렇다고 국가성의 강화가 곧 남북한의 통합과 통일로 이어질 필연성은 없다는 것이다. 분단국가 개념을 가장 적극적으로 활용하면서 그 함의를 깊이 탐구한 연구라 할 수 있다.

그럼에도 불구하고 이들은 분단국 내지 분단국가 개념을 남북관계의 성격규정을 위한 핵심개념으로 충분히 활용했다고는 보이지 않는다. 그런 문제의식을 강하게 지녔던 구갑우도 분단국가의 성격과 남북관계의 특수성을 논리적으로 연결하는 독자적 개념화를 시도하지 않았고 그런 문제의식의 이론적 함의를 제시하는 데 그쳤다. 다시 말해 분단국 개념은 남북이 각기 통일을 지향하는 상태에 있지만 동시에 '국가'에 값할 정도의 제도적 독자성이 있음을 보여주기 위해 좀더 적극적으로 활용될 필요가 있다.

이 분단국 개념은 각 단위의 독자성을 잘 드러내면서도 체제나 사회 개념이 설명하지 못하는 정치공동체의 특징을 설명해주는 장점이 있다. 동시에 이 개념은 '전체로서의 통일한국'에 대한 인정, 통일을 향한 의지를 포괄할 수 있고 그로 인해 남북 간 대립, 협상, 갈등, 협조가 지니는 독특한 속성을 드러내는 데 도움을 줄 수 있다. 독일에서 사용되던 '지붕이론'(Dachtheorie)과 그에 부분적으로 속한 부분국가의 논리도 분단국 개념과 더불어 활용될 수 있고 이를 통해 남북한의 일정한 국가성을 고려하면서도 두 국가론의 함정을 벗어날 길을 모색할 수 있다(이효원 2006, 50~55면). 또 이런 개념을 사용할 때, 2008년 각기 건국 60주년 기념식을 맞이했던 남북한 젊은 세대가 자기 세대의 상이한 정체성과 생활감각에 동떨어지지 않게 현실을 이해하도록 돕는 장점도 무시할 수 없다(박명규 2007).

2) 체제

남북관계는 일반적인 두 국가관계와는 다른 상호성을 지닌다. 그것은 일차적으로 분단국이라는 지위를 갖게 된 역사적 과정, 즉 분단의 역사에 기인하는데 분단국의 경우에는 그 시간 동안 복잡한 국제적 역학이 개입된 경우가 많다. 통일 이전의 독일이나 베트남 또는 현재의 남북한처럼 분단국으로 지칭되는 사례들은 한결같이 복잡한 국제정치의 맥락 속에서 분단된 국가들이다. 한반도의 경우 해방과정, 해방 이후의 분단과 건국, 전쟁과 휴전의 모든 과정에 주변국가들의 힘이 강하게 작동했던 것은 더이상 설명이 필요 없다. 전세계적 탈냉전에도 불구하고 한반도가 냉전의 틀에서 크게 벗어나지 못하는 까닭도 정전체제라는 국제적 틀이 여전히 한반도를 규정하기 때문이다.

남북관계의 이런 성격을 설명하기 위해서는 두 분단국 간에 작동 중인 또다른 규정력을 반영할 수 있어야 한다. 이를 위해 질서, 구조, 체제 등의 개념을 사용한 여러 선행 논의들이 있다. 박명림(朴明林)은 이와 관련해 남북한이라는 "두 행위자가 특정의 체제나 질서를 구성하고 상호 작용할 뿐 아니라, 그들로 인해 구성된 전체 질서가 다시 하나의 구조적 조건으로 작용"하는 '분단질서'를 개념화했다(박명림 1997). 이종석(李鍾奭)은 남북관계에는 적대적 상호작용을 통해 나타나는 구조적 안정성이 있다고 보고 이를 '분단구조'라고 부를 것을 제안했다(이종석 1998, 35면). 백낙청(白樂晴)은 남북관계는 '분단체제'라는 중간항을 생략하고서는 남북 어느 한쪽의 작동방식도 제대로 규명할 수 없는 관계임을 강조하면서 분단으로 형성된 독특한 질서가 단지 남북관계에 한정되지 않고 자본주의 세계체제의 작동과도 밀접히 연관되어 있다는 점을 강조했다. 이와 같이 질서, 구조, 체제 등의 개념은 모두 나름의 장점이 있고 어느정도 남북관계를 포괄하는 전지구적 차원의 특성을 드러내준다.

남북한이 별개의 분단국으로 존재한다는 사실과 함께 이 두 분단국을 함께 규정하는 어떤 질서원리의 존재를 고려한다면, 체제 개념을 적극 활용하는 것이 유용하다. 현재의 남북관계를 규율하는 국제적인 틀을 정전협정체제라고 부르고 이를 대체할 새로운 질서규범도 평화체제라고 일컫는 데서 알 수 있듯이 체제라는 개념은 이미 어느정도 공적 지위를 지니고 있다. 물론 남북관계를 정전체제와 평화체제라는 개념으로 포괄되는 내용과 동일시할 수는 없고, 같은 개념이 세계체제나 북한체제처럼 수준을 달리하는 대상에까지 쓰이면서 초래되는 혼란도 없지 않지만, 이런 오류가능성을 전제한다면 남북관계의 총체적 맥락과 구조적 환경을 드러내는 데는 상당히 도움이 된다. 실제로 한반도 평화체제를 구축하는 과제가 2005년의 9·19공동성명에도 포함되어 있는 데서 알 수 있듯, 다자적 국제관계와 연결해 파악하기 위해서라도 남북관계를 두 분단국 간에, 또 그를 둘러싸고 형성되어 있는 특수한 체제로 개념화하는 것은 가능할 뿐 아니라 필요하다.[30] 앞서 언급한 분단국 개념을 연결해 분단국체제라는 개념

30 다만 이 체제는 매우 고정된 구조(structure)나 체계(system)가 아니라 레짐(regime)의 의미로 이해하는 것이 타당하다. 레짐이란 다양한 법제, 관성, 습관 등이 함께 작용하면서 구성되는 종합적 틀로, 한편으로는 강한 제도적 힘을 갖지만 참여자의 인식과 해석, 실천지향에 따라 가변적 질서를 드러내는 데 적절한 개념이다. 레짐으로서의 체제 개념은 냉전적 유산과 탈냉전적 환경, 교류협력과 분단체제, 비대칭성과 불안정성, 남북관계와 미중관계 등을 포괄적으로 이해하는 데 유용하리라 본다.

을 적극적으로 활용하면 현재 남북관계의 중첩적 질서, 구조화된 관계성을 드러내는 데 큰 도움이 될 것이다.

3) 비대칭성

현재의 남북관계를 종합적으로 설명하기 위해서는 다양성과 이질성에 대한 고려가 덧붙여져야 한다. 분단국체제라는 개념만으로는 이 부분이 적절히 반영되지 못하기 때문에 비대칭성이라는 개념을 활용하는 것이 필요하다. 기존의 여러 논의들도 남북한이 체제원리상 많은 차이가 있음을 지적했지만 대립성과 이질성을 체제와 연관지어 논의하게 되면 비대칭성보다도 '적대적 대칭성'을 강조하는 경향이 두드러진다. 실제로 남북관계의 제도적 차이를 설명하는 많은 논리들이 양자를 대칭적인 일 대 일의 관계로 전제하고 논의해왔고 정치협상의 차원에서도 상이한 제도 간의 대칭성이 강조되는 모습을 종종 보게 된다.

하지만 앞서 언급한 것처럼 시민사회나 경제 영역의 차이를 단지 체제상의 다름으로 논의하는 것으로는 불충분하다. 민간 부문이 활성화되고 자율적인 시민사회적 주체들이 적극 활동하는 공간은 그 자체로 매우 중요한 동력이며 21세기에 더욱 넓어질 것이므로 끊임없이 강조되어야 한다. 현재로서는 개인적 자유와 다양성이 주로 남한의 정치원리를 반영하고 전체주의적 조율과 통제를 강조하는 북한을 비판하는 논리로 이해될 수 있는 것은 사실이다. 하지만 그렇다고 민주주의나 사회적 자발성의 문제를 정치적 체제원리로 환원해 이해하는 것은 곤란하다. 전지구적 차원에서 요구되는 문명적 요소, 즉 인권과 자율, 협력과 연대, 이에 기초한 소통과 개방 역량 등은 남한과 북한의 국가적·민족적 차원과는 별개로 중요하게 다루어져야 한다. 국내총생산(GDP) 규모, 세계경제와의 연관, 성장잠재력 등 경제 영역의 여러 부분에서 나타나는 차이 역시 비대칭성과 이질성에 기초한 사회적 관계라는 점을 바탕으로 적극 탐구해야 한다.

이런 점에서 남북관계에 일정한 비대칭성이 존재한다는 점을 인정하고 이를 적극적으로 이론화하려는 노력이 필요하다. 현재의 남북관계는 적대적 관계를 유지하면서도 통일을 지향하는 사이임과 동시에 사회나 경제 면에서는 힘이 한쪽으로 쏠리는 정도가 심한 비대칭 상태라 할 수 있다. 다시 말해 남북관계는 정치적·군사적 차원에서는 대칭성이 강하면서도 사회적·경제적 차원에서는 이질성과 상호격차가 심화되면서 한쪽 방향으로의 쏠림이 나타나는, 기우뚱한 균형관계를 그 속성으로 한다.[31] 이런 기울어짐은 남북관계의 동력과 방향을 이해하는 것뿐 아니라 각 주체들의 역할과 책임, 부담 면에서도 중요하게 고려해야 할 변수다. 남북관계의 바람직한 진전과 그 과정의 효과적 관리를 위해 남북한은 그 비대칭성에 걸맞은 비대칭적 책임과 부담까지 고려해야 한다.

비대칭성이라는 개념은 이 기울어짐과 균형 양자를 이론적으로 충분히 감안하는 데 도움을 줄 수 있다. 또한 이 비대칭성을 제대로 해명하는 일은 정책적으로도 매우 중요하다. 예컨대 경제공동체를 형성해가는 과정에서 남북의 경제력 격차를 실질적 동력으로 활용하지 않고서는 의미있는 결과를 얻기가 사실상 불가능하다. 기본적으로는 남북한 자원의 비교우위론을 적극 활용해야 하며 여기에는

31 비대칭성은 사회적 영역에서 확대되는 추세임에 비해 대칭성은 분단국가로서의 정치적·군사적 독자성에 기반해 유지되는 측면이 강하다. 남북관계가 심화되고 다양한 교류가 진전되는 것에 대한 북한당국의 주저도 이런 비대칭성이 남북관계의 대칭성을 잠식할 가능성을 염려하기 때문이라고 볼 수 있다.

비대칭성에 대한 적절한 고려가 불가피하다. 물론 비대칭성에 대한 고려들이 남한이 북한보다 더 발전했다는 체제우월론으로 마무리되어서는 곤란하지만 그렇다고 모든 영역의 차이를 대칭적으로 간주하려는 기계적 양자론도 넘어서야 한다. 민주주의와 인권, 경제성장과 복지, 문명적 다원화와 양성평등 같은 인류보편의 원리들이 실현된 수준이나 정도, 체제의 지속가능성과 유연성 등에 기초해 남북 사이에 존재하는 비대칭성의 성격을 정확하게 포착하는 일은 앞으로 더욱 중요해질 것이다.

4) 비대칭적 분단국체제

이상의 논지를 종합할 때 현재의 남북관계는 비대칭적 분단국체제라는 개념을 통해 좀더 적절히 설명할 수 있다. 이 개념은 몇몇 선구적인 연구자들이 제기하고 시도했던 내용들을 좀더 이론적으로 발전시키는 데 기여할 수 있다. 예컨대 구갑우의 메타이론적 모색은 이 글의 논지와 관련해 매우 중요한 몇가지 변수들을 제기한 바 있다. 그에 따르면 남북관계를 이론화하기 위해서는 국제관계론과 민족사적 관점을 결합하고 동시에 남북한 시민사회 및 세계/동아시아 차원의 변수를 포괄하는 종합적 분석틀이 필요하다. 그는 현실적 구조성과 미래적 가변성이라는 두 축을 함께 지니는 것이 남북관계의 특수성인데, 현재만을 중시하는 국제관계론은 미래적 시간성을 반영하지 못하고 반면에 민족사적 맥락을 강조하는 논리는 역사적 형태론을 결여한다고 비판한다. 더불어 사회세력, 국가형태, 세계질서라는 세 수준의 상호관련성이 역사적 시점에 특수하게 배열되어 있는 역사적 구조를 밝혀야 한다고 주장한다. 또한 그는 분단형성기-탈냉전 세계질서의 등장기-현재라는 시간의 흐름에 따른 적대적 성격,

상호 국가성의 인정, 그리고 국가성과 분단해소지향성의 공존을 동태적으로 파악하고자 했다(구갑우 2007, 135~40면). 실제로 민간사회 및 비국가 영역의 역할이 점점 더 강화되고 비정부조직 간 상호연관성도 빠르게 확대되는 과정에서 남북관계를 다양한 수준의 주체 간에 이루어지는 관계성으로 파악하려는 그의 이론적 시도는 중요한 것으로 보인다. 이 글에서 언급한 비대칭적 분단국체제 개념을 통해 그의 논의를 좀더 구체화할 여지를 얻을 수 있지 않을까 한다.

비대칭적 분단국체제 개념은 백낙청의 분단체제론에 대해서도 새로운 쟁점을 제기하는 역할을 할 수 있을 것이다. 백낙청은 세 권의 주요한 저서를 통해 분단체제 개념을 발전시켜왔고 또한 남북관계의 진전과정에서 생기는 여러 문제들을 그 개념과 연관해 해명하려는 노력을 보여왔다. 그는 『분단체제 극복의 공부길』(1994)에서 체제에 값할 정도로 복합적인 남북관계의 이해가 필요함을 역설했고 『흔들리는 분단체제』(1998)에서는 분단체제의 위기와 변화가능성에 관해 논했다. 『한반도식 통일, 현재진행형』(2006)에서는 그동안의 남북교류과정이 사실상 통일과정으로 들어섰다는 점과 한반도형 통일은 독일이나 다른 사회의 방식과 구별되는 독특하고도 문명사적 의미를 지니는 것임을 강조했다. 이런 일관된 개념적 활용은 개념의 유연성과 적용가능성을 보여주기도 하지만 단계별 특징과 수준별 차이를 드러내지 못하는 한계도 있다. 그리하여 당사자인 남북한이 지닌 국가성 내지 단위성의 변화를 부각할 수 있는 개념적 보완이 필요하며, 현실적으로 드러나는 남북한 주민 및 시민사회의 이질성과 비대칭성을 적극적으로 반영하는 것 또한 필요하다. 백낙청 역시 기존의 남북관계의 틀에 매우 큰 변화가 일어나고 있음을 지적하고 이를 '분단체제의 위기'라고 표현하기도 했고 분단체제의 흔들림 과정에서 야기될 여러가지 위험과 문제점에도 깊은 관심을 보였다. 하지만 이 '흔들림' 자체를 중요한 이론적 설명대상으로 삼지는 않았는데 이로 인해 실제 남북 간에 존재하는 현저한 차별성을 정면에서 다루지 못한 것으로 보인다. 그가 '흔들림'이라고 표현한 변화는 사실 남북 간에 작동하는 비대칭성이라는 차원을 떠나서는 이해하기 곤란한데 이것은 분단체제라는 개념만으로 충분히 설명하기는 어렵다. 비대칭적 분단국체제 개념은 이 기울어짐과 균형, 비대칭성과 대칭성의 양면을 새롭게 고려하는 데 도움이 될 수 있고 새로운 논의를 촉발하는 계기가 될 수 있다.

마지막으로 이 개념은 남북관계를 국제관계의 틀 속에서 종합적으로 규명하는 데 도움을 줄 수 있다. 국제사회에서 이미 별개의 국가적 단위로 활동해온 남과 북을 민족사적 차원에서만 바라볼 수는 없는 일이다. 그렇다고 국제관계론에서 다루는 일반적인 국가관계처럼 손쉽게 두 국가론을 수용하는 것은 더더욱 곤란하다. 또한 통일에 대한 전망을 구축하기 위해 정전체제를 평화체제로 바꾸어야 하는 미래의 과제도 고려하고 남북 간에 현존하는 사회적·경제적 차이도 종합적으로 인식해야 한다. 이런 점에서 비대칭적 분단국체제 개념은 새로운 종합의 필요성과 가능성을 제시하는 개념적 화두로서 제 역할을 할 수 있을 것이다. 이로써 통일과정에서 각각의 분단국 내에서 정부와 시민사회, 상대방 정부 및 민간이 맺는 관계에 관한 새로운 이론화도 가능할 것이다. 나아가 남북한 특수관계를 법적 차원을 비롯한 사회 전반의 영역으로 넓힐 때 고려해야 할 여러 측면을 체계적으로 파악하는 데에도 도움을 줄 수 있다.

4. 결론

탈냉전 이후 남북관계는 큰 변화를 경험했다. 하지만 이 변화를 분단에서 통일로 또는 적대에서 포용으로라는 단선적인 방향으로만 이해하는 것은 불충분하다. 남북관계의 특수성은 한반도 안팎의 다양한 변화과정과 연관하여 복합적이고도 분석적으로 설명될 필요가 있다. 그렇지 않으면 남북관계의 변화 자체를 정치적으로나 이데올로기적으로만 평가하는 경향에서 벗어나기 어렵다.

제2장에서는 기본합의서에서 언급된 '잠정적 특수관계'의 성격을 국가·민족·사회의 세 차원에서 해명하려 했다. 그리하여 남북한 당사자의 주체적 성격, 관계의 성격, 시간적 지속성 및 국제적 맥락의 측면에서 이런 삼원모델이 어떤 내용을 말해주는지를 살펴보았다. 21세기에 접어든 시점에서 남북한은 냉전체제 아래에서 강요받았던 적대적 상호관계로부터 꽤 벗어난 것이 사실이다. 이 과정에서 동족으로서의 상호포용성이 강화되어왔고 동시에 별개 정치체로서의 국가성도 견고해져왔다. 또한 정치공동체나 민족공동체의 차원에서 설명하기 어려운 시민사회의 다양한 주체가 시장을 중심으로 자율적 관계를 발전시켜왔다. 그 결과 정치 영역에서 준국가성에 기초한 대등한 상호관계가 확대되고 포용력이 커지는 동시에, 비정치 영역에서는 비대칭적 생활공간이 늘어갔다. 21세기에 접어들어 두차례 정상회담을 거치면서 이 세 차원의 결합방식은 변화했는데 그 방향은 일관되지 않다. 적대성은 전반적으로 약화되어온 것처럼 보이지만, 정치적·군사적 대립의 기본구도는 여전히 해결되지 않았고 2010년의 무력충돌에서 보듯 언제든지 강화될 수 있다. 민족적 포용력도 햇

별정책과 뒤이은 경협의 활성화로 꽤 커진 듯 보였지만 개성공단을 비롯한 일부 영역을 제외하고는 제도화 단계로 이행하기 이전의 단속적 차원에 머물렀다. 지난 몇년의 경험은 민족사업을 표방하면서 진행했던 민간 영역의 여러가지 사업도 정치상황에 크게 좌우될 뿐 아니라 간혹 한순간에 약화될 수 있음을 여실히 보여주었다. 이것은 비대칭적 상호관계가 그 자체로 인정받으며 제도화되지 않으면 남북관계의 동력으로 작동할 힘이 만들어지기가 쉽지 않을 것임을 말해준다.

이명박정부 출범 이후 경색되고 악화된 남북관계와 김정일 국방위원장의 사망 이후 대내외적으로 어려운 북한 사정을 고려하면 당분간은 적대적 성격이 다른 두 차원을 압도하는 국면이 지속될지 모른다. 2012년 북한이 내놓은 공동신년사설은 남북 교류협력의 중요성에 대한 언급을 회피한 채 강력한 대남 비난을 표명함으로써 민족적 차원이나 사회적 차원의 동력이 짧은 시간 내에 회복되기 어려울 것을 예감케 한다. 하지만 남북관계는 일정기간이 지나면 정치군사적 적대성을 넘어서는 민족적 공감대와 사회경제적 관계의 확장으로 새로운 전환을 맞게 될 것이다. 제아무리 적대성이 강화되어도 민족적 성격을 부정할 수 없고 제아무리 국가성이 강화되어도 통일을 지향하는 특수성을 무시할 수 없는 것이야말로 남북한 특수관계의 본질이기 때문이다. 남북관계를 비대칭적 분단국체제로 이해하면 남한과 북한이 미래의 통일국가를 지향하면서 그때까지 잠정적으로 주권적 정치체로 활동하는 별개의 주체임을 분명히 함과 동시에 양자 간에 통일을 지향하는 실천적 지향성을 강조할 수 있는 논리적 이점이 생긴다. 또한 남북간에 존재하는 경제적·사회적·문화적·심리적 차원의 다양성과 비대칭성을 적극적으로 설명함과 동시에 이들

요소가 통일과정과 어떻게 연계되어야 할 것인지를 사고하는 데 도움이 된다. 적대적 상호성과 민족적 포용성, 사회적 비대칭성을 종합적으로 사고함으로써 21세기의 평화롭고 통일된 한반도 신질서를 구축할 지혜를 만들어가야 할 것이다.

제3장

국민, 인민, 민족

남북한의 정부 당국자가 아닌 평범한 주민이 만나면 소통이나 통합이 더 잘 이루어질 것인가? 정치적 타산이 필요 없는 일상의 정서와 애정으로 복잡한 계산과 이해관계를 넘어설 수 있을까? 언뜻 생각하면 정치적 고려나 이해관계에 사로잡힐 수밖에 없는 정치인이나 경제인이 아니라 평범한 일반인의 입장에서는 분명 분단의 질곡과 적대적인 남북관계를 굳이 유지해야 할 필연성을 덜 느낄 것이며 가족이산과 고향상실을 겪고 있는 사람이라면 더더욱 상호통합적인 태도를 보일 가능성이 크다고 여겨질 것이다. 실제로 통일운동가나 이상주의적 인문학자 들은 남북한 지배층 내지 당국자에 대한 불신과 함께 소박한 민초의 정서를 중시하는 민중주의적인 경향을 강하게 드러내기도 한다. 그 바탕에는 남북한 주민이 모두 동일한 민족이라는 신념 내지 기대가 존재한다.

하지만 이 문제를 곰곰이 들여다보면 그렇게 단순하지 않다. 남북한 주민은 동일한 민족구성원의 일부임에 틀림없지만 60년의 세월을 거치면서 각각 독특한 정치사회적 정체성을 지녀온, 전혀 다른 사회의 구성원이다. 남한과 북한은 단지 체제를 달리한다는 정도를 넘어 상호 교류나 접촉, 이해나 갈등의 기회조차 좀처럼 갖지 못한 채 반세기 이상 단절된 두 생활공간으로 분리되어왔다. 비록 같은 말과 비슷한 문화를 공유하지만 정치적으로 지향하는 목표나 사회적으로 중시하는 가치가 전적으로 다르고 생활을 영위하기 위한 경제활동의 방식과 상호작용의 틀도 매우 이질적이다. 더구나 해방이나 분단, 이산의 아픔을 직접 겪지 않은 세대들에게는 민족이라는 정체성만으로 통합할 수 있으리라는 생각은 매우 비현실적으로 여겨질 수 있다. 국제적으로도 남북한 주민은 별개의 국적보유자로 간주되는 경우가 많아 개인의 호감과 정서적 일체감만으로 하나의 공동체 성원임을 주장하기 쉽지 않다.

제3장에서는 지난 60년간 남북한이 별개의 정치적 주체를 구성해온 과정을 '국민'과 '인민'이란 개념에 대한 분석을 통해 살펴보고자 한다. 국민과 인민은 한 사회구성원의 자격, 주권의 담당자, 권력의 정당성 기반, 애국심과 저항권 등을 논할 때 필수적으로 동반되는 개념이다. '국민적 동의', '인민주권론' 등의 표현은 중고등학교 교육에서나 공중파 뉴스에서 종종 접하는 용어다. 일반인에게도 이들 개념의 의미는 대체로 공유되어왔고 사회과학과 역사학에서 한 사회의 정치체제나 주권 문제를 서술하고 평가하는 데에도 없어서는 안 될 기본개념이라 해도 좋을 정도다. 하지만 한반도에서는 이들 개념이 매우 독특한 정치적 함의를 지닌 어휘로 남북 간에 배타적으로 활용된다. 남한은 헌법상 그 주민들을 국민으로 정의하고 이 국민이 주권을 소유한다고 규정하는 데 반해 북한은 인민이라는 개념을 내세

우며 인민주권론을 명문화해왔다. 북한에서 국민이란 말을 사용하지 않고 남한에서 인민이란 말을 기피하는 데서 알 수 있듯이, 분단된 한반도에서 국민과 인민은 두 체제의 구성원 및 정체성을 규정하는 핵심적인 체제 개념이 되었다. 따라서 현재 한국사회의 맥락에서 국민과 인민이라는 말을 해석하고 이해하려 할 때 단순히 사전적 의미나 헌법학적 정의의 차원에 한정할 수는 없다. 이 글은 이들 개념에 내포된 상이한 시간성과 지향성을 총체적으로 고찰하는 가운데 이들 개념을 둘러싼 지적 긴장과 사회적·정치적 갈등의 양상까지 이해하는 작업을 목표로 한다.

1. 국민 개념의 역사적 구성

국민이라는 개념은 현재 대한민국의 헌법상 주권자를 지칭하는 핵심적 단어다. 대한민국 헌법은 권력의 주체를 '국민'으로 설정하고 바로 이 '국민주권'에 근거해 모든 정치적·법적 질서의 정당성을 설명한다.[32] 이 개념은 서구의 국민주권론이 수용된 이래 자리잡은 것이지만 어휘 자체로만 보면 조선시대에도 간간이 사용되었다. 정치공동체를 뜻하는 '국(國)'과 일반 백성을 의미하는 '민(民)'이 같은 맥락에서 함께 사용되는 경우가 적지 않고 실제로 '국민'이라는 어휘가 사용된 경우도 없지 않다. 예컨대 『조선왕조실록』을 검색해보면 '國民'이라는 말은 이미 태조 이성계 시대에 등장한다. 아마도 전근대적인 중앙집권적 국가체제를 일찍부터 갖추었던 동아시아 전통

32 대한민국 제헌헌법 제2조는 "주권은 국민에게 있고 모든 권력은 국민으로부터 나온다"라며 주권의 주체를 국민으로 명시했다.

국가의 성격을 반영하는 어휘로 보인다. 하지만 19세기 후반까지도 국민보다 '백성'이나 '인민'이라는 어휘가 훨씬 많이 사용되었고 국민 개념이 힘을 얻었을 법한 대한제국 시기에도 정작 이 단어는 널리 쓰이지 않았다(김동택 2003, 116면). 어느 시점, 어떤 조건 아래에서 국민 개념이 새로운 의미를 부여받고 사회적·정치적인 힘을 강하게 획득하게 되었는지를 파악하는 것은 매우 중요하다.

1) 네이션과 국민: 번역과 차용

'국민'이라는 어휘가 새로운 시대 현상을 반영하는 역사적 용어로 등장하게 된 때는 19세기 후반, 소위 서세동점의 세계사적 전환기였다. 오랜 중화주의 질서가 해체되고 서양의 근대 문물과 제도, 사상이 압도적으로 확산되는 과정에서 서양의 네이션(nation) 개념이 수용되었고 이 개념의 번역어로서 '국민'이 선택되면서 점차 사회적으로 그 쓰임이 늘게 되었던 것이다.[33]

이 번역에 주도적 역할을 담당한 것은 일본이었다. 후꾸자와 유끼찌(福澤諭吉)의 유명한 말, "일본에는 국가는 있으나 국민은 없다"에서 보듯 번역어로서 국민은 근대에 새롭게 창출된 정치주체를 의미했다. 메이지유신으로 새로운 근대 정부가 수립되면서 국민 개념을 적극 수용한 일본에서 국민은 독일어 '슈타트폴크'(Staatvolk)의 번역어, 프랑스어 '나시옹'(nation)의 번역어로도 쓰였다.[34] 메이지정부

33 이 과정은 번역과 이식을 통해 유럽에서 본격화된 근대적 사유가 전지구적으로 확산하는 문명화의 일환이면서 동시에 한자문명권에 기초했던 동아시아의 전(前) 근대 체제가 국민국가 단위의 새로운 정치주체로 변화하는 자기변혁의 과정이기도 했다. 박명규 『국민, 인민, 시민: 개념사의 관점에서 본 한국의 정치주체』, 소화 2009.

34 일본에서 네이션(nation)은 민족과 국민 두가지로 번역되었는데 각각에 부여된 정치적 함의는 다소 달랐다. 국민으로 번역될 경우는 정치적·경제적 통일체를 이룬다

는 막연하게 쓰이던 '천하의 인민'을 국가의 지배대상으로 확정하면서 일본 특유의 '가(家)' 개념 및 천황제와 결합시켜 '신민(臣民)으로서의 국민'을 구성하고자 했다.[35]

중국의 경우에도 근대로의 급격한 정치변화 와중에 국민 개념에 주목하게 되었다. 량 치차오(梁啓超)는 무술변법(변법자강)운동 실패 후 일본에 망명했는데 1899년부터 『자유서(自由書)』에 연재한 글에서 "국민이 권리를 갖지 못한 죄와 나라를 갖지 못한 죄는 모두 국민이 포기한 데 있다"고 했다. 또한 「중국적약삭원론(中國積弱溯源論)」(1900)과 「신민설(新民說)」(1902)을 통해 중국이 약화된 최대요인을 "천하와 조정은 있으나 국가가 없고 노예는 있으나 국민이 없는 상태"에서 찾았다.[36] 그의 이런 평가는 앞서 본 후꾸자와의 견해와 크게 다를 바 없다. '국민주의'를 강조했던 쑹 자오런(宋教仁)은 자신이 주도한 「중화민국임시약법(中華民國臨時約法)」(1912) 제정안 제2조에 "중화민국의 주권은 국민 전체에 속한다"라는 조항을 넣었다.

는 점이 강조되는 데 반해 민족으로 번역될 때는 인종이나 국토, 언어, 문화를 바탕으로 역사공동체를 중시하는 경향이 강했다. 그런 점에서 국가가 성립하기 이전에 논리적으로 존재하는 네이션은 민족이란 역어로, 국민국가 형성 이후, 특히 정치적 공동체를 구성하는 네이션은 국민의 역어로 사용되는 것이 타당하다는 견해가 힘을 얻었다. 成嶋隆「主權原理にすける '國民'と '人民'」, 『一橋研究』 제2권 2호, 一橋大學大學院 1977. 安田浩「近代日本にすける '民族' 觀念の 形成」, 『思想과 現代』 제31호, 白石書店 1992.

35 메이지정부 초기 주권재민 원리를 근대적 정치원리로 수용하려는 자유민권운동계에서 국민 개념을 좀더 적극적으로 부각했다. 1887년 잡지 『국민의 벗(國民之友)』가 창간된 이래 국민 개념은 널리 확산되기 시작했는데, 토꾸또미 소호오(德富蘇峰)를 비롯한 이들 계몽파에 의해 '국민' 개념은 인민의 정치적 자각과 성숙을 강조하는 개념으로 자리잡게 되었고 정부의 공식 용어였던 '신민'과 긴장을 보이기도 했다.

36 古厩忠夫「20世紀 中國における 人民, 國民, 公民」, 西村成雄 編, 『現代中國の構造變動 3—ナショナリズム: 歷史からの接近』, 東京大學出版會 2000, 233~38면. 이하 중국의 국민 개념에 관해서는 이 글에서 많은 도움을 받았다.

1931년 난징정부가 제정한 임시헌법인 「중화민국훈정시기약법(中華民國訓政時期約法)」 제2조는 "중화민국의 주권은 국민 전체에 속한다. 이미 법률에 의해 중화민국 국적을 지닌 사람은 중화민국 국민이 된다"고 규정했다. 이처럼 20세기 이후 국민은 중국과 일본 모두에서 새로운 주권자, 정치적 주체를 가리키는 개념으로 자리잡았다(古厩忠夫 2000, 233~38면).

개항기 조선에서도 이와 유사한 변화가 진행되었다. 1876년 개항을 계기로 조선왕조는 빠르게 국제체제로 편입되기 시작했고 정치적·사상적 전환을 주도하려는 세력들이 각축을 벌이기 시작했다. 새로운 정치적 주체를 의미하는 '국민' 개념을 적극 소개한 것은 일본을 통해 새로운 문물을 접했던 독립협회를 비롯한 계몽주의 단체와 지식인이었다. 이후 20세기 초에는 『황성신문』과 『대한매일신보』, 또는 『서우(西友)』 같은 계몽운동 잡지가 국민 개념을 목적의식적으로 전파하는 데 앞장섰다. 예컨대 이 시기에 많은 글을 쓴 윤효정(尹孝定)은 국가가 존속하고 발전할 수 있는 가장 핵심이 '국민'적 정신이라고 주장하고 국민이란 주체가 구성되기 위한 제반 조건을 알리려 노력했다. 아울러 『대한매일신보』 1908년 7월 30일자에는 「민족과 국민의 구별」이라는 유명한 논설이 실렸는데 혈통이나 역사, 언어와 거주의 동질성에 기초한 민족과는 달리 동일한 정신과 이해를 갖고 동일한 정치공동체에 속하는 것이 곧 국민이라고 했다. 신채호(申采浩)는 1910년 2월 「20세기 신국민」이라는 장문의 글을 『대한매일신보』에 발표했다. 이 글에서 그는 국가의 소멸 위기를 눈앞에 보면서 20세기의 새로운 상황에 대응할 정치적 주체로서 국민을 부각했다(신채호 1995, 306~24면). 이 글은 국민이 20세기 초 거의 전영역에 걸쳐 혁신과 변혁의 주체로 상정되었음을 분명히 드러냈다.[37]

2) 식민지 권력과 국민

1910년 일본이 조선을 강압적으로 병탄한 이후 일본에 의한 조선인의 '국민화'가 추진되었다. 조선교육령 제1조는 "충량(忠良)한 국민을 육성하는 것을 본의로 한다"라고 되어 있고 학교교육에서 '국어'는 일본어를 의미했으며 국민으로서 자각한다는 것은 곧 일본신민으로서의 정체성을 획득하는 것을 뜻했다. 1928년 조선총독부는 '간이국민학교' 창설 계획을 수립했는데 이 계획은 보통학교보다는 좀더 단순화된 방식으로 많은 아이들을 '국민'으로 만들도록 가르치려는 것이었다(오성철 2000, 61면). 결국 20세기 초반 수십년간 한국의 계몽적 지식인들이 개혁과 국권회복을 위해 그토록 강조했던 국민 개념이 식민지 권력에 의해 다시 쓰이면서 정치적 함의에 중대한 변용이 일어났던 것이다.

한반도 근현대사에서 가장 획기적 사건 중 하나인 1919년 3·1운동의 선언서에서 '국민'이라는 단어가 부각되지 않았던 이유는 당시 조선인의 정치적 주체성을 드러내는 데 이 어휘가 부적합했기 때문이었을 것이다. 1920년대 이후 조선인의 주체성을 표현하는 개념으로 '민족'이 늘 선택되었던 이유도 같은 맥락에서 이해할 수 있다. 물론 해외에서는 상황이 달라 국민 개념이 지속적으로 강조된 사례가 적지 않다. 안창호(安昌浩)가 1903년 미주에서 결성한 한인회는 후에 '대한인국민회'라는 이름을 내걸었다. 또 상하이를 비롯한 중국 내

37 신채호가 1923년에 쓴 「조선혁명선언」에는 국민 개념이 보이지 않으며 민중이라는 개념이 전적으로 사용된다. 국민에서 민중으로의 개념적 전환은 식민지 이전과 이후라는 시대적 차이를 반영함과 동시에 민족주의자에서 아나키스트로 옮겨가는 신채호의 사상적 전환을 드러낸다.

독립운동에서도 국민 개념이 강조되었는데 예컨대 1919년 10월 31일 김구(金九)는 박은식(朴殷植) 등과 함께 선언서를 발표해 "전국민 일치로 독립의 요구를 강하게 표하되, 최후의 일인까지 할 것"이라는 공약 3장을 제창했다(손과지 2007, 112면). 또한 임시정부에서 만들어진 「약헌(約憲)」 제2장은 '국민의 권리 의무'에 대해, 그 제4조 1항은 "국민의 기본생활을 확보할 계획경제의 수립"으로 되어 있었다. 1921년에는 임시정부의 개조와 독립운동진영의 통합을 논의하기 위한 노력이 전개되는데 이것은 '국민대표회의 개최론'으로 불렸다. 김규식(金奎植), 안창호, 여운형(呂運亨) 등이 '국민대표회 기성회' 조직위원으로 선출되고 그해 5월 10일에는 '국민의 대결속'을 제창하는 '국민대표회 주비위원회 선언서'가 발표되었다(박찬승 2007). 당시 국내에서 국민이 아닌 '민족'을 강조하던 것에 비해 해외 민족운동진영에서 장차 건설될 국가의 주체로 국민의식을 강조했던 점은 주목할 만하다.

하지만 기본적으로 식민지시대의 국민 개념은 일본제국의 통치와 관련된 정치적 어휘였다. 특히 1930년대 이후 황국신민을 뜻하는 국민 개념이 더욱 강조되었고 1937년 중일전쟁의 발발 이후 파시즘적 총동원체제가 만들어진 뒤에는 노골적으로 식민지적 국민 개념이 강요되었다. 식민지 말기에 널리 강조된 '국민정신'은 천황을 정점으로 하는 일본제국주의의 총동원령에 부응하는 피동적 정체성을 반영하는 것이었다(김윤미 2008, 122면). 문학에서도 '국민문학'이 강조되었지만 1940년대 국민문학은 일본제국의 신민의식을 고조하려는 정치문학의 일종일 뿐이었다. 개인주의나 자유주의로 표상되는 근대주의의 논리는 제대로 반영되지 못한 채 일본제국의 신민으로서의 정체성만 강요되었고, 황국신민의 자의식을 갖지 못한 사람을 '비국민'이라고 비난하는 상황에까지 이르렀다. 해방 직후 일부 지식인이 국민 개념에 거부감을 보였던 이유도 일제 말기에 독특하게 사용된 '황국신민으로서의' 국민에 대한 저항감 때문이었다. 이처럼 일제하 국민 개념은 애국계몽운동기의 그것과 사상적으로는 연속성이 있을지 모르나 정치적 범주로는 매우 다른 종류의 것이었다.

3) 해방, 분단, 그리고 국민

해방 후 독립국가의 건설은 당연한 과제로 부각되었지만 정작 이 정치과정을 주도할 단일한 주체를 형성하지 못한 채 정치적 혼란을 겪지 않을 수 없었다. 이에 정치적 주체를 지칭하는 개념도 민족, 민중, 국민, 인민, 시민 등 다양한 어휘들이 각축했지만 어느 하나가 헤게모니를 장악하지는 못했다. 결국 남북한으로 분단되고 별개의 정치적 주체와 체제가 구성되는 과정에서 국민과 인민이라는 두 개념이 남북 양쪽에서 배타적으로 힘을 얻기 시작했다. 이 시기의 개념적 혼용, 분화, 갈등은 그 자체가 정치적·사회적 현실을 반영하며 이는 양측 간의 긴장을 증폭하는 한 요소가 되기도 했다.

1945년 9월 1일 대한민국 임시정부를 지지하는 하나의 정당이 창당되었다. 그 명칭은 '조선국민당'이다. 이 당은 신생 민주주의 이념 아래 민족 총의에 기초한 자주독립적 민권본위 정체의 확립을 주장하며 '국민소득', '국민재교육운동' 등의 용어를 사용했다. 조선국민당은 이후 여러 정당과 통합해 '국민당'으로 개칭했는데 그 정강에서 '국민 개로(皆勞)의 신민주주의'를 표방했다(김성보 2009, 73면). 같은 해 9월 16일 출범한 한국민주당은 선언문에서 "국민의 생활과 교양을 향상시키며", "전국민의 자유로운 발전을 보장"할 것을 표방함으로써 국민을 새로운 국가의 주체로 호명했다. 한편 미군정기에 그

세를 불린 대한독립촉성국민회는 전국적인 "국민운동"을 강조했고 특히 "반공과 건설을 통한 대한민국의 육성"을 앞세웠다. 이처럼 국민 개념을 새로이 부각하면서 이를 정치 주체로 강조했던 것은 대체로 범우익세력이라 할 수 있는 민족진영이었다. 이에 비해 좌익은 인민이라는 개념을 강조했고 국민이라는 어휘를 사용하지 않았다. 예를 들어 해방 이후 좌익 측 문건에서는 국민이라는 용어가 거의 보이지 않으며 1945년 10월에 행한 김일성의 연설에도 민족, 민중, 대중, 인민 등의 용어가 고루 나오지만 국민이라는 용어는 등장하지 않는다(김성보 2009, 74~75면).

1948년 대한민국 정부가 수립되면서 만들어진 헌법은 국민이라는 존재를 정치적으로 가장 중요한 범주로 강조했다. 1948년 대한민국 제헌헌법은 "대한민국은 민주공화국이다"(제1조)라는 것과 "모든 권력은 국민으로부터 나온다"(제2절) 등을 기본정신으로 표명했다. 제헌헌법의 전문에는 국가의 구성과 헌법제정의 주체를 '대한국민'으로 명시하고 있다. 유구한 역사와 전통을 갖고 있고 기미독립선언으로 대한민국을 건립한 민족으로서, 더불어 민주독립국가를 재건하는 주체로서 국민이 또렷하게 명기되어 있다. 또한 헌법의 주요한 내용은 국민의 권리와 의무에 대한 것이고 모든 국민에 대한 기본권적 보장을 담고 있다.

물론 이 과정이 처음부터 자연스러운 것은 아니었다. 유진오(兪鎭午)가 만든 헌법초안 제2조는 "국가의 주권은 인민에게 있고 모든 권력은 인민에게서 나온다"라고 씌어 있었다. 한편 신익희(申翼熙)가 주도해 작성한 행정연구회의 초안은 "한국의 주권은 국민으로부터 발함"으로 씌어 있었고 유진오는 이 안을 검토해 협의한 뒤 '국민'을 주권담당자로 수정한 안을 제출했던 것으로 알려져 있다. 1948년 1

월 조봉암(曺奉岩)은 국민을 주권자로 설정한 헌법초안을 비판하면서 "최근에 공산당 측에서 인민이란 문구를 잘 쓴다고 해서 일부러 인민이란 정당히 써야 될 문구를 쓰기를 기피하는 것은 대단히 섭섭한 일"이라고 말했다. 헌법조문 제2독회에서도 일부 조항 이외에는 인민 개념을 사용하자는 수정안이 제출되었고 유진오 역시 인민 개념이 국민보다 더 적합하다는 의견을 개진했지만 많은 의원들이 인민 개념에 거부감을 드러낸 까닭에 결국 인민 개념의 사용은 거부되었다. 이런 변화를 거치면서 남한에서는 '국민'이 정치적 주체를 의미하는 어휘로 공식 지위를 얻게 되었다.[38] 헌법제정 과정에서 이 개념에 비판적이었던 조봉암도 1952년 8월 5일 정부통령선거에서 "국민총력 집결의 체제를 확립"할 것과 "동포가 서로 사랑하고 아끼는 정신을 크게 일으키어 국민의 사상을 순화"할 것을 강조했다(서중석 1999, 223~24면). 조봉암이 중심이 된 진보당도 1955년 12월 22일에 발표한 발기취지문에서 스스로를 "국민대중의 토대 위에 선 신당"이라 규정했다. 공교육에서도 이 시기부터 도의교육을 중심으로 강력한 국민화 담론이 생산되고 확산되었다. 1950년대 도의교육의 목표는 "모든 국민에게 공통한 도덕규범" 곧 '국민도덕'을 수립하는 것이었고 이것은 1958년부터 '국민윤리강령'이라는 이름으로 구체화되었다(서중석 1999, 201면).

국민이라는 개념에 거부감을 보인 견해도 없지 않았다. 그것이 식민지하에서 널리 사용되었다는 점이나 지극히 국가중심적인 개념이라는 점을 비판하는 견해들이 꾸준히 등장했다. 특히 분단체제의 한

38 뒤에서 살펴보겠지만 국민과 인민의 이런 분기는 중국에서도 동일하게 나타났다. 즉 국민당 정부와의 차별을 부각하려던 마오 쩌둥(毛澤東)의 공산당정권은 국민이라는 말 대신 인민을 강조한다.

단위를 국가로 강조하는 것에 비판적이었던 통일지향적 세력들은 국민과 국가를 앞세우는 대신 민족과 민중이라는 개념을 강조하고자 했다. 대표적 사례로 일부 지식인들이 박정희정부가 제정한 '국민교육헌장'에 대해 비판하면서 국민윤리를 반공을 위한 체제 이데올로기라고 주장했던 것을 들 수 있다. 1980년대에 널리 확산된 비판적 역사해석도 그것이 주로 '민중사학'이나 '민족사학'으로 일컬어진 데서도 짐작할 수 있듯 국민이라는 범주 대신 민중과 민족이라는 주체를 통해 한반도 근현대사를 이해하고 설명하려 했다. 남한의 민주화운동 과정에서 나타났던 비판적 담론에서도 늘 민족과 민중, 그리고 민주라는 가치는 강조되었지만 국민이라는 개념에는 그다지 큰 비중이 부여되지 않았다.

하지만 국민이 헌법상 주권의 보유자로 규정된 주체라는 점에서 이 개념이 지니는 힘은 결코 작지 않았다. 국민 개념은 정부의 정책을 비판하는 경우 주권의 소재자라는 차원에서 늘 저항의 정당성을 보장하는 근거로 강조되었다. 1960년대 한일국교정상화를 둘러싼 저항운동이 벌어졌을 때 재경(在京)대학교수단이 발표한 반대성명서는 "대한민국의 주권자는 엄연히 국민이다. 국민은 정부의 정책을 언제나 자유로이 비판하는 권리를 지닌다"라는 말로 시작된다(권태억 외 1994, 387면). 1970년대 이후 민주화운동에서도 국민은 민주주의의 기반이자 중요한 저항의 주체로 자리매김했다. 남한 민주화운동의 상징적 사건의 하나였던 1976년 명동성당 3·1민주구국선언의 선언문에는 국민 개념이 다음과 같이 중요하게 부각되어 있다.

> 민주주의는 '국민을 위해서'보다는 '국민에게서'가 앞서야 한다. 무엇이 나라와 겨레를 '위해서' 좋으냐는 판단이 '국민에게서'

나와야 한다는 말이다. 그 판단에 귀를 기울이지 않고 국민을 위한다는 생각만으로 민주주의는 결코 이루어지지 않는다. (…) 국민은 복종을 원하지 않고 주체적인 참여를 주장한다. 국민은 정부를 감시하고 비판할 기본권을 포기할 수 없다(권태억 외 「민주구국선언서」, 『자료모음 근현대한국탐사』, 407면).

이런 국민의식이 사회구성원 일반에게 스스럼없이 내면화되는 것은 1987년 이후 한국사회가 민주화되고 시민적 자유가 제도적으로 확보된 이후였다. 올림픽 개최와 경제적 성공, 민주주의의 심화를 거치면서 한국인들은 국가에 대한 과거의 콤플렉스를 벗어날 수 있었고 대한민국이라는 국가에 대한 정당성을 인정하기에 이르렀다. 이로써 국민 개념은 더욱 긍정적으로 내면화되었다. 2002년 월드컵의 '대한민국' 열기는 그러한 변화를 극적으로 보여주며 이 흐름을 사회적으로 확산하는 중요한 전환점이었다. 이와는 조금 다른 맥락에서, 2000년 남북정상회담과 뒤이은 남북교류에서 민족적인 것이 전면화하는 상황과 함께 국민 개념이 정치적 의미를 띠고 다시 등장하는 모습도 나타난다. 즉 대한민국의 정체성을 강조하는 보수 지식인들이 다시금 '국민'을 주체로, 국민중심적 역사해석을 강조하고 나선 것은 이러한 변화를 잘 보여준다.[39] 이와 더불어 국민을 넘어서는 시민적 정체성이나 민중적 성격, 나아가 다중적 정체성을 옹호하는 글들도 다수 등장하는데 이것 역시 변화하는 시대상을 반영한다(니시카와 나가오 2002). 분단된 상황 때문에 여전히 국민과 민족이 밀접한 관

39 예컨대 보수성향의 한 잡지에 실린 민중현의 글은 '국민정서를 인민정서화'하는 것에 대한 강한 분개를 표출한다. 민중현 「'국민정서'를 '인민정서'化한 大韓人民共和國을 고발한다」, 『한국논단』, 2004. 1.

련성을 지니는 것으로 간주되기는 하지만 남북관계를 둘러싸고 나타나는 두 개념 간의 대립과 긴장에 대한 이해도 점차 높아지는 추세다.[40]

2. 인민 개념의 역사적 구성

동아시아의 한자문화권에서 '인'과 '민'을 조합한 '인민' 개념은 매우 일찍부터 사용되었다. 『맹자(孟子)』의 '진심장구(盡心章句)' 하편에는 "諸侯之寶三, 土地, 人民, 政事"라 하여 인민이 제후의 가장 중요한 보물 중 하나로 서술되어 있다.[41] 맹자가 말하는 제후의 세 보물은 오늘날 국가의 구성요소라 불리는 토지, 국민, 주권의 내용을 떠올리게 한다. 물론 이때의 인민은 지배층으로서의 특권이나 아무런 관직을 지니지 못한 평민, 피지배층 일반을 의미한다. 이처럼 그 역사가 거의 2000년에 이르는 중국에서도 민중 일반을 지칭하

40 여러가지 상황을 고려할 때 국민 개념은 당분간 강한 힘을 유지할 것이다. 세계화와 지역화가 진전되긴 하지만 여전히 국가구성원 간의 소통이 부족하고 국가 단위의 경쟁이 지배적인 동아시아의 상황을 고려할 때 상당기간 대한민국 구성원으로서 국민 정체성은 유지될 것으로 보인다. 남북 간 교류협력이 진전되고 상호신뢰가 쌓이는 만큼 민족 개념이 힘을 받을 수 있겠지만 완전하게 통일되기 전에는 국민 정체성의 힘을 약화하는 데 한계가 있을 수밖에 없다. 또한 남한사회에 다양한 외국인들이 거주하면서 다민족적 환경이 나타나고 있는 조건 역시 정치공동체 성원으로서의 보편적 국민 개념을 강화할 수 있다. 다만 국가권력에 의해 위로부터 주입되는 국민 개념이나 냉전적 체제 이데올로기로서의 국민 논리는 점차 약화되고 복합적이고 다원적인 국민의식이 커져갈 것으로 보인다.

41 전문을 옮기면 다음과 같다. "제후의 보배는 세가지인데 토지, 백성, 정치다. 옥구슬 따위 재물을 보배로 여기는 제후는 그 재앙이 결국 제 몸에 미칠 것이다(諸侯之寶三, 土地, 人民, 政事, 寶珠玉者, 殃必及身)." 장현근 『맹자』, 살림 2006, 260면.

는 개념으로 사용된 대표적 어휘는 '인민'이었다. 일례로 『이십오사(二十五史)』를 기초자료로 검토해보면 인민의 사용빈도는 304개인데 비해 국민은 13개, 민족은 겨우 2개 사례만 나타난다(古厩忠夫 2000, 230~31면). 단순히 빈도에서만 그런 것이 아니고 그 의미 면에서도 황제-인민이라는 일군만민체제의 한 극을 이루는 용어로 자리잡고 있었다. 조선에서도 인민이라는 어휘는 매우 자주 사용되는데 『조선왕조실록』에는 백성이라는 단어가 1718회 등장하고 인민이 2504회 등장한다. 적어도 조선시대 전반을 통해 인민이라는 말은 사회구성원 일반을 지칭하는 말로 어떤 단어보다도 많이 쓰였다.

1) 번역어 인민과 이념의 문제

하지만 이때의 인민 개념이 오늘날 한반도에서 쓰이는 인민과 동일한 정치적 함의를 지녔던 것은 결코 아니다. 현재의 인민 개념 또한 국민의 경우와 마찬가지로 서구의 개념어를 번역한 것으로 그 의미가 재구성되었다. 일본에서는 인민이 '피플'(people)의 번역어로 받아들여졌지만 사회계약론적 자유주의의 흐름과 계급론적 사회주의의 흐름에 따라 그 의미가 달라져왔다. 1996년판 『일본사사전』에는 인민과 관련해 다음과 같이 설명되어 있다.

> **인민** 민중이 자기를 정치적 주체로서 자각적으로 확인하는 개념이다. 또는 피치자 신분의 총칭이다. 고대중국의 정치사상에서 통치대상이었던 民의 별칭이다. 일본에서도 고대 이래 피치자 신분으로서의 인민관이 유교적 정치사상의 중심에 정착했다. 메이지유신 후 정부는 인민이란 말을 사용해 국민의 천황제국가에 대한 귀속의식의 육성을 시도했다. 일방(一方) 구미 정치사상의 섭취 속에

서 people의 역어로서 사용되었고, 특히 자유민권파는 인민을 피치자 신분의 뜻과는 달리 정치적 주체, 천부인권의 보유자로서 위치지었다. 이후 천황제 확립에 따라 정부는 신민이란 말을 사용하고 인민이란 말은 민주주의, 사회주의의 입장에서 정치적으로 소외된 민중을 가리키는 개념으로 사용되었다. 국민이 국가적·민족적 제약을 받는 개념이었던 데 비해 이러한 제약을 뛰어넘는 피지배층을 총괄하는 개념이 되었다. 2차대전 직후 반체제운동 측에서 많이 사용했지만 최근에는 그다지 쓰이고 있지 않다(高柳光壽·竹內理三 編『日本史辭典』, 角川書店 1974〔1996년 신판〕, 508~509면).

한편 맑스주의적 관점을 수용한 1967년판『사회과학사전』에는 인민이 다음과 같이 설명되어 있다.

인민 지배되고 억압되고 착취당하는 계급, 계층으로 혁명을 수행할 능력을 가진 사회적·정치적 세력의 총칭이다. 따라서 인민 속에 포함된 사회적·정치적 세력은 그 나라의 역사적 발전단계나 당면한 혁명의 성격의 차이에 의하게 된다. 부르주아 혁명과 제국주의 단계와 그 이전의 단계는 다르다. 전반적 위기하의 현재 독점자본주의국에서는 노동자, 농민, 도시노동자만이 아니라 중소자본가계급도 인민 속에 포함된다(社會科學辭典編集委員會『社會科學辭典』, 新日本出版 1967).

여기서 보듯 인민 개념은 20세기 이후 점차 사회주의자들이 중시하는 어휘가 되었다. 인민은 단지 정치 주체 일반을 의미하는 말이 아니라 피지배적 상태에 있는 계급적 존재를 뜻하는 말로 정의되었다. 다시 말해 권리와 자유의 일반적 주체가 아니라 기존 체제에 대한 저항과 혁명을 수행할 주체로 간주되었고 현실적으로는 '혁신세력'이라 불리는 사회세력이 대변하려는 집단을 상징하는 어휘가 되었다. 실제로 이런 인민 개념은 20세기 전반기 내내 널리 쓰였고 인민투쟁, 인민전선, 인민민주주의 등의 개념은 모두 이와 연관된다.

중국에서도 인민 개념은 이런 사상적 조류 및 정치적 흐름에 영향을 받았다. 본래 국민당정부 아래에서 인민은 국민과 비슷하게 사용되었다. 1912년 「중화민국임시약법」을 제정하는 주도적 역할을 했던 쑹 자오런은 그 약법의 제1조에서 "중화민국은 중화인민이 이를 조직한다"라고 했다. 물론 제2조 "중화민국의 주권은 국민 전체에 속한다"에서 국민 개념을 주권체로 사용하지만 중화민국이라는 국가를 조직하는 주체를 명시할 때에는 '인민'이라는 말을 쓴 것이다. 한편 중국 공산주의자들은 인민을 점차 국민과 분리하여 대립적 범주로 정의했다. 인민은 개별적·구체적 인간존재이면서 지배계급에 대한 저항의 논리를 지닌 존재로 간주되었고, 통일성과 추상성을 특징으로 하는 이념으로서의 국민에 반해 인민의 개별구체성은 직접적 정치참가, 혁명봉기를 정당화하는 데 적합한 것으로 간주되었다. 다시 말해 구성원 전체를 포괄하는 총체적 개념으로서의 국민에 대해 계급적 대립과 적대성을 명확하게 한 인민 개념은 계급투쟁을 뒷받침하는 말로 자리매김했다(古厩忠夫 2000, 239면). 레닌(V. I. Lenin)의 쏘비에뜨혁명이 성공하고 그것이 '인민민주주의'로 구체화되면서 국민을 대체하는 인민 개념은 중국공산당에 의해 점차 힘을 얻게 되었다. 중국공산당은 국민당과 국공합작이 깨진 뒤로는 국민당이 강조한 국민 개념을 폐기하고 인민을 한층 더 강조했다.

2) 구한말의 인민: 의미의 전환

개항 이래, 특히 갑오개혁(1894~96) 이후 한반도에 소개된 번역어로서 인민 개념은 초기에는 사회계약론적 자유주의와 함께 소개되었고 점차 사회주의적 의미로도 알려졌다. 『독립신문』에는 인민 개념이 널리 사용되었는데 이때 인민은 국민 개념과 치환 가능한 정도의 의미를 지닌 것이었다. 김윤희(金允姬)는 갑오개혁 이후 인민 개념이 부상하는 이유로 근대조약 체결의 영향을 꼽았는데 실제로 1876~83년까지 청, 일본과 맺은 조약문에서 국가구성원을 지칭할 때 쓰인 용어는 '인민'이었다. 이들 조약에서는 통치대상을 가리키는 주체가 일관되게 '민인(民人)'으로 번역되어 있고 피플(people)이나 씨티즌(citizen)은 인민 또는 민인으로 번역되어 있다. 민인은 피치자적 성격이, 인민은 그보다는 좀더 포괄적이고 외연이 넓은 용어로 받아들여졌던 것으로 보인다(김윤희 2009, 310면).

『한성순보』에서 보이는 인민이란 용어도 조선인이라는 의미를 내포하는 것으로, 피통치자의 의미보다는 일정한 지역에 속한 일반 구성원을 총칭하는 것으로 이해할 수 있다. 즉, 일종의 국민 개념에 선행하는 정치적 주체로 사용된 것이라 할 수 있다(김윤희 2009, 314면). 갑신정변을 주도한 개화파 역시 인민 개념을 강조했는데, 일례로 갑신정변 정령 제2조는 "문벌을 폐지해 인민평등권을 제정하고 사람으로서 관을 택하고 관으로써 사람을 택하지 말 것"이라는 조항이다. 박영효(朴泳孝)의 상소문 역시 '민'을 나라의 근간으로 세워야 함을 강조했다. 박영효는 「개화에 대한 상소」에서 "국가는 제왕의 국가가 아니고 인민의 국가이며 제왕은 나라를 다스리는 직책"이라고 썼다. 박영효의 이러한 인민중시는 유길준(兪吉濬)에게서도 나타난다. 1889년 탈고한 유길준의 『서유견문(西遊見聞)』은 인민 개념을 정교한 분석적 개념으로 사용한다. 이 책의 목차는 근대세계-국가-인민-정부 순인데, 이는 정치적 틀이 구성되는 수준 내지 상호관계성에 대한 당시 지식인들의 생각을 보여준다. 유길준은 이 책에서 "국가의 부강이 인민의 근태(勤怠)에 있고 물산의 풍감(豊歛)에는 불유(不由)하는 것"이라고 해서 인민을 가장 중요한 것으로 강조했다.

인민 개념은 갑오개혁 이후 정부의 각종 제도개혁 논의에서도 널리 사용되었다. 1894년 12월 12일 반포한 홍범 14조는 인민을 납세의 주체이자 정부로부터 보호받아야 할 대상으로 규정한다. 또한 1896년 반포한 호구조사규칙에는 인민이 전국에 거주하는 모든 사람이면서 납세의 의무와 권리를 보유한 자로 좀더 분명하게 쓰인다. 인민은 이후 1898년 독립협회운동이 전개되면서 대회를 열고 자신들의 요구를 정부에 제출하는 존재로 등장하기 시작했다. 당시 중추원 관제는 그 위원의 반수를 '인민협회'에서 선출하게끔 되어 있었고 이는 인민이 본격적으로 정치적 주체로서 인정받게 되었음을 의미한다(『고종실록』 제38권, 11월 2일). 뒤이어 고영근(高永根) 등이 '민회'를 인정할 것을 상소했는데 이는 인민의 정치적 모임을 공인해야 함을 뜻한다. 애국계몽운동기로 알려진 1905년 이후에 인민 개념은 더욱 활발히 소개·활용되었다. 1907년 윤효정은 형법과 민법을 구별하는 논의에서 법률의 적용대상이 되는 범주 전체를 인민이라는 개념으로 설명한다(윤효정 1907). 동시에 인민의 절대적 자유가 가져올 혼란과 무질서를 염려하고 인민은 반드시 국가의 권위에 복종해야 한다는 논의도 나타나기 시작했다. 아무튼 이 시기 대부분의 글에서는 국민, 인민 개념이 크게 분리되지 않은 채 혼용되었다. 이는 두 개념을 적대적으로 대비하는 사회주의의 영향력이 그다지 크지 않던 당시 상황의 반영이기도 한데, 식민지하에서 사회주의 사상이 널리 도입되면서 인민이 국민과 개념적으로 명료하게 분리되기 시작했다.

3) 민족해방운동과 사회주의이념

민족해방을 지향하던 조선에서 인민 개념은 계급적 함의와 함께 민족적 함의를 지니게 되었다. 피억압인민으로서 조선민족을 강조할 때 피지배층을 지칭하는 인민 개념이 식민당국이 주입하려는 국민 개념에 비해 훨씬 정당성을 지닌 것으로 수용되었기 때문이다. 1920년 『개벽』 창간호에 실린 창간사는 민족이나 국민 개념이 아닌 인민 개념을 적극적으로 내세운다. 다음의 창간사를 보자.

> 소리—있어 넓히 세계에 전하니 온세계 모든 인류—이에 응하야 부르짖기를 시작하도다. 강자도 부르짖고 약자도 부르짖으며 優者도 부르짖고 劣者도 부르짖도다. (…) 좌우간 다수가 渴仰하고 다수가 요구하는 인민의 소리임은 명백하도다. 哲人은 말하되 다수 인민의 聲은 곳 신의 聲이라 하엿나니 신은 스스로 요구가 없는지라 인민의 소리에 응하야 其 요구를 발표하는 것이요, 신은 스스로 渴仰이 없는지라 인민의 소리에 응하야 또한 其 渴仰을 나타내는 것이라, 다수 인민의 渴仰하고 且 요구하는 소리는 곳 신의 渴仰하고 요구하는 소리니 이곳 세계 開闢의 소리로다. (…) 인민의 소리는 이 개벽에 말미암아 더욱 커지고 넓어지고, 철저하야지리라 (『개벽』 창간호, 1920).

여기서 엿볼 수 있는 한가지 특징은 인민의 논의가 국가 내지 국민과 연결되지 않는다는 점이다. 인민은 그 자체로 부르짖고 소리를 발하는 존재인 것이며 자유와 자율의 주체로 설정된다. 아마도 이 배후에 1919년 3·1운동의 경험이 강하게 자리잡고 있었을 것인데, 남녀노소 할 것 없이 수많은 대중들이 하나의 목소리로 조선독립을 외쳤던 이 경험은 지식인들에게 '인민'의 거대한 힘을 느끼게 했을 것이기 때문이다. 실제로 이 시기에는 루쏘(J. Rousseau)의 사상이 적극적 평등주의로 소개되는 가운데 인민 개념이 적극 활용되기도 했다(묘향산인 1920). 하지만 식민지 상황에서 인민주권론적 개념은 큰 힘을 발휘하지는 못했는데, 그것은 피억압 상태의 민족에게 주권론이 존립할 수 있는 정치적 현실이 부재했기 때문이다. 이런 상황에서 계급적 적대를 강조한 사회주의진영의 인민 개념이 정치적으로 좀더 뚜렷한 의미를 지니게 되었다.

1920년대부터 맑스주의는 식민지적 억압을 토대로 지적 영향력을 확대해가기 시작했다. 1920년대 공산주의운동에서는 인민 개념보다 무산대중, 무산계급, 노동자·농민 계급, 프롤레타리아 등의 개념이 더 많이 등장한다. 인민 개념이 사회주의자들의 입에 적극적으로 오르내리게 되는 것은 1935년 제7회 코민테른 대회에서 반파시즘 인민전선론이 정립된 이후다. 이 시기 반파시즘을 내세운 반제투쟁의 논리들은 일종의 국가 대 국가의 투쟁이 아닌, 파시즘체제에 대한 반파시즘 연대를 강조했고 인민은 그런 주체로서 강조되었다. 경성콤그룹은 인민전선부를 두고 인민전선운동을 전개했으며 장래의 정권 형태로 '인민정부'를 고려했다. 일제하 공산주의운동의 주요 인물인 박헌영(朴憲永)은 인민전선전술의 핵심이 아래로부터의 통일전선만이 아니라 위로부터의 통일전선도 허용한 것이라고 보았다(이애숙 2004, 224면). 같은 관점에서 인민정부는 노동자·농민만이 아니라 광범위한 소시민, 부르주아, 양심적 기업가까지 참여하는 부르주아민주주의혁명을 통한 정치체라고 일컬어졌다. 이처럼 인민 개념은 사회주의자들에 의해 정치적으로 활용되면서도 계급적 맥락으로부터 다소 자유로운 성격을 드러냈고 사회주의자들은 이 개념을 통해 광범위한 반전반제(反戰反帝) 계급연합을 추구했다. 유진오의 헌법초안이 권력주체로 인민을 내세운 점, 해방 직후 전국적으로 자생한 인민위원회라는 명칭 등에서 보듯 인민 개념은 '광범위한' 대중, '극소수의 친일세력을 제외한 모든' 국민과 시민 등의 용어와 크게 차별화되지 않은 상태로 사용되면서도 이념적·정치적으로 분명한 지향성의 차이를 내포했다.

4) 해방과 인민 개념

1945년 일제의 패망과 조선의 해방은 정치사만이 아니라 개념사 면에서도 매우 중요한 변화의 계기가 되었다. 바야흐로 인민과 국민 개념은 매우 뚜렷한 정치적 의의를 지니고 서로 대립하는 양상을 띠게 되었다. 이런 개념적 분기는 국제적으로는 냉전체제의 출범과 궤를 같이하는 세계사적 흐름의 반영이고 내부적으로는 남북분단과 두 정부 출현에 따른 민족사적 분열의 반영이었다. 이 과정에서 좌파와 우파는 각기 다른 지향을 통해 정치적 주도권을 확보하려 노력했다. 그 싸움은 불가피하게 정치적 주체를 어떻게 설정할 것인가와 무관치 않았고 이러한 정치적 주체를 지칭할 여러 형태의 언어가 분출했다. 이 시기에는 '우리'에 대한 다양한 언어가 나타났고 이 언어들은 모두 '국가'의 문제와 연결되어 있었다(강호정 2008).

인민 개념이 빠르게 정치화한 것은 해방 직후 전국적으로 인민위원회 활동이 활발해지고 '조선인민공화국' 명칭이 사용된 데에서 기인한다. 1945년 9월 6일 전국인민대표자대회에서 선출된 인민위원회를 통해 거국정부가 구성되었다고 발표한, 조선인민공화국의 출범

선언은 인민이라는 어휘가 공산주의국가 수립 과정과 밀접하게 연결된 주요한 계기였다. 하지만 준비 없이 단행된 이 해프닝은 오히려 인민민주주의에 대한 격렬한 반대투쟁은 물론이고 인민 개념 자체에 대한 거부감을 확산한 결정적 계기였다. 여운형은 후에 '인민공화국'이라는 명칭 때문에 상당한 비난을 받았다. 그해 10월 1일 여운형은 기자회견에서 "어째서 인민공화국이라고 했는가?"라는 질문에 대해 명확한 대답을 내놓지 않았다(서중석 2006, 298면). 이후에도 여운형은 새로이 결성한 당의 이름을 '인민당'이라 했는데 그에 따르면 "인민당은 전(全)근로대중을 중심으로 하는 것은 물론이요 진보적이요 양심적인 자본가나 지주까지도 포섭하고 제휴해서 광범한 혁명적 민족전선을 지어 현 단계에 적응한 가장 대중적인 정당으로써 긴급한 국내문제를 현실적으로 해결하려는 것"이라고 했다(서중석 2006, 303~304면).

새로 설립될 국가의 성격을 '인민공화국'으로 부여하려던 움직임에서도 나타나듯 이 시기 좌파에게 인민은 중요한 정치적 개념이었다. 1946년과 47년에는 인민 개념을 내건 여러 책자와 잡지가 간행되었다. 예컨대 인민사가 간행한 『인민』, 헌문사의 『인민비판』, 연문사의 『인민예술』, 인민평론사의 『인민평론』 그리고 범장각의 『인민과학』 등이다. 또한 잡지에 게재된 글을 통해서도 인민 개념은 계속 강조되었다. 예컨대 김오성(金午星)은 '인민전선'을 주창하면서 친일파 및 민족반역자를 배제한 피억압인민의 정치적 연대를 강조하고 '인민정권'을 수립하기 위한 국가건설의 주체로 인민을 적극 주장했다(김오성 1946). 1947년 『민주조선』 창간호는 '인민과 국가'에 대한 논설을 실었다. 해방정국에서 사상적·정치적으로 중요한 역할을 했던 백남운(白南雲)은 새로운 국가건설론으로서 인민민주주의론을 내세웠다(백남운 1947). 그는 인민 본위 민주정치의 동력을 '민중의 토대 위에 입각한', '민중의 권익을 위한 인민 자체의 지배행위'라고 표현했으며, 민주독립을 '인민정치와 인민경제의 동시 해결'에 의한 '인민혁명'과정으로 설명했다. 하지만 그의 인민정치론은 프롤레타리아 독재를 주장하는 공산주의원리와 명확하게 구별되지 못하고 좌우 이념 대립이 심화되는 해방정국에서 주도적 역할을 하지 못했다.

흥미로운 것은 정치적 담론만이 아니라 문학의 시어(詩語)에서도 이런 분화가 그대로 나타났다는 점이다. 당시 좌파 시인의 시에는 '인민'이 압도적으로 많이 등장하는 데 반해 우파의 시에는 '시민'만이 종종 등장한다. 그 함의도 큰 차이를 보였는데 좌파의 시에서 인민과 백성은 긍정적 의미로, 국민과 시민은 부정적인 의미로 사용되었고 우파에서는 그와 반대되는 경향을 보였다. 예컨대 당시 시의 표현을 분석한 강호정에 따르면 해방 직후에는 공동체 지향의 언어가 다수 등장했다. 인민, 민족, 대중, 우리, 동포 등이 그 예다. 이 가운데서도 인민 개념은 좌파진영에서 매우 뚜렷하게 부각한 개념이었다. 박세영(朴世永)의 시 「헐벗은 이 나라 사람」을 보면 발표 당시에는 '사람'이라고 지칭했던 부분이 해방 후 시집에 재수록되면서는 '인민'으로 바뀌었는데, 이것은 인민 개념이 새롭게 힘을 얻게 된 당시의 상황을 반영한다. 임화(林和)는 '문학의 인민적 기초'라는 제목의 강연에서 인민과 다른 개념들을 명확하게 구별하면서 다음과 같이 말했다(임화 1945).

> 人民과 極히 近似한 개념으로 國民, 民族, 民衆이란 말이 있다. 國民이란 간단히 말해 일정한 國家에 속한 民衆의 總稱이라고 볼 수 있지 않을까. 民族이란 개념도 역시 國民과 비슷해 비록 獨立한 국

가에 법적으로 속해 잇지 안코 過去의 朝鮮民族과 가치 他國의 지배하에 있을 때라도 人種的 또는 言語的 기타 약간의 주로 自然史的 共通性을 가진 일정한 人間의 총칭이라고 볼 수 잇다. 거기에 비하야 民衆이란 이 위의 두가지 말과는 若干 다른 점이 있다. 한 國民 한 民族 가운데서도 民衆이란 大衆이란 말과 가치 주로 被治者를 가르치는 말이다. (…) 人民이라는 것은 (…) 勞動者나 農民, 기타 中間層이나 知識階級 등을 包攝하는 意味에 잇서 이 말 가운데에는 被搾取의 社會階級을 土臺로 한다는 일종 濃厚한 社會階級的인 要素가 보다 더 만흔 概念이다. 現代가 民衆이란 말 대신에 人民이란 말을 쓰는 것은 아마 현대에 있어 社會的 矛盾의 解決에 國家的 民族的인 여러가지 問題보다도 基本的인 問題로 되어 있는 때문인 것 같다. 그러면 文學이 人民에게로 간다는 것은 다시 말하야 文學이 현대의 社會的 矛盾 解決의 一端과 關係를 맺는다고 생각할 수 있다.

북한에 실질적 정부가 수립되기 시작하고 소련의 강력한 후원 아래 사회주의체제 수립이 총체적으로 시도되면서 인민 개념은 제도적 힘을 획득했다. 북한은 인민대표자회의를 중심으로 프롤레타리아 독재론에 근거해 정부를 수립하려 했다. 북한의 정권수립 과정에서 최고 상위법의 기능을 한 조선로동당 규약에는 "인민공화국의 건설을 위해 전조선적으로 주권을 인민의 정권인 인민위원회에 넘기도록 할 것"이라는 원칙이 포함되었다. 1948년 4월 28일에 개최된 북조선인민회의 특별회의에서 상임위원회 의장 김두봉(金枓奉)은 헌법초안이 "진정한 인민주권의 원칙과 진정한 인민적 민주주의원칙과 인민적 민주주의인민공화국의 원칙을 기초로 한 것"이라고 보고했다(김성보 2009, 85면). 이런 과정을 거쳐 1948년 9월 8일 최고인민회의 1

기 1차회의에서 채택된 북한 헌법에는 "조선민주주의인민공화국의 주권은 인민에게 있다. 주권은 인민이 최고 주권기관인 최고인민회의와 지방 주권기관인 인민위원회를 근거로 해 행사한다"(제2조)라고 명시되었다.

북한의 정권수립 과정에서 '국민'이라는 개념은 전혀 등장하지 않는다. 조선로동당 규약에 함께 등장하는 말로 근로대중, 민족 등이 있고 '공민'이라는 개념도 중요한 역할을 하지만 주권의 주체로는 '인민'이 핵심개념으로 자리매김했다. 북한 체제 및 사회주의자들에게 인민 개념이 상징적이고 실질적인 힘을 얻게 된 것과 동시에 이 개념은 남한사회에서 퇴출되고 억압받았다. 한국전쟁은 이런 인민 개념의 기피현상을 대중적으로 확산하는 데 결정적 계기가 되었다. 전쟁은 불가피하게 남과 북, 군대와 민간, 좌익과 우익을 철저한 적대관계로 갈라놓았기 때문에, 인민군은 곧 침략군의 이름으로 거부의 대상이었다. 북한 점령 시기에 인민재판이라는 이름으로 자행된 폭력과 살상에 대한 거부감도 남한사회에 오랫동안 영향을 미쳤다. 전쟁의 참화와 뒤이은 반공체제의 형성과정에서 북한 및 공산주의와 관련된 기표나 상징은 철저하게 기피 대상이 되었는데 인민 개념도 대표적 사례에 해당한다. 그뒤로는 오직 북한과 관련한 사안들에서만 인민 개념이 등장했다. 예컨대 '인민혁명당사건'이나 '인공기 게양사건'처럼 북한과 관련한 논란이나 사건에서 간간이 쓰였을 뿐이다. 결국 유진오가 예측한 대로 '인민'이라는 오래되고 역사성있는 개념어 하나가 한반도 분단과정에서 사용하기 어렵게 되어버린 것이다. 이런 현실은 지금도 크게 달라지지 않았는데 이는 개념과 사회현실이 나누어질 수 없는 것임을 잘 보여준다.

3. 국민과 인민은 화해할 수 있는가?

본래의 질문으로 돌아와보자. 장차 남북이 하나로 통일되고 남북한 주민이 동일한 정치공동체 구성원으로서의 정체성을 만들어가려 할 때 현재 국민과 인민 범주는 어떤 역할을 수행할까? 이들 개념에 담긴 상호대립적이고 적대적인 함의를 넘어 서로를 통합할 가능성은 어디서 찾을 수 있을까? 이 답을 찾기 위해 크게 세가지 점을 검토해보려 한다. 첫째, 민족이라는 개념이 국민과 인민을 아우르면서 화해시키는 상위개념이 될 수 있을까. 둘째, 시민이라는 개념은 국민과 인민의 화해과정에 어떻게 연계되어야 할 것인가. 마지막으로 개념적 융합을 가능케 할 사회적·정치적 변화는 무엇인가를 살펴보고자 한다.

1) 민족 범주의 유연한 재구성

한국사회에서 민족 개념은 남북한의 갈등과 대립을 넘어 통합과 치유의 기본자산으로 간주되며, 앞으로도 오랫동안 중요한 통합력을 제공할 것이다. 비록 전세계적으로 민족이 지닌 정치적 의의에 대한 회의적이고 부정적인 평가가 늘고 있지만 분단된 한반도에서 민족이라는 정서와 공감이 통합의 동력을 제공할 개연성은 매우 높다. 민족이라는 담론을 꺼려왔던 독일에서조차 통일과정에서 민족이란 호명이 예상치 못한 큰 힘을 발휘했던 것을 생각해보면 한반도에서도 통합과 통일의 과정에서 민족 개념에 도움받을 부분은 매우 많을 것이 분명하다.

특히 북한이 민족을 강조한다는 점은 현실적으로 민족 개념의 활용가능성을 높이는 측면이 있다. 분단 이래 거의 모든 영역에서 이질화가 진행되어온 남북한 사이에 민족이라는 개념과 정서는 여전히 강력하고도 명확한 접점을 제공한다. 물론 남북에서 각기 사용하는 민족 개념과 그 정치적 함의에 큰 차이가 있고, 특히 남한에서 민족 개념이 지니는 힘이 점차 약화되는 것도 사실이다. 하지만 남북이 공유한 많은 요소에 기초해 공감대를 이끌어낼 잠재력은 여전하다. 다시 말해 국민과 인민의 개념적 분할이 이념적 대립과 정치적·군사적 분단을 고스란히 반영하는 것이라면 민족이란 개념은 그런 분할을 넘어설 수 있는 어떤 요소를 지닌다. 특히 논리적이고 이성적인 차원에서 포착되지 않는 정서와 감정, 즉 아비뛰스(Habitus)의 차원에서는 민족이라는 말이 큰 힘을 발휘할 수 있기 때문에 앞으로도 민족 개념은 주목되어야 하고 의미있게 재구성되어야 한다.

하지만 민족이라는 것을 사전적 의미나 당위적 주체, 또는 불변하는 믿음처럼 간주하는 방식으로는 통일과정에서 결코 의미있는 자산을 만들어낼 수 없다. 민족이란 말에 담긴 의미도 국민이나 인민과 마찬가지로 한반도 근현대사 속에서 독특한 방식으로 구성되고 만들어진 것이다. 그 속에는 21세기 현실에서 더이상 확신하기 어려운 오해나 과장이 없지 않고 세계사적 보편성의 차원에서 수용할 수 없는 요소도 있다. 특히 최근 북한이 강조하는 민족 개념에는 북한 중심의 역사인식에 따른 변용과 왜곡, 고집 등이 적지 않게 발견된다. 뿐만 아니라 민족이라는 어휘를 공유하는 일본과 중국에서도 그 의미가 크게 달라져왔고, 세계화 현실을 반영한 서구의 담론에서도 유사한 대응개념의 의미가 계속 변화한다는 점을 고려하지 않으면 안 된다. 한마디로 민족이라는 개념의 내용과 의미를 고정된 것으로 전제하고 이를 당연시하는 방식으로 국민과 인민을 융합할 수 있으리라고 기대하는 것은 미래에 도움이 되지 않는다. 국민과 인민이라는 말에 비해 민족이라는 말이 덜 정치적이고 덜 이데올로기적이라고 간주할 근거는 별로 없다. 특히 남과 북 모두 민족 개념에서 강력한 혈통적·언어적·역사적 속성을 강조하는 측면이 있기 때문에 정치적 갈등과 경제적 이해관계를 조정할 역량을 민족이라는 말 자체에서 구하기는 점점 더 어려워질 것이다. 이를 극복하기 위해서는 국민과 인민의 정치적 성격을 뛰어넘으면서 또한 민족 개념에 덧입혀진 종족적·본질주의적 요소를 상대화해야 한다. 민족 개념을 포괄적이고 유연한 통합정체성을 지향하는 방식으로 재구성해야 할 이유가 바로 여기에 있다.

2) 시민 정체성의 포용

이런 맥락에서 민족 개념과 함께 시민 개념을 적극적으로 고려할 필요가 있다. 시민은 정치적 권리를 지닌 주체의 하나이지만 국가공동체 및 문화공동체에 전적으로 종속되는 존재는 아니다. 역사적으로 고대의 시민은 도시공동체에 속하는 존재였지만 오늘날의 '시민'은 천부인권을 보유한 자율적 개인으로서 삶의 공간을 창출함과 동시에 자신이 속한 국가 및 공동체 내에서 공공성을 담지하는 21세기형 주체로 주목받는다.

21세기 남북한이 새로운 공동체를 이루고 함께 살아가기 위해서는 두 체제 논리를 상당부분 반영하는 국민 및 인민 개념의 융합이나 민족 개념의 적절한 활용 못지않게, 시민이라는 개념이 지니는 사회적 주체성을 적극적으로 수용하려는 노력이 필요하다. 시민 개념은 오늘날 국민국가의 지배력이 이전과는 달라지고 전지구적 상호소통과 다문화적 교류가 확산되는 가운데 다양한 사회구성원의 독자적 권리와 사회적 주체성을 반영한다. 이는 어느 사회도 회피할 수 없는 변화이기도 하다. '시민권이란 무엇인가, 또한 시민이 국가공동체 및 민족공동체의 관계에서 어떻게 독자성을 지닐 것인가'는 이론적인 물음이면서 동시에 매우 현실적인 정책론이기도 하다. 그렇지 않아도 복잡한 남북관계를 이런 논의가 더 혼란스럽게 할 것이라는 비판도 가능하다. 하지만 오히려 주체로서의 인간, 우리가 지향해야 할 공동체의 정체성이 무엇이어야 할지에 대한 근본적인 질문을 던진다는 점에서 반드시 짚고 가야 한다. 시민이 기존의 국민, 인민, 민족의 정체성을 성찰적으로 재구성하면서 21세기 통일을 담당할 주권의 담지자로서의 공적 성격을 어떻게 확보할 것인지, 사적 자유를 넘어 공동체적 책임성을 구현할 주체는 어떻게 규정되어야 할 것인지, 시민의 권리가 국민의 경계 안팎 어디에서 규정되어야 할 것인지 등 앞으로 풀어야 할 수많은 문제가 뒤따른다. 남북이 새로이 통합되고 연대하게 될 때 이런 쟁점들은 피할 수 없는 것이고 그에 따라 당연히 진지한 모색과 타협이 요구될 것이다. 그런 점에서 국민과 인민, 민족의 통합은 기원 혹은 과거에 대한 분석이 아니라 미래전망적 지향에서 그 해법을 찾아야 한다. 이를 위해서는 시민이라는 새로운 정체성 형성작업에 적극 참여하는 과정도 함께 모색되어야 한다.

시민 개념을 중시해야 할 또 하나의 이유는 앞으로 남북의 통일이 한반도 내 민족의 통합에 한정되지 않고 동북아 차원의 지역적 통합과 연대라는 큰 흐름과 연결되지 않을 수 없기 때문이다. 국민과 민족 개념은 그것이 지니는 국민국가 내지 민족문화권과의 밀접한 연계 때문에 21세기 세계화 시대의 집합적 정체성으로는 충분치 못하다. 또한 인민 개념은 국가 중심적인 태도나 의식을 벗어나는 데 도움을 줄 수 있지만 20세기 사회주의 역사 속에서 오히려 인간의 자발성과 주체성을 훼손하는 독재체제의 명분으로 전락한 측면이 있고 계급적 함의가 지나치게 부여된 탓에 사회주의권의 몰락을 목도한 21세기 시대에 수용키 어렵다. 한국과 중국, 일본, 러시아가 맞부딪치는 동북아의 현실에서 다양한 주체의 자율성과 상호소통을 증진하는 가운데 남북 및 지역이 상호 소통하고 통합해야 할 필요성은 점점 더 커질 것이고 이런 점을 반영하는 개념으로는 역시 시민이 가장 적절하다. 앞으로 동북아에서 서로 다른 국적과 민족적 정서를 유지하면서도 개인이 시민으로서의 자유와 권리를 보장받을 수 있는 조건을 창출하는 것은 지역통합을 위해서는 물론이고 남북을 열린 방식으로 통일하는 데에도 매우 중요하다. 이런 점에서 시민 개념은 훨씬 더 적극적으로 국민, 인민, 민족과 더불어 논의되어야 할 것이다.

3) 새로운 말안장시대(Sattelzeit)의 형성

독일의 개념사학자 코젤렉(R. Koselleck)은 정치적·사회적 개념어에는 늘 시간적 차원이 내포됨을 강조하고 세 유형의 '시층'(time strata)에 대한 이해가 필요하다고 강조한 바 있다. 첫째 유형은 '민주주의'(democracy)처럼 오랜 옛날부터 존재해오던 용어로 지금도 그 의미가 어느정도 존속되는 개념이다. 둘째는 '시민사회'(civil society)처럼 이전에도 단어로서 존재했으나 사회적으로 재구성·재번역된 뒤에는 그 의미가 눈에 띄게 달라진 개념이다. 세번째는 '파시즘'(fascism) '맑스주의'(Marxism)처럼 시대가 바뀌면서 만들어진 개념이다.

물론 이들 세 범주는 이념형에 따른 분류여서 실제로는 어느정도 혼합적인 형태들이 대다수다(Richter and etc. 2006, 347~49면). 여기서 국민과 인민은 코젤렉이 말하는 두번째 유형에 해당한다. 즉 오래전부터 사용되었지만 근대적 의미로 재해석되고 재구성된 개념에 속하기 때문이다. 앞서 설명한 대로 국민과 인민 개념은 모두 19세기 후반 이래 외부로부터 수용된 근대적 개념군(群)의 지배적 영향력 아래에서 새롭게 강화된 어휘다. 이 시기는 기존의 의미망을 구성하던 지적 패러다임이 빠르게 약화되는 가운데 서구의 근대적 지식체계가 그 자리를 대체한 때였고 이러한 의미전환 역시 거대한 지적 패러다임의 교체과정에서 나타난 변화의 일부다. 이런 패러다임 전환 가운데 다양한 개념이 재구성·재해석되었고 전통적 교육과 의미, 개념들은 사회적으로 위축·소멸되는 과정도 나타났던 것이다.[42] 물론 이런 개념적 변용의 과정은 한반도 내부에서만 나타난 것이 아니라 일본의 좌우파 대립, 중국의 국공내전에서도 동일하게 발견된 동아시아적 현상이었고, 넓은 의미에서 20세기 이데올로기 대립의 역사가 고스란히 담겨 있는 지적 전환의 일부였다. 1945년 해방 이후 남북한 분단정부 수립, 그리고 뒤이은 냉전이라는 역사에서 이 두 개념이 보여준 정치적 대립에는 한반도의 남북에 각기 결정적 영향력을 미친 미국과 소련, 그 이후 냉전적 국제질서의 족적이 깊게 드리워져 있다.

따라서 이들 개념을 좀더 유연하게 함으로써 남북관계를 새롭게 만들어가기 위해서는 의미가 근대적으로 바뀌기 전과 새롭게 변화해가는 현재의 맥락을 함께 고려하는 작업이 필요하다. 이와 관련해 코젤렉이 언급했던 안착기 또는 말안장시대(Sattelzeit)의 함의를 다시 한번 생각해볼 수 있다. 코젤렉은 주요 개념어들의 의미전환이 총체적으로 일어나 지식체계의 패러다임적 변화가 생긴 시기를 안착

42 많은 한국의 사상사적 연구가 이런 점을 잘 보여준다. 하영선 엮음 『근대한국의 사회과학 개념 형성사』, 창비 2009 및 정용화 「안과 밖의 정치학: 19세기 후반 개화개혁론에서 국권, 민권, 군권의 관계」, 『한국정치학회보』 34-2호, 2000.

기라고 불렀는데 한국의 경우 19세기 말에서 20세기 전반에 걸친 시기가 이에 해당한다. 이 시기는 한국의 지식체계나 개념군이 전통적 한자문명 패러다임에서 서구근대 패러다임으로 전환하 게 된 결정적 시기였다. 21세기 현재의 시점에서 보아도 한국사회에서 통용되는 대다수 인문사회과학적 개념들이 이 시기에 그 의미와 사회적 영향력을 지니게 되었다고 볼 수 있기 때문에 한국 개념사에서 가장 중요한 시기라고 볼 수 있다(Park 2005). 지금까지 언급한 국민과 인민의 정치적 함의가 형성된 과정도 20세기 전반기의 역사적 경험과 밀접하게 연결되어 있다.

이런 점에서 2012년의 한반도는 새로운 또 한번의 말안장시대를 준비해야 할지 모른다. 지금까지 분단과 냉전, 대립의 구조 속에서 자리매김되었던 의식의 패턴, 사고방식을 성찰하고 새로운 통합과 공존의 장을 열기 위한 새로운 개념의 창안, 또는 기존 개념어에 대한 새로운 의미부여 작업이 절실히 요구되기 때문이다. 이런 노력은 외부로부터 새로운 지식을 수용한다거나 단순히 새로운 용어를 만들어내는 문제가 아니다. 여기에는 개념어에 대한 창조적 해체와 지적 재구성 작업이 요구된다. 지금까지 남과 북은 국가중심적 부국강병론이나 단순한 의미의 사회진화론, 또한 이데올로기의 전면수용에 따르는 무비판적 현실개입론이나 냉전적 사회구조가 강요한 개념 및 인식체계가 구성원 개개인의 인식을 얼마나 왜곡해왔는지에 주목하지 않았다. 이런 상황에 대한 총체적 성찰과 재구성이야말로 앞으로의 과제의 핵심이 될 것이다. 남북이 이 작업을 성공적으로 수행한다면 장차 국민과 인민 개념이 서로 중요한 내용을 지닌 채 보완적으로 활용되고 융합될 수 있을 것이다.

제2부 민족의식과 남북관계

제4장

민족론과 통일론: 독일과의 비교

2010년은 독일이 통일된 지 20주년이 되는 해였다. 통일 직후 보이던 국내외의 흥분과 우려는 어느새 가시고 통일독일의 현주소를 차분히 살펴보자는 추세다. 남한의 경우 즉각적인 정치적 교훈과 정책적 활용의 차원에서 살펴보던 독일의 경험이 한반도의 사례와 상당한 차이가 있다는 사실이 알려지면서 한동안 관심이 다소 줄어들기도 했지만, 통일 20주년을 전후로 다시 주목하는 양상이다.[43]

분단 60주년이 지난 한국의 입장에서 독일은 부러움의 대상이다. 1980년대까지만 해도 독일은 2차대전의 전범국가로서 책임이 남아 있었고 그때문인지 동서독 모두 더이상 강한 통일의지를 피력하지 않는 듯했다. 이런 점에서 타의적으로 분단되어 강한 통일지향을 지

43 근래에 출간된 단행본만으로도 김동명 『독일통일, 그리고 한반도의 선택』, 한울 2010, 염돈재 『독일통일의 과정과 교훈』, 평화문제연구소 2010, 김용민 『독일통일과 문학』, 창비 2008 등을 들 수 있다.

닌 한국보다 독일이 먼저 통일되리라고 생각한 사람은 거의 없었다. 아마도 1989년 베를린장벽이 무너지고 전세계적으로 냉전이 해체되던 그 시점에도 그런 정서는 크게 변하지 않았을 터였다. 그럼에도 불구하고 독일은 결국 평화적으로 통일을 이뤄냈고 그후 여러가지 어려움을 겪으면서도 유럽연합의 중추국으로서 새로운 독일을 만들어가고 있다. 반세기 동안 분단되어 있던 동서독 간의 체제통합과정도 많은 논란과 후유증이 언급되긴 하지만 심각한 갈등이나 분쟁 없이 진행되었다.

독일과 한국을 비교할 때 가장 흔히 지적되는 차이의 하나는 독일은 통일 이전에 강력한 통일운동이 부재했고 민족주의에 대한 거부감도 강했던 반면 한국은 통일에 대한 의지가 매우 높을 뿐 아니라 민족적 동질성에 대한 기대와 강조가 유별나게 강하다는 점이다(민족과 통일을 크게 내세우지 않은 독일에서 통일이 먼저 실현되고 민족과 통일을 매우 중시하는 한반도에서 여전히 통일이 요원하다는 사실은 아이러니하다 하지 않을 수 없다). 이런 대비에 주목한 어떤 이들은 통일에 대한 강박적 집착이 약화되어야 비로소 실질적으로 통일이 가능해진다는 명제 비슷한 것을 이끌어내기도 한다. 물론 기대감과 거부감, 이 양자의 대비가 실제로는 그다지 결정적이지 않을 수 있으며 국제정세를 비롯한 다른 요인이 지니는 효과를 무시한 채 이 차이에만 주목하는 것은 현실을 왜곡하기 쉽다. 그럼에도 불구하고 한국사회에서 종종 무비판적으로 당연시되는 심리적 전제에 대한 냉정한 성찰은 매우 중요하다. 과연 강력한 통일지향성과 민족정체성에 대한 집착이 실질적 통일과 통합에 긍정적으로 기여할 것인가?

제4장은 독일통일 과정에서 민족에 대한 논의와 민족 범주에 대한

정치적 고려가 어느 정도로 작용했는지를 검토하고 체제통일과 민족의식의 상호관련성을 점검함으로써 한국사회에 필요한 교훈을 얻고자 한다. 독일통일은 통일과 민족의 관련성을 이론에서가 아니라 현실 역사에서 확인할 수 있는 매우 드문 사례일 뿐 아니라, 현대의 맥락에서 진행된 경험이기 때문에 이론과 실천 양면에서 모두 그 의의가 적지 않다. 특히 강한 민족의식과 통일지향을 피력하는 한국사회에서 독일의 경험은 타산지석으로 삼을 만하다.

1. 독일의 경험

1) 민족담론에 대한 거부감: 탈민족 문화

흔히 독일은 프랑스와 달리 문화적이고 인종적인 요소를 바탕에 두고 민족 개념을 발전시킨 국가로 이해된다(Brubaker 1992). 하지만 1945년 동서독으로 분단된 독일을 이해하기 위해서는 2차대전 후 독일사회가 그 이전의 나치 독일과 철저하게 단절하려 했던 시도와 그 결과에 주목해야 한다. 패전국으로서 독일은, 동서독을 막론하고 나치즘에 대한 강한 부정을 새로운 독일의 정체성으로 삼고자 했기 때문에 히틀러(A. Hitler)가 활용했던 인종주의적 민족론과 엄격히 단절하기를 원했다. 서독은 자유민주주의 원리를 강조하면서 게르만민족론의 종족적 속성과 비민주적 요소를 경계했고 동독은 사회주의적 국제주의의 관점에서 민족주의를 부정적으로 평가했다. 서독이나 동독이나 민족 범주에 대한 정치적·문화적 동일시와 결별하는 것이야말로 나치즘의 모든 유산으로부터 단절되는 길이라고 보았기 때문에 전후 독일인의 정신적·문화적·정치적 지향은 기본적으로 탈민족적 성격을 지니게 되었다. 동서독의 주민들, 특히 1945년 이후 태어난 세대들은 민족에 대한 관심이나 민족정체성 없이 살아가도록 교육받았고 탈민족적 정신과 문화를 내면화했다(Schissler 1997). 실제로 동서독의 정치·문화는 냉전시대의 정치이념에 의해 그 양상이 달라졌지만 탈민족적 패러다임이라는 점에서는 비슷했다.

따라서 분단시기 독일에서는 민족에 대한 논의가 정치와 문화에서 중요한 비중을 점하지 못했을 뿐 아니라 오히려 기피되기까지 했다. 독일의 역사학자 예켈(E. Jäckel)은 "우리는 우리가 타고난 민족을 더이상 자랑스러워 하지 않는다는 그 점을 자랑스러워 해야 할 것이다"라고 말했다(코카 1999, 31면). 철학자 야스퍼스(K. Jaspers)는 "민족국가라는 관념 자체가 유럽의 재앙"이라고 했는가 하면 사회사가인 벨러(H. U. Wehler)는 "민족국가를 목표로 하는 범독일 민족주의의 부상은 아무 긍정적인 점도 없이 여러 위험만 불러온다"고 말했다(Botz 1990). 민족은 사회적·정치적 차원만이 아니라 개인적 차원에서도 수치와 거부의 대상이 되었다. 서독이나 동독에서 민족 재통일에 대한 관심이 크지 않았던 것도 단순히 체제대립의 모순 탓만이 아니라 민족적인 것을 강조하지 않으려는 정치적 풍토와 밀접히 연관되었다. 이런 문화에 대해서는 통일 이후 비판과 지적이 있었지만, 인종이나 문화보다 헌법을 중심으로 독일국가를 규정하려는 헌정주의가 지배적 규범으로 자리잡은 것은 나치 독일의 경험과 단절하려는 노력의 또다른 모습이었다.[44]

44 실제로 동서독 통일과정에서 민족정체성이 강하게 작동하는 것을 경계한 지식인들은 매우 많다. 하버마스(J. Habermas)도 그중 한명이라 할 수 있는데 특히 그는 남북한 통일과정에서도 이런 점을 주의해야 한다고 언급하기도 했다. J. Habermas, "Citizenship and National Identity: Some Reflections on the Future of Europe," R. Beiner ed., *Theorizing Citizenship*, SUNY Press 1995. 위르겐 하버마스 『현대성의 새로

2) '불구하고'형 민족주의의 부상

동서독 분단시기에 민족 범주가 전적으로 배제되거나 사라진 것은 아니었다. 무엇보다도 독일기본법 자체가 헌법 안에 민족적 요소를 포함하고 있었다. 독일이 분단되고 서독정부가 수립되면서 만들어진 기본법은 나치 패망 이후 수많은 독일인 난민이 생겨나고 동서독이 분단되는 새로운 상황에서 서독을 전독일인이 독일의 자결과 자유를 얻을 때까지의 잠정적 국가로 규정하고, '1937년 12월 31일까지 독일제국 내에 거주했던 사람'의 독일귀환 권리를 인정했다. 이로써 1200만에 가까운 해외의 독일인들이 동구권 및 소련 등지로부터 돌아올 수 있었다. 이 권리를 인정한 제116조는 바로 독일인 범주의 종족적·민족적 요소에 근거한 것이었고, 동서독 분단에도 불구하고 동독으로부터 350만 가까운 사람들이 서독으로 이주할 수 있게 하는 근거가 되었다. 이처럼 서독의 민족 범주는 종족적이거나 문화적인 요소를 억제하기 위해 법적인 차원으로 '객관화'되었다고 할 수 있다. 달리 표현한다면 독일의 민족 범주는 개개인이 느끼는 정서적 태도나 심리적 동일시 여부와는 별도로 법적으로 설정되어 있는 실체였다. 바이메(K. Beyme)는 이를 민족의 '객관주의적 사고'라고 불렀는데, 이처럼 서독의 문화적 민족이나 동독의 계급적 민족 모두 구성원의 자발적인 참여와는 구별되는 범주로 간주되었다(Beyme 1991).

그런데, 독일경제가 부흥하면서 점차 과거로부터 벗어나 스스로의 정체성을 확인하려는 욕구가 커지면서 새로운 민족적 관심이 증

운 지평』, 한상진 옮김, 나남 1996. 이 책에는 그의 통일에 대한 시각과 이에 대한 백낙청 교수의 비판, 한상진 교수와의 인터뷰가 포함되어 있다.

대했다. 슈테른베르거(D. Sternberger)는 1979년 서독 건국 30주년을 맞이해 발표한 글에서 서독의 발전에 대한 자긍심을 표명하면서 '헌법 애국주의' 개념을 내세웠다. 그가 강조한 헌법은 조문만이 아니라 '우리 모두를 이 나라의 시민으로 속하게 하고 우리가 매일 참여하며 계속해서 형성해가는' 법치와 자유에 대한 사랑을 의미하는 것이었다(이동기 2009, 179면). 한편에서는 재민족화를 주장하는 신우파 이론가들이 나타났는데 슈트라우스(W. Strauss)는 자신의 책에서 "이 모든 것에도 불구하고 우리는 극복할 것이다"라는 말로 이 자부심을 표현했고, '이 정도의 경제적 성취를 이룬 사람들은 아우슈비츠에 대한 더이상의 말을 듣지 않을 권리가 있다'고 주장했다(Strauss 1969). 아우슈비츠에 대한 부담이 사라진 것은 아니지만 그럼에도 불구하고 스스로의 정체성을 모색하고자 하는 양면성이 그 바탕을 이루었다. 이는 '역사적 죄의식과 떳떳한 태도 사이의 애매하고도 과민한 진자운동'이라 불릴 만한 집합적 정서였다. '마르크 민족주의'(Mark nationalism)라고 불리는, 자국 경제력에 기초한 독일민족의 자부심과 정체성의 강화현상과 더불어 집단적 자기확인의 정서가 성장하고 있었던 것이다. 이런 현상은 "불구하고형 내셔널리즘"(in-spite-of nationalism)의 대두라고 불리기도 했다(Schissler 1997).

1986년과 그 이듬해에 걸쳐 이어진 나치즘의 평가를 둘러싼 이른바 '역사가 논쟁'에서 촉발된 독일 민족정체성 논란에서 이런 사회적 변화를 읽을 수 있다. 이 논쟁은 나치즘의 역사를 독일의 특수한 현상으로 볼 것인지, 아니면 여타 국가에서도 나타나는 보편적 현상으로 볼 것인지를 둘러싼 논쟁이었다(佐藤健生 1997). 나치즘의 부담에서 벗어나 독일의 밝은 역사와 정체성을 부각하려는 콜(H. Kohl) 수상의 지향과 어두운 과거를 여전히 직시할 것을 강조한 바이츠제커

(R. von Weizsäcker) 대통령의 지향이 학문적 형태로 재현된 것이기도 했다. 발저(M. Walser)는 1988년 「독일에 관해 말한다」라는 글에서 독일 지식인들이 강요된 애매함, 나치로 오인받을 가능성을 두려워하며 민족문제에 대해 기회주의적이고 위선적인 태도를 보인다고 비판하며 "독일인은 존재하고 있다. 또 여전히 독일적인 것은 존재하고 있다. 증명될 수는 없어도 불가피하게 있을 수 밖에 없는 감정, 그런 것이 좌우지간 존재한다면 그것은 역사감정이다"라고 주장했다(발저 1991). 이런 논의들은 독일인의 집합적 정체성을 정상화하려는 정서를 반영한다. 이 논쟁에서 드러난 자부심에 대한 욕구는 민족정체성에 대한 관심으로 이어졌고 급기야 1989년 베를린장벽이 무너진 뒤 라이프치히 시민들은 "우리는 한 민족"(Wir sind ein Volk)이라고 외쳤다. 이런 사건들은 독일 전역에 그 담론의 영향력이 확산될 수 있었던 배경이 되기도 했다. 하지만 적어도 1989년 이전까지는 민족이라는 용어가 우파의 언어로 간주되었고 일상시민을 비롯한 대부분의 지식인은 탈민족적 사고와 생활을 잘 수용했다. 실제로 탈민족성은 서독이라는 체제가 국제세계에 보여준 신실성의 근거였다. 또한 그것은 민주주의의 성취와 연결되어 있다. 파시즘을 전체주의적 억압, 인종주의 등으로 파악하는 관점에서 보면 민주주의의 확대야말로 파시즘을 극복하는 가장 중요한 과제다. 이때의 민주주의는 개인의 자유와 선택, 이성적 판단과 다양성을 존중하는 다원주의적·자유주의적 민주주의다. 민족 담론이 대량학살, 전체주의, 인종주의 등과 연관되어 비판적으로 논의되는 실정 자체도 그 배경에는 파시즘에 대한 거부감이 작용하는 것이다.

3) 통일과정과 민족의식의 동원

동서독의 통일은 독일인에 대한 법적 권리의 보호와 자부심을 떠나서는 생각할 수 없기 때문에 불가피하게 민족감정 내지 민족정서를 강하게 불러일으켰다. 그만큼 주변국가들은 독일통일에 경계심과 불안감을 느꼈다. 이 불편함의 바탕에는 기본적으로 독일의 유럽 내 지위가 지나치게 강화되어 유럽의 권력균형에 부정적 변화가 초래되지 않을까 하는 우려가 있었다. 그에 못지않게 지금까지 철저히 부정해온 히틀러의 과거가 되살아날 수 있다는 거부감도 있었다. 이런 우려는 외부에서만 있었던 것이 아니라 독일인들 스스로에게도 존재했다. 다시 말해 전쟁 전의 민족 패러다임을 철저히 거부하고 탈민족적 정체성을 고수해온 서독이 통일과정에서 재확인된 독일민족을 어떻게 이해하고 재정의할 것인가라는 큰 문제가 대두된 것이다.

이는 통일이 진행되면서 한층 더 격렬한 논쟁으로 드러났다. 통일과정은 급격했고 그에 따라 특히 민족에 대한 호명이 강하게 부상했다. 발저는 1989년 12월 베를린장벽이 무너진 직후 이를 민족의 이름으로 환영했다.[45] 그의 말을 빌리면, "같은 민족이 아니라면 그렇게 웃거나 울지 않는다. 한 민족이라는 당연한 연대감이 결국 그렇게 표현되었던 것"이라고 주장했다. 그는 당시 독일민족의 정체성을 역사적으로 소급해 강조했는데 즉 독일인은 모두가 '1871년(독일제국 성립년도) 이전으로 소급될 수 있는 역사감정'을 지닌다는 점, 나치 역사는 부당한 범죄였지만 독일분단은 정당화될 수 없다는 점, 통일은 당연하며 반드시 이루어야 할 당위라는 점 등을 주장했다. 그는 동서독을 나누는 경계선을 유지한 채 유럽통합을 이야기하거나 유럽평화

45 이하 마르틴 발저와 귄터 그라스, 칼 하인츠 보러, 디터 침머 등의 논쟁은 임정택·프리데만 슈피커 엮음, 『논쟁—독일 통일의 과정과 결과』, 창작과비평사 1991 참조.

를 논의하는 것은 무의미하다면서 베를린장벽의 철폐와 동독의 개혁요구를 독일통일로 연결하자고 주장했다. 발저의 논의는 당시 막연하게 감지되던 대중의 민족주의 심리를 대변한 것이기도 하다.

이처럼 갑작스럽게 민족이 호명되는 것에 대해 지식인과 좌파의 거부감도 적지 않았다. 과연 민족의 이름으로 진행되는 통일이 바람직하며 그 통일은 전후 독일사회가 견지해온 민주주의와 보편주의 문화와 잘 융합할 수 있을 것인가에 대한 회의감도 쏟아져나왔다. 예컨대 대표적인 좌파 문학가 그라스(G. W. Grass)는 발저의 글에 대해 "감정은 많고 의식은 없다"고 비판하며 그가 말하는 역사감정은 "나도 일생동안 걸머져야 할 고통"이라고 말했다. 그라스는 자신에게 '조국을 모른다'는 비난이 쏟아지는 것에 대해 "나는 두 국가에서 한 국가로 단순화된 독일을 두려워하고 있을 뿐만 아니라 통일국가를 거부한다"고 말했고 "그토록 뻔뻔스럽게 의기양양해하며 덮쳐서 커진 조국을 나는 원하지 않는다"고까지 말했다. 하지만 그는 이후 "내가 무슨 말을 하든 누가 내 말을 들어줄까"라고 독백할 수밖에 없을 정도로 자신의 논의가 대중적 영향력이 없음을 시인하지 않을 수 없었다.

보러(K. H. Bohrer)는 "민족이라는 범주가 필연적이라는 사실을 수용해야 한다"고 주장하면서 좌파 지식인들의 태도가 감상주의, 지적 허위와 기만이라고 비판했다. 그는 진보적 지식인들이 "민족이라는 개념을 상실했으며 일종의 식민화된 의식을 정치적 이성으로 여기고 있다"고 지적하면서 다른 지식인들이 민족 개념을 거부하는 이유를 세가지로 정리했다. 첫째, 낭만적이고 루쏘적인 문명비판의 유토피아적 성격, 둘째, 통일국가의 호전성, 셋째, 분단은 전쟁의 죗값이라는 도덕적 논거 등이다. 하지만 보러는 이 세가지 이유를 모두 비판하면서 독일인은 한 민족이 되어야 한다고 주장했다. 그는 하버마스의 헌법애국주의론이 민족주의를 대체할 이성적 기획임은 인정하지만, 그것이 역사적·정치적으로 감당할 힘이 있으며 바람직할 것인지에 대해서는 회의적이라고 말하고 "유럽적 동일성에 관한 생각이 일반화되고 있음에도 민족의 개념은 아직 시대착오적이지 않다는 것을 전제해야 하며, 민족의 개념을 변호하고 되찾을 필요"가 있음을 강조했다. 침머(D. Zimmer) 역시 "독일적인 것으로부터의 도피로서 사해동포주의를 주장했으나 우리가 독일국경을 넘자마자 이것은 환영에 불과하다는 것"을 알게 되었다고 말하고 "모든 역사적 범죄에도 불구하고 우리가 독일인임을 인정하는 것을 배웠다"고 주장했다. 그는 민족적인 것을 수치스럽게 여기는 좌파에게는 미래가 없다고 주장하며 "자기 자신이 분열되어 있지 않고 일치되어 있다는 건전한 감정"이 필요함을 역설했다.

전후 탈민족적 정치문화에 익숙해 있던 독일 지식인들이 갑작스런 민족정서의 부상과 민족통일의 진전과정에 대응하는 것은 쉽지 않은 일이었다. 중도적 입장에 있던 차이텔만(R. Zeitelmann)은 스스로를 새로운 민주적 우파라고 명명하면서 통일은 새로운 자의식을 지닌 민족을 요구한다고 주장했다. 이어서 그는 좌파나 페미니스트, 환경론자 등 여전히 탈민족을 주장하면서 통일을 비판적으로 평가하는 지식인들의 정체성 부재를 비판했다(Schissler 1997; 슈피커 1991). 휘센(A. Huyssen) 역시 좌파 지식인들의 통일에 대한 무관심을 "옛 서독의 정체성에 대한 향수 어린 애착에 불과"하다고 평가했다. 이런 논의에 대해 좌파 지식인들은 '우리가 왜 한 민족인가', '민족이라는 망상에서 어떻게 벗어날 것인가'를 꾸준히 역설했는데 글로츠(P. Glotz)는 이제 하나의 민족국가로는 너무 협소해지는 시대가 도래했다고 말했고 그라이너(U. Greiner)는 동일성을 형성하는 정신적·문화적 전통이 반드시 민족 개념과 결부되어야 할 필요는 없다고 주장했다. 그는 모든 통일옹호론이 과거 독일의 비이성주의로 인한 불행을 재생산하고 있다고 비판했다. 이런 논란의 와중에 하버마스의 헌법적 애국주의는 통일과정과 서독 민주주의의 탈민족주의 정서를 어느정도 반영하면서 통합적 논의를 이끌어가는 데 중요한 역할을 했다. 헌법적 애국주의는 헌법을 중심으로 하는 새로운 공동체 형성을 승인할 뿐 아니라 독일헌법에 담겨 있는 독일민족적 요소도 포용하는 것이었기 때문이다(하버마스 1996). 하버마스는 혈통적이고 문화적인 민족정체성을 강조하지 않으면서도 정치공동체의 건강한 정체성이 필요함을 역설했다. 그는 독일의 법치주의 전통과 헌법정신에서 그 정체성의 핵심을 찾을 수 있으며, 헌법정신에 대한 동일시를 통해 독일의 정체성을 확인할 수 있다고 주장했다. 이와 더불어 오페(C. Offe)는 독일을 통합할 원리로서 경제력과 민족정체성, 그리고 헌법적 원리 세가지를 들고 이 가운데 세번째 것이 가장 바람직하다고 말했다.[46]

많은 논란과 비판이 있었지만, 독일의 통일과정에서 민족의식과 민족담론이 매우 중요한 동력으로 작용했던 것은 분명하다. 탈민족론을 고수했던 지식인들도 거대한 민족정서가 통제 불가능한 속도로 상황을 바꾸어내는 모습을 지켜볼 수밖에 없었다. 민족이라는 말이 지니는 독특한 정서는 경제적 계산이나 정치적 고려를 넘어 동서독의 분단선을 없애는 기적같은 결과를 가져왔다. 하지만 바로 그것

46 Claus Offe, *Varieties of Transition*, The MIT Press 1997. 특히 제1장 "Prosperity, Nation, Republic"은 통합의 세 요소로서 경제력, 민족정서, 그리고 헌법적 원리를 비교·분석한다.

때문에 통일과정에 대한 여러가지 비판이 제기되었다는 점도 부인할 수 없다. 민족담론만으로 해결할 수 없는 수많은 정치적·사회적·경제적 문제들이 속출했고, 통일독일이 새로운 민족주의로 이행할 것을 우려하는 주변의 우려를 해소하면서 유럽통합과의 관계를 조율하는 문제도 쉽지 않았다. 무엇보다 강력한 민족정서의 분출에도 불구하고 시간이 지날수록 동과 서가 여전히 보이지 않는 선으로 나뉘고 완전한 사회통합은 민족적인 것의 강조만으로 달성되지 않는다는 점이 분명해졌다(전영애 외 2000; 김용민 2008). 한마디로 독일은 민족의식이 사회통합이나 경제통합의 문제를 해소해주지는 못한다는 점을 보여주었다. 민족의식이 동서독을 결정적 시기에 하나로 묶어주고 통일정책을 지지하는 동력을 제공한 것은 사실이지만, 통일 이후의 지속적 체제통합 과정에서 장기적 효과를 발휘하지는 못했다. 독일통일에서 우리가 재차 확인한 것은, 무엇보다 사회적·경제적 격차와 심리적 차별의식, 문화와 역사에서 드러나는 정체성의 문제들이 민족의식 속으로 환원될 수 없다는 점이다.

2. 한반도의 상황

분단독일에서 민족담론과 민족주의는 기피와 비판의 대상이었으나 분단한국에서는 오랫동안 긍정적 기표였고 유의미한 가치로 평가받았다. 신기욱(申起旭)이 적절히 지적했듯이 "비슷하게 강한 종족적이고 유기적인 민족주의가 나치와 연루된 것 때문에 불신을 받은 독일에서와는 정반대로 민족주의는 한반도 양쪽에서 효과적인 자원이 되었다"(신기욱 2009, 161면). 21세기에 들어와 한국에서도 독일의 경험과 유사한 특징, 즉 탈민족주의화나 탈민족화의 흐름이 나타났지만 민족담론과 통일지향성이 여전히 강하게 자리잡고 있다는 점에서 통일 이전 독일 상황과는 크게 다르다. 이러한 차이가 정치적 효과에서는 어떤 결과를 가져올 것인지를 유추해보는 것은 쉽지 않다. 다만 독일의 경우에 비추어볼 때 민족의식을 이성적·정치적으로만 고찰하는 것은 충분치 못하며 이 논의에 수반되는 에토스, 정서구조, 심리적 차원에도 주목할 필요가 있다는 점은 분명하다.

1) 유토피아적 민족론

한국에서 민족담론은 20세기 초 그 개념이 수용되고 활용되기 시작할 무렵부터 뚜렷한 미래지향적 성격을 지닌, 유토피아적 개념으로 작동했다. 대한제국이 쇠락하고 식민지로 전락하는 것이 분명해지면서 민족은 미래에 대한 소망과 희망을 담보하는 핵심어휘가 되었다. 민족은 현실에는 존재하지 않는 조선인의 독립국가가 미래의 어느 시점에 존재할 것이라는 확신의 바탕을 이루는 인식론적·역사적·정치적 근거였다. 민족은 눈앞의 대한제국이나 국왕의 존재와는 그 차원을 달리하는 집합적 주체로서 미래의 역사를 실질적으로 주도할 범주로 상상되고 재구성되었다.[47]

코젤렉은 개념이 미래를 향한 역사적 흐름에 영향을 미치는 '기대지평'을 여는 효과를 지닌다고 주장했는데, 한국에서 민족 개념은 그런 성격을 뚜렷이 지닌다. 20세기 초 국가소멸기의 민족 개념은 말할 것도 없고 일제하에서 민족은 미래의 독립국가를 구성할 주체이자

47 물론 여기서 말하는 '상상'이란 무의미한 허구나 자의적인 허상을 뜻하는 것이 결코 아니다. 문화적 상징으로 재구성됨으로써 집합적으로 중요한 힘을 발휘하는 사회문화적 실체 형성을 뜻하는 개념적 표현이다.

조선인만을 독자적 범주로 간주하게 하는 개념의 그릇이었다. 민족은 가혹한 일제의 식민지배하에서도 희망을 잃지 않고 투쟁하고 살아갈 수 있는 근거로 여겨졌다. 당시 국가건설이라는 말보다 민족해방이라는 말이 더 널리 활용되었던 예에서 알 수 있듯이 민족은 식민지하에서 상존하는 실체였고 미래를 구상할 수 있는 정신적 근거였다. 신채호나 박은식의 역사서술에서 전형적으로 강조된 민족은, 단순히 외국의 근대적 담론을 채용하거나 받아들인 상상의 소산이 아니라 당대 한반도인이 집합적으로 지향하고 꿈꾸던 바를 상징적으로 구성해준 문화적 실체였다. 1930년대 이후 이런 유토피아적 지향은 약화되고 억압되었지만, 민족말살이 강요되던 전쟁기의 억압에 대한 반발로서 민족적인 것은 더욱 강렬한 유토피아적 의식을 동반했던 것이다.

민족 개념의 유토피아적 성격은 해방 이후에도 소멸하지 않았다. 탈식민화과정에서 독립국가 건설이 불완전한 분단체제로 귀결되었기 때문이다. 분단극복과 통일한국에 대한 지향은 기본적으로 민족이라는 담론을 전제한다. 따라서 해방 이후의 민족담론은 현존하는 분단국가의 틀을 근본적으로 개혁하려는 유토피아적 지향과 맞닿아 있다. 민족을 떠나서는 남북한을 하나로 통일할 근거나 논리를 발견할 수 없기 때문에 민족은 통일이라는 미래가치와 떼려야 뗄 수 없고 남북한 체제논리와는 늘 긴장을 초래할 가능성이 있다. 지난 시기의 통일운동이 늘 민족 개념을 동반했으며 그것이 체제비판 논리와 가까웠던 이유도 여기에 있다. 남한 민족주의자들이 스스로를 진보적이라고 간주하며, 민족과 민중, 민주의 개념이 서로 밀접하게 연관된다고 사고했던 근거도 이런 유토피아적 지향에서 찾을 수 있다.

근래 들어 민족 개념이 보수적이라는 비판이 나오는 것은 한국사회에서 민족 개념이 지녀온 유토피아적 성격에 근본적 변화가 불가피함을 말해준다. 민족이라는 상징기호는 더이상 정치적 진보나 미래지향적 전망과 자동적으로 연결되지 않는다. 오히려 민족주의적 담론은 보수적 이념이자 시대착오적 배타주의가 될 수 있다는 우려가 널리 공감을 얻을 정도로 민족에 대한 대중의 정서와 인식에 큰 변화가 일어나고 있는 것이다. 남한에서 이런 탈민족적 정서가 강화되는 한편, 북한에서는 주체사상에 의해 왜곡된 민족담론이 체제 이데올로기의 일부로 자리잡고 있어 남북 간 소통의 능력이 더불어 약화되는 실정이다. 한국의 역사 속에서 형성되어온 민족 개념의 미래지향성, 집합적 희망, 유토피아적 전망이 중대한 현실적합성의 위기를 맞은 것은 분명하다. 이런 변화를 냉정히 받아들이면서 역사의 전망을 어떻게 활용할 것인가를 탐구하는 것이 앞으로의 중요한 과제다.

2) 수난의식과 정체성 회복의 욕구

한국의 민족 개념은 또한 수난의식과 연관된다. 한민족은 외부의 부당한 힘과 간섭으로 상처입고 고통받은 존재로 여겨져왔다. 민족 개념이 부상한 시기는 1907년 일제에 의한 군대해산과 강제양위로 대한제국에 대한 기대가 완전히 무산된 이후였다. 민족은 대한제국의 위기와 식민화로 인해 한국인이 받았던 정신적 내상을 포함한다. '국권회복'이나 '민족해방'이라는 정치 슬로건의 다른 한켠에는 상처받은 자존심의 회복, 집단적 자의식의 분열을 치유하려는 의지가 자리잡고 있다. 한국의 민족주의나 민족감정이 서구 강대국의 그것과는 전혀 다르다는 생각 역시 '상처입은 민족주의'의 자기 정당성에 대한 옹호인 셈이다.[48]

1920년대의 민족 개념이 수난의식과 결부된 것은 당연하다. 민족은 당연히 갖추어야 할 독립과 자주의 권리를 박탈당했고 이민족의 부당한 지배하에 신음한다는 인식에는 더이상 설명이 필요없었기 때문이다. 이런 인식은 이 시기 많은 문인과 지식인의 공통된 정서이기도 했다. 한민족의 문화적 특징의 하나로 종종 언급되는 '한(恨)' 의식은 바로 이런 수난의식에 기초한다. 함석헌(咸錫憲)은 한민족을 '고난의 민족'이라 불렀고 문화인류학자들은 '한'이라는 독특한 정서의 뿌리를 해명하려 노력했다. 이런 수난의식은 해방 이후 남북한의 분단과 억압, 가난이 지속되면서 그대로 유지되었다. 특히 분단과 전쟁, 이데올로기 대립은 현실 속에서 집합적 한을 강력하게 재생산했다. 수백만의 인명이 희생된 한국전쟁은 그 정치적 책임을 논하기 이전에 강고한 '한' 의식을 심화했고 한민족 전체의 수난으로 해석되었다(Grinker 1998).

민족이라는 담론 속에는 이데올로기 대립이 한반도를 나누고 적대시하게 만든 현실에 대한 슬픔과 안타까움이 녹아 있다. 한 가족이 헤어져 반세기 넘도록 생사확인도 하지 못하는 기막힌 현실의 답답함도 민족이라는 담론 속에 포함된다. 민족은 그런 점에서 늘 가족으로 비유되었고 민족분단은 이산가족의 아픔과 상상 속에서 동일시되었다. 한반도의 민족담론이 혈통주의적 성격을 강하게 지니게 된 배경에는 이런 이산가족류의 한에 대한 정서가 깔려 있다.

이러한 수난의식은 1980년대까지 남한을 제3세계권으로 파악한

48 '상처입은 민족주의'(wounded nationalism)란 용어는 한홍구(韓洪九)가 북한 체제 형성의 뿌리가 되는 일제하 민생단사건의 경험을 분석하면서 사용한 것이지만 1990년대까지 한민족이 받은 역사적 수난의식을 공유하는 민족주의 일반에도 확대 적용할 수 있다.

사회과학적 논리에 의해서도 뒷받침되었다. 분단된 한반도가 세계열강의 새로운 지배에 예속되었다고 여긴 사람들이 보기에 민족은 여전히 수난받는 주체였다. 미국 제국주의를 비판하고 남한의 예속성을 지적하며 본래의 전통적 미덕이나 자주성의 훼손을 안타까워하던 사람들은 모두가 한결같이 민족적인 것의 소중함을 주장했다. 70년대 종속이론이 민족적인 것을 강조했던 점, 사회구성체논쟁처럼 매우 사회과학적인 듯 보였던 체제변혁논리가 실상은 매우 강렬한 민족적 상실감에 기초했던 점 등에서도 이런 수난의식을 발견할 수 있다.

1990년대 이후의 변화는 역시 남한 민족담론에 담겨 있던 수난의식에도 큰 전환을 가져왔다. 앞서 언급한 국민의식의 강화나 집단적 자부심의 부상은 남한 사람들의 자의식과 정서적 근간을 크게 바꾸고 있다. 이제는 '한'이 아닌 '다이내믹 코리아'(Dynamic Korea)가 한국인의 문화적 상징으로 부각되고, 슬픈 역사 대신 강한 역사가 강조된다. 이산가족의 아픔은 여전하지만 이산 1세대의 퇴조와 북한체제의 퇴락이 맞물려 더이상 그 아픔이 민족의 핵심문제로 이해되지는 않는다. 수난의식이 사라진 시대, 집합적 상흔을 공유하지 않는 세대에게 민족담론은 전혀 새로운 무엇으로 등장할 수밖에 없다. 21세기 민족담론의 전환은 이런 정서적 차원에서도 주목되어야 한다.

3) 원초주의적 지향

한반도의 민족담론은 유토피아적이고 체제저항적인 요소를 담으면서도 그 원리에서는 원초주의적 지향을 드러낸다. 즉 한민족은 역사적으로 그 기원이 오래되었고 한반도의 독특한 인종·문화·언어 등의 요소를 근거로 한다고 간주되는 것이다. 이처럼 원초적 요소가 강조된 것은 초기 한국의 민족 개념이 일본의 식민지배라는 현실을 배경으로 했기 때문이다. 원래 민족이라는 개념이 국민과 달리 종족적 요인에 주목하는 측면이 있었지만 유독 한국에서 그런 측면이 강조될 수 있었던 것은 일본인과 조선인에 대한 오랜 구별이 정치적 함의를 지닌 탓이었다. 일본인과 조선인 간의 뿌리깊은 구별의식 위에 식민지배라는 정치적 억압이 더해지고, 더불어 강압적 식민통치로 인해 체제 내에서 두 집단의 차이가 심화되면서 종족적·언어적인 것이 정치적·현실적 속성을 강하게 지니게 된 것이다. 동일한 제국신민으로 표방되면서도 실제로는 눈에 띄게 차별받을 수밖에 없는 조선인으로서 자의식을 규정하는 문화적·종족적 요소를 민족의 핵심으로 받아들이는 것이 불가피하기도 했다. 이러한 원초주의적 지향은 실제로 해방 이후 국적 개념을 형성할 때에도 영향을 미쳤다. 즉 한국인으로서 국적을 부여할 정당한 구성원의 요건을 '부모를 한국인으로 둔' 혈통주의 요소에서 찾았던 것이다. 실제로 한반도의 민족의식이 혈통주의적 특성을 지니고 그로 인해 민족주의가 '종족적 민족주의'로 규정될 정도로 혈연적 요소가 강조된 것은 사실이다. 남북한이 분단체제하에서 각기 담론의 차원에서나마 통일한국을 지향해야 했던 것도 비정치적 차원에서의 민족론을 강화했다. 원초적 민족론은 현실적 분단체제와 공존하는 데 큰 어려움이 없었기 때문이다.

21세기에 들어와 이러한 원초주의적 지향도 눈에 띄게 바뀌는 추세다. 즉 원초적 속성만으로 민족을 이해하거나 강조하는 것은 현실적으로 많은 문제를 야기할 수 있음이 부각된다. 외국인들의 정착과 이주가 많아지고 탈북이주민의 수가 늘면서 원초적 속성의 강조는 오히려 부담스럽거나 회피해야 할 것으로 간주되는 경향이 커진다. 탈북자와 재외동포에 관한 근래의 논란은 그런 모습을 잘 보여준다. 탈북자의 경우 그들의 정치적 지위는 대한민국 헌법상 국민이지만, 국내로 들어오기 전까지는 국제법상 외국인에 준하는 존재이고 국가보안법상 자유로이 접촉해서는 안되는 적성국가의 주민이기도 하다. 또한 1998년 말 의결된 '재외동포의 출입국과 법적 지위에 관한 법률'은 중국, 일본, 러시아 거주 한인들을 차별한다는 강력한 항의를 초래했다. 뿐만 아니라 해외동포를 도와주려는 취지의 이 법 자체가 국제적으로 한국계 외국인과 비한국계 외국인을 혈연에 근거하여 차별하는 또다른 인종차별법이라는 비난을 불러일으켰던 것은 급격한 세계화를 맞이하는 현실의 또다른 반영이다. 이런 일련의 혼선은 한반도 특히 남한의 민족구성원이 더이상 단일한 정치적·경제적 범주로 담을 수 없는 매우 다양하고 이질적인 요소들로 구성되어 있다는 사실을 말해준다. 나아가 이 문제는 정치공동체에 대한 귀속과 문화적 정체성이 일치하지 않는 소수집단에 어떤 사회적 권리를 보장할 것인지에 관한 복합적이고 국제적인 대응을 요구한다. 그것은 또한 일본과 중국 등 주변국가의 소수인종정책과 맞물려 있으며 점점 그 수가 늘어나는 외국인 노동자들에 대한 우리 사회의 책임성과도 연결된다.

민족담론의 억압적 성격을 비판하면서 그 해체를 주장하는 포스트모더니즘의 문제의식을 수용하는 논의들은 한결같이 이민자, 소수민족, 여성 같은 존재들의 정체성을 강조한다. 이 논의들은 이들이 '정상적인' 구성원으로 존립 가능한 공동체를 강조하는데 이런 견해들은 한결같이 민족담론이 지닌 원초적 속성에 대해 비판적이다(Hall 1992; Appadurai 1993). 보편적 국민국가의 근대적 통합구조 대신 '디아스포라' 민족의 해체적·이질적 성격이 새삼 주목받기도 한다. 재일조선인의 경우에도 원초적 요소보다는 이민자나 이주자 집단의 주체성을 강조하는 논의들이 힘을 얻는 추세다(서경식 2007; 강상중·요시미 슌야 2000). 이는 21세기 한반도의 민족논의에서 반드시 고려해야 할 변화의 한 부분이다.

4) 정치적 동원

한반도에서 민족 개념은 늘 정치적 동원의 주요한 요소였다. 식민지배하에서도 민족 개념은 제국주의 지배층과 저항하는 민족운동가 모두에게 늘 전유의 대상이었고 대중동원에 필수적인 논리였다. 일제에 타협한 자라도 민족을 위한다는 수사를 버릴 수 없었고, 독립운동가들이 회유와 강압에도 끝내 독립과 자주를 주장할 수 있었던 이유는 민족이라는 담론이 지닌 힘 때문이었다. 민족은 한편으로 기피되면서도 늘 정치적으로 동원되는 말이었다. 해방 이후에도 민족 개념은 분단국가의 정당성을 훼손한다는 점에서 그 쓰임이 억압되었지만 동시에 늘 체제논리를 돕는 형태로 활용되곤 했다.

1960~80년대까지 민족 개념이 국가의 주도 아래 공적 담론으로 재구성되면서 그 정치성 역시 강화되었다. 박정희정부는 권위주의적 지배를 위해 이 개념을 적극적으로 동원했다. 민족사가 강조되고 국민 정체성을 부각하는 노력이 위로부터 체계적으로 진행되었다. '국민교육헌장'이 만들어지고 '민족애'가 칭송되었으며 '민족통일'은 변함없는 정통성 추구의 핵심이었다. 본질적으로는 이전 시기와 크게 다르지 않았으나 그것이 체계화되고 제도화되어 공적 담론의 지위를 얻게 되었다는 점은 중요한 차이다. 남북 모두에서 국가의 공공담론은 국민을 강조하는 경향을 띠었다. 그에 따라 국가의 성원으로서 충성심과 애국심을 강조하는 다양한 장치들이 제도적으로 마련되었다. 국가는 신성한 존재였고 국가발전을 위해 개인은 희생해야

한다고 요구되었다. 이전 시기와 또다른 차이는 이런 국가주의가 발전주의와 결합함으로써 대중적 지지를 어느정도 획득할 수 있었다는 점이다. 국가 주도의 발전주의는 강력한 산업화정책을 동반하면서 '국민'을 창출해냈고 이는 더이상 민족 개념의 도움을 빌리지 않고서도 '대한민국 국민'을 정의할 수 있는 근거가 되었다. '잘살아보자'는 경제적 동기와 근대화라는 물질적 가치를 통해 체제경쟁에서 승리하자는 논리가 강조되는 와중에 민족 개념은 정치적 이데올로기로 동원되었다.

1970년대 이후 반체제운동, 민주화운동 역시 민족담론을 적극적으로 동원함으로써 정당성과 효율성을 확보하려 했다. 남한의 반체제운동은 늘 민족적인 것과 관련되었고 그런 점에서 '친북한'이라는 규정과 '민족적'이라는 주장은 그 경계가 애매하고 정치적으로 논쟁적인 경우가 많았다. 당시 남한의 민주화운동 세력은 민족, 민주, 민중의 세 개념을 동시적으로 강조하는 삼민주의 이념을 통해 국가 주도의 공식담론을 해체하고 비판할 대안적인 담론을 구성하려 했다. 그들은 민족 개념을 적극 활용함으로써 국가권력을 비민족적·반민족적이라고 비판하는 것이 가능했고 또한 그런 논의가 지속될 것이라고 여겼다. 이런 시각은 정치운동만이 아니라 학술과 예술 영역에서도 마찬가지여서 모두 '민족'이란 개념을 적극적으로 활용했다. 1970년대 이후 새로운 흐름을 열었던 문학사조가 '민족문학'이라는 개념으로 자리잡았던 것이나 미술분야의 저항적 흐름이 '민족민중미술'로 불렸던 것이 그런 예에 속한다.

민족담론의 정치적 성격은 2000년 남북정상회담 이후 남북관계가 급진전되면서 좀더 심화된 측면이 있다. 남북한은 '우리 민족끼리'라는 주장을 주요 원리처럼 내세웠고, 이로써 민족담론은 남북교류와 분단극복 과정에서 거론되지 않을 수 없게 되었다. 이것은 민족을 최고의 가치로 강조하는 북한의 현실을 반영한 것이기는 하지만, 결과적으로 남한사회 내부에 강력한 남남갈등을 유발하는 요인이 되기도 했다. 현재 남한사회에서 대북정책을 둘러싸고 나타나는 정치적 논란의 배후에는 민족담론이 지니는 정치적 성격이 깔려 있는 것이다.

3. 민족과 통일

분단 한반도에서 남북한이 공유하는 강한 민족의식은 분명 통일과 통합을 이끌어갈 동력이자 자원이다. 하지만 강력한 민족의식이 반드시 탈분단과 통일의 긍정적 자원으로만 작동하는 것이 아님에 주목해야 한다. 분단상황이 민족의식의 내용에도 영향을 미쳐 남북한이 각기 표방하는 민족의 성격과 지향에 무시할 수 없는 차이가 자리잡은 탓이다. 남북한은 각기 '우리 민족끼리'를 표방하지만 서로 상정하는 '민족'의 내용이 반드시 일치하지는 않는다.

따라서 현재 한국사회에서 국민/민족과 관련한 논의들은 매우 다양하고 종종 혼동을 일으킨다. 두 개념의 연관성을 이해하는 방식도 다르고 이들 개념을 통해 말하고자 하는 지향도 서로 다른 까닭에 대화나 논의가 제대로 진행되기 어려운 경우도 적지 않다. 사실 남북한이 60년 넘도록 상이한 범주의 주민을 형성하면서 두개의 서로 다른 국민의식이 존재한다고 볼 수 있는 상황에서 민족이라는 주체나 민족적이라는 수식어가 이 차이를 해소해줄 자체 동력을 지닐 수는 없다. 아이러니하지만 남북관계가 늘 긴장과 대립을 수반하는 데는 피차 '민족공동체의 대표자'라는 의식이 작동한다. 그런 점에서 남과 북이 서로 다른 이질적 단위라고 생각한다면 상호 교류나 통합의 문제가 객관화되고 현실주의적인 접근이 가능하다. 하지만 남과 북이 동일한 민족에 속할 뿐 아니라 민족공동체를 대표하는 정당한 주체임을 강변해야 할 처지에서는 그 관계를 다루는 일이 쉬울 수가 없다. 동일민족인데도 정치적으로 대립하는 상대방과의 관계란 그 매듭을 풀기가 더욱 어려울 수 있다.

이러한 가능성은 민족의식과 민족담론이 남북의 국가주의적 동원논리로 이용될 때 더욱 커진다. 남북은 1972년 역사적인 7·4남북공동성명을 발표했는데 이때 '민족의 통일을 위한 3대 원칙'도 세상의 빛을 보았다. 자주, 평화, 민족대단결이 주요한 원칙으로 표방된 바탕에는 남북한이 하나의 민족에 속한다는 믿음이 깔려 있었다. 하지만 곧이어 남북은 이 민족담론을 각자의 정치적 이익과 국가주의적 동원논리로 활용함으로써 상호통합보다는 대립과 긴장을 더욱 심화하고 말았다. 남한은 유신독재체제 구축과정에서 대결과 안보 논리를 강화하고 소위 '한국적 민족주의'를 표방함으로써 민족논리를 우파적 독재체제와 연결했다. 한편 북한은 '민족통일 10대 강령'을 내걸었는데 이 강령에서 강조하는 민족이 현실적으로 남북한의 통합을 증대하는 지향을 지닌 것이 아니었다. 결국 민족에 대한 담론이 활발하다고 해서 남북 간 소통능력을 강화하는 것은 아니라는 점을 항상 염두에 두어야 한다. 또한 민족의식이 강하다고 해서 그 내부 구성원들의 정치적 통합 정도를 높여준다는 보장도 없다. 역사적으로 민족담론은 좌우 이데올로기 대립과정에서 늘 동원되는 속성이 있고 따라서 통합적 기능과 함께 분리와 대립의 기능도 수행해왔다.

21세기 현 시점에서 한국사회의 국민 내지 민족 담론은 새로운 상황을 맞고 있다. 이전의 역사적 맥락과 맞닿은 속성들이 남아 있는 가운데 21세기적 상황에서 기인하는 전혀 새로운 조건들이 대두하고 있다. 따라서 문명화 지향, 민족자결주의, 국민국가건설론, 저항적 민족주의 등이 제각각 어느정도씩 운동성과 가치, 담론적 기반을 지니고 사회적으로 작동하는 한편, 탈민족주의, 탈원초주의, 탈정치화의 흐름도 뚜렷하게 나타난다. 이 과정에서 국민과 민족은 새로운 의미를 부여받으면서 각각이 지녔던 이데올로기적 성격과 유토피아적 지향에도 근본적인 전환이 일어나고 있다.

시대변화를 직시하면서 국민과 민족의 개념 차이와 그 실천적 함의를 세밀하게 고려하는 것은 한반도의 미래를 구축하는 데 매우 중요한 과제다. 국민과 민족의 의미 차에 주목하는 것은 두 정치체로 분단되어 있으면서도 하나를 지향하고자 하는 한반도의 현실을 종합적으로 사고하는 것이다. 현재의 구조적 조건을 실사구시적으로 수용하면서도 새로운 미래를 창조하려는 집합적 비전의 구현작업이다. 나아가 20세기가 남긴 역사적 과제를 실현하는 것이면서 동시에 다문화화·다종족화까지 포용해야 하는 새로운 환경을 주체적으로 감당해가는 일이기도 하다.

제5장

북한인식과 통일의식

북한을 어떻게 인식하는가와 통일을 어떻게 이해하는가는 서로 밀접하게 맞물려 있는 영역이다. 물론 북한인식이 분단과 전쟁, 상호 갈등의 역사적 경험과 정치적·경제적 쟁점을 포함하는 현실의 문제인 데 비해 통일의식은 오래된 과거와 미래의 희망까지 포괄하는 장기적 민족의식에 바탕을 둔 전망적 가치의 문제라는 점에서 이 둘이 반드시 일 대 일로 대응하는 것은 아니다. 현실주의적 북한인식이 강력한 통일의식과 함께 갈 수도 있는 반면 포용주의적 북한인식에 반드시 강렬한 통일의지가 뒤따르는 것이 아닐 수도 있다. 어떤 면에서는 동전의 양면과도 같아서 북한인식과 통일의식은 일정한 함수관계에 있다고 볼 수도 있다. 그런 점에서 북한인식과 통일의식은 상호 연관되면서도 별개의 차원에서 검토될 필요가 있다.

제5장은 특히 2000년대에 접어들면서 북한인식과 통일의식에 어떤 변화가 나타나는지를 체계적이고 시계열적으로 수집한 사회조사

자료를 통해 객관적으로 검토해보려는 것이다. 여기서 사용하는 자료는 서울대학교 통일평화연구원이 한국갤럽에 의뢰해 매년 실시한 통일의식조사 관련 자료다.[49] 일반적으로 의식조사는 객관적인 구조적 상황을 그대로 반영하는 것은 아니지만 한 집단의 구성원들이 현실을 어떻게 인지하고 해석하는지, 또한 어떤 방향으로 행동하려 하는지를 설명하는 데 매우 유용하다. 다시 말해 의식조사는 객관적 상황의 지표로 직접 활용하는 것에는 한계가 있지만 구성원들의 태도와 가치, 생각의 면모를 나타내는 자료로는 충분히 사용 가능하다.

1. 북한인식

우리 사회에는 북한에 대한 양면적이고 모순적인 인식이 공존할 수밖에 없다. 북한은 한편으로 통일을 이루어야 할 동포사회이며 형제와도 같은 대상이지만, 다른 한편으로는 가장 경계해야 할 군사적 적대세력이며 위험한 이웃이기도 하기 때문이다. 이러한 남북관계의 양면적 성격은 분단 이후 60년이 지난 지금까지 사회 전반에 걸쳐 영향력을 행사해왔다. 남한인들의 북한의식의 바탕에 이중감정이 존재할 수밖에 없는 이유가 여기에 있다. 이 글에서 살펴보는 조사결과에서도 예상과 크게 다르지 않게 각 시기별로 모두 이런 이중감정이 기조를 이루지만, 그 양상은 각기 다르게 나타난다.

49 기본자료 및 도표는 박명규 외 『2007 통일의식조사』, 『2008 통일의식조사』, 『2009 통일의식조사』, 『2010 통일의식조사』에서 다루어진 것과 같다. 2011년 조사는 7월에 이루어졌고 10월 현재 분석중인데, 여기서는 필요한 항목만 활용했다.

1) 북한은 우리에게 어떤 대상인가

우선 '북한은 어떤 대상인가'라는 질문에 지난 5년간(2007~11년) 응답한 내용을 보면 몇가지 특징이 발견된다. 첫째, 북한이 협력대상이라는 응답이 절반가량이고 지원대상이라고 응답한 비율도 20퍼센트 수준을 나타내 한국사회에서 북한은 협력이나 지원의 대상이라는 인식이 주를 이룬다는 점을 알 수 있다. 두번째로 확인할 수 있는 점은 북한을 경계해야 할 대상 또는 적대적 대상으로 간주하는 부정적 시각도 어느정도 비율로 지속되고 무시할 수 없는 수준이라는 사실이다. 셋째, 경쟁의 대상이라고 보는 시각은 매우 낮고 변화도 거의 없다. 이는 적어도 남한인들의 의식에서 남과 북이 경쟁한다는 생각은 거의 없다는 점, 어떤 의미에서 체제경쟁은 무의미해졌다는 생각이 자리잡고 있음을 나타낸다.

참고로 1996년에 치른 유사한 조사에서는 지원대상, 협력대상, '선의의' 경쟁대상, '발전을 제약할 수 있는' 경쟁대상, 그리고 안전을 위협하는 적대대상으로 나누어 질문했는데 각각 22.3, 45.7, 4.0, 6.3, 19.2퍼센트의 응답이 나왔다. 2010년의 수치와 매우 유사한 모습이다. 이렇게 보면 적어도 1990년대 후반부터 지금까지 북한에 대한 우리 사회의 인식은 상당한 정도로 안정적인 정형성을 지닌다고 해도 좋을 것이다.

이와 같은 정형화된 대북인식은 60~70퍼센트 수준의 긍정적 인식과 20~30퍼센트 수준의 부정적 인식이 공존하는 형태라 할 수 있는데, 좀더 구체적으로 검토해보기 위해 긍정적 인식과 부정적 인식으로 나누어 살펴보기로 하자. 먼저 북한을 협력과 지원의 대상으로 보는 생각의 근거는 궁극적으로 북한과 남한이 같은 민족, 동족공동체라는 의식 내지 믿음이 존재함을 반영한다. 북한의 핵실험에 대한 국내외의 비판이 강화되고 남북관계가 악화된 시기에도 50퍼센트 가까운 사람들이 북한을 협력대상으로 본다는 것은 북한이 다른 주변 국가와는 구별되는 어떤 속성이 있음을 의미한다. 실제로 남북관계가 경색되었을 때 우리가 보이는 태도는 다른 국가에 대해 나타낼 만한 태도나 반응과는 상당히 다르다는 점을 확인하게 된다. 비유하자면 일시적 관계악화나 불화를 겪는 형제 사이라도 그 특수한 관계 자체에서 오는 속성을 끊을 수 없는 것과 비슷하다.

북한과는 사이가 나쁠 수도 있고 실제로 군사적 충돌이 일어나기도 하지만, 그럼에도 불구하고 본질적으로는 협력해야 할 대상이라는 강한 공감대가 존재한다는 것은 남북관계가 지닌 독특한 성격을 보여준다. 어쩌면 이런 집합적 태도와 의식이 남북한을 하나의 민족이라고 규정하는 것의 실질적 내용이라 할 수 있다. 대북정책에서 인도적 지원이나 경제협력, 교류와 긴장완화가 기본적으로 필요하다고 간주되는 것도 이와 밀접히 연관된다. 심지어 남북 간의 군사적 충돌이 생기고 정치적 대결이 심화되는 가운데서도 근본적으로는 협력과 교류의 중요성과 필요성에 대한 생각은 크게 달라지지 않는다. 이 점은 북한이탈 주민에 대한 우리 사회의 태도에도 어느정도 반영되어 그들을 무제한으로 받아들여야 하는가에 대해 적어도 반수 이상의 사람들은 찬성한다. 이것은 다른 나라의 이주노동자를 대규모로 받아들일 것인가라고 물었을 때 주저하는 반응과는 크게 다른 모습이다.

2) 북한의 무력도발 가능성 인식

이런 인식의 다른 한편에는 북한을 경계대상으로 바라보는 부정적 인식도 분명하게 자리한다. 북한을 경계 내지 적대 대상으로 보는 가장 중요한 이유는 북한이 남한체제를 위협하며 군사적으로 도발할 수 있다는 우려 때문이다. 북한의 무력도발에 대한 불안감 내지 경계심은 한국전쟁 이후 지금까지 기본적으로 지속되어왔다고 할 수 있다. 북한의 무력도발 가능성을 높게 보는 사람일수록, 또한 그 가능성이 객관적으로 더욱 크게 느껴지는 시점일수록 북한에 대한 비판적이고 부정적인 의식이 증대하는 것은 당연하다.

정부정책과 남북관계의 변화에 따라 불안의식의 수준에는 꽤 큰 변화가 나타난다. 1990년대 이후 북한체제의 전반적 약화, 사회주의권 몰락, 남한의 경제발전 및 민주화에 따른 사회적 안정화, 그리고 남북 대화와 교류의 진전 등으로 대중의 실감 속에서는 북한의 군사적 도발가능성에 대한 우려가 조금씩 낮아져온 것도 사실이다. 하지만 군사적 위협에 대한 우려는 남북관계의 현실적 진전과 연동해 달라졌다. 지난 5년간 북한의 대남 무력도발 가능성에 대한 인식의 변화는 '북한의 무력도발 가능성이 있다'는 응답자의 비율에서 드러난다. 그 비율은 59.7(2007)→52.2(2008)→63.6(2009)→67.3(2010)→78.3(2011년)퍼센트로 변화했다.

한 연구자에 따르면 북한에 대한 군사적 경계심은 탈냉전 이후 대체로 40~60퍼센트 수준 사이를 오르내리면서 유지되어왔다. 실제로 2007년 7월과 9월에 각각 조사된 자료를 비교해보면 7월 시점에는 북한 핵실험이 가져다준 충격이 불안의식을 고조했지만 제2차 남북정상회담 개최소식이 알려진 9월에는 이 불안의식의 정도가 상당 수준 완화되었다는 것이다(김병로 2010). 이처럼 북한의 군사전략이나 핵개발이 미치는 사회심리적 영향력이 매우 크지만 대북정책이 어떠한가에 따라, 또한 실질적 남북관계에 어떤 영향을 미치는가에 따라 적대감 내지 거부감의 정도는 상당히 달라져왔다. 그런 점에서 보면 2008년 이래 증대한 긴장의식은 직접적으로는 북한의 핵개발과 모험주의적 행태가 반영된 것이면서 동시에 이명박정부하에서 남북관계가 매우 악화된 상황에 따른 현상이라 볼 수 있다.

3) 정치성향에 따른 북한정권 신뢰도

북한에 대한 양면적이고 이중적인 태도는 북한이라는 일반적 대상과 '북한정권'에 대한 태도의 차이에서도 확인된다. 북한을 협력과 지원 대상으로 보는 견해를 합하면 70퍼센트 수준에 달하는 데 비해 북한정권에 대한 신뢰의 수준은 상대적으로 훨씬 낮다. 다시 말해 한반도의 미래를 함께 논의할 상대로 북한정권을 인정하는가를 물어본 질문에서 대화와 타협이 '가능하지 않다'는 응답이 훨씬 높게 나타난다. 2011년 조사에서는 65.7퍼센트가 가능하지 않다고 응답해 '가능하다'(34.3퍼센트)는 응답보다 2배가량 많았고 이러한 응답은 2009년(59.1퍼센트), 2010년(65.1퍼센트) 이래 꾸준히 높아지고 있다. 흥미로운 점은 '북한정권과 대화와 타협이 가능하다'는 응답이 응답자의 정치적 지향에 따라 뚜렷한 차이를 보인다는 사실이다. 즉 스스로의 정치성향을 진보적이라고 규정하는 사람일수록 북한정권과의 대화를 가능하다고 인식한다. 진보집단은 46.6퍼센트가 대화 가능하다고 응답한 반면 중도집단은 33.1퍼센트, 보수집단은 22.5퍼센트 순으로 그 가능성을 낮게 평가했다. 이러한 경향은 지난 몇년 동안 지속되어온 것이어서, 남한사회에서 북한정권을 대화의 파트너로 간주하는가 여부가 진보-보수를 가르는 유력한 기준의 하나가 되었음을 시사한다. 시계열적으로 비교하면 진보집단의 북한정부와의 대화가능성 인정률은 56.1(09년)→43.1(10년)→46.6퍼센트(11년)로 전반적으로는 낮아지지만 여전히 보수집단에 비해 높은 편이다. 진보집단은 절반 이상이 대화가능성을 인정하는 반면, 보수집단은 30퍼센트 이하만 그 가능성을 인정하고 그 차이는 비교적 굳어진 채 유지되고 있음을 알 수 있다.[50]

4) 탈북이주민에 대한 태도

북한에 대한 이런 이중적 태도는 북한주민을 보는 관점에서도 일정하게 나타난다. 북한 거주자들을 직접 접하기 어려운 상황을 고려할 때 북한이탈 주민에 대한 태도가 이에 대한 간접적 지표가 될 수 있다. 조사결과를 보면 북한이탈 주민을 모두 받아들여야 하는가라는 질문에 대해 다수가 동의하면서도 어느정도 유보적 태도나 부정적 인식도 뚜렷하게 존재한다. 남한으로 이주를 원하는 북한이탈 주민에 대해 2007년에는 그들을 모두 받아들여야 한다는 견해가 52퍼센트로, 선택적으로 받아들여야 한다는 응답 37.2퍼센트를 10포인트 이상 앞섰다. 하지만 이후 매년 선택적으로 받아들여야 한다는 응답이 상승세를 보이면서 2010년 조사결과에서는 모두 받아들여야 한다는 응답(43.6퍼센트)을 선택적으로 받아들여야 한다는 응답(47.9퍼센트)이 추월하는 것으로 나타났다. 이런 변화는 북한주민을 북한정권과 구분해 인식하는 것 못지않게 북한주민을 남한주민과 분리해 사고하려는 경향이 형성되고 있음을 보여준다. 북한이탈 주민에 대한 심리적 태도에서도 이런 양면성은 잘 나타나는데 직접 관계가 없는 경우에는 관용적이면서 개인적 친밀함 차원에서는 일정한 거리감을

50 강원택(康元澤)은 대북정책의 '파트너'로서 북한정권을 고려하는 태도에 이념집단별 차이가 나타나는 점에 주목하면서도 이 점을 너무 부각할 필요는 없다고 주장한다. 대북정책과 관련해 '경향성'의 차이가 존재하는 것은 분명하지만, 북한은 우리에게 어떤 대상인가라는 근본적인 물음에 대해서는 이념집단별로 커다란 차이가 나타나지 않는다는 점을 강조했다. 『2010 통일의식조사』, 서울대학교 통일평화연구원 참조.

드러낸다는 점이 확인된다. 즉 탈북이주민과 동네이웃이나 직장동료로서 관계를 맺는 것은 아무런 문제가 되지 않는다는 응답이 훨씬 많은 데 반해 사업동업자, 결혼상대자로서 관계를 맺는 것에 대해서는 꺼려진다는 응답이 더 높게 나타난다. 북한주민 일반을 추상적으로 고려할 때와 구체적으로 함께해야 할 때의 판단에는 적지 않은 차이가 있다는 점을 짐작할 수 있다. 이를 그림으로 보면 다음과 같이 두 부분으로 분리됨을 확연하게 알 수 있다(박명규 외 2010).

〈그림〉 탈북이주민과의 관계 유형별 태도

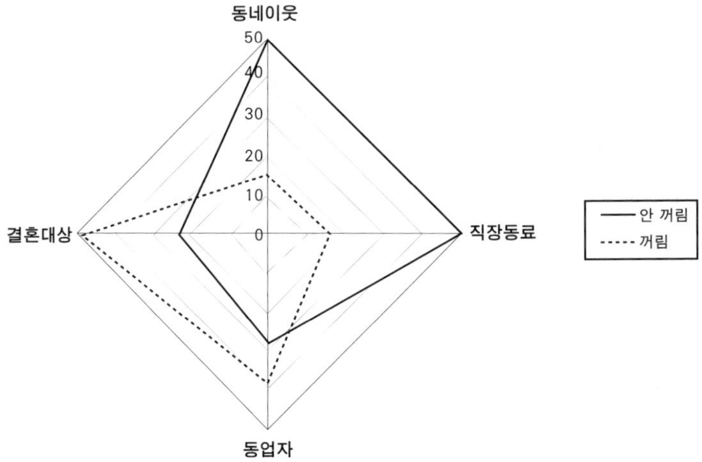

2. 통일의식

1) 통일은 과연 필요한가

북한에 대한 이런 복잡한 인식을 고려할 때 통일에 대한 의식 역시 단순하거나 동질적이라고 보기는 어렵다. 실제로 통일에 대한 의식은 여러 차원에서 분화되고 있음을 확인할 수 있다. 우선 통일이 과연 필요한가에 대한 응답을 보면 2011년 조사에서 53.7퍼센트의 응답자가 통일이 필요하다고 답했고, 필요하지 않다는 응답은 21.3퍼센트, '반반 또는 그저 그렇다'는 응답은 25.0퍼센트였다. 적어도 절반 이상의 사람들이 통일의 필요성을 인정하는 셈인데, 어떻게 보면 높은 수치이지만 '우리의 소원은 통일'이라는 당위적 명제를 공유한다고 생각하는 측면에서 보면 결코 높지 않은 수치다. 더구나 20퍼센트가 넘는 숫자가 통일이 필요하지 않다고 응답한다는 사실은 무시할 수 없는 부분이다.

통일의 필요성에 대한 우리 사회의 태도는 지난 수년간 상당히 일관된 모습을 보인다. 즉 조사대상자의 대략 50~60퍼센트에 달하는 사람들이 통일의 필요성을 인정하는 한편 20퍼센트 내외의 응답자가 불필요하다는 태도를 보여주며 역시 20퍼센트 내외의 응답자는 무관심한 반응을 나타내는 것이다. 1990년대 조사에서 통일이 필요하다는 응답이 70퍼센트 이상이었다는 점을 고려할 때 전반적으로 그 필요성에 대한 인정률이 낮아지는 추세라고 보이지만 여전히 다수가 통일의 필요성을 공감한다는 점은 분명하다. 통일의 필요성에 대한 이런 응답 분포는 앞서 북한을 '협력대상'이나 '적대대상'으로 간주하는 비율이 비교적 고정되게 유지된다는 점과 유사한데, 양자는 사회심리적으로 관련되어 있을 것으로 짐작된다.

2) 통일의 필요성에 대한 성별 · 세대별 · 정치이념별 인식 차이

조사결과를 배경변수별로 살펴보면, 먼저 성별 격차가 매우 뚜렷하게 나타났다. 2011년의 경우, 통일이 필요하다고 응답한 남성은 60.7퍼센트인 반면 여성은 46.4퍼센트에 불과해 남성이 여성에 비해 통일의지가 높은 것으로 나타났다. 성별에 따른 통일의식의 격차는 13~14포인트로 지난 5년 동안 이러한 패턴은 동일하게 유지되어왔다.[51] 또 하나 주목할 것은 세대별 차이인데 연령층이 높을수록 통일의 필요성을 더 많이 인정했다. 2011년 자료에서 보면 20대는 40.8퍼센트, 30대는 49퍼센트, 40대는 57.5퍼센트, 50대 이상은 63.9퍼센트로 젊은 세대일수록 통일의 필요에 대한 공감도가 낮았다. 이런 응답은 통일에 대한 의지나 태도가 앞으로 점차 약화될 가능성이 있음을 말해주며, 또한 통일이라는 과제에 접근하는 방식도 세대별로 달라질 필요성이 있음을 말해주는 것이기도 하다. 더불어 정치성향별로도 통일에 대한 필요성의 인식에 뚜렷한 차이가 있음이 확인된다. 보수집단이나 중도집단에 비해 진보집단이 통일의 필요성을 높게 인식하는 것으로 나타난다. 북한에 대한 인식에서도 정치지향에 따라 일관된 차이가 나타남을 확인한 바 있는데, 이처럼 통일과 관련한 쟁점이 진보집단과 보수집단을 가르는 중요한 차이로 고착화될 가능성이 있다.

3) 통일을 해야 하는 첫번째 이유

통일을 해야 할 이유가 무엇인가에 대한 사람들의 생각도 조금씩 달라지는 추세다. 지금까지의 조사결과를 보면 그 이유로 응답자들은 '같은 민족이니까'를 가장 중요한 것으로 꼽아왔다. 단일민족 가치를 통일의 당위적 이유로 내세우는 것은 일견 당연해 보이기도 하지만 응답내용을 분석적으로 살펴보면 적지 않은 변화가 확인된다. 같은 민족이라는 이유를 지지한 비율이 지난 수년간 가장 높게 나타

51 한국사회에서 성별 역할분화가 크다는 사실과 통일의 필요성에 대한 태도의 차이 사이에 어떤 연관이 있을 법한데, 이 점은 좀더 검토할 필요가 있다.

나지만 그 절대비율은 약 40퍼센트 수준에 머물러 있다. 이것은 동족의식, 민족의식이 통일의 매우 중요한 근거임은 분명하지만 이것만으로 통일의식을 이끌어가기에는 충분치 못하다는 한계도 있음을 드러낸다.

통일의 이유와 관련하여 다른 두개의 응답이 이목을 끄는데 하나는 '선진국이 되기 위해서'라는 응답과 또 하나는 '전쟁을 방지하기 위해서'라는 응답이다. 선진국이 되기 위해서라는 응답은 한때 약 30퍼센트 정도로 높은 비중을 점하기도 했지만 그뒤로 꾸준히 약화되어 2011년에는 20퍼센트 미만으로 줄어들었다. 대신 전쟁을 방지하기 위해서라는 응답은 꾸준히 높아져왔고 2011년에는 27.3퍼센트에 달해 통일을 해야 할 두번째 중요한 이유로 꼽혔다. 이 응답은 북한의 무력도발 가능성, 남북 간 군사적 충돌로 인한 평화의 파괴가능성에 대한 우려가 높아지는 현실인식과 궤를 같이한다. 요약하자면 2008년까지는 단일민족이라는 응답을 제외하고는 '전쟁방지'보다 '선진화'를 통일의 이유로 더 많이 꼽았으나, 2009년부터는 '전쟁방지' 응답이 '선진화'를 추월하는 경향이 더욱 뚜렷해진다는 사실에 유념할 필요가 있다.

연령별로 보면, 예상할 수 있듯이 '같은 민족 때문' 응답은 연령층이 높을수록 높게 나타났다. 반면 '전쟁방지'와 '선진화'를 이유로 든 사람들은 젊은 세대가 많았다. 특히 '전쟁방지'를 통일의 주된 이유로 응답한 비율에서 20대는 34.9퍼센트로 30대(27.1퍼센트), 40대(26.0퍼센트), 50대(22.9퍼센트)에 비해 눈에 띄게 높았고, '선진화' 응답에서도 22.8퍼센트로 다른 연령층(30대 19.3퍼센트, 40대 18.2퍼센트, 50대 11.8퍼센트)에 비해 높았다. 이는 20대 젊은층의 통일의식을 특징적으로 드러내준다. 다시 말해 이는 20대는 민족이라는 정서적·문화적·

역사적 공동체성보다는 전쟁방지나 경제적 선진화 같은 실질적 문제로 통일에 접근할 개연성이 높다는 점을 의미한다. 즉 남북관계를 이념적 틀로 보지 않고 매우 실용적이며 정책적인 선택의 대상으로 보는 경향이 높다고 할 수 있다.

4) 통일은 어떤 빠르기로 진행되어야 하는가

통일의 시기와 방법과 관련해 대부분은 조속한 통일보다 점진적 통일을 원하는 것으로 나타났다. 조사결과를 보면, 어떠한 댓가를 치르더라도 가능한 한 빨리 통일되는 것이 좋다는 조기통일론은 10퍼센트 미만인 데 비해 통일을 서두르기보다 여건이 성숙되기를 기다려야 한다는 점진통일론은 응답자의 3분의 2 수준으로 유지되어왔다. 현상유지를 옹호하는 응답도 15퍼센트 수준으로 지속되어왔는데 급속한 통일을 옹호하는 응답률보다 높다는 점이 주목할 만하다.

특히 젊은 세대일수록 이런 경향이 보이는데 예컨대 20대는 '점진통일'에 대해 다른 연령층(68~71퍼센트)에 비해 낮은 58.9퍼센트의 응답률을 보인 반면, '현상유지'와 '관심없다'에는 상대적으로 더 많이 응답했다. 비슷한 맥락에서 통일을 5~10년 이내에 가능하리라고 전망하기보다는 20년 혹은 30년의 장기적 과제로 보는 응답이 많고 통일이 아예 불가능하다는 응답도 적지 않다. 지난 5년의 추이를 보면 단기간 내에 통일이 가능하리라는 의견은 눈에 띄게 줄어든 반면, 30년 이상 걸린다거나 심지어 어려우리라는 비관적 전망이 꾸준히 늘어왔다. 특히 '통일이 불가능하다'는 의견이 13.3(07년)→22.3(08년)→29.8(09년)퍼센트로 가파르게 상승한다는 점에 주목할 필요가 있다. 2008년 금강산 관광객 피격사건과 2009년 개성공단 근로자 억류사건 등 남북관계가 악화되면서 전반적으로 통일에 대한 비관적 전망이 증가했고 천안함사건·연평도포격 같은 군사적 충돌을 겪으면서 통일의 어려움에 대한 인식이 높아진 탓으로 생각된다. 하지만 이런 어려움 속에서도 점진적으로 통일을 이루어야 한다는 인식이 여전히 다수 국민들에게 공감을 얻고 있다는 점도 놓쳐서는 안된다.

5) 통일의 기대이익: 집단과 개인

통일의 실질적 효과 내지 결과에 대해 어떻게 인식하는가를 알기 위해 통일이 남한사회 전체에 얼마나 이익이 될 것이라고 기대하는가를 묻는 문항이 있다. 이 질문에 대한 응답도 지난 수년간 일관된 패턴을 보여준다. 즉 약 50퍼센트 정도의 응답자가 통일이 한국사회 전체에 이익이 될 것이라고 응답한 반면, 비슷한 비율의 응답자가 별다른 이익이 되지 않을 것이라고 답했다. 한편, 통일이 개인에게는 얼마나 이익이 될 것이라고 생각하는가라는 질문에 대해 이익이 될 것이라고 대답한 응답이 그렇지 않으리라는 응답에 비해 두드러지게 낮았다. 통일이 한국사회 전체에는 도움이 된다 해도 사회적·경제적 혜택이나 개인 삶의 질 향상으로 이어지리라는 확신은 약하다는 점을 확인할 수 있다. 다른 말로 하면 통일의 집합적 이익에 대한 기대감과 개인적 이익 기대감 사이에 커다란 간격이 존재한다고 볼 수 있다.

특히 이 점과 관련해 세대별 차이는 주목할 필요가 있다. 통일의 집합적·개인적 이익 기대감에서 40대는 다른 연령층에 비해 상대적으로 높은 기대감을 표시하는데, 40대는 대체로 북한 및 통일에 관해 가장 전향적인 태도를 보이는 연령집단이다. 2011년 조사에 따르면 통일이 남한사회에 이익이 될 것인가라는 문항에 그렇다고 답한 20대, 30대, 50대가 각각 49.2, 47.8, 45.6퍼센트인 데 비해 40대는 60.3퍼센트라는 높은 기대감을 나타냈다. 개인적 이익 기대감에서도 다른 연령층이 22.9(20대), 27.5(30대), 25.7(50대 이상)퍼센트인 데 비해 40대는 34.6퍼센트의 비교적 높은 기대감을 표출했다. 이른바 386세대로 불렸던 진보적 세대의 통일의식이 과거에 비해서는 많이 약화되었으나, 일부 영역에서 여전히 작동함을 보여주는 사례다.

통일이 사회적으로 이익을 가져다줄 것이라는 의견이 반반으로 나뉘고 개인적 기대감은 현저히 낮은 상황에서, 통일세 등 통일비용 분담의 국민적 공감대를 형성해나가기는 쉽지 않을 수 있다. 통일비용을 논의하기에 앞서 통일에 대한 사회적·개인적 기대감을 어떻게 끌어올릴 것인가라는 문제가 더욱 시급해 보인다. 특히 통일이 가져올 지리적 환경변화와 경제적 이익이 국가와 사회에 주는 이익 못지않게 개개인의 삶에도 이익을 줄 수 있다는 점을 느낄 수 있도록 실용적인 통일정책을 준비해야만 국민들의 통일의지를 높일 수 있을 것이다.

6) 희망하는 통일한국의 체제

마지막으로 통일한국의 체제가 어떤 것이어야 하는가라는 질문에서는 '남한의 현 체제를 그대로 유지한다'는 응답이 가장 높게 나타나고 뒤이어 '남한과 북한의 체제를 절충한다'는 응답이 나타난다. 이 경향은 지난 수년간 일관되지만 남한체제 유지를 지지하는 응답이 43.6(09년), 44.5(10년), 49(11년)퍼센트로 꾸준히 늘고 절충형 통일론에 대한 지지는 39.1(09년), 38.7(10년), 35.4(11년)퍼센트로 약화된다는 특징이 있다. '어떤 체제든 상관없다'는 응답은 2~3퍼센트 수준의 매우 낮은 지지에 머물러 있어, 체제문제와 무관한 통일지상론은 거의 공감을 얻지 못한다는 점을 알 수 있다. 의식조사에서 드러난 일관된 응답에 기초해보면 대다수의 남한인들은 통일이 체제선택이라는 쟁점과 무관할 수 없음을, 좀더 구체적으로는 남한체제가 통일한국의 미래와 관련하여 주도적이어야 한다는 점에 공감한다고 볼 수 있다. 이러한 의식변화는 최근 천안함사건·연평도포격 이후 북한의 호전적 행위가 늘면서 북한에 대한 부정적 인식이 증가하고, 북한 권력이 김정일 이후 김정은으로 세습된 데 따른 우리 국민의 실망감이 반영되면 앞으로 더욱 가속화할 수 있다. 물론 김정일 위원장의 사망 이후 실제로 김정은체제가 공고해지면 좀더 신중하고 현실주의적인 대북관계를 강조하는 목소리가 높아질 가능성이 있다. 또한 향후 김정은체제가 대남·대외정책을 어떻게 펼 것인가에 따라 대북인식이 다소 긍정적으로 바뀔 여지도 있다. 하지만 2012년 신년공동사설에서 표방한 김정일 사후의 정책 방향에 기존의 선군노선과 주체사상의 틀을 고수하려는 의지가 뚜렷이 나타났다는 점에 기초해 볼 때 당분간은 획기적 변화를 기대하기 어려울 듯하다. 따라서 통일과정에서 고려되는 중간항, 국가연합이나 일정한 복합국가적 통일체를 구체화해가는 것이 쉽지 않을뿐더러 그 경우에도 남북한 두 체제를 기계적으로 병립하는 방식으로는 공감을 얻는 데 적지 않은 어려움이 있을 것으로 보인다.

3. 대북인식과 통일의식의 상호관계

1) 통일의 필요성과 북한인식

통일에 대한 의식과 북한에 대한 인식 간에 어느정도 상관관계가 있을 것은 충분히 예측 가능하다. 다만 북한에 대한 인식의 긍정적 또는 부정적 차원과 통일에 대한 기대의 높고 낮은 수준은 생각만큼 단순하게 연결되진 않는다. 다시 말해 북한을 부정적으로 인식하면서도 통일에 대한 의지가 강할 수 있고 반대로 북한을 긍정적으로 평가하면서도 통일에 대한 관심은 낮을 수 있다.

〈표 1〉은 2010년 자료에 기반하여 북한을 어떻게 인식하는가와 통일의 필요성을 어떻게 생각하는가의 상관관계를 매우 단순하게 보여준다. 통일이 필요하다고 응답한 사람 가운데 북한을 지원, 협력 대상으로 보는 비율은 각각 20.3과 53.7퍼센트로 나타나는 데 반해 북한을 경계, 적대 대상으로 보는 비율은 매우 낮아 15.8과 7.6퍼센트에 그친다. 반면 통일이 필요없다고 응답한 사람들 가운데는 북한을 경계, 적대 대상으로 보는 비율이 더 높아 각각 29.6과 26.5퍼센트로 나타나고 지원, 협력 대상으로 보는 비율은 20.3과 19.3퍼센트에 그친다. 이처럼 북한을 호의적으로 인식하는 것과 통일의 필요성을 강하게 느끼는 것 사이에는 정(+)의 상관관계가 나타난다(정은미 2010).

2) 통일의 필요성과 북한정권의 신뢰성

이를 좀더 세밀하게 확인하기 위해 북한정권과 대화와 타협이 가능하다고 보는지 여부와 통일에 대한 태도의 상관관계를 검토해보았다. 〈표 2〉는 통일에 대한 태도와 북한정권을 대화와 타협이 가능한 상대로 보는 견해 사이에 어느정도 상관관계가 있음을 보여준다. 우선 전반적으로 50퍼센트 이상의 사람들이 북한정권과 대화와 타협이 가능하지 않다고 보는데 그중에서 통일이 필요하다고 생각하는 응답자는 그 비율이 55.3퍼센트다. 그에 반해 통일이 불필요하다고 생각하는 사람들 중에는 무려 88퍼센트에 달하는 응답자가 북한정권과의 대화가 불가능하다고 답했다. 다른 측면으로 보면 통일이

〈표 1〉 통일의 필요성과 북한 존재인식의 교차분석(단위 %)

통일 필요성 \ 북한 존재	지원대상	협력대상	경쟁대상	경계대상	적대대상
필요하다	20.3	53.7	2.6	15.8	7.6
그저 그렇다	17.6	41.2	5.3	22.0	13.9
필요 없다	20.3	19.3	4.4	29.6	26.5

Pearson Chi=98.41, Pr=0.00, df=8

〈표 2〉 통일의 필요성과 북한정권의 신뢰성 교차분석(단위 %)

통일 필요성 \ 북한정권의 신뢰성	북한정권과 대화와 타협이 가능하다	북한정권과 대화와 타협이 가능하지 않다
필요하다	44.7	55.3
그저 그렇다	30.2	69.8
필요 없다	12.0	88.0

Pearson Chi=81.72, Pr=0.00, df=2

〈표 3〉 통일의 집단적 이익 기대감과 북한 존재인식 교차분석(단위 %)

남한의 통일 이익 \ 북한 존재	지원대상	협력대상	경쟁대상	경계대상	적대대상
통일이 남한에 이익이 됨	19.9	53.3	2.5	15.3	9.0
통일이 남한에 이익이 안됨	18.6	34.8	4.3	26.9	15.4

Pearson Chi=55.69, Pr=0.00, df=4

필요하다고 보는 사람들 가운데서는 그래도 44.7퍼센트가 북한정권과의 대화와 타협의 가능성을 인정한 데 비해 통일이 필요없다는 사람들 중에서는 그 비율이 12퍼센트에 그치는 것이다. 이상의 결과는 북한정권이 신뢰할 만한 모습을 보일수록 통일인식을 개선하는 데 크게 기여할 수 있다는 점을 시사하는 것이기도 하다.

통일이 사회에 이익을 가져다줄 것이라고 보는 견해와 북한정권에 대한 대화가능성 간에도 뚜렷한 상관관계가 확인된다. 〈표 3〉은 통일이 사회적으로 이익을 가져올 것인가에 대한 인식과 북한인식의 유형 사이의 관계를 보여준다. 이 표에서 보듯 통일이 남한사회에 이익이 된다고 보는 사람들은 대체로 북한을 지원과 협력의 대상으로 간주하는 비율이 각각 19.9 및 53.3퍼센트로, 긍정적으로 나타난다. 반면 통일이 남한사회에 별다른 이익이 안된다고 생각하는 사람들 가운데서는 북한을 지원과 협력 대상으로 보는 비율이 18.6과 34.8퍼센트에 그친 반면 경계와 적대 대상으로 보는 비율은 26.9와 15.4퍼센트로 꽤 높게 나타나 부정적 인식이 상대적으로 강함을 보여준다.

4. 결론

북한을 어떻게 인식하는가와 통일을 어떻게 의식하는가는 밀접하게 연결된, 불가피한 현실인식의 두 영역이다. 전반적으로 현재 한국사회 구성원들은 북한을 협력대상으로, 점진적으로 통일해야 할 상대로, 또한 이를 위한 교류와 협력의 대상으로 간주한다. 정치적 환경과 남북관계의 급변에도 불구하고 북한 및 통일을 바라보는 집합적 태도와 의식에는 일정하게 유지되는 패턴, 고정된 의식의 경향이 있음이 발견된다.

동시에 최근 수년간의 조사에서 무시할 수 없는 중요한 변화들도 감지된다. 무엇보다 북한에 대한 비판적 인식, 통일의 어려움에 대한 현실주의적 전망, 그리고 한반도의 안보위협에 대한 우려 등이 꾸준히 늘어나는 추세다. 이에 따라 통일에 대한 의지는 다소 약화되는 경향과 함께 전쟁방지의 차원에서 통일이 필요하다는 인식도 동시에 높아지는 양면적 경향이 보인다. 특히 북한의 핵실험과 군사도발, 그로 인한 무력충돌의 개연성이 커지는 상황에서 통일 가능성을 비관적으로 전망하는 시각이 일방적으로 상승하지 않고, 전쟁에 대한 불안감을 해소하기 위해 통일이 필요하다는 여론도 함께 높아지는 현상에 주목할 필요가 있다. 이것은 북한정권에 대한 거부감과 비판의식의 증대가 반드시 민족적 통일의지 내지 통일의 전망을 약화하는 것만은 아닐 수 있음을 말해준다. 어쨌든 북한에 대한 부정적·비판적 인식과 북한과의 협력, 대화, 타협 가능성을 기대하는 의식이 함께 나타나는 양면적 현상이 존재한다는 점은 흥미롭다.

북한과 통일에 대한 태도나 인식은 또한 사회구성원의 하위범주별로 유의미한 차이가 나타난다. 특히 한국사회에서 자신의 정치의식을 진보적이라고 간주하는 집단과 보수적이라고 간주하는 집단 사이에는 북한을 보는 관점, 북한정권과의 대화가능성을 인정하는 정도, 통일을 희망하는 정도 및 남북관계의 전망 등에서 줄곧 뚜렷한 차이가 나타난다. 이런 결과는 한국사회에서 북한과 통일이라는 주제가 이념논쟁의 중요한 쟁점이 될 가능성이 높다는 점을 말해준다. 다시 말해 북한 및 통일 문제를 정치적 의제에서 제외하는 것은 불가능하며 그런 만큼 이데올로기가 아닌 정책과 전망을 담은 대응논리가 필수적으로 요구된다고 보아야 할 것이다.

더불어 통일의 필요성, 북한에 대한 태도, 통일의 이유 등에서 세대 간의 차이가 줄곧 발견된다. 조사결과를 보면 일반적으로 젊은 세대일수록 통일에 대한 관심과 민족적 가치에 대한 동일시가 약하다. 흥미로운 것은 최근에 '20대의 보수화'라 할 만한 현상이 나타나 북한의 존재인식과 변화인식, 신뢰도, 위기의식 등 모든 영역에서 20대와 50대 이상의 세대가 비슷한 태도를 나타낸다는 것이다. 20대의 이러한 보수화 경향은 이명박정부 등장 이후 촛불시위 등의 사건으로 잠시 주춤했으나 그뒤로 북한의 도발적 행동이 이어지면서, 북한변수에 의해 압도당하는 이른바 '북한효과'가 다른 연령층보다 20대에 크게 작용하는 것으로 보인다. 특히 20대의 대북 적대의식이 가파르게 상승하고 북한의 무력도발 가능성에 대한 우려도가 다른 연령층에 비해 훨씬 높게 나타나고 있는 점은 앞으로의 통일준비세대 형성이라는 관점에서 눈여겨보아야 할 부분이다. 이런 전반적인 의식의 흐름을 고려할 때, 북한인식의 변화에 유의하면서 통일에 대한 관심과 태도를 의미있게 조율해가는 지혜와 정책적 노력은 더욱 절실해질 것이다.

제6장

민족주의의 재인식

민족주의라는 주제는 남한에서 대체로 긍정적 함의를 지닌 채 논의되어왔다. 식민지, 빈곤, 독재의 암울한 상황에 처해 있던 시기는 말할 것도 없고 산업화와 민주화를 통해 선진국의 문턱에 들어선 현재에도 여전히 민족주의적 정서나 가치는 일정한 도덕적 권위를 지닌 당위론적 가치로 받아들여지는 경향이 있다. 중국과 일본의 자국중심적 언사나 정책이 등장할 때면 으레 강력한 민족적 저항심리가 확산되고 정치적·사회적인 민족주의 담론이 거세게 분출되는 광경을 보곤 한다. 하지만 1990년대 이래 한국사회에서 민족주의는 비판과 성찰의 대상으로 바뀌었다.[52] 애국적이라고 여겨지던 행동이 억압

52 임지현(林志弦)의 『민족주의는 반역이다』라는 책이 1999년 출간된 이래 민족주의에 대한 다양한 이론적·실천적 비판은 학계의 유행처럼 확산된 바 있다. 여기에는 영미권의 탈민족주의 역사학, 포스트모더니즘의 영향, 한국 역사학계의 분과주의 등이 세계화의 추세와 더불어 작용했다고 보인다. 필요한 반성과 이론적 발전이 적지 않았지만 새로운 서구이론의 추수현상도 없지는 않았다고 여겨지는데, 최근 들어서는 차

적이고 가부장적인 것으로 비판받기도 하고 민족주의 성향을 자랑스럽게 내세우던 단체나 개인이 권위주의적이라거나 인종주의적이라는 지적 앞에 움츠러드는 경우도 나타난다. 한마디로 남한의 민족주의는 이전과는 전혀 다른 방식으로 재해석되는 시점을 맞고 있는 것이다.

최근에는 민족주의 문제가 지식사회 내부의 논란에 그치지 않고 시민사회의 주요한 논쟁으로까지 부각된다. 일례로 남한의 민주화와 민족 문제에 오랫동안 관심을 기울여온 민족문학작가회의가 2007년 그 단체명에서 '민족'을 떼어내고 '한국작가회의'로 이름을 바꾸었다. 이 개명은 21세기에 걸맞은 문학과 작가의 역할을 고려하여 '민족'이란 접두어가 동반하는 폐쇄적이고 배타적인 이미지를 벗어야 할 필요가 있다는 의견에 따른 것이라고 알려져 있다. 물론 한국문학의 핵심적 가치로 여전히 민족을 앞세워야 한다는 반론 역시 만만치 않아 그 결정과정이 순탄치 않았다고 한다.[53] 한편 2011년 국방부는 장교로 임관하거나 군에 입영할 때 낭독하는 선서문에 포함된 '민족'이란 말을 '국민'으로 대체하는 것이 필요하다는 의견을 내놓았다. 국제결혼이나 귀화 등을 통해 대한민국 국민이 된, 종족배경과 문화적 특성을 달리하는 젊은이들이 군대에 들어오는 다문화 상황에서 더이상 민족이란 말을 강조하는 것이 적절치 못하다는 이유 때문이었다(『동아일보』 2011.4.18). 이런 사례들은 21세기 한국사회에서

분한 분석적 성찰이 늘어가는 모습이다.

53 예컨대 『한겨레』 2007년 2월 2일자를 비롯해 문학 관련 신문기사에는 민족문학작가회의의 명칭개정 작업을 비판적으로 지적하는 여러 작가의 견해가 소개되었다. 이와 별도로 민족문학의 유효성을 둘러싼 논란도 세계문학과 대비되면서 새롭게 전개되었다.

민족이라는 어휘, 민족주의라는 지향에 대한 이해가 이전과는 눈에 띄게 달라지고 있음을 상징적으로 보여준다.

근래 들어 민족주의가 비판의 대상이 된다는 것은 두가지 중요한 변화를 반영한다. 하나는 민족주의를 말하고 행하는 시공간적 맥락이 눈에 띄게 달라졌다는 사실이고 다른 하나는 민족주의를 주도하는 세력 및 그 정치적·경제적 지향이 바뀌어간다는 점이다. 이 두가지를 제대로 이해할 때 비로소 현 시점에서의 민족주의를 제대로 이해할 수 있고 그래야만 제대로 된 비판이나 재구성도 가능해질 것이다. 제6장은 21세기 현 시점에서 민족주의를 어떻게 이해할 것인가에 대한 시론적인 고찰이다.

1. 남북한 민족주의의 내용

서구의 민족주의 일반이 그러하듯 남북한의 민족주의도 근대이행 과정에서 필요한 정치적·경제적 전환을 추구하기 위해 내세운 이념이며 운동이다.[54] 따라서 20세기 한국사회가 추구해온 집합적 지향, 근대이행이라는 역사적 맥락을 떠나서 그 내용을 구체적으로 논하기는 어렵다. 21세기에 들어서면서 20세기적 상황에서 절실했던 요소들이 여전히 적실성이 있는가에 대한 회의가 대두하고, 이에 따라 민족주의의 시효가 만료된 것이 아닌가 하는 주장들도 나타나게 되

54 민족주의를 근대화와 연관해 이해하는 이론은 셀 수 없을 정도로 많다. 대표적으로 Ernest Gellner, *Nations and Nationalism*, Basil Blackwell 1983. Liah Greenfeld, *Nationalism: Five Roads to Modernity*, Harvard University Press 1992. Geoff Eley and Ronald G. Suny ed., *Becoming National*, Oxford University Press 1996.

었다. 현 시점에서 민족주의의 함의와 기능에 대한 여러가지 이견과 논란을 제대로 평가하기 위해서라도 20세기 한반도 및 동북아의 변동 속에서 형성된 민족주의의 내용을 점검하고 그것이 21세기 환경에 어느정도 유효할 것인지를 검토하는 작업이 필요하다. 민족주의의 내용을 결정하는 데 크게 작용했다고 생각되는 20세기 유산은 크게 세가지로 요약해볼 수 있다. 아래에서 그 내용을 하나씩 검토해보려 한다.

1) 단일민족론

남북한 민족주의의 내용을 이루는 가장 중요한 요소는 한반도 주민들이 하나의 민족을 구성한다는 단일민족의식이다. 한반도 주민들은 오랫동안 동일한 정치적·경제적 단위로 생활해왔을 뿐 아니라 역사와 문화 면에서도 상당히 동질적 성격을 지닌 공동체를 꾸려왔다. 뿐만 아니라 혈통적으로도 강한 동질성을 유지하면서, 언어, 풍속, 외양, 의식주 면에서 외부종족으로부터 독립적인 생활공간을 지켜왔으며, 따라서 운명공동체로서의 원초적 연대감을 공유하면서 구성원 전체를 하나의 민족 단위로 이해하는 것에 별다른 부담감을 느끼지 않아왔다. 오히려 이 독자적인 공동체성을 부인하거나 훼손하려는 시도에 대해서는 매우 강력히 저항한 사례가 적지 않다.

한민족이 언제 형성되었는가에 대해서는 크게 근대형성론과 전근대형성론으로 대별되는 견해가 존재한다. 민족이라는 범주가 근대국가체제와 분명히 어떤 관련을 맺으며 그 정체성 형성에서 피지배집단 일반과는 다른 정치적 주체로서의 자각을 필수 요소로 포함해야 한다는 점에서 본다면, 전근대적 종족집단이나 문화적 공동체를 민족 범주와 동일시하는 것은 개념적 이해로서 적절하지 않을 수 있다.

하지만 스미스(A. Smith)가 '에트니'(ethnie)라고 지칭했던 것, 신용하(愼鏞廈)가 '전근대민족'이라는 말로 드러내고자 했던 역사적 유산, 공동체적 조건을 무시하고서 모든 역사상의 민족을 근대의 소산으로만 간주하는 것도 비역사적 일반화의 오류를 범하는 것일 수 있다(Smith 1986; 신용하 2001a). 실제로 근대국가 출현과 민족 형성을 등치하는 일반적 근대민족론으로는 한반도 주민이 공유해온 오랜 역사적 경험, 종족적 유대감, 공동운명체로서의 자의식을 충분히 설명할 수 없다. 오히려 십수세기를 훨씬 넘는 장구한 시간 속에서 한반도 주민을 하나의 공동체로 묶어온 정치·경제·문화·혈통 등 다양한 환경을 객관적으로 평가함으로써 왜 유독 한민족의 자의식과 내용 속에 전근대적이고 원초적인 요소들이 많은 비중을 차지하게 되었는지를 이해하는 것이 중요하다.

단일민족론이 한국사회에서 힘을 갖게 된 이유는 여러가지다. 무엇보다 한반도 주민이 오랫동안 하나의 언어공동체를 유지해왔다는 점을 들어야 할 것이다. 한반도 주민들은 적어도 통일신라시대 이래로는 언어소통에 큰 어려움이 없는 단일언어권을 형성했던 것으로 보이는데, 이로써 전세계의 다른 문화권과는 다른 독특한 언어권이 형성되었다. '민족'의 어원이 된 라틴어 natio가 본래 언어집단을 표현했다는 사실에서도 짐작할 수 있듯, 언어는 소통 가능한 성원들 사이에 독특한 친밀함과 일체감을 만들어내는 반면 언어를 달리하는 집단과는 사회문화적 차이와 이질성을 갖게 만드는 객관적 조건이다. 현재까지도 한국어를 모국어로 공유하는 집단이 한국인뿐임을 고려해보면 동일언어권으로서의 특성이 단일민족론의 핵심적 기초가 되었음은 분명하다. 이와 함께 음식, 의복, 주거 등 여러 생활문화 요소의 공통성도 단일민족의식을 강화해왔다. 쌀을 주식으로 온돌을 갖춘 집에서 살며 한복을 입었던 일상문화, 한반도라는 생태공간에서 함께 일구어온 생활감각, 절기와 명절 같은 시간감각 등이 한반도 주민을 동일한 공동체로 의식하게 만드는 주요한 요소가 되었다. 이 요소들은 농경문화로부터 벗어난 지금까지도, 또한 한반도를 넘어 전세계에 흩어져 사는 코리안들에게도 여전히 중요한 정체성의 요소로 작동한다.[55]

논란의 여지가 있지만 혈통적 동질성에 대한 신뢰 또한 단일민족의식을 구성하는 중요한 요소다. 한반도 주민이 동일한 혈통에 속하는 단일종족이라는 믿음은 엄밀한 과학적 사실에 기초한 것은 아니며 오랜 과거부터 공유되어온 집합적 신념이라고 보기도 어렵다. 최근의 여러 연구는 단군을 공동조상으로 여기는 단일혈통론적 사고가 근대시기, 특히 일본의 종족중심적 민족 이해의 영향을 강하게 받으면서 부각된 것임을 지적한다. 비교인종학적 연구들도 한반도 주민의 DNA가 반드시 동일한 집단이 아니라는 점을 강조한다(Pai 2000; 이홍규 2010; 박기현 2007). 다만 오랫동안 다른 문화권과 접촉이 금지되고 타종족과 통혼기회도 매우 제약되었던 상황에서 같은 언어를 쓰고 의식주 및 생활양식도 동일한 사람들끼리 공동체를 이루어온 까닭에 종족적 동질성이 다른 공동체보다도 매우 강했던 것 또한 분명한 사실이다. 여기에 가족을 중시하는 유교의 영향력이 수세기 동안 강했고 혈통의 순수성이 유린되는 것을 가문 및 공동체의 가장 큰 수치로 치부했던 터라 혈통에 대한 인식이 더욱 중시되었다. 다시 말해 혈통적 단일민족론 자체는 근대에 와서 형성된 것이라 할 수 있지만

55 언어와 민족의식 사이의 관계를 연구한 사례는 매우 많다. 특히 해외의 민족의식을 규정하는 데에 언어와 의식주 같은 문화가 혈통보다 훨씬 더 중요하다는 것은 많은 연구들이 공통적으로 지적한다.

한반도 주민이 타문화권 및 다른 종족과 접촉할 때 스스로를 동질적 종족집단으로 인식한 역사는 생각보다 훨씬 길다. 1919년 3·1운동에서 표방된 "조선의 독립국임과 조선인의 자유민임"을 확신하는 바탕에도 일본인과의 명확한 구별의식이 존재했다. 실제로 만주, 미주, 러시아 등 각지의 독립운동이 끊임없이 지속될 수 있었던 힘의 근본에는 이러한 역사적이고 문화적인 공동체에 대한 믿음이 깔려 있었고 전세계에 흩어져 살던 한반도 사람들이 공통의 정서와 유대감을 서로 확인한 것도 동포라는 혈연적 공통성에 대한 믿음 덕분이었다.

최근 남한사회에 종족성을 달리하는 구성원들이 점차 많아지고 문화적으로도 이질적인 요소들이 확산되면서 단일민족의식을 더이상 표방하지 않아야 한다는 주장들을 자주 접하게 된다. 혈통적 요소를 근간으로 하고 언어나 풍습 같은 원초적 속성을 전제하는 단일민족론이 21세기 한국사회에서 적합성을 잃어간다는 점은 분명한 사실이고 이 점을 반영해 사회를 새롭게 이해하는 것은 필수 작업이다. 단일민족론 속에 포함되기 십상인 자민족중심주의, 타문화에 대한 배타주의, 혈연중심적 민족 이해 등을 극복하고 세계화와 다원화 시대에 맞는 유연한 정체성을 구성하려는 노력이 절실한 것도 틀림없는 사실이다. 하지만 단일민족론이라는 말을 너무 혈통중심적이거나 자문화중심적 배타성과 동일시하는 것은 이 말이 품어온 한국 근현대사의 경험을 무시하는 결과를 낳을 수도 있다. 이 개념 속에는 혈통이나 문화보다도 정치적 선택과 지향, 다시 말해 한반도 주민은 단일한 공동체라는 믿음이 있는 것이다. 이 점은 가벼이 다루어서는 안 된다.

실제로 오랜 적대관계가 지속되는 상황에서 분단을 비정상적이고 잠정적인 것으로 인식하게 하는 근거, 즉 남북한은 반드시 통일되어야 한다는 강박관념 같은 지향의 바탕에는 단일민족론이 자리한다. 단일민족을 강조하는 민족주의가 종족적 성격이 무척 강하고 타문화에 배타적이라는 비판들은 타당한 측면이 많은 것이 사실이다. 하지만 남한의 단일민족론이 강조하려 했던 근본원리는 혈통이나 문화가 아니라 공동운명체로서의 자의식과 정치적 선택에 있다는 점에 주목할 필요가 있다. 이 점에 주목하면 다양한 문화적 배경과 종족적 요소, 이질적 모국어를 지닌 한반도 구성원들도 포함해 정치자결체를 구성해야 한다는 유연하고도 다문화적인 민족론이 만들어질 수 있다. 또한 오랜 역사 속에서 확인되어온 민중 내부의 연대감에 좀더 주목함으로써 21세기에 적합한 사회통합원리를 구성할 수도 있다. 동일권력에 의한 지배, 중앙집권적 통제, 세금과 군역, 왕이라는 충성 대상 등 기존의 전통질서 속에서 수동적으로 묶인 것을 두고 하나의 공동체로 보는 것 아니냐고 되물을 수도 있다. 하지만 그 경험 속에서 주체적으로 발전시켰던 유대와 연대, 상호작용의 공간들은 소중한 유산으로 활용될 수 있다. 몽골, 일본과 거대한 전쟁을 치르면서 일반 민중들이 보여준 자발적 연대감이나 한말의 의병투쟁이 보여주는 집합적 헌신성은 단순한 정치적 압박이나 동원의 결과로만 볼 수 없으며, 이는 곧 아래로부터의 연대성이 공동체적 결합논리의 자산이 될 수 있음을 말해준다.

2) 민족자결주의

남북한 민족주의의 두번째 중요한 요소로는 민족자결주의를 들 수 있다. 민족자결주의는 근대세계의 형성과정에서 국가를 수립할 수 있는 자격을 민족이라는 역사적 주체에 배타적으로 부여했던 보편적 원리의 하나로, 한반도에서만 찾을 수 있는 특수한 성격은 전혀 아니다. 민족자결주의는 네이션(nation)으로 간주되는 사회적·역사적 주체가 독자적 주권공동체를 구성할 자격을 지니며 이들의 자기결정권은 그 어떤 다른 요소에 의해 방해받지 않아야 한다는 사상으로 집약할 수 있다. 근대사회에서 천부인권을 가진 개인이 그 절대적 인권을 존중받듯 민족의 정치적 자기결정권 역시 국제사회가 존중해야 한다는 공감이 근대적인 민족자결주의의 요체다(Bloom 1990). 물론 현실적으로는 그 원리가 예외없이 적용되지 않았고 어떤 민족이 정치적 주권을 주장할 수 있는가에 대한 합의도 쉬운 것이 아니었다. 1차대전이 끝난 1918년 미국의 윌슨(W. Wilson) 대통령이 내세웠던 민족자결주의도 유럽을 넘어 전세계에 보편적으로 적용된 것이 아니었다. 2차대전이 끝난 뒤 이 원리에 의거해 많은 신생국들이 독립했지만, 냉전체제하의 체제대립과 이데올로기적 경쟁으로 인해 민족자결론은 생각처럼 보편적 원리로 현실화되지 못했다. 21세기에 접어들어서조차 강대국의 간섭과 개입으로부터 자유롭지 못해 처절한 투쟁과 긴장을 겪어야 하는 곳이 여럿 있을 정도다. 그럼에도 불구하고 민족자결주의는 개인의 천부인권과 마찬가지로 근대 이후를 이전과 구별짓는 매우 중요한 정치적·사회적 원리로 평가받는다.

한반도에서 이러한 민족자결주의가 강한 힘을 갖게 된 것은 두말할 것도 없이 20세기의 경험 덕분이다. 근대로 전환하면서 역사적 운명을 좌우할 문명적·정치적 선택을 누가 할 것인가에 대해 그 최종적 권한이 한반도에 사는 주민 전체에게 있다는 생각이 확고해졌다. 이 정치적 자결의지는 일본 제국주의의 정치적 간섭이나 침략에 저항하고 주권을 지키려는 모든 행위의 근본 논리였던 셈이다. 이는 식민지로 전락한 슬픈 역사로 인해 더욱 강력한 꿈이자 소망으로 자리잡았다. 식민지하에서 민족자결주의는 한편으로 일본의 제국주의 침략과 야욕에 대한 저항의식을 뒷받침하면서 동시에 한반도 주민이 스스로 정치적 주체성과 책임의식을 갖지 못했다는 뼈아픈 반성을 요구했다. 식민지하에서 맨손으로 항거한 3·1운동의 정신적 힘도 민족자결에 대한 확신과 의지에서 찾아진다(신용하 2001b; 전상숙 2009).

이 민족자결의 원칙을 다시 한번 훼손함으로써 민족주의 세력을 좌절케 한 계기가 해방 당시의 민족분열과 한반도 분단이었다. 해방 후 민족국가 건설은 한민족의 정치적 자결권에 맡겨지리라는 믿음과는 달리 현실에서 그것은 미국과 소련의 군사적 점령과 2차대전 이후의 국제질서 재편과정에 따른 외압과 간섭에서 전혀 자유롭지 못했다. 당시 민족자결은 슬로건에 머물렀을 뿐이다.[56] 국내의 여러 정치세력이 외세의 영향에 좌우되었음은 물론이고 결국 미소가 분할한 38선이 새로운 정치적·사회적·경제적·이데올로기적 분할선으로 고착화됨으로써 민족자결권은 제대로 실현되지 못한 셈이다. 하지만 그 때문에 '통일'에 대한 지향의 형태로 정치적 자결주의가 여전히 민족주의의 강고한 자산으로 유지되는 점은 역사적 아이러니라 할 것이다. 분단과정은 당시의 국제정치적 조건들이 함께 작용한 것이었지만 그 결과를 한반도 주민이 정당한 최종상태로서 수용하지 않고 언젠가는 한반도를 하나로 통일하겠다는 의지를 유지한다는 사실은 남한 민족주의의 특징이다. 60년이 넘도록 한반도에 두개의 국가체가 공존해온 상황에서도 남북을 아우르는 하나의 민족이 자기결정권에 입각해 통일을 지향하는 공감대를 지닌다는 사실 자

56 해방 직후 알려진 모스끄바삼상회의 신탁통치안에 대해 열렬한 집단적 저항이 일어났던 것도 민족자결권 침해라는 의식이 확산되었기 때문이다. 한반도의 독특한 지정학적 환경 때문에 민족자결주의는 언제나 명분상의 힘과 그것을 현실화할 수 있는 국내외의 조건창출 능력 사이에 어느정도 괴리가 있었다.

체가 민족주의의 강력한 객관적 조건을 이룬다.

민족자결주의는 그것이 민족 주체의 절대적 권리로 강조되기 때문에 늘 당위적이고 규범적으로 이해되는 경향이 있다. 실제로 일제하 독립운동이나 현재의 통일정책을 평가하는 데서는 국제정치적 역학관계나 강대국의 개입을 활용하려는 견해가 이 원칙을 훼손하는 유약한 입장이라고 비판받는 경우가 종종 있다. 그 결과 민족자결주의는 그 강력한 당위성에도 불구하고, 어떤 점에서는 바로 그 당위성 때문에, 실제적 민족역량과 사회적 실천의 내용을 갖추기 어렵게 되는 딜레마에 처하기도 한다. 식민지하에서 민족자결주의가 반제투쟁과 민족해방이라는 대의에 연결되는 숭고한 가치이면서도 현실정치와 정책적 구상을 이끌어갈 실천적 지표가 되기는 어려웠던 것과 똑같이, 현재의 통일론에서도 민족자결주의는 실질적인 정치적 타협과 경제정책 수립, 국제환경 활용을 돕는 유의미한 내용을 제공하기 어려운 측면이 있다. 일례로 북한이 끊임없이 강조하는 '우리 민족끼리'라는 주장에서 전형적으로 이런 특성이 발견된다. 결국 민족자결주의가 지니는 정치적 원리를 지켜나가면서도 변화하는 21세기적 상황을 지혜롭게 활용하고 재구성해가려는 노력이 더욱 필요할 것이다.

3) 발전주의

민족주의를 구성하는 또다른 주된 요소로 국가 단위의 발전을 중시하고 집합적 발전을 위해 헌신하려는 공감 및 그에 촉발된 집합적 행위를 들 수 있다. 자신이 속한 국가공동체가 경제적으로 발전하고 국제적으로 그 위상을 높이는 것을 소중한 가치이자 목표로 받아들이고 그 성취에 적극 동참하는 것이다. 19세기 표현으로 말한다면

'부국강병'에 대한 동의이자 국가 주도의 발전주의에 대한 지지라 할 수 있다.

이런 발전주의형 민족주의는 당연히 해방 이후 국가가 수립된 상황에서 부각된 특징이다. 남북한은 분단국가를 정당화하고 체제경쟁에서 승리하기 위해 늘 강력한 내부동원을 필요로 했고 이 동원의 논리로서 민족주의를 체제논리와 연계했다. 일례로 남한에서 공산주의자는 민족반역자라고 규탄받았으며 멸공통일이야말로 북한의 동포를 공산주의의 탄압에서 구원하는 일이라고 가르쳐졌다(권혁범 2000). 반면 북한의 김일성은 민족주의와 공산주의를 결합했고 초기 사회주의체제 형성과정에서 민족감정과 민족주의적 지향을 적극 활용했다(암스트롱 2006). 북한은 1954년 3개년 '인민경제계획'을 개시하고 경제건설과 국방건설의 병진노선을 천명했으며, 남한도 경제개발의 구상을 1962년 제1차 5개년 '경제개발계획'으로 본격화했다. 남북한은 각각의 발전주의 기획을 체제경쟁논리와 연결함으로써 각기 자기 체제를 중심으로 발전지향적 민족주의를 추구했다.

지난 반세기 이상 남북한의 민족주의가 체제경쟁과 연계되어온 탓에 남북한의 민족주의는 그 내용을 상당히 달리하게 되었다. 남한이 자본주의 세계경제에 적극적으로 참여하면서 개방적 경제성장과 자유민주주의를 실현하려 했던 데 반해, 북한은 사회주의 세계체제와의 통합 속에서 김일성주의 중심의 독특한 민족주의를 구성하려 했다(Kim 1992; 양문수 2001). 1950년대 후반 전세계적으로 후진국 개발론이 부상하면서 개발주의와 민족주의가 결합하게 된 것은 남북한에 공통된 측면이라 할 수 있다. 실제로 김일성의 지배담론과 박정희(朴正熙)의 개발담론의 유사성을 비교하는 국내외 연구는 꽤 많다(신기욱 2009; 박정훈·윤인진 외 2010). 하지만 실제 역사에서 남북한이 매우 대조적인 전환을 경험하게 된 점은 그에 못지 않게 중요하다. 북한이 자립형 경제를 지향하면서 내부적으로는 김일성 유일지배를 뒷받침하는 전체주의적 이데올로기로 민족주의를 왜곡했다면, 남한은 세계시장과의 연계를 적극적으로 활용하면서 시장논리에 수반되는 효율성을 중시했다는 점에서 매우 큰 차이가 나타난다. 그 결과 개발주의와 민족주의가 연계된 형태는 유사하지만 그 정치적·경제적 귀결은 매우 달라졌다. 북한 체제의 경직성 심화와 남한사회의 민주화와 산업화가 동시에 진행되었던 것이다.

특히 남한이 세계시장 수출전략을 통해 기술과 교육, 창의성 같은 다양한 요소를 동원한 고도성장을 구현할 수 있었던 경험은 이후 한반도 민족주의의 내용에 커다란 변화를 가져왔다. 이런 변화를 추동한 주역으로서 박정희와 제3공화국 정부의 역할은 발전국가론으로 발전이론 차원에서도 언급되는 주요 사례다. 일본과 국교정상화를 단행하고 대일청구권 자금을 경제개발의 초기자금으로 활용한 점, 젊은이들을 용병화한다는 비난에도 불구하고 베트남파병을 통해 경제부흥의 동력을 만들고자 했던 점, 전통문화를 말살한다는 비판을 무시하고 새마을운동을 강력하게 밀어붙이면서 생활방식과 주거형태를 바꾸어낸 점 등 박정희시대 근대화의 주요 내용에 대한 평가에는 국내와 국외, 정치적 시각과 경제적 시각이 대립한다. 하지만 전반적으로는 부국강병형 발전주의 논리를 내세웠던 박정희시대에 대해 대중적 지지가 여전히 높다. 그리하여 대한민국이라는 국가의 경제력과 군사력, 심지어 체력까지도 북한이 대상이든, 일본이 대상이든, 아니면 불특정한 국제사회가 대상이든 경쟁해서 이겨야 한다는 경쟁논리, 현실주의적 개발전략이 민족주의의 중요한 내용으로 자리잡게 되었던 것이다.[57]

2. 1990년대의 변화

1990년대 이후 한국사회에는 위와 같은 요소의 적합성이 점차 약화되면서 기존의 민족주의가 그대로 유지되거나 옹호받기 어려운 상황이 나타난다. 안팎의 여러가지 변화들이 단일민족론, 민족자결주의, 국가주도형 발전주의를 고수하기 어려운 환경을 만들어내고, 한편 그런 시각들을 내재화했던 역사적 경험과 조건도 크게 바뀌고 있기 때문이다. 이런 변화 중에서도 가장 중요한 것은 1990년대 이후 탈냉전과 세계화가 미친 역사적 전환과 그 이후 남북한이 각기 보여준 대립적인 사회전환을 꼽지 않을 수 없다. 탈냉전은 거대한 사회주의권이 소멸하는 세계사적 전환이었고 이로써 20세기를 특징지었던 체제대립, 이념대립은 일단락되었다. 북한은 여전히 사회주의체제를 고수하며 한반도는 냉전상태로부터 완전히 벗어나지 못한 것이 사실이지만 그럼에도 불구하고 탈냉전의 효과는 매우 컸다. 특히 소련의 해체, 동구권의 민주화, 중국의 개혁개방, 한국의 북방정책의 성공 등은 남북한 사이의 적대적 균형을 눈에 띄게 해체하고 비대칭성을 심화했다. 북한이 점점 더 고립된 체제로 위축되고 그 반작용으로 배타적 민족정체성을 고집하는 반면 남한은 개방화, 세계화 시대에 본

57 남한의 역사학자들이 한말과 식민지시기에 주목하는 데 비해 서양의 한국학 연구자들은 해방 이후의 국가주도형 발전주의에서 민족주의의 특성을 찾는 경향이 강하다. 서구 학계에서 박정희가 대표적인 민족주의자로 설명되는 이유도 여기에 있다. 민족주의에 대한 서구 학계의 논의가 으레 국가 주도하의 근대화기획에 주목하는 흐름을 반영한 것이라 할 수 있는데 남한의 경제성장을 설명하는 여러 연구들이 민족주의적 요소를 그 원인의 하나로 드는 것도 마찬가지라 할 수 있다. Alice Amsden, *Asia's Next Giant*, Oxford University Press 1996.

격적으로 접어들면서 역사상 처음으로 많은 이민족을 새로운 사회 성원으로 받아들이고 다종족, 다문화 상황을 적극 수용하고 있다.

1) 흔들리는 단일민족론

탈냉전과 세계화가 초래한 변화 가운데 역사적으로 매우 새로운 것은 남한이 인구유입국으로 변했다는 사실이다. 1990년대부터 조금씩 늘기 시작한 외국인들의 국내이주 및 장기체류는 21세기에 접어들면서 그 수가 갈수록 늘고 있다. 애초 단순노동자로서, 그것도 단기간 산업연수생의 이름으로 유입된 외국인 노동자들은 여러가지 합법적·비합법적 방식으로 국내에 체류하기 시작했고 불과 20년만에 무시하지 못할 사회구성원으로 자리잡았다(설동훈 1999; 박정훈·윤인진 외 2010). 뿐만 아니라 농촌의 여성 비율이 감소하는 와중에 외국인 여성들의 결혼이주도 급격하게 늘어나 비도시 지역의 결혼 가운데 30퍼센트 이상이 국제결혼인 상황이 되었다. 이런 국제결혼가정을 다문화가정이라 이름짓고 이들의 자녀를 다문화아동이라고 부르면서 새로운 정책을 펴는 것이 전혀 낯설지 않을 정도로 한국사회는 그 구성 면에서 빠르게 다양화되었다(전경수 외 2008; 유네스코 아시아태평양 국제이해교육원 2008).

그 결과 민족정체성에도 큰 균열과 변화가 나타났다. 언어와 혈통, 공통의 역사 경험 등에 근거한 원초적 요소들은 많은 외국인과 다문화가정을 사회적으로 통합하는 요소로는 적합하지 않게 되었다. 국제결혼가정의 자녀 비율이 높아지는 학교 현장에서 혈연 중심의 민족의식을 내세우는 것은 불가능해졌고 노동현장이나 사회정책에서도 그 점은 마찬가지다. 앞에서도 언급한 것처럼, 심지어 군대에서조차 다문화 장병의 입영과 함께 '민족'이라는 말 대신 '국민'이라는 말을 강조하지 않을 수 없게 되었다. 여기에는 단일민족이라는 믿음 그 자체가 실제로는 뚜렷한 근거가 미약하며 근대 이후에 구성된 것에 불과할 뿐이라는 탈민족주의적 논의들의 영향도 크게 작용했다. 남한의 이런 변화와는 달리 북한은 김일성주의에 기초한 주체민족주의를 더욱 고수하고 강조함으로써 남북한 사이에서 정체성의 간극은 더욱 심화되는 추세다. 북한은 남한의 다문화 현상을 매우 비판적으로 바라보면서 혈통과 언어 같은 원초적 요소를 단일민족의 주요한 내용으로 강조한다. 하지만 이미 주체사상에 의해 크게 왜곡된 역사인식으로 인해 더이상 남한의 민족의식과 '단일성'을 확보하기 어려워졌다. 남북한 주민들이 서로에 대해 동질감보다 이질감을 느끼게 되는 비율도 점차 높아지는 것이 현실이다.

단일민족론의 약화가 남북관계 내지 통일론에 적지 않은 영향을 미칠 것은 두말할 필요가 없다. 실제로 남북한이 같은 민족이기 때문에 통일해야 한다는 생각은 지속적으로 줄고 있다. 물론 아직까지는 남북한이 통일해야 하는 이유로 '같은 민족이니까'라는 답을 꼽는 사람들이 가장 많은 것이 사실이지만, 점차 그 비율이 줄어들고 특히 젊은 세대에서는 이런 응답률이 두드러지게 낮아지는 추세다. 일례로 2011년도 조사에서 20대 응답자들은 통일이 되어야 하는 이유로 '단일민족'보다 '전쟁의 위험을 피하기 위해서'라는 현실론을 더 많이 꼽았다(박명규 외 2011). 이처럼 앞으로 단일민족에 대한 믿음이나 담론은 점점 더 그 영향력이 약화될 것으로 보인다. 이런 변화는 단순히 가족이산이나 고향상실의 경험을 지닌 노년세대의 퇴출 때문만은 아니며, 한국사회가 혈통 같은 원초적 요소들에 의존하는 정도가 크게 줄고 있기 때문이다. 앞으로 계급적 이해가 충돌하고 지역간 갈등이 심화되면 단일민족이라는 혈통주의적 인식은 오히려 갈등요인으로 작용할 수 있다. 예컨대, 탈북이주민들은 자신들이 민족의 일원으로 대우받기보다 지위가 낮은 노동자로 취급당한다는 점에 강한 불만을 표명한다. 뿐만 아니라 혈연 범주를 잘못 강조할 경우 세계화 시대에 인종주의적 차별이라는 혐의를 받을 우려도 있다. 실제로 해외의 한국인을 국적이 다르더라도 같은 민족이기 때문에 특별히 우대해야 한다는 '재외동포법'의 취지가 인종차별적 성격을 지닌다는 문제제기에 부딪혔다는 점에 주목하지 않을 수 없다(정인섭 2002). 종족적 다양성이 커지는 현실에서 대한민국 국민의 권리를 취득한 사람들 가운데에는 단순한 혈연원리로 접근할 수 없는 복잡한 구성원들이 늘어난다는 점에도 유의해야 한다.

2) 시민사회의 확장과 민족 범주의 상대화

민족자결주의는 민족과 국가를 주요한 두 주체로 간주한 근대사회의 핵심원리이지만, 세계가 하나의 체제로 빠르게 결합하고 시장과 정보, 문화의 통합과 소통이 진전되는 21세기 상황에서는 그 적합성이 약화되거나, 최소한 변화되지 않을 수 없다. 우선 탈냉전과 함께 확산된 세계화 현상으로 인해 전세계는 갈수록 자본주의적 시장질서와 개방적 상호관계로 통합되어가고 정보와 교통의 발전은 국가 단위의 통제나 경계유지를 어렵게 만든다. 실제로 탈냉전 이후 자본과 정보, 문화가 거의 실시간으로 이동하고 교류하는 메커니즘이 발전함으로써 전통적인 국민국가 중심의 관리나 정책이 더이상 작동하지 않는 상황을 맞았다. 한국사회에서도 이전에는 상상도 할 수 없었을 정도로 다른 국가 및 경제권과의 결합이 커져가는 실정이다.

개인의 생활세계 차원에서도 한반도 남쪽에 한정되어 있던 공간감각이 전지구적으로 확장되었다. 해외를 오가거나 외국인과 접촉하는 국민의 숫자가 급증하면서 문화적으로도 세계적인 것, 이국적인 것에 대한 관심과 관용이 확장되었다. 그 결과 과거엔 격론의 대상이던 개방경제냐 자주경제냐의 논란, 국산품 애용이냐 시장개방이냐의 논의 등은 눈에 띄게 그 힘을 잃었다. 또한 정치적 자결의 핵심원리로 당연시되었던 민족자결주의도 절대적 원리라기보다는 조건과 상황에 따라 평가해야 할 상대적 가치로 재평가받는 추세다.

이와 더불어 시민사회가 확장되고 시민적 자율권이 강조됨에 따라 민족 단위의 규정력이 상대화되었다. 1987년 이후 민주화를 향한 투쟁과 민주화세력의 정권장악 경험은 그 과정에 동참했던 사회구성원들에게 독자적 생활감각과 정치적 자의식을 강화했고, 국가나 민족의 이름으로 권위주의적 억압을 정당화해온 기존의 담론과 문화에 대한 강한 비판의식을 키워주었다. 독재정권에 대한 오랜 투쟁에서 승리하면서 성장한 시민사회는 정치적 권리의 담지자를 국가나 민족으로 한정하는 것을 거부하고 다양한 주체, 예컨대 계급, 직업, 종교, 여성, 세대 등 다양한 사회 범주의 다원적 권리에 주목하기 시작했다. 심지어 국가나 민족 중심의 정치논리는 가부장적이거나 국가주의적인 요소로 인한 배타성과 억압성을 강화할 수 있다는 비판의식이 크게 확산되었다. 21세기에 접어들면서 나타난 사회운동의 새로운 양상들, 즉 2002년 월드컵 열기와 더불어 분출했던 반미정서, 페미니즘의 문제의식이 담긴 가부장 문화에 대한 저항, 사회적 소수자 및 무정부주의적 유산에 대한 재인식, 촛불시위에서 드러난 독특한 연대와 동원, 쏘셜네트워크써비스(SNS)를 활용하는 게릴라식 조직화나 일시적 결집과 유연한 운동성, 국제연대나 세계주의에 대한 새로운 관심 등은 모두 이런 새로운 변화를 반영한다. 여기에 국민국가 경계를 넘어서는 지역 단위의 연대 및 거버넌스가 발전하는 것도 민족자결주의의 정치적 비중을 낮추는 데 일조한다. 유럽처럼 지역공동체의 발전이 활발한 것은 아니지만 동북아시아의 역내 협력과 시장통합의 속도는 이전에 비해 매우 빨라지는 추세다.

이처럼 자결권의 주체가 다원화하면서 비국가적 주체나 탈민족적 활동공간의 자율성을 옹호하려는 경향은 남북관계에도 적지 않은 영향을 미치게 되었다. 우선 북한의 민족담론이 결국은 전체주의 이데올로기로 동원된다는 비판적 인식이 점차 늘어간다. 최근 들어 젊은 세대의 북한에 대한 인식이 매우 비판적이라는 점이 확인되는데, 이런 변화는 그들의 다원주의 및 시민적 자율성에 대한 감수성과 밀접하게 연관된다고 여겨진다. 동시에 남북한을 하나의 민족으로 간주하고 민족자결주의의 입장에서 통일문제나 국제문제를 바라보려는 시각에도 많은 변화가 나타난다. 과거에는 남북문제와 관련해 민족자결주의와 국제정치적 개입을 상호모순적인 두 차원으로 간주하는 경향이 있었고 민족공조와 한미공조를 대립적으로 평가하기도 했다. 그런데 점차 양자는 별개의 영역이며 통일을 위해서는 민족적 차원 못지않게 국제적 협조와 한미공조, 나아가 국제적 연대를 이루어내야 한다는 인식이 확산되는 추세다. 이런 점에서 향후 민족자결주의는 남북한의 두드러진 비대칭성과 이질성을 넘어서면서 동시에 사회 내부의 다양한 주체의 자율성과 자결권을 포용함은 물론이고 타민족 내지 타국가와의 협력 및 다자적 조율의 필요성도 수용하는, 매우 복합적이고도 중층적인 방식의 자결론으로 재구성되어야 할 것으로 보인다. 개인의 권리, 다양한 단체나 집합적 주체의 자율적 공간, 그리고 국제사회가 구성하는 거버넌스의 중요성을 포함하는 방식으로 민족주의의 내용이 달라져야 할 시대를 맞은 것이다.

3) 기존 발전주의의 한계

개방화, 민주화의 경험은 앞서 살펴본 것처럼 그동안의 국가 주도적 발전주의를 더이상 고수하기 어려운 환경을 만들어내고 있다. 발전은커녕 현상유지도 어려울 정도로 위기에 봉착한 북한의 주체형 발전주의의 문제점은 상세한 설명이 필요없을 정도다. 북한은 주체형 경제라는 폐쇄체제의 한계를 인정하고 전혀 새로운 방식의 개혁과 개방을 이루어내지 않으면 안될 상황을 맞았다. 반면 고도의 경제성장을 달성하고 선진국의 문턱까지 다다랐다고 자평하는 한국사회의 경우도 이전의 국가 주도형 발전정책을 그대로 지속하기는 불가능하다. 세계경제체제에 깊숙이 연계된 한국의 자본시장과 산업구조는 이제 정부 주도의 금융정책이나 산업정책으로 조율될 수 있는 단계를 넘어섰고 대기업과 중소기업의 여건, 농촌의 처지가 각기 달라 업종별 발전전략이 달라질 수밖에 없게 되었다. WTO체제하에서 향후 FTA까지 시장개방이 좀더 확대될 경우에는 시장영역에서 국가적 개입이 효율적인 결과를 가져올 가능성이 더더욱 줄어들 것이다.

문제는 이런 환경이 내부 구성원들에게 적지 않은 불안감과 불안정을 야기함으로써 공동체적 결속에 균열이 커진다는 사실이다. 계층격차나 도시·농촌 지역차, 정규직과 비정규직의 차별은 시장지배영역이 확대됨과 더불어 더욱 심화되고 있다. 정부정책이 약화되면서 중산층의 몰락과 양극화의 진전이라는 우려할 만한 변화도 가속화된다. 기술혁신을 통한 고부가가치 중심의 발전전략도 사회 전반적인 고용확대나 부의 분배효과를 가져다주기는 어렵고, 애매한 규모의 국내 금융시장이 세계자본의 흐름에 연동해 불안정해질 가능성도 언제나 존재한다. 노동시장의 유연화가 진행되면서 고용은 더욱 불안정해져 비정규직이 모든 분야로 확장되고 젊은 세대는 취업

난에 시달리면서 더더욱 경쟁에 내몰리고 있다. 결국 모든 책임이 개인에게 귀속되면서 공동체로서의 결속과 연대는 눈에 띄게 축소되고, 약자로 몰린 사람들의 소외감과 열패감이 더욱 커지는 현상이 나타난다. 한국사회에서 유독 자살이 많고 유치원부터 대학에 이르기까지 경쟁과 시험으로 온 사회가 열병을 앓는 이유도 이런 공동체적 연대의 약화가 가져오는 결과의 하나다.

이런 상황에서 민족주의에 대한 향수가 새로운 국가주의적 개입을 부추기기도 한다. 사회적 약자, 몰락한 중산층 등의 현실은 국가가 적극적으로 내부적 격차완화에 개입할 것을 요구하고 있는데, 이런 흐름은 민족주의적 정서를 강화할 수도 있다. 다만 이 흐름은 혈연적 동포의식이나 정치적 민족자결주의보다 사회구성원으로서의 권리 획득을 지향하는 측면이 강하고, 그런 점에서 이전의 민족주의와는 그 결을 달리한다. 다시 말해 분단에 안타까움을 느끼는 정도보다 북한과의 체제대립 과정에서 성공한 조건들, 즉 경제발전과 민주화의 효과를 더욱 중시하는 대한민국 중심의 지향으로 드러날 가능성이 훨씬 큰 것이다.[58] 특히 1990년대 이후 이따금 강하게 분출된 애국주의 정서는 이런 변화의 결과로 이해될 수 있다. 이런 민족주의는 문화적 단일민족 정서나 정치적 민족자주권을 강력하게 옹호하지는 않는다. 통일의 과제를 굳이 부정하지 않고 강한 반공·반북 이데올로기를 표방하지도 않는다. 하지만 그렇다고 북한을 동포로 포용하려는 문화적·종족적 일체감을 절실하게 표명하지도 않으며 단지 자신들의 일상 영역이 좀더 안정적이고 편안해질 수 있을 정도의 사회적·정치적 환경을 가장 중시하는 경향을 보인다(박명규 2007). 민주화

58 '대한민국 민족주의'라고 불리는 논의가 이를 반영한다고 할 수 있다. 「대한민국 민족주의 뜬다」, 『중앙일보』 2005.10.13.

와 경제성장, 여기에 탈냉전과 대북 콤플렉스로부터의 해방이 겹쳐진 상황에서, 다시금 실존적 불안과 경쟁에 내몰리는 사회구성원들의 양면적 정서가 민족주의의 새로운 질료가 된다. 2002년 월드컵과 뒤이은 반미시위에서 분출된 새로운 집단주의와 한국인으로서의 자부심이 불과 몇년이 지나지 않아 거대한 촛불시위와 새로운 불만세대의 출현으로 이어지는 것도 이런 맥락에서만 이해할 수 있다. 이런 정서는 이데올로기로서의 무게를 갖지 않고 치열한 정치적 목표의식에서 유래하는 열정이 아니다. 오히려 일상생활 속에 뿌리내려왔기 때문에 개별화된 듯하면서도 결코 무시할 수 없는 힘을 표출한다. 마치 일본의 한 지식인이 일본 젊은이들 사이에서 나타나는 이런 정서를 "쁘띠 내셔널리즘"이라고 불렀던 것과도 유사한데(香山リカ 2002), 이러한 대한민국 민족주의를 긍정적으로 평가하든 아니면 신자유주의 시대의 불안을 대변하는 불길한 전조로 보든, 지금의 민족주의가 이전의 전형적인 민족주의와 그 내용이 크게 다르다는 점은 분명하다.

3. 민족주의의 미래 전망

이처럼 단일민족의식, 통일 지향의 정치의식, 그리고 국가 주도의 발전주의 지향 등은 1990년대 이후 점차 그 영향력이 약화되는 추세다. 각각을 문화적 민족주의, 정치적 민족주의, 그리고 개발형 민족주의라고 이름지을 때 이런 지향들이 약화되는 한편, 이들 유형과는 성격이 다른 생활형 또는 대중적 민족주의라 이름지을 수 있는 정서들이 새롭게 형성되는 경향도 엿보인다. 올림픽이나 월드컵에서 '대한민국'을 열렬히 응원하고 미국의 잘못된 정책에 강력한 항의를 하면서도 민족주의의 폐쇄성이나 자국중심적 지향에는 비판적인 세대가 부상하고 있다. 이런 면에서 남한의 민족주의를 구성하는 질료나 감각이 달라지는 점에 주목해야 한다. 이런 시대적 변화가 각 세대가 겪는 생활의 불안 및 정체성의 혼란과 맞물리면서 어떤 정치적 성향과 집합적 지향을 강화할지는 앞으로 주의깊게 분석하고 살펴보아야 할 것이다. 당분간 이 상이한 정서들은 '민족'이라는 이름 아래 공존하며 동시적으로 논의되기도 할 것이다. 다만 20세기의 역사적 경험을 주된 질료로 형성된 전통적인 민족주의는 점점 더 지지받지 못하고 현실 개입력도 약화될 것으로 보인다.

민족주의의 이러한 다면적 속성들을 겪어오던 한국사회가 당면한 또다른 숙제는 세계화다. 이로써 한국인들이 자신과 타자, 내부와 외부를 이해하고 평가하는 방식에는 근본적 변화가 일어났다. 전지구적 냉전체제의 해체는 남북한 이데올로기 대립구도를 비정상적인 것으로 만들었고 수십년간 지속된 적대적 구조 또한 더이상 현재의 상태로 장기간 지속되는 것이 불가능한 시점을 맞았다. 남한 사람들의 공간감각도 확장되어 오랫동안 접근이 쉽지 않았던 중국, 러시아, 중앙아시아는 물론이고 심지어 평양과 개성도 '갈 수 있는' 공간으로 부활했다. 자본과 상품은 이미 국적을 묻기 어려울 정도로 상호연계성이 높아졌고 남한의 기업활동 역시 전세계를 대상으로 확장되었으며 외국인 노동력은 남한경제의 불가결한 한 축을 이룬다. 사건과 활동을 평가하는 지적 준거들도 더이상 민족적인 것을 절대화하기 어려워졌고 인류보편적·다문화적 시각이 자연스레 강조된다.

민주화와 세계화의 진전이 국가주도적 개발주의·발전주의의 효용성을 이전에 비해 감소시키면서 기존의 발전주의와 민족주의의 연결방식도 달라지고 있다. 구성원의 개성과 시민사회의 다양성, 자율성이 커지는 상황에서 국가 주도의 권위주의적 발전모델의 위력은 상대적으로 약화될 것이 분명하다. 하지만 국가 주도의 민족주의와 대중의 집단적 자부심이 새로운 방식으로 맞물릴 가능성은 여전히 존재한다. 민주화의 진전이 국가권력과 시민사회의 상호작용 기회를 확대하고, 또한 국가의 공적 담론을 집단적 정체성의 자원으로 활용할 기회를 늘리기 때문이다. 실제로 부국강병론적 경제성장, 선진국으로의 도약, 각종 스포츠와 국제대회를 통한 '국위선양' 프로젝트들이 대중에게 외면당하기보다는 적극적으로 지원되고 환영받는 경향을 볼 수 있다. 오늘날 '한류'에 대한 자부심의 배후에서 한국사회의 발전상에 대한 강한 자기긍정과 이를 활용하는 거대 미디어산업의 면모를 발견하는 일은 어렵지 않다.

이 집단적 자부심이 민족자결이라는 정치적 저항성과 결합할 가능성은 상존한다. 2002년 월드컵의 열기가 대규모 반미시위로 이어지고 광범위하게 반미정서를 확산했던 것은 이러한 결합의 전형적 사례라 할 것이다. 한미동맹의 틀이 유지되는 가운데 중국의 영향력이 커지고 세계화의 부정적 측면이 심화될 시점에서는 외세의 간섭을 배제하고 우리끼리 결정하자는 집단적 자존심이 대중정치의 한 형태로 등장할 수 있다. 한편 박정희시대에 대한 대중적 선망도 남한 민족주의가 강력한 국가주의적 지향성과 친화력을 보일 개연성을 말해주는 지표다. 민족적 자부심이 특정한 정치적 프로젝트와 결합하면 매우 강력한 힘을 낳을 수 있기 때문에 향후에도 민족주의가 정치적 자원으로 활용될 가능성도 적지 않다. 하지만 그 정치적 방향이나 체제구상에 정교한 통찰이 따르지 못하면 민족주의적 정서의 정치적 활용이 패권적 국가주의나 자민족중심주의로 빠질 수 있다는 점에도 주목하지 않을 수 없다.

민족주의는 21세기적 조건하에서 현재의 한반도 질서를 앞으로 어떻게 재구축해갈 것인가. 그 변화과정에서 공동체적 가치가 어떤 형태로 재구성될 것인가. 남한 민족주의는 이러한 현실적 과제와 관련해 그 의미가 변화되고 재구축되어갈 것이다. 그런 점에서 민족주의를 선험적이거나 원칙론적 차원에서 접근하기보다는 그것이 구체적 문제와 조우하면서 낳을 담론적 효과와 정치적 결과에 주목해야 하는 것이다. 이 점에서 탈민족주의도 중요한 성찰을 담고 있지만, 한반도적 맥락에서 보완되어야 할 점도 분명하다. 분단체제의 극복과 한반도 통일이라는 중장기적 과제와 관련해 책임있는 담론구상을 내포하지 않는 한 탈민족주의라는 지향이 적절한 대안적 논의를 제공하기 어려울 것이기 때문이다.

미래 민족주의의 내용 속에는 장차 다양한 형태로 진행될 남북한 관계에 적용할 수 있는 사회적 원칙과 집합적 동력을 만들어내는 노력이 포괄되어야 한다. 이를 위해서는 다양성과 자율성을 강조하는 다원적 원칙이 민족공동체 담론과 연결되어야 하고 생태주의를 포함하는 대안적 발전론이 한반도 공동의 경제통합을 실현하려는 노력과 결합될 필요가 있다. 또한 세계적 차원을 중시하는 시각이 다자적 협조체제와 함께 한반도를 평화적으로 통일하는 지혜와 어떻게 연결될 수 있을지를 진지하게 숙고할 수 있어야 한다. 바로 이러한 노력들이야말로 남한 민족주의가 21세기에도 유효한 동력으로 기능할 수 있는 요건이다.

제3부 분석적 통일학의 정립

제7장

통일담론과 통일연구

2012년에 접어들어 북한 김정일 국방위원장 사망과 김정은체제 등장에 쏠렸던 국내외의 관심은 점차 차분해지는 모습이다. 이런 시점에도 근거 없는 북한 관련 소문이 증시동향에 충격을 미치는 사건이 잇따르는 모습을 보며 북한 변수가 미치는 경제적 영향을 체감하게 된다. 이처럼 북한 뉴스는 우리의 일상에 언제 어떤 영향을 미칠지 예측하기 어렵다. 특히 한반도와 주변 국가들에서 중대한 정치적 변화가 예상되는 2012년 한해 동안 북한문제는 주요 사회적 의제로서 꾸준히 거론될 가능성이 높다. 여기서 또하나의 변수는 바로 최근 확대되는 SNS 의사소통방식이다. 대학이나 정당, 연구기관이나 법조계 같은 기존의 제도적 권위에 큰 위협이 되고 있는 수평적 담론공간의 확산은 가뜩이나 전문가나 정론이 존재하기 어려운 북한 관련 논의를 백가쟁명식으로 만들 개연성이 높다.

어떤 사안이든 자유로운 논의와 토론은 합리적 소통과 민주적 해결을 모색하는 데 소중한 자산이다. 하지만 다양한 논의의 확대가 반드시 민주적 소통과 합의에 기초한 결론을 가져다주진 않는다. 정치적 이해 충돌이 불가피한 의제일수록 합리적 타협보다는 파당적 논리싸움으로 치닫기 쉽고 사회 전체적으로 갈등과 대립을 부추길 수 있다. 자칫 대립이 지나치면 장기적 전망을 수립하고 합리적 대응책을 찾아나가는 데 장애가 될 수 있고, 사람들로 하여금 진지한 토론을 멀리하게 만들 역효과를 빚을 수도 있다. 실제로 우리 사회에서 북한문제는 종교문제와 더불어 일반인들이 제 속내를 털어놓기가 쉽지 않은, 따라서 대화주제로는 기피되기 쉬운 쟁점이다. 제7장에서 필자는 지난 십여년간 북한 관련 논의들이 만들어지고 유통된 과정을 재구성해보면서, 다양한 담론의 산출이 평면적 정치대립의 빌미로 전락하지 않고 좀더 나은 사회적 대안을 모색하는 계기가 될 수 있는 조건이 무엇일까라는 질문의 답을 찾아보려 한다. 햇볕정책과 평화번영정책으로 이어진 지난 김대중·노무현 정부의 대북유화정책 시기와 뒤이은 이명박정부의 보수적 대북정책 시기를 거치면서 진행된 통일담론 산출의 구조를 점검하고 합리적 소통의 가능성을 모색해보고자 한다.

1. 통일담론의 주체와 유형

우리 사회에서 통일 관련 담론을 주도적으로 산출해내는 주체로는 정부, 언론, 사회단체, 그리고 학계를 들 수 있다. 외국 정부나 언론, 사회단체가 이와 관련한 의미있는 담론을 산출하는 경우도 있지만 그 논의의 책임성과 절박성에서는 국내 주체들에 미치지 못한다.

또한 북한 및 남북관계에 대한 담론을 산출하고 확산하는 주체는 단일하지 않다. 쟁점 자체가 대중적 관심을 끄는 것이기도 하려니와 특정 주체가 논의를 통제하거나 독점할 수도 없기 때문에, 겉으로는 단순해 보이는 의견이나 담론조차도 그 배후를 들여다보면 여러가지 상이한 입장과 이해관계가 개입되어 있는 경우가 적지 않다.

담론 주체를 하나씩 열거해보자면 우선, 정부는 통일담론과 북한 관련 의제의 창출에 가장 강력하고도 중요한 역할을 수행하는 주체다. 정부는 정치공동체의 공적 권력을 대내외적으로 대표하는 기구이기 때문에 다른 어떤 주체보다도 남북한의 제도적 관계에 영향을 미칠 법적 행위 면에서 강력한 영향력을 행사한다. 법적 뒷받침과 예산상의 지원 아래 매우 효과적으로 의제나 담론을 사회적으로 확산하거나 교육할 수 있다는 점에서 다른 어떤 담론주체와도 비교하기 어려운 힘을 지닌다. 해당 정부의 정치이념이 진보적이든 보수적이든, 북한과 통일 문제는 늘 정부의 가장 중요한 정책 가운데 하나이며 대통령선거에서 가장 중시되는 국정철학의 일부다. 또한 정부의 정책담론은 한반도를 둘러싼 국제정치에서 주요하게 다루지 않을 수 없는 쟁점이어서 그 중요성이 한국사회 내에만 한정되지 않는다. 시민사회나 학계의 담론이 제 아무리 강한 힘을 지닌다 해도 대부분의 경우 공적 강제력을 지니기 어렵고 국제사회의 논의 역시 궁극적으로 책임과 권한을 지녔다고 보기 어렵다.

정부정책 담론의 바탕에는 건국 이래 평화통일을 목표로 내건 헌법적 가치가 자리한다. 현행 헌법은 평화통일을 국가의 주요 목표로 설정하기 때문에 정부 차원에서 통일정책을 수립하고 집행하는 것은 일종의 의무에 속한다. 현재 남한의 통일정책은 1989년 '한민족공동체 통일방안'이란 이름으로 제시된 이래 1994년 '한민족공동체

건설을 위한 3단계 통일방안'(약칭 '민족공동체 통일방안')으로 보완된 틀을 기반으로 한다. 그 핵심은 하나의 민족공동체를 건설하는 것을 목표로 점진적·단계적으로 통일을 추구한다는 기조 아래 통일과정을 화해협력 단계, 남북연합 단계, 통일국가 완성 단계로 설정하는 것이다. 이처럼 북한과의 적대적 대립과 군사력 경쟁이 아니라 화해와 협력을 통해 평화와 번영을 추구한다는 구상은 큰 기조로 유지되고 있다. 하지만 각각의 정권이 독자적인 통일담론을 강조했던 탓에 정책이 곧 다른 정권과의 차이를 드러내는 핵심이 되기도 한다. 대표적으로 김대중정부는 햇볕정책(대북화해협력정책)을 주장하고 남북정상회담을 성사했으며 남북관계를 실질적으로 진전하는 데 크게 기여했다. 통일론은 적극 내세우지 않았지만 화해와 교류협력을 위한 다양한 단계적 정책론을 전개했고 6·15공동선언을 통해 북한의 낮은 단계 연방제와 남한의 국가연합 방안의 공통점을 중심으로 통일문제를 풀어갈 것을 천명했다. 노무현정부 역시 '한반도 평화번영 정책'을 강조하면서 이전 정부의 기조를 이어받았지만 북한의 핵실험과 맞물려 상호주의를 좀더 중요시하는 한편 '동북아균형자론'을 통해 한반도 안정과 평화의 중요성을 강조했다. 이에 비해 이명박정부는 '비핵개방 3000'이라는 정책구상을 통해 북한의 비핵화와 책임성을 앞세운 보수적 정책노선을 내세웠다. 2010년 8월 15일에는 이명박 대통령이 평화공동체, 경제공동체 그리고 민족공동체라는 3단계 공동체 통일방안을 내놓았고 통일재원을 마련하는 논의를 추진하기도 했지만 기본적으로는 남북관계의 정상화를 정책의제의 최우선 순위로 두지 않는 입장을 견지한다.

정부 주도의 대북·통일 정책은 체계성과 일관성이 있고 공적 성격이 뚜렷하지만, 동시에 그런 이유로 그 방향과 결과를 놓고 정치적 대립과 비판이 따르게 마련이다. 헌법적 가치와 정치 현실, 즉 통일이라는 당위와 적대적 대치라는 현실 가운데 어느 하나도 무시할 수 없다는 점이 논란과 불확실성을 증폭한다. 게다가 5년마다 실시되는 대통령선거는 대북정책을 정치적 비판 혹은 성과의 과시 대상으로 만들려는 유혹을 부추기기 십상이다. 또한 남북관계의 실질적 진전 과정, 우선순위의 조정 등에서 부처 간 이견과 갈등, 긴장이 생기기도 한다. 때로는 장기적 전망과 단기적 처방 사이에서, 국내적 관점과 국제적 시각 사이에서 견해 차가 크게 부각되기도 한다. 과거 김대중·노무현 정부의 대북화해정책을 두고 무척 다양한 평가와 논란이 진행되는 것 자체가 그러한 현실을 잘 보여준다.

둘째, 우리 사회에서 중요한 담론의 산출자로 언론을 꼽을 수 있다. 언론은 뉴스를 전달하고 사건에 의미를 부여하며 논평이나 편집 기획 등을 통해 사회적 담론을 만들어내는 핵심제도라는 점에서 매우 강력한 대중적 담론의 산출자라 할 수 있다. 남한 언론매체들은 대개 이념적 지향에 따라 그 성격이 다르고 각각 독자적으로 다양한 의제를 개발하고 확산하는 데 주력한다. 이 과정에서 북한문제 및 통일 관련 쟁점은 언론매체들의 진보·보수 성향을 가르는 핵심요소가 되었다.

언론은 사회갈등과 이해관계의 충돌을 조율하는 기능도 맡지만, 이념적 성격이 짙은 사안에서는 스스로 정치적 이해를 반영하는 주체가 되기도 한다. 남한 언론이 독자적으로 정치적 발언권을 갖고자 하는 주제 가운데 북한 및 통일 관련 사안이 중요하게 꼽힐 수 있는 것은 이 쟁점의 민감함과 더불어 이것이 언론의 사회적·정치적 영향력을 좌우하는 중요한 의제이기 때문이다. 『조선일보』와 『한겨레』로 대별되는 보수언론과 진보언론은 각각 북한 및 통일 문제를 바라보는 상이한 틀을 견지하고 그에 근거한 논평과 의제를 사회적으로 확산하는 주요한 역할을 수행한다. 실제로 연구자들도 상이한 언론사의 기사들을 분석함으로써 한국사회 내의 통일과 관련한 이념적 지형을 검토하곤 한다. 일례로 2007년의 한 연구에 따르면 통일담론 면에서 『조선일보』가 가장 보수적이고 『동아일보』, 『중앙일보』 순으로 보수적인 한편, 『한겨레』가 가장 진보적이고 『경향신문』, 『서울신문』이 그 뒤를 잇는다고 한다. 또한 조선·중앙·동아 등 보수적 매체는 서로 이데올로기적 결속도가 높고 약간의 편차는 있지만 그 논조를 일관되게 유지한 데 비해, 한겨레·경향·서울은 이데올로기적 친밀도가 느슨하며 평소 비슷한 목소리를 내다가도 정치적·안보적으로 민감한 사안에 대해서는 단일한 논조를 보이지 않은 것으로 분석됐다(이원섭 2007). 각 신문사는 자사의 의제설정과 관련해 독자적으로 부설연구소나 관련기구를 세웠는데 조선일보사에는 통한문제연구소, 중앙일보사에는 통일문화연구소, 동아일보사에는 21세기평화재단, 한겨레신문사에는 한겨레통일문화재단이 있다.

셋째, 시민사회 내부에서 이루어지는 논의의 파장도 매우 강하다. 시민사회단체는 민간인들의 자율적 결합에 바탕을 두면서 비영리적 활동을 수행하기 때문에 어느정도 전문성과 공정성을 인정받는다. 특히 한국사회의 경우 시민단체들이 때로는 제도정치권보다 더 높은 사회적 신뢰를 받는 경우도 있는데, 이 경우에 이들 단체의 담론창출기능은 상당히 뛰어나다. 시민단체는 특정 사안에 대한 찬반의사 표시나 전문가 의견을 지지하는 형태로 사회적 영향력을 행사한다. 또한 그 형태나 목표가 매우 다양하지만 대체로 민주화와 함께 북한문제를 해결해야 한다는 시각을 공유한다. 대부분의 시민운동단체가 자신의 고유한 활동과 함께 북한문제를 다루는 기구를 별도로 두며 일부 단체는 아예 통일운동을 핵심과제로 표방해 조직을 재편하는 경우도 있다. '참여연대 평화군축센터'가 전자의 대표적 예라면, 민간통일운동의 주도세력을 자임하는 '통일연대(6·15공동선언 실현과 한반도평화를 위한 통일연대)'의 출현은 후자의 사례로 볼 만하다. 이처럼 대북지원단체나 인권단체, 또는 통일운동을 표방하는 단체들은 다양한 방법으로 담론의 창출과 확산에 기여하고 있다.

특히 시민사회 가운데 종교단체의 역할도 무시할 수 없다. 남한은 전인구의 절반 이상이 종교를 가진 사회로 종교지도자들의 공적 발언이 큰 영향력을 행사한다. 특히 주기적으로 많은 신자들을 대상으로 공공의 메시지를 전하는 종교활동의 특성상 북한 및 통일에 관한 사회의식과 담론 형성에 적지 않은 영향을 미친다. 북한문제에 관한 종교단체협의체로는 한국종교인평화회의가 있고 그밖에도 개별 종교 및 교파 단위의 활동이 매우 다양하다. 불교계에는 좋은벗들, 평화재단 등이 북한 지역 내 사찰 복원에 참여하고 남북 불교의 교류를 논의하는 등 중요한 역할을 수행한다. 개신교계는 일찍이 기독교교회협의회를 중심으로 민주화운동에 동참하며 한반도 통일평화 담론을 확산하는 데 기여했고 기존의 보수적이었던 한국기독교총연합회도 최근 들어서는 관련 문제에 적극적인 관심을 보이고 있다. 故 김수환 추기경의 발언으로 상징되던 천주교계 역시 주교회, 정의구현사제단, 종단협의회 등을 통해 평화담론을 꾸준히 내놓고 있다.

이들의 활동은 시민사회의 특징이라 할 다양성과 이질성, 자발성에 기초한 것이어서 정부에 비해 영향력이 크다고 할 수는 없지만 북한 및 통일에 대한 총체적 여론의 형성에는 꽤 많이 기여한다.[59] 실제

59 최근에는 탈북이주민들도 북한 및 통일 관련 발언주체로 점차 부상하고 있다. 2012년 1월 현재 이미 2만 3000여명을 넘어선 이들은 지금까지는 정착을 가장 중요시하는

로 북한이나 통일에 대한 여론은 정부의 정책에 의해서도 영향을 크게 받지만 시민사회의 활동이 더욱 중요하게 작용하는 경우도 적지 않다. 특히 민주적 선출과정을 통해 정권이 정기적으로 교체되는 사회에서 대중의 정치적 의식, 여론의 정치적 영향력은 매우 실질적인데, 여기에는 시민사회단체를 비롯한 민간 영역의 논의가 적지 않은 비중을 점할 수 있다. 뿐만 아니라 일상생활의 장, 일상의 만남과 비공식적 대화에서 자유롭게 형성되고 유통되는 상호소통적 지식이기 때문에 개개인의 의식과 태도를 형성하고 강화하는 데 매우 강한 힘을 행사한다.

넷째, 또다른 담론산출의 주체로는 대학과 연구소를 비롯한 학계를 들 수 있다. 대학이나 연구소는 정부기구가 아니라는 점에서 광범위한 의미에서는 민간 영역, 시민사회에 속한다고 볼 수 있지만 전문연구자들이 엄격한 방법론과 비판적 논증, 학계 내부의 평가 등을 통해 고급한 '지식'의 형태로 논의를 제공한다는 점에서 상대적으로 독립적이면서 권위를 지닌다. 학계는 즉각적 실천을 목표로 하지 않는다는 점에서 정부가 주도하는 정책적 논의와는 다르며 학문공동체 내부의 논리와 검증에 의해 규율된다는 점에서 일반 담론들과도 구별된다. 물론 분과학문 영역에 따라 정치·경제·안보·사회문화 분야별로 다양한 연구자들이 있을 수 있고 연구자의 정치적 성향과 분석방식도 제각각일 수 있으므로 학계라고 해서 일관된 원칙이나 틀이 작동하는 것은 아니다. 다만 어느 분야를 막론하고 학술적 논의에

초기단계에 머물러 있지만 일부는 사회적·정치적 활동에 적극적으로 나선다. 탈북자들로 구성된 몇몇 단체는 지난 몇년간 북한인권문제를 제기하고 북한민주화를 표방하는 활동의 최전선에 있었는데 이들 단체는 점차 그 활동의 폭을 언론·사회·정치 면으로까지 넓히고 있다. 데일리NK, 북한민주화운동연합, NK지식인연대 등은 탈북이주민이 새로운 담론생산자로서 활동하는 사례들이다.

필수적으로 요청되는 객관성과 비판적 정신, 열린 소통문화 등은 학계가 보여줄 수 있는 가장 중요한 특징이다.

지난 10여년간 북한 및 통일과 관련한 연구와 교육을 담당한 대학 학과나 전문 연구소가 꽤 늘었다. 2012년 1월 현재 동국대학교 고려대학교 학부에 북한학과가 설립되어 있고 연세대학교, 이화여자대학교 등에는 대학원과정이 개설되어 있다. 2005년에는 북한대학원대학교가 관련 연구와 교육을 전담하는 전문대학원으로 출범했다. 1991년 정부 출연 연구소로 출범한 통일연구원(설립 당시 민족통일연구원)은 설립 후 지금까지 가장 활발하게 북한문제 및 통일 관련 정책연구를 수행하는 정책연구기관이다. 그밖에도 KDI(한국개발연구원), KIEP(대외경제정책연구원), KIDA(한국국방연구원), KREI(한국농촌경제연구원) 등에서 통일 및 북한 관련 연구가 부분적으로 이루어지고 있다.[60] 민간연구소로는 세종연구소 등이 북한 및 통일 관련 연구를 담당하며, 경남대학교 극동문제연구소도 전문성을 바탕으로 관련 연구의 중추역할을 수행해왔다. 또한 서울대학교가 통일평화연구원(설립 당시 통일연구소)을 설립하고 대학 내에 '통일학 연구지원사업'을 제도화함으로써 관련 연구를 추진하고 있다. 이화여자대학교 통일학연구원, 연세대학교 통일연구원, 고려대학교 아세아문제연구소, 한양대학교 통일정책연구소 등이 설립되어 있고 이외에도 여러 대학에 '통

60 통일연구원은 북한 및 통일관련 연구기관의 명실상부한 중추라 할 수 있다. 다만 정부정책으로부터 얼마나 독립적으로 연구의 전문성을 확보하는가는 항상 제기되는 과제다. 연구 과제와 방향이 정부의 정책방향과 연동하는 것은 불가피하겠지만 연구와 정책 간의 거리를 적절히 유지하는 것은 매우 중요하다.
그밖에 KDI 재정사회개발연구부 내 북한경제연구팀, KIEP 동북아경제협력센터 내 통일국제협력팀, KIDA 군사기획연구센터, KREI 국제농업연구센터 내 관련팀 등이 조직·구성되어 북한 관련 연구가 진행중이다. KDI는 『KDI 북한경제리뷰』를, KREI는 『KREI 북한농업동향』을 정기적으로 간행해 북한 관련 자료를 일반인에게 공개한다.

일연구소' 또는 '북한연구소' 등이 설립되어 있다.

개별 연구자의 수도 점점 늘어나는 추세다. 현재 북한 및 통일 관련 연구를 수행하는 전문연구자의 수를 정확히 추산하기는 어렵지만 가장 큰 학회라 할 수 있는 북한연구학회에 소속된 연구자만 해도 400여명에 이른다. 여기에 속해 있지 않더라도 국제정치학이나 정치학, 군사학 등의 영역에서 이 분야에 관심을 지닌 학자들이 적지 않다. 1990년대 후반 북한과 남북관계에 대한 관심이 늘면서 굳이 북한이나 통일을 전공하지 않는 다양한 분야의 연구자들이 관련 연구를 수행하는 경우도 늘어나고 있다. 남북관계가 유동적일수록 전문가의 필요성은 더 커질 것이고 효과적인 정책을 수립하기 위한 지적 수요도 커질 것이 분명하다. 다만 북한에 관한 신뢰할 만한 통계가 부족하고 자료수집이 어려우며 북한의 학자들과 의미있는 지적 소통 또한 쉽지 않다는 제약조건이 있다. 북한은 그 어느 사회보다도 접근이 어렵고 관련 통계치 공개가 부실한 사회이며 공식적으로 제공되는 자료 역시 이데올로기적으로 구성되어 있다. 이런 점에서 학계 전체가 이를 본격적으로 다루지 못한다는 제약요인이 단기간에 해소되기를 기대하기는 쉽지 않다.

2. 담론 간 상호관계

정부, 언론, 사회단체 및 학계는 각기 나름의 담론을 산출하고 유포함으로써 독특한 사회적 영향력을 행사한다. 정부는 정책의 형태로, 시민사회는 다수대중의 상식적 여론으로, 학계는 분석적 지식의 구성으로 담론의 힘을 행사하고자 한다. 이 세 담론은 서로 영향을 미치는데 그 관계가 공식적이고 제도화되어 있는 경우도 있지만 비공식적이고 일시적인 경우가 더 많다. 상호협조적인 경우도 있고 긴장과 갈등을 보이는 경우도 있으나 기본적으로 세 영역은 밀접하고 다면적으로 영향을 주고받는다. 민주주의사회에서 정책은 시민사회의 의견이나 지향으로부터 자유로울 수 없으며 관련 연구 역시 이러한 현실을 탐구의 대상으로 삼는다. 또한 북한 관련 정보나 논의가 아무에게나 주어지는 것이 아닌 만큼 연구조직이나 학계의 논의가 국내의 다양한 담론과 실천에 영향을 미치게 된다. 각각의 영역이 그 내용과 실천적 함의에서 어느 정도 상호독립성을 지니는지, 그 관계의 특징과 상호작용의 정도가 어떠한지는 구체적으로 분석이 필요하다.

김대중·노무현 정부에서 비교적 일관된 정책이 추진되면서 이 세 영역 간에는 상호관계의 틀이 어느정도 형성되었다. 물론 그 관계가 명시적으로 제도화되지는 않았지만 몇가지 특징을 지적해보면, 우선 정부가 이를 강력히 주도하는 모습이 눈에 띤다. 이 시기에 정부는 명실공히 북한 관련 담론이나 정책의 구상, 추진 면에서 가장 뚜렷한 주도자로 등장했다. 햇볕정책이라는 담론과 정책, 그리고 2000년 남북정상회담의 산물인 6·15공동선언이 모두 정부의 강력한 제도적 뒷받침으로 추진되었다. 또한 바로 그런 이유로 정부정책이 구체적이고 실질적인 내용을 지닐 수 있었다. 예컨대 '남북관계발전법' '남북교류협력법' '개성공업지구 지원에 관한 법률' '남북협력기금법' '탈북이주민 보호 및 정착지원에 관한 법률' 등의 법적 조치, 추진기구의 설립, 재정지원 등은 모두 정부의 주도적 역할 없이는 불가능한 일이었다. 이를 바탕으로 교류, 투자, 이동이 급증했고 북한 당국자와 제도적으로 얽히는 차원의 일들도 늘었다. 많은 사람들이 북한을 방문하고 남북한의 사회문화적 교류가 다양해진 것 역시 정책의 실질화로 이해할 수 있다. 개성공단이나 금강산관광 같은 정책들은 그 대표적 결과인 셈이다.

정부의 통일 관련 정책의 담당주체는 통일부이지만 기본적으로는 대통령을 중심으로 하는 청와대가 그 핵심이다. 대북정책과 통일문제야말로 대통령의 핵심의제여서 정권의 성향과 정책 우선순위가 가장 분명하게 드러나는 영역이다. 통일문제 관련 부처 가운데 국방부, 외교통상부, 통일부는 제각각 강조하는 부분이 다른데 어떤 측면을 최우선으로 강조하는가는 결국 정권의 지향에 의해 정해진다. 일례로 김대중정부하에서 통일부는 남북관계에서는 물론이고 북한문제와 연관된 국제정치에까지 영향력을 행사할 정도로 조직이나 기능, 권한 면에서 큰 역할을 했지만 이명박정부하에서는 그 역할이 상대적으로 축소되었다. 안보를 최우선으로 중시하는 국방부의 관심과 남북협력과 통일전망을 강조하는 통일부의 지향을 어떻게 조율할 것인가는 매우 고도의 정치행위일 수밖에 없다. 뿐만 아니라 이는 여러 국가와 다자적으로 풀어야 할 문제이기도 하니 외교통상부의 외교역량이 감당해야 할 몫 또한 작지 않다.[61] 결국 정부가 대북 관련 담론의 창출과 정책적 실천을 담당하는 여러 부처를 조율하는 문제가 매우 중요하며 정부정책을 민간 부문에 확산하고 시민의 동의를 구하는 일도 대단히 중요하다.

통일담론 소통구조에서 보이는 두번째 특징은 시민운동진영의 담

61 이명박정부의 출범과 함께 통일부 폐지론이 대두한 배경에는 통일부의 정책을 대북화해협력정책과 동일시하는 관점이 자리한다. 통일부를 특정 시기의 대북정책 집행기구와 동일시해 이를 폐지하겠다는 발상은 동의하기 어렵지만, 이런 식의 평가가 가능할 만큼 양자의 연관성이 큰 것은 사실이다.

론산출 및 실천 역량이 상당부분 정부의 지원 및 협조에 의존한다는 점이다. 과거 정부가 통일논의를 독점하면서 민간 통일운동 논의를 규제했던 시기에는 민간 부문이 정부의 활동과 단절되어 있었다. 하지만 민주화 이후 특히 남북 간의 화해협력이라는 정책기조가 강화된 이후에는 민간 부문의 다양한 대북실천이 정부와 밀접한 협력구도 속에서 추진되었다. 실제로 대북지원사업을 중심으로 하는 민간 부문의 실천과 담론은 정부와 대립적이기보다는 상보적이었다. 2005년 상황을 보면 통일부에 속해 있는 민간 비영리법인은 총 163개로 통일정책, 연구조사, 새터민(탈북이주민) 지원, 대북교류협력사업 추진, 통일교육 등 다양한 활동을 전개했다. 일부 민간단체가 주도하는 관련 행사들이 정부의 후원으로 이루어진 것도 이런 상보성을 잘 보여준다.[62] 이러한 연계 덕분에 정책의 정당성이 확보되고 사회적 수행효과가 증대되었다고 볼 수 있겠지만, 정부로부터의 독립성과 자율성을 생명으로 하는 시민단체의 사회적 위상에는 부정적인 영향도 미쳤다. 정부정책에 호응하는 시민단체와 특정한 관점의 사업만을 선택적으로 지원한다는 비난이 제기되기도 했는데 그 논란은 정부의 특정한 정책방향에 동의하는가를 둘러싸고 시민사회 내부의 정치적 갈등이 증폭되는 것으로 나타났다.

세번째 특징은 전문가나 학술적 담론의 힘이 여전히 부분적이고 보조적인 상태에 머물러 있다는 점이다. 겉보기에는 적지 않은 연구자와 연구기관이 정책을 구상하거나 현실을 해석하기 위한 지적 작

62 6·15통일대축전이나 8·15민족대축전 등이 그러하고 통일 관련 각종 대중행사와 통일교육의 정부지원이 그런 예다. 민족화해협력범국민협의회(민화협)이나 1천만이산가족재회추진위원회, 6·15공동선언실천 남측위원회 등의 조직은 광범위한 민간 부문 조직을 아우르면서 정부와 협의해 활동해왔다. 정부 관계자와 시민사회의 전문가가 함께 참여하는 다양한 형태의 포럼도 이런 흐름의 일환이라 할 수 있다.

업을 수행해왔다. 하지만 속내를 들여다보면 이러한 학술연구가 학계 내부의 주도적인 연구주제로 부각되고 확산되기보다는 정부나 시민사회가 추동하면서 진행된 경우가 적지 않았다. 결국 학술연구가 정치적·사회적 상황에 영향을 받는 정도가 심할 수밖에 없다.

관련 주제가 제도학문의 중심의제로서가 아니라 소수 '북한학 연구자' 내지 '통일 관련 전문가'만 관심을 지니는 소규모 영역으로 간주되는 경향도 없지 않다. 무엇보다 관련 연구에 대한 학계 나름의 준거와 원칙에 따른 체계적 검증과 논쟁이 제대로 이루어지지 못함으로써 정치적 논란이나 시민사회의 다양한 의견에서 자유로운 독자적 지식 산출이 충분히 이루어졌다고 보기 어렵다. 심지어 통일연구가 외양상 학문적 틀을 지니면서도 실제로는 시민사회 담론과 정부정책을 홍보하거나 뒷받침하는 현상이 나타났고 이것은 다시 시민사회의 바람직한 소통과 정책의 효과적 수립에도 기대만큼의 영향을 미치지 못하는 결과로 이어졌다.

학계 자체의 힘이 약한 탓에 드러난 또다른 특징이 있다. 통일 관련 논의가 정치적 이념의 스펙트럼에 따라 진보와 보수 진영으로 크게 양분·분절되는 상황이 구조화되었다는 점이다. 학계 고유의 지적 권위, 담론의 통합성 등은 정치권이나 시민사회 내부에서 나타나는 이념논쟁이나 정치적 평가와 질적으로 차별되지 못하고, 그로 인해 이념적 갈등을 넘어설 수 있을 만한 힘을 기르지 못했다. 그 결과 시민사회의 논쟁이 학계 내부에도 고스란히 반영되어 정책에 대한 찬반의 대립에 직접 영향을 받고 그로 인해 각 주체별 담론의 차별적 의미가 충분히 구축되기 어려웠다. 지금도 학계에서는 햇볕정책 기조를 찬성하는 정부(전 정부 인사)-시민사회-지식인의 결합과 이에 비판적인 정치세력-시민단체-지식인이 둘로 나뉘어 논란을 벌이는 상황이 종종 생기곤 한다. 초기에는 이런 대립을 통일지향적·화해협력 지향적 노선과 그렇지 않은 냉전적·반북적 노선의 대립으로 간주할 수 있었고 그런 판단을 바탕으로 전자의 노선이 사회적으로 지지를 받았다. 하지만 10년에 걸친 화해협력정책의 추진과 함께 이런 분절이 확대되면서 통일 관련 논의가 사회 전체의 이념적·정치적 견해를 아우르고 종합하는 틀을 발전시키지 못하는 결과가 초래되었다.

물론 이런 분절이 심화된 데에는 남북관계의 진전을 못마땅하게 여기는 주체들이 정치적 의도를 지니고 매우 집요하고도 적극적으로 담론에 균열을 내고, 저항의 프레임을 구축하려 했던 점도 적지 않게 작용했다. 특히 보수세력들이 시민사회 내에 다양한 조직적 기반을 갖추게 되면서 교류협력 중심의 담론을 '좌파'의 정치 프로그램으로 낙인찍거나 거부감을 드러내는 모습에서 그런 측면을 확인할 수 있다. 소위 '퍼주기' 논란에서 전형적으로 드러나듯, 대북화해정책에 대한 비판은 실제 대북지원액수의 많고 적음이나 그 결과를 둘러싼 냉정한 평가를 요구하는 합리적 비판도 있지만 그에 못지않게 대북화해협력정책 기조 자체에 대한 정서적·정책적 거부감의 표출에 불과한 경우도 있다. 그리하여 이러한 비판들을 총체적으로 검토하면서 정치세력 간 논란과 실제 북한 관련 담론형성의 내부모순에서 야기된 문제를 구분하는 일이 절실해 보인다. 이 일은 또한 북한과 통일을 바라보는 상이한 시각, 이질적 주체를 사회 전체가 통합적으로 수용하면서 민주적 합의를 이끌어가야 할 과제와도 직결된다.[63]

63 한 사회학자는 지난 김대중·노무현 정부의 햇볕정책이 냉전체제의 편향적 시각을 수정하고 총체적 시각을 갖추게 한 공이 있다고 평가하면서도 장차 "민족모순에 내재된 다층적 함의를 풀어내려면 국제관계적 역학을 포함해 민족정서와 이념의 역사적 분화 및 차별성에 대한 포괄적 이해가 동시에 요구된다"고 지적했다. 송호근 「해체된 햇볕정책」, 『중앙일보』 2008.1.21.

3. 미래전망과 학계의 역할

10여년에 걸친 대북포용정책의 추진과 이와 구별되는 대북정책에 골몰한 이명박정부 4년을 지나면서 우리 사회의 북한·통일 담론의 생산과 유통, 소비와 평가에 대한 전면적 성찰이 절실함을 느끼는 사람이 한둘이 아닐 터이다. 2007년 대선에서 북한 및 통일 의제가 과거와는 달리 진보적·미래지향적 담론으로 인식되지 못했던 것은 선거를 앞둔 일부의 정략적 담론화 탓도 없지 않지만 그동안 변화한 사회의 한 모습을 어느정도 반영한다. 어쨌든 보수정권 4년의 경험을 통해 대북포용정책의 폐기와 대북압박정책으로의 선회가 적절한 대안이 아니라는 사실이 분명해졌다. 앞으로의 과제는 정권의 진보성과 보수성이 미치는 영향과 남북관계의 실질적 속성, 그리고 국제적 환경변수를 종합적으로 고려하는 가운데 '전략적 사고'를 어떤 방식으로 정교하게 만들어낼 것인가 하는 점이다. 또한 이를 위해 내부의 다양한 담론생산자의 활동과 주장을 어떻게 연결하고 상호 소통케 함으로써 유의미한 공공의 지식으로 만들어낼 것인가가 큰 숙제다.

전망을 구축할 때엔 지난 시기 진행된 세가지 변화를 고려해야 한다. 그중 하나는 사회 내부의 현실주의 사고의 확산 경향이다. 남북관계의 진전과 10여년 교류협력의 결과 가운데 하나는 북한사회에 대한 인식과 태도에서 당위론적·낭만적 관점이 약화되고 냉정하고 정책적인 시각이 커졌다는 사실이다. 많은 사람들이 북한지역을 여행하며 일부는 북한 당국자들과 공동의 일을 추진할 수 있게 되었다. 그 과정에서 '현실의 북한'을 체득하는 경험이 축적되기에 이르렀다. 정부정책의 집행을 의식한 당국자보다 오히려 시민사회의 다양하고도 자발적인 접촉에서 더욱 생생한 현실성이 획득되었다고 볼 수 있다. 대체로 현실주의 사고는 서로의 신뢰를 전제하며 상대방과의 관계에서 좀더 합리적이고 계산적일 것을 요구하는 경향이 있다. 지난 시기 동안 북한이 적지 않게 변했지만 남한사회에서는 우리가 기대한 수준에 미치지 못했다는 평가, 북한체제의 경직성이 생각보다 심각한 장애일 수 있으리라는 판단, 여기에 북한의 핵실험이 야기하는 군사적 위험성에 대한 자각 등이 퍼져 있기도 하다. 이는 모두 현실주의 사고의 내용이면서 동시에 우리 사회에 전반적 사고 전환을 추동하고 '햇볕을 쪼이면 북한이 변화될 것'이라는 사고 자체의 불확실성을 고려하게끔 한다.

현실주의 사고의 확산은 '대한민국' 정체성의 강화와도 밀접히 연관을 맺는다. 한국사회에서는 오랫동안 한반도 현실을 분단상황으로 이해하는 경향이 강했고 독재권력에 대한 거부감이 덧입혀져 정부의 정당성을 제대로 승인하지 않으려는 경향이 있었다. 통일지향적 지식인과 단체가 분단국가의 국가성보다는 남북을 아우르는 민족 범주를 더 중시하는 모습은 종종 발견된다. 그러나 현실주의 관점이 좀더 힘을 얻게 되면서부터 올림픽이나 국제기구 등의 활동에서 시민들이 자신을 대한민국과 동일시하는 정도가 강해졌다. 그와 함께 막연한 '민족' 개념보다도 대한민국의 '국민' 의식이 강화되는 경향이 나타난다. 현존하는 체제에 대한 전면적 부정과 단순한 비판은 바람직한 상황을 가져오기보다 사회 전반의 퇴조와 갈등을 초래할 수 있다는 점을 고려해, 대한민국을 자신의 생활공동체로 간주해온 그간의 생활세계의 감각과 제도를 인정하려는 시각이 확대되는 추세다. 동시에 민족정체성보다는 다원주의적이고 세계적 보편성을 지닌 가치를 수용하는 방식으로 남북관계의 창조적 미래를 구상하려

는 시각들이 점차 힘을 얻고 있다.[64]

둘째, 기능주의적 사고와 점진론에 내재한 가치 및 정책의 우선순위의 불명확성에 대한 냉정한 성찰이 필요하다. 햇볕정책과 뒤이은 화해번영정책은 기본적으로 점진론적·기능론적 사고에 기초한다. 다시 말해 통일은 미래 목표로 두고, 정책의 초점은 현 상황의 화해와 협력에 맞춘다는 것이다. 실제로 해결이 어려운 정치적·군사적 쟁점보다 손쉬운 비정치적 쟁점, 특히 경제나 사회문화 영역을 중심으로 교류와 화해를 강화하는 것을 중시했다. 또한 정경분리원칙을 준용해 정치적 위험을 불러오지 않는 범위 내에서 다양한 접촉과 교류를 강화하려 했다. 이런 입장은 모두, 상대적으로 쉬운 영역에서의 교류협력 증진이 궁극적으로 어려운 문제의 해결을 가져오리라는 기능주의적 전망을 전제한 것이다. 하지만 여러 형태의 교류·접촉을 거치면서 정책의 우선순위와 상호관계, 추진속도, 비공식성과 공식성 등을 구체적으로 어떻게 조율하고 배치할 것인가라는 문제는 또 다른 정책적 대응논리와 구상을 필요로 한다는 점이 드러났다. 기능론적 사고는 그 구체적인 과정에 대한 정확한 로드맵과 중간단계별 평가보다는 최종적으로 실현될 결과에 대한 기대를 강조하는 경향

64 통일운동 내의 대표적 지식인 중 한명인 백낙청은 "종족적 민족주의"를 경계하며 '우리 민족끼리'라는 자주적 자세와 '세계와 함께' 나누는 가치들을 지혜롭게 결합한 통일운동의 전개가 필요하다고 제안했다. 백낙청 「한반도의 시민참여형 통일과 전지구적 한민족 네트워크」, 『역사비평』 2006년 겨울호.
뉴라이트의 대표 주자인 신지호(申志鎬) 역시 우리 사회의 혈통적·자민족중심적 민족주의 지배 담론을 비판하며 다문화주의와 다민족국가를 수용하는 "애국적 세계주의"가 기존의 통일담론을 대체해야 한다고 주장했다. 한편 필자 역시 통일을 반대하지 않으면서도 대한민국과의 동일시와 북한체제에 대한 비판 모두에 자유롭고자 하는 세대의 감각에 주목할 필요를 언급한 바 있다. 졸고 「21세기 한반도와 평화민족주의」, 『다시 대한민국을 묻는다』, 한울 2007.

이 있고 결과적으로 그 와중에 '보이지 않는 손'을 기대하는 측면이 없지 않았다.

동시에 이명박정부가 내세운 '비핵화우선론'이 실질적으로 남북관계 개선에 아무런 도움이 되지 않았던 점에도 주목해야 한다. 접점을 찾기 어려운 사안, 북한이 극구 거부하는 목표를 앞세운 당위적 정책이 결과적으로는 실현 불가능한 일방적 주장으로 전락할 수 있음을 비싼 댓가를 치르고 경험한 셈이다. 장기적 목표와 가치의 우선순위를 고수하면서 동시에 남북한이 현실적 접점을 찾고 서로의 필요에 기반한 합의를 실천해가는 과정이 얼마나 소중한지를 함께 인식할 필요가 있다. 사회·경제 분야의 변화가 정치·군사 분야의 전환으로 이행되는 데에는 어떤 조건이 필요한지, 남북관계 진전이 국제협력 상황과 어떻게 연계될 수 있을 것인지 등은 그에 걸맞은 준비와 전략이 요청되는 부분이다. 또한 기대치를 담보할 효율적 수단에 대한 고려, 예기치 못한 결과와 갈등이 나타났을 때의 대응전략에 대한 모색도 함께 요구된다.

셋째, 한국사회가 매우 급속하게 다원화하고 세계화한다는 점에 주목해야 한다. 한국사회는 인구구성이나 가치관, 생활양식 등에서 세계적으로도 변화의 속도가 빠르다. 다원화와 세계화가 미치는 효과는 여러가지인데 특히 통일담론에 관해 살펴보면 북한 및 통일 문제를 상대화하는 결과를 가져온다. 다시 말해 남북분단은 다른 형태의 여러 대립, 예컨대 계급적 대립, 성차별, 지역갈등이나 종교간 대립 등 다양한 문제군의 하나로 간주되는 경향이 커질 수 있다. 생태환경론자는 통일보다 환경보존을 더욱 중시하며[65] 페미니스트는 통

65 환경운동연합은 출범 당시(1993년) 강령에 "민족통일 실현"이라는 문구를 넣었다. 하지만 2007년 2월, 14년만에 강령을 바꾸면서 이 문구를 빼버리고 대신 "풀뿌리 시

일론을 가부장적인 혐의가 있는 것으로 평가하기도 한다. 통일과 평화의 가치가 충돌을 일으킬 수도 있음을 강조하는 입장에서는 통일보다 오히려 평화에 주목할 것을 강조하기도 한다.

다원화는 통일 쟁점의 탈민족화를 가져오고 있고 이 추세는 계속될 것으로 전망된다. 오랫동안 남북관계는 민족 내부관계이며 통일은 곧 민족문제라는 생각이 공유되어왔다. 실제로 통일운동을 표방하는 단체들은 더욱 뚜렷하게 민족주의적 가치의 선험적 우월성을 강조해왔다. 정책 분야에서도 민족공동체 통일방안이라는 이름이나 '우리 민족끼리'라는 슬로건에서 엿보이듯 남북문제를 민족 내부문제로 사고하려는 경향이 존재해왔다. 심지어 남북관계는 민족공조를, 국제관계는 국제협조를 뜻한다는 이분법에 근거해 양자의 대립을 부각하려는 경우조차 종종 나타난다. 하지만 이런 유형의 사고는 앞으로 상당부분 달라질 것으로 보인다. 남북문제가 민족만의 문제로 한정될 수 없는 현실이 앞으로 계속될 뿐 아니라 민족적 가치 자체를 상대화하려는 경향도 점점 더 힘을 얻을 것이기 때문이다.[66] 근래의 통일의식조사에서 통일이 자신의 미래에 어떤 도움을 줄 것이라고 생각하느냐는 질문에 오히려 부정적 영향이 있으리라고 대답한 응답자가 더 많았던 결과도 이런 다원화 내지 상대화의 한 모습이

민운동"을 명시했다. 민족문학작가회의 역시 논란 끝에 '민족' 대신 '한국'이란 단어를 사용하기로 했다. 이런 사례는 지난 50년 동안 지상명령처럼 지배해왔던 통일담론을 시민사회의 다원주의적 경향이 밀어내는 모습을 단적으로 보여준다.

66 통일운동 내에서 민족공조를 강조하는 경향에 비판하면서 '탈민족주의'를 내세우는 현상은 보수와 진보 양측에서 동일하게 나타난다. 김영호 「통일지상주의적 역사인식 비판」, 『시대정신』 2006년 재창간호. 최장집 「해방 60년에 대한 하나의 해석: 민주주의자의 퍼스펙티브에서」, 참여사회연구소 주최 〈해방 60주년 기념 심포지엄〉 2005.10.21. 홍석률 「민족주의 논쟁과 세계체제, 한반도 분단문제에 대한 대응」, 『역사비평』 2007년 가을호. 김기봉 「민족주의 없는 국민을 형성해야」, 〈레디앙〉 2007.7.24.

라 할 수 있다.[67] 젊은 세대들이 보여주는 북한에 대한 비판적 의식과 통일논의에 대한 상대적 무관심은 이러한 다원화를 반영한다. 또한 통일국가의 지향이 비한국계 이주민들을 통합하는 과제와는 어떻게 결합되어야 하는지, 생태적 관심과 평화주의적 시각이 북한문제를 바라보는 시각에 어떤 영향을 미칠지도 앞으로의 큰 과제다.

이런 점을 고려할 때 학계의 역할과 학문적 담론의 중요성은 앞으로 정말 크다. 북한·통일 문제는 수학문제에 대한 정답 같은 단일한 대응방안이 존재하기 어렵고 정책의 우선순위나 추구하는 가치의 성격을 둘러싸고 정치적·이념적 대립이 불가피하게 나타나는 주제다. 하지만 바로 그 때문에라도 냉정한 분석과 지적 토론에 바탕을 둔 지식의 창출이 매우 절실하다. 20세기 초 베버(M. Weber)는 정치와 학문이 가치 영역에서 환원 불가능한 독자영역에 속한다고 보았고 가치판단성과 가치중립성을 각각의 핵심윤리로 강조했다. 그럼에도 불구하고 그는 정치의 현실이나 정책의 수립에 가치중립적 '학문'의 역할이 매우 크다는 사실을 강조했다. 그는 정치와 학문이 각각의 독특한 윤리와 내용을 유지하는 것이 서로에게 도움을 주며, 독자성이 없이 양자가 헝클어지는 것을 가장 피해야 할 것으로 보았다. 베버의 입장은 북한 및 통일 관련 연구에도 적지 않은 시사점을 제공한다. 즉 시민사회의 담론이나 정부정책의 영향으로부터 어느정도 독립되어 있으면서 학계의 내부 규율에 조응하는 지적 담론들이 더욱 많아져야 하고 그 담론의 역할도 더욱 커져야 한다. 북한 및 통일

67 서울대학교 통일평화연구원이 2010년 전국의 일반 국민을 대상으로 실시한 통일의식조사에서는 전체 응답자 1200명 중에서 82.5퍼센트가 남북한 통일에 한반도 주변국의 협조가 필요하다고 응답해 통일이 '우리 민족끼리', 즉 민족공조만으로는 부족하다는 현실인식을 드러냈다. 박명규 외 「2010 통일의식조사」, 서울대학교 통일평화연구원 2010.

관련 연구가 특성상 실천적 함의를 강하게 지닐 수 있지만, 다른 한편 학문적 윤리성과 방법론적 엄밀성을 기본으로 하는 학계가 담당할 역할은 매우 중요하기 때문이다.

굳이 베버의 논리를 빌리지 않더라도 북한 및 통일 관련 쟁점에서 학계가 어떤 방식으로 독립적 자료와 방법론에 기초한 권위있는 담론을 산출해낼 것인가는 중요한 과제다. 무엇보다도 학계는 다른 곳에서 수행하기 어려운 장기적이고 기초적인 관심들에 좀더 집중해야 한다. 기초적 자료와 비교론적 연구가 미약한 상태에서 정책연구는 늘 불완전하게 마련이다. 특히 북한처럼 자료의 접근이 어렵고 자료 자체가 정치적으로 왜곡되기 쉬운 연구 영역일수록 학계가 신뢰할 만한 자료와 근거들을 정리하고 체계화해야 한다. 관련 연구자 및 연구기관은 신뢰할 만한 자료의 수집과 정리, 가능한 영역에서라도 시간적 추이를 보여줄 수 있는 패널데이터의 구축, 다양한 자료를 활용한 2차적 자료 구성, 여러 현상을 설명할 수 있는 지표의 생산, 관련 이론의 쟁점과 비교 가능한 사례에 대한 세밀한 검토, 논리적 시뮬레이션에 기초한 결과의 예측, 과거 정책에 대한 세밀한 분석과 평가 등에 좀더 노력해야 한다. 이런 기초연구가 발전할 때 통일 관련 연구의 수준도 높아지고 우리 사회의 통일담론이나 정책의 효율성도 함께 나아질 것이다.

학계의 연구는 또한 소수의 관련 전문가들의 내부논의나 특정한 분과학의 관심에 한정되기보다 좀더 다분과적이고 통합적인 연구로 확대되는 것이 필요하다. 남북관계 진전과 그것이 미치는 다양한 효과는 더이상 한두개의 분과학문이 감당할 수 없을 정도로 복합적이고 다면적이기 때문에 분과학문 간에 관심을 더욱 넓혀야 한다. 실제로 남북관계가 변화하면 정치적·경제적 차원은 물론이고 사회문화적 제도와 가치의 영역을 포괄하는 집합적 삶 전반에 융합과 재구성의 효과가 뒤따를 것이기 때문에 일종의 종합학문적 성격을 지닐 수밖에 없다. 뿐만 아니라 기후, 자연조건, 생태 같은 자연과학 영역과도 연계해 기존의 분과학 체계의 벽을 넘어설 수 있는 융복합적 지식을 구성해야 한다. 탈북이주민의 심리적 문제, 역사해석, 과학기술, 군사 및 보건의료, 식품영양과 미학, 아동의 영양결핍, 정체성의 위기와 구성 등은 언뜻 매우 동떨어진 분야 같지만 어떤 점에서는 함께 문제를 공유하고 대응하려는 노력이 필요한 의제들이다. 나아가 이 연구는 한반도에 한정되지 않고 미국과 중국은 물론이고 일본과 러시아까지도 중요한 이해관계자로 연계되는 문제라는 점을 종합적으로 검토하면서 다중적 관계성을 고려해 접근해야 할 필요가 점점 더 커질 것이다.[68] 또한 사회문화적인 변화가 곧 정치적·군사적 차원의 해결로 연결되지 않는 것처럼 심리적·정서적 차원의 문제도 독자적 해결 구상을 필요로 함을 인식해야 한다. 그동안 내부의 갈등을 불러일으켰던 몇가지 사안에서 볼 수 있듯 국방·경제·외교 등의 영역과 남북교류활성화의 흐름 사이에는 그 속도에 차이가 있고 정책의 효과를 둘러싸고 지경부, 교과부, 국방부 및 외교부 간에 갈등이 증폭될 수도 있다. 이 때문에 이를 다루는 거버넌스 체제도 정교하게 재구성하는 작업이 필요하다(황병덕 외 2006).

이를 위해서는 연구를 조직·수행하는 방식을 새롭게 발전시켜야 하며, 또한 무엇보다도 지나친 정책적 함의나 실천적 문제의식으로

68 이 점에서 2005년에 발표된 9·19공동성명은 당시 제4차 6자회담의 결과로서 한반도와 주변국들의 밀접한 연관성을 잘 보여준다. 관련 당사국들은 북핵문제의 해결에 한정하지 않고 적절한 별도 포럼에서 한반도의 항구적 평화체제에 관해 협상한다고 명시함으로써 한반도문제와 동북아 평화체제 형성 간의 연관성에 주목했다.

부터 어느정도 자유로워져야 한다. 단기간의 정책효과를 다루는 일에 학계 전체가 매달리거나 지적 논의의 의제가 정치권이 요구하는 바를 따르는 방식으로 진행되는 것은 결코 바람직하지 않다. 총체적 사회전환의 흐름 속에서 한반도 전체의 과제들을 일별해보고 그 미래적 관심을 체계화하는 일, 이런 맥락에서 정부의 정책과 언론의 담론, 대중의 관심을 비판과 분석의 대상으로 삼는 일이야말로 학계의 고유한 역할이자 특권이다. 또한 남북관계에 관한 학문연구가 보편적 이론화와 개념화를 통해 학계 일반, 세계적 담론의 조류와 상호소통할 수 있도록 노력해야 한다. 예컨대 체제이행의 경로와 변수, 민주주의와 남북관계, 조직과 제도의 통합과 분리, 문화적 긴장과 사회통합의 관계, 다원주의와 민족정체성, 전지구적 인구이동과 난민, 심리적 상처와 집단적 치유, 역사 해석의 융합과 소통, 금융경제의 확장과 탈경계화, 다중시민권과 인권 등 이론적으로 소통가능하면서도 통일문제와 직결될 수 있는 연구 영역은 얼마든지 있다. 앞으로 이 분야의 연구는 이런 다양한 주제와 연계성을 높여야 할 것이며 바로 이 점에서 학계의 독자적 활동이 필요하다. 이런 관심은 다시 현재의 세계사적 흐름에 대한 민감한 지적 감수성을 요구하는바, 세계화·정보화·다원화·지역화 같은 전지구적 흐름이 한반도 통일과 이론적·실천적으로 연결되어야 하고 지역사회의 입장에서 통일이 미칠 여러가지 효과와 충격을 검토하는 일도 중요할 것이다. 학계의 이러한 독자적 담론 창출은 남북문제를 평화적이면서도 효과적인 방향으로 해결하고 관련된 남남갈등과 사회적 긴장을 완화하는 방안을 모색하는 하나의 방편이 될 것이다.

제8장

남북통합단계의 개념화와 지수화

1. 통일연구의 방법론적 문제

한국사회에서 통일문제는 언제나 뜨거운 감자다. 누구도 그 중요성을 부인하지 않지만 항상 논란을 불러일으키는 쟁점이어서 주기적으로 반복되는 정치게임의 단골메뉴가 된다. 통일에 대한 논의가 이처럼 이념적 논쟁, 정략적 계산, 파당적 주장 및 경제적 타산으로부터 결코 자유롭지 못하다면 이 문제에 대한 학계의 존재 근거는 어디에서 찾을 수 있을까. 이 쟁점에 대해 과학적 분석이 불가능한 것은 아니지만, 이념이나 가치가 개입할 소지가 적은 다른 주제에 비해 과학적 분석이 어려운 것 또한 부인할 수 없다. 고도로 정치적이고, 급기야 집단정서까지 연관되는 주제에 관한 '학문적 담론'을 구성하는 것이 가능한가라는 본질적 질문에 대해 진지한 성찰이 절실한 시점이다.

분석적 논리가 윤리적 판단을 뒷받침하는가라는 질문은 유사 이래 많은 지식인이 공히 씨름했던 주제이면서 아직도 해결되지 못한 과제다. 순수이성과 실천이성을 분리한 칸트식 이원론을 극복하려는 다양한 시도가 지속적으로 이루어져왔지만 여전히 지식과 실천 사이의 간극은 멀다. 현대 사회과학을 정립하는 데 크게 기여했던 꽁뜨(A. Comte)와 뒤르켐(E. Durkheim), 맑스(K. Marx)와 베버 사이에는 이미 이 문제를 둘러싼 커다란 차이가 존재했고 그 차이는 21세기 현재에도 크게 달라졌다고 보기 어렵다(코저 2001). 오히려 계몽적 가치와 이성의 보편성에 대한 회의가 커짐에 따라 근원적 판단의 논리적 바탕에 대한 관심 자체가 줄어드는 형편이다.

통일은 남과 북을 하나의 체제로 합친다는 것, 또는 그렇게 되어가는 과정을 바람직하게 여기는 개념이다. 실천이 뒤따라야 하는 과제이면서 동시에 그 안에는 유토피아적 지향, 즉 사람들의 꿈과 이상 속에 목표 상태로 자리하는 가치이자 실현되지 못한 미래목표다. 통일이 한편으로 정서적 가치를 동반하면서 강력한 동원력을 행사하는 주제임에도 이에 대한 세밀한 탐구가 의외로 많지 않은 이유도 통일이 당위적이고 목적론적으로 사고되는 경향과 무관치 않다.

바로 이 때문에 통일담론 내부에는 정치적인 것, 감정적인 것, 분석적인 것, 계산적인 것 등이 섞여 있다. 일부에서는 통일에 대한 열정과 관심이라는 명목으로 이런 요소들의 혼용을 문제시하지 않거나 심지어 환영하는 경우조차 있다.[69] 하지만 이런 경향은 결국 학계, 정치인, 일반 시민 각각의 담론을 구별하지 못하게 만듦으로써 궁극

69 통일운동과 관련한 논의에서 전형적으로 드러나는 특징이다. 통일운동론에는 통일에 대한 논의가 당연히 통일에 대한 강한 의지나 실천적 지향성을 수반해야 한다는 사회운동적 속성이 강하게 존재한다.

적으로 통일논의와 관련한 학계의 존립근거를 훼손한다. 과연 통일을 관심대상으로 하는 전문가와 관련 단체의 내부논의는 분석적 능력과 판단의 고급함을 어느정도 보유함으로써 다른 담론으로부터 스스로의 독자성을 구별하고 있는가? 베버의 용어를 빌려 말한다면, 통일논의에서 '가치중립적' 분석과 '가치판단적' 소신은 어떤 방식으로 결합하는가? 이런 질문은 학계의 판단과 주장이 다른 분야의 논쟁과 구별되는 그 나름의 독자성을 확보하는가라는 점과 연관되며 결국 통일에 관한 학문이 가능할 것인가라는 근본적 물음과 연결된다.

이런 질문은 종종 연구자들의 윤리적 자세 또는 정치적 태도, 성실함 등의 문제로 환원되곤 한다. 하지만 좀더 근본적으로는 통일연구의 방법론과 밀접하게 연관된다. 다시 말해 학계 내부의 성찰적 평가를 거치는 데 필요한 방법론과 개념체계를 어느 정도 적확하고도 공감되는 수준으로 발전시킬 수 있는가가 매우 중요하다. 물론 방법론에 주목한다는 것이 모든 연구자가 이를 따라야 하거나 또는 다수가 동의할 수 있는 방법론으로 통합하자는 것은 아니다. 이는 연구자의 논리구성과 자료활용에 개입하는 여러가지 요소를 성찰적으로 점검하고 비판적으로 따져봄으로써 성실한 학문적 서술과 소통을 가능케 해줄 원칙과 학계 내부의 규범에 대한 검토를 의미한다. 이런 성실함과 성찰성이 공유될 때 학계의 공론장이 다른 정치계나 시민사회의 그것과 구별되는 질적 특성을 확보할 수 있게 될 것이다.

2. 방법론으로서의 지수구성

이런 점에서 일차적으로 생각할 수 있는 방식이 객관적 수치나 통계의 활용이다. 숫자가 지니는 명증성, 객관성, 가독성 등이 과학적 논의에 필수적이며 유용하다는 점을 부인할 사람은 아무도 없다. 하지만 동시에 숫자나 통계 자체가 구성되는 방식에 따라 그 의미가 얼마나 달라지는지에도 주목하지 않을 수 없다. 이미 통계 그 자체는 처음부터 정치와 밀접하게 연결되어 있다(박명규·서호철 2003). '통일' 같이 일상에서 제도화되어 있지 않은 사안과 관련된 통계나 숫자는 그마저도 제대로 갖춰져 있지 않기 때문에 주관적이고 편의적인 활용이나 견강부회가 따르기 쉽다. 여론조사의 경우는 문제가 더욱 심각할 수 있다. 조사 자체의 한계를 떠나 해석의 타당성 여부에 대한 학계 공동체의 엄정한 평가나 비판이 잘 이루어지지 못하는 문제가 큰 것이다. 남북문제를 논의할 때 자주 등장하는 각종 여론조사 수치는 언뜻 그 논리의 근거를 제공하거나 판단의 객관성을 뒷받침하는 것처럼 보이지만 실상은 수치의 신뢰성에 대한 검토가 불충분한 경우가 태반이다. 그러다보면 통계가 결론을 뒷받침하기보다 미리 준비된 결론에 맞는 수치들을 찾아 증거로 내놓는 경우도 적지 않다.

이런 점에서 지수를 구성하는 작업은 학계의 역량을 보여주고 방법론적 수월성을 확보하는 좋은 방법의 하나가 된다. 사회과학의 여러 영역에서 추상적 개념을 명료한 수치로 환원함으로써 논의를 간명하게 정리하는 경우는 매우 많다. 흔히 사용되는 GNP(국민총생산지수)나 경기선행지수를 비롯해 민주화지수, 부패지수, 불평등지수 등 유용한 지수의 예는 한두가지가 아니다. 남북관계에 관해서도 최근

지수를 구성하려는 시도들이 여러 형태로 이루어지는 것은 매우 의미있는 일이다. 통일연구의 객관화·과학화를 위해 학계 내부에서 엄격하게 구성하고 활용할 수 있는 지적 자산을 산출하는 작업이라는 점에서 학문 일반의 발전에도 기여한다.

한반도평화지수(한양대) COPDAB(Conflict Peace Data Bank)를 기본 모델로 매일 뉴스 기사를 지수화해 남북 간 평화의 정도를 보여준다(2000년부터 시작해 2006년까지 매월 지수를 발표).

남북통합지수(서울대 통일평화연구원) 남북 간 정치적·경제적·사회적·문화적 측면의 제도, 관계 및 인식과 관련된 다양한 객관적 지표들을 분석해 남북 간 통합정도와 영역별·차원별 추이를 보여준다(2008년부터 시작해 2011년 현재까지 매년 지수를 발표).

동북아평화지수(제주평화연구원) IDEA(Integrated Data for Events Analysis)의 기준을 이용해 한일 간의 갈등 및 평화적 관계를 통계적 분석을 통해 보여준다(2008년 10월 발표).

세계평화지수(세계평화포럼) 세계 각국을 대상으로 정치·군사·외교·사회·경제 분야의 평화적 상태를 측정해 그 지수와 각국의 평화 순위를 보여준다(2001년부터 시작해 매년 발표).

한반도안보지수(삼성경제연구소) 한반도와 주변의 네 강대국의 전문가들을 대상으로 한 설문조사를 통해 한반도의 전반적 안보상황을 보여준다(2005년 개발, 2007년부터 매분기 발표).

HRI 한반도평화지수(현대경제연구원) 한반도와 주변 상황에 대한 관련 전문가의 설문조사 및 남북관계 동향에 대한 자료를 종합해 평화지수를 산정한다(2009년 개발, 2009년부터 매분기 발표).

통일예측시계(통일연구원) 남북한의 통일을 최종목표로 할 때 현재의 상황이 어느 정도에 와 있는지를 전문가 평가와 정세분석자료에 기초해 시각(時刻)으로 표시한다(2009년 개발, 매년 발표).

2011년 현재 발표되는 관련 지수로는 여기에서 보듯 한반도평화지수, 남북통합지수, 동북아평화지수, 세계평화지수, 한반도안보지수, HRI 한반도평화지수, 통일예측시계 등이 있다. 이중 일부는 꾸준히 발표되지 못하는 것도 있고 어떤 지수는 세계 전반을 포괄함으로써 한반도 상황에 초점을 맞추지 않는 것도 있다. 지수산정 방식도 객관적 자료를 활용하는 것도 있고 전문가 평가점수를 중시하는 것도 있다. 그밖에도 현재 북한정세나 한반도 상황을 좀더 체계적으로 파악하기 위해 새로운 지수구성 작업이 진행중인 것으로 안다.

하지만 지수구성 역시 방법론적으로 엄밀한 성찰과 검토, 진지한 활용을 위한 노력이 동반되지 않으면 소기의 성과를 얻기 어렵다. 무엇을 확인하기 위한 지수인지, 개념적 기반이 확고한지, 활용되는 통계나 수량화를 위한 기법은 타당한지, 상이한 영역들에 관한 가중치는 적절한지, 전문가 평가와 객관적 수치의 조합은 공감할 만한지 등 적지 않은 과제가 있다. 이런 방법론적 쟁점에 대한 진지한 고민과 대응이 수반되지 않으면 지수개발 역시 학문적 담론형성에 의미있는 도움을 주지 못한다. 이런 문제의식 아래 이 글에서는 남북통합지수(서울대 통일평화연구원)를 사례로 해 그 방법론적 설계과정, 개념적 기반, 지수구성의 원리 및 실천적 함의를 종합적으로 검토해보려 한다. 이 지수를 분석대상으로 삼은 이유는 일차적으로 필자가 그 개발과정에 주도적으로 참여했기 때문이기도 하지만, 그 지수가 다른 것에 비해 상대적으로 체계적이며 지수화 방식이 다른 방식에 비해 더욱 포괄적이어서 지수의 방법론적 함의와 한계를 검토하기에 적합하다고 판단했기 때문이다. 좀더 구체적으로는 남북통합지수의 사례를 통해 다음의 세가지를 확인해보려 한다. 첫째, 통일연구의 문제점과 관련해 지수의 활용은 무엇에 기여할 수 있는가. 둘째, 지수구성에 작용하는 배후논리의 구조는 무엇이며 그 이론적 함의는 무엇인가. 마지막으로 지수의 정책적 함의와 그에 따르는 책임은 무엇인가다.[70]

3. 지수구성에서 개념의 중요성

지수는 기본적으로 숫자로 표시되는 것이지만 연구자가 얻고자 하는 것은 그 수치가 말해주는 그 '무엇'이다. 지수가 40 또는 65로 표기될 때 그것이 무엇을 의미하는지가 불분명하거나 혼란스럽다면 그 지수의 실천적 의의는 물론이고 학문적 효용성도 크게 훼손될 수밖에 없다. 이 점을 뒤집어보면 지수를 구성하기 전에 그 지수를 통해 무엇을 확인하려 하는가가 먼저 분명히 정립되어야 함을 알게 된다. 지수는 숫자를 좀더 명료하게 하거나 통합적 형태로 재구성하는 기법이 아니라, 확인하고자 하는 지식의 내용을 얻기 위한 이론적 작업의 일환이며 수치 자체가 '지표'로서 활용되는 것이기 때문이다. 앞에서 본 것처럼 평화지수의 핵심은 평화에 있고 안보지수의 핵심은 안보에 있으며 통일시계는 통일을 핵심개념으로 한다. 이때 그 개념의 정확한 의미를 정립하는 것은 지수산정 방식은 물론이고 그로부터 얻어진 지수를 해석하는 데에도 매우 중요하다. 다시 말해 지수

70 이 작업은 서울대학교 통일평화연구원이 주도해 공동작업으로 이루어진 것이다. 김병연 외 『남북통합지수 1999-2007』, 서울대학교 출판문화원 2009. 김병연 외 『남북통합지수 구성을 위한 기초연구』, 서울대학교 통일평화연구원 2008.

구성에 앞서 적확한 개념화 작업이 선행되어야만 하며 이를 위해서는 다른 개념들과의 이론적 연관과 상호관계를 논리적으로 구성하는 작업이 반드시 병행되어야 한다.

1) '남북통합'의 개념적 구성

남북통합지수의 경우를 예로 들어 설명한다면 이 지수에서 확인하려는 것은 '남북통합'(Inter-Korean Integration)이라는 현상이다. 그러므로 우선 남북통합이란 무엇을 의미하는지, 어떤 요소로 구성되는지에 관한 논리적 설계가 필요하다. '남북통합'도 일단 '통합'이라는 개념에 속하는 특수한 통합 형태를 의미하는 것이므로 통합에 관한 일반론으로부터 개념적 정의를 얻어내고, 나아가 그 하위의 여러 차원과 영역에 관한 종합적 구성을 분석하며 검토해야 한다.

먼저 통합(integration)이란 개념은 분화된 요소들의 안정적 연계를 의미하는 것인데 이론적으로는 각 요소의 분화와 안정적 연계라는 두 차원에 주목해야 한다. 다시 말해 통합은 동질화(homonization), 즉 특별한 내부분화가 존재하지 않아 모든 요소가 동질적인 상태에서 결합하는 것과는 그 의미가 다르고 연계방식도 다르다. 통합은 분화된 요소들이 각각 독자성과 이질성을 지니면서 동시에 유기적으로 결합함으로써 상호의존적 안정성을 획득한 상태, 또는 그 과정을 가리킨다. 개념적으로 통합은 구성부분 간의 상이함, 독자성, 상충성 등을 포함할 수 있으며 하위 영역의 차이와 이질성을 포용하는 전체 수준에서의 결합을 상정한다. 통합 개념은 분화, 다양성, 설득, 공감, 소통 등과 친화력이 있으면서 어느정도의 동적 과정 속에서 결속을 가능케 한다. 유럽통합의 경우에 '통일'이 아닌 '통합'이라는 개념이 강조된 이유는 각 개별국가의 문화적·제도적·정치적 차이와 역사성을 존중하면서 새로운 연대와 결합을 추구하려는 노력이 반영되었기 때문이다. 실제로 유럽통합의 이론적 자원으로 활용된 하스(E. Haas)의 신기능주의적 이론에 따르면 통합이란 '여러 상이한 국가적 상황에 거주하는 정치행위자들이 그들의 충성심, 기대, 정치행위를 새로운 중심으로 옮기도록 설득당하는 과정'이다. 제도주의자들은 이를 좀더 구체적이고 정치적인 맥락에서 정의하려고 하는데, 그들에 따르면 통합은 여러 개별 정부들이 자율성을 부정당하지 않으면서도 공동의 규율을 따라야 하는 어떤 상위 정치제도의 창출이다(Wiener and Diez 2009, 2~3면).

통합을 강조하는 이유는 그것이 통일에 대한 논의를 분석적이고 종합적인 형태로 만드는 데 도움을 주기 때문이다. 통일이라는 개념이 지나치게 다양한 함의를 내포한 것에 비해 통합은 상대적으로 가치중립적이고 분석 가능한 내용들을 지시할 수 있다. 또한 지나치게 목적론적인 논의로부터 어느정도 자율성을 지닌 통일담론을 창출하는 데 도움을 준다. 통합지수를 구성하겠다는 생각의 바탕에는 한국사회에서도 통일과는 별도로 통합이라는 현상 또는 과정에 주목해야 한다는 문제의식이 내포되어 있다. 물론 여기서의 통합은 한국사회에서 논의되는 일반적 통합과는 그 내용이 구별된다. 대한민국을 기본 단위로 해 강조되는 통합, 다시 말해 다양한 사회주체 및 영역의 통합과 소통의 중요성을 강조하는 논의는 남북통합이라는 개념이 지칭하는 것과는 다르다.[71] 이런 점에서 참고할 만한 것은 독일통일 전후의 통합에 대한 논의들이나 유럽통합에 관한 통합이론이 될

71 이런 점에서 통일론의 구성에도 통합론적 시각이 적극 도입될 필요가 있다. 통일과 통합을 개념적으로 연계하는 것은 한반도 통일의 새로운 지향성을 구성하는 데 도움이 된다. 박명규·이근관·전재성 외 『연성복합통일론』, 서울대 통일평화연구원 2010.

터이지만 이 경우에도 남북통합에 그대로 적용하기에는 어려움이 적지 않다. 독일의 경우 통일 이후에 통합문제가 부각되면서 통합의 중요성을 논하는 글들이 많이 나왔지만 분단상황의 통합 논의와는 근본적으로 차이가 있을 수밖에 없다(Thumfart 2007). 유럽통합의 경우에는 국가적 경계와 독자적 정체성을 유지하면서 새로운 단위로 통합해왔다는 점에서 이론적으로 큰 도움을 줄 수 있지만(Park 2010), 그 경우에도 자유민주주의와 자본주의 경제질서라는 기본가치의 동질성이 전제되어 있었다는 점에서 남북한 통합에 그대로 적용하기는 어렵다.

남북통합은 대한민국이나 북한의 체제 내부에서 이루어지는 통합이 아니라 서로 체제를 달리하는 남북 간에 이루어지는 통합을 말한다. 남북한은 각기 분절된 별개의 체제로 반세기 이상 존속해오면서 강한 상호적대성도 유지해온 관계이므로 일반적인 사회구성 부분 간의 통합과는 질적으로 다를 수밖에 없다. 남북통합은 남북 간에 존재하는 다면적 단절의 상태가 점차 완화되어 남북을 포괄하는 하나의 단일 네트워크와 공동체가 형성되는 상태, 또는 그것에 이르는 일련의 과정을 의미하는 개념이다. 그것은 정치적·군사적·경제적·문화적·사회적 차원에서 이루어져야 하는 일이자 심리적·의식적·규범적 차원에서도 진행되어야 하는 숙제다. 통일 이전에도 진행되고 통일 이후에도 지속되어야 하는 장기적 과정이다. 이런 포괄적 통합이 완성되었을 때 비로소 남북한은 완전한 통합을 이루었다고 말할 수 있게 된다. 그런 경우에만 통일은 모든 구성원, 모든 영역으로부터 환영받을 것이다.

남북통합은 물론 단일한 차원으로 진행되거나 구성될 수 없다. 남북 간의 분절된 관계가 유기적으로 연계되며 전환하는 과정에서는 통합의 속도, 밀도, 과정, 단계 등이 다양하게 논의될 수 있는데, 남북통합은 바로 이러한 논의들을 종합적으로 드러내는 개념이다. 남북통합의 내용은 초보적이고 제도화되지 못한 상호 작용, 접촉, 교류의 상태로부터 관계가 안정되고 접촉의 밀도가 확대되는 데까지 이르는 모든 과정으로 구성된다. 또한 여러 영역과 차원을 내부에 포함하기 때문에 남북통합을 구성하는 하위의 영역과 차원, 단계가 서로 다른 속도로 맺어지게 된다. 이런 점들을 충분히 드러내기 위해서는 남북통합의 하위 영역과 차원을 논리적으로 구성할 필요가 있다.

2) 정치통합, 경제통합, 사회문화통합

남북통합지수는 남북통합을 세가지 하위 영역과 세가지 하위 차원으로 구성되는 것으로 파악한다. 세 하위 영역은 정치적 통합, 경제적 통합, 사회문화적 통합을 의미하고 세 차원은 제도통합, 관계통합, 의식통합을 뜻한다. 조한범이 적절하게 규정한 것처럼, 남북통합은 정치·경제·사회문화 영역에서 이루어지는 제도적 통일과 통일의 과정 및 이후의 내적 통합을 포함하는 일련의 전반적 과정을 지칭하기 때문이다(조한범 2002, 14면). 이를 토대로 남북통합지수는 정치적 통합, 경제적 통합, 사회문화적 통합의 세 하위 영역으로 나뉘는데, 엄밀히 말하자면 정치적 남북통합, 경제적 남북통합, 사회문화적 남북통합이라고 해야 옳을지도 모르겠다. 분명한 것은 남한과 북한 각각에서 종종 일컬어지는 정치통합, 경제통합과는 별개의 것이란 점이다.

정치적 통합은 남북한이 정치적·군사적으로 하나의 통일체를 이루는 일 또는 그 과정을 의미한다. 이 과정에서는 남북한 주민이 새롭게 통합된 공동체로 자신의 충성심, 기대 및 정치행위를 이전하게 되며 그 최종적인 상태로서 동일한 헌법, 하나의 국가, 하나의 정부를 구성하게 된다(김병연 외 2009, 63~65면). 이 과정에서 제도적 동질성과 권한의 위임은 매우 중요한 변수다. 정치적 통일이 이루어진 뒤에도 통합의 과제는 여전히 남아 있을 수 있고, 통합이 꽤 진전되었으면서도 정치적 통일이라는 과제는 여전히 미제로 남아 있을 수도 있다.

이와 더불어 정치적 통합에서는 헌법적 가치, 정치적 규범, 정체성의 공유가 매우 중요하게 작동한다(Thumfart 2007, 72~78면). 정치통합의 정도는 어떤 원칙과 제도적 기틀 위에서 통일국가가 구성될 것인가에 따라, 통일의 과정이 어느정도 전체 구성원의 자발적 동의와 참여 위에서 민주적으로 달성되는가에 따라 달라질 것이다. 21세기 정치통합은 세계사가 공유하는 문명적 가치와 부합되어야 달성 가능하며 그 핵심은 민주주의적 원리에 있다고 할 수 있다. 남북한 정치통합은 억압적이거나 독단적인 형태로 이루어질 수 없고 설사 그 형태가 제도적으로 가능하다 해도 그것은 '통합'이라는 개념을 필요로 하는 한반도의 문제의식과 동떨어진다. 당연하게도 정치통합의 단계 구별 속에는 이러한 민주화의 의미가 내포된다.

경제적 통합은 남북한이 하나의 경제권으로 통합된 상태 또는 그 단계로 진행하는 과정을 의미한다. 이는 남북한의 인적·물적 자원의 이동에서부터 여러 경제요소의 교환, 의존의 구조가 확대되는 과정 전반을 포괄한다. 경제통합의 내용을 이루는 요소는 생산요소의 이동, 경제체제의 동일화, 경제정책의 공동규율, 가격변수의 유사한 작동, 지역 간 소득편차 감소 등이다(김병연 외 2009, 23~25면). 여기에는 사회주의 계획경제를 고수하는 북한과 자본주의 시장경제를 유지하는 남한이 어떻게 제도적으로 하나의 틀 안에 포괄될 수 있을 것인가라는 문제가 포함된다. 21세기 세계사의 향방을 고려할 때 시장경제

원리를 바탕에 둔 세계경제와의 개방적 통합이 남북통합은 물론이고 지역통합과의 연계를 심화할 수 있는 방향으로 여겨진다(Haggard and Noland 2008).

사회문화적 통합은 남북한이 문화적 소속감 및 사회적 공동체성을 회복하고 하나의 생활단위로 자리잡는 것을 의미한다. 사회적으로는 자유로운 이동과 접촉이 가능한 단일공간의 창출이고 문화적으로는 집합적 정체성의 형성이라는 과제가 된다. 이를 위해서는 이산가족 상봉, 직업선택과 거주이전의 자유 등이 공동체 내부에서 차별적으로 이뤄지지 않아야 한다. 문화적·교육적 자원이 함께 수용되어야 하고 복지의 혜택도 함께 나눌 수 있어야 한다. 지역에 따른 언어나 생활방식의 차이는 그 자체로 존중되면서도 차별되지 않고 적어도 공동체의 일원으로서 누리는 권리와 혜택에서 남북이 고루 포괄되어야 한다. 이 점에서 보면 사회문화적 통합에는 자유와 복지가 핵심요소가 될 것이고 이에 따라 각 단계가 구별될 것이다. 뿐만 아니라 한 사회에서 통용되는 기본 가치와 규범에 대한 궁극적 합의가 요구된다.

덧붙여 정치적 통합, 경제적 통합, 사회문화적 통합은 각기 정치공동체, 경제공동체, 민족공동체와 어느정도 상응한다. 다르게 말하면 세 차원의 공동체를 구현해가는 과정이 곧 각각의 통합이며 이들 세 차원의 통합을 포괄해 남북통합을 말할 수 있는 것이다.

3) 관계통합, 제도통합, 의식통합

다음으로 중요한 것이 통합의 차원이다. 남북통합지수의 세 차원은 남북관계가 제도, 관계, 의식의 세 차원에서 복합적으로 진행됨을 뜻하며, 이는 남북관계와 관련해 통일과 통합에 필요한 조건들이 무엇인지를 제시해준다. 통합은 상상이나 의식 차원에서 이루어지는 것이 아니라 제도적으로 구현되는 것이다. 물론 여기에는 제도만으로 달성되지 않는 심리와 의식의 문제가 뒤따른다. 따라서 적어도 이 세가지 차원을 구별해 통합을 검토하는 것이 필요하다.

관계통합은 서로의 작용과 만남, 접촉을 통해 이루어지는 통합효과를 가리킨다. 단절된 상태로부터 교류가 시작될 때가 통합과정의 첫 출발이다. 오랫동안 구조적으로 단절되어 있던 사이에서는 만남을 통한 관계의 형성 그 자체가 통합을 향한 중대한 진전이다. 통합은 개인적으로나 사회적으로나 관계가 형성되지 않고서는 이루어질 수 없기 때문에 일단 만남을 시작하고 점차 그 접촉의 빈도를 높여가는 것이 매우 중요하다. 그런 점에서 관계통합은 통합의 초기단계에서 절실하며 그 파급효과가 크다.

관계통합은 그 자체로서는 불안정하고 가변적이다. 접촉의 빈도가 높아진다고 해도 당사자 수준의 개별사례로만 남아 있게 되면 그 효과는 어느정도 수준을 넘어서지 못한다. 여기서 중요한 것이 제도통합인데 이것은 남북 간 상호작용의 방식을 제도적으로 표준화·상설화하는 것이다. 제도화는 개인이나 당사자의 의지, 특정한 상황과는 무관하게 상호작용의 패턴과 가능성을 확보해주므로 그것에 따르는 통합효과가 매우 크다. 뿐만 아니라 제도화는 법제화를 수반하기 마련이어서 남북한의 주요한 정책결정자들이 공통의 규범과 절차에 속하게 되며, 이로써 다른 부분으로 확산되는 효과도 커진다. 어떤 의미에서는 통합의 전과정이 이런 제도화의 맥락에서 이해될 수 있다.

마지막으로 의식 차원의 통합이 있다. 이는 일차적으로 개별 구성원들의 마음 속에서 이루어지는 통합을 의미한다. 좀더 근본적으로는 단순히 '개인 행위자의 생각'이라는 차원을 넘어 집합적 의식이 공통의 기반을 지니는 것을 가리킨다. 이 차원에서 중요한 것은, 서로가 하나의 공동체에 속한 구성원이라는 공속의식 등 하나의 정체성을 만드는 과정에서 일종의 연대감이 나타나는 것이다. 흔히 남북간에는 '하나의 민족' 논리가 강하게 작동한다고들 하지만 과연 이것이 어느 정도의 집합적 의식으로 통합적 고리를 제공할 것인지는 불분명하다. 남북통합과 관련한 의식은 쟁점별·시기별·세대별로 적지 않게 차별적이어서 민족이라는 호명에도 불구하고 이를 통합해내기란 쉽지 않다. 통일의 의지, 북한에 대한 인식, 북한주민에 대한 편견이나 생활방식의 편차, 그밖의 경험이 복합적으로 의식적 통합의 수준을 규정하게 될 것이다.

4) 매개제도, 위임제도 그리고 단계구성

통합이 과정적 개념이라는 점에서 특히 제도통합의 단계가 매우 중요하다. 초기의 교류접촉으로부터 최종단계의 공동체 완성에 이르는 와중의 중간단계는 일반적으로 '제도화'라고 불리는 시간을 거친다. 여기서는 제도화의 진전과 상태에 따라 통합과정을 세분화하고 그 변화의 질적 차이를 드러내는 것이 관건이다. 제도화는 법제의 마련이나 정치적 합의로 완결될 수 있는 것이 아니다. 그것은 법적인 뒷받침 못지않게 사회적·문화적 차원에서 수용되고 받아들여지는 단계를 필요로 한다. 그런 점에서 제도화 그 자체는 여러 단계를 포함할 수 있는 과정인 셈이다.

이를 분석적으로 명료하게 이해하려면, 제도통합에서 매개제도(intermediating institution)와 위임제도(delegating institution)를 구별해야 한다. 매개제도는 당사자들의 접촉과 교류, 상호작용을 글자 그대로 '매개'하고 '촉진'하기 위한 제도적 장치를 뜻한다. 상시적 교류와 접촉이 가능하기 위해서는 이런 매개제도의 출현이 중요하다. 경제적 영역에서 물품 이동이나 인적 교류의 제도화가 필수적인 것처럼, 매개제도는 이동과 접촉, 상호작용과 공동합의 등 모든 관계를 뒷받침하기 위한 제도적 장치를 말한다. 반면 위임제도는 남북한의 주체나 영역이 공동의 제도적 규율과 원칙의 통제를 받는 상태를 가리킨다. 제도화 수준이 한단계 높아짐을 뜻하며, 단순한 교류가 아니라 공동의 통합적 관계가 형성되는 상태를 의미한다. 그런 점에서 보면 공동체적 통합이나 궁극적 통일은 모든 영역에서 위임제도가 힘을 발휘하는 상태라고 할 수 있다. 위임제도의 출현은 논리상 매개제도에 선행할 가능성도 없지는 않으나 대체로 매개제도의 뒤를 따른다. 매개제도 없이 위임제도가 만들어진다 해도 그것이 실제로 작동하거나 힘을 발휘하기는 쉽지 않기 때문이다.

이런 개념적 구상 위에 통합의 단계를 구성하는 틀을 만들어보았다. 크게는 3단계로, 세부적으로는 11단계의 틀이다. 접촉교류기에 해당하는 0~2단계는 남북 간 교류가 없던 상태로부터 접촉의 씨앗이 싹트는 단계를 말한다. 협력도약기에 해당하는 3~5단계는 상호교류와 접촉이 안정 상태로 접어들면서 이런 교류를 뒷받침하기 위한 매개적 제도화가 이루어지는 시기다. 이때에는 상호신뢰를 형성하기 위한 다양한 조치가 필요하다. 접촉교류기와 협력도약기 간의 분류는 남북통합지수가 관계의 증진을 단순히 교류협력의 양적 규모로만 판단하지 않음을 시사한다. 0~2단계에는 양적 규모에 영향을 받지만, 3단계 이후에는 매개제도의 구성과 역할 같은 제도화가 진전되어야만 통합이 더 나아갈 수 있다.

다음으로 남북연합기라 할 수 있는 6~8단계는 여러 분야에서 공동의 위임적 제도화가 진행됨으로써 실질적이고 제도적인 통합기반이 구체화되는 단계다. 기본적으로 제도화에 진전이 이루어지지 않으면 아무리 교류의 양과 회담의 횟수가 많아져도 이 6단계로 진입할 수 없도록 설계되어 있다. 남북연합기의 마지막 단계로 설정되어 있는 8단계에 이르면 주요한 경제정책이나 정치활동이 공동의 기구나 제도에 위임되고 제도의 표준화, 단일화, 공동법제화가 폭넓게 이루어질 것이다. 마지막으로 통일완성기라 할 9~10단계는 남북통합이 최고단계에 이르는 시기, 즉 실질적 통일이 완성되는 시기라 할 수 있다(김병연 외 2009, 25~29, 68~73, 109~12면).

지금까지의 내용을 종합해 남북통합의 개념적 구성을 도표화하면 다음 〈표 1〉과 같다.

〈표 1〉 남북통합의 영역과 차원

	경제적 통합	정치적 통합	사회문화적 통합
관계적 통합	경제교류의 진전 각종 경제지표의 동조화 이를 뒷받침하는 매개제도의 출현	정치·군사 영역의 교류 확대 및 상호협의의 정례화 신뢰구축 조치와 이를 위한 매개제도 출현	사회문화 영역에서의 교류와 협력 진전 민간영역의 자율적 공동기획 및 매개제도 진전
제도적 통합	경제 영역의 제도적 상호성 심화 매개제도의 안정화와 위임제도의 출현 시장경제원리의 보편화	정치·군사 영역의 제도적 교류 다양한 신뢰구축에 기반한 매개제도 안정화 권위적인 위임제도 출현	민간분야의 자율성 확대 사회문화적 공동체 형성의 심화 비정치·비경제 영역에서의 위임제도 발달
의식적 통합	단일한 경제공동체와 이익의 상보성에 대한 확신 및 승인 경제통합에 대한 시민적 동의 시장경제적 가치에 대한 공감	정치·군사 영역의 적대성 해소 단일한 정치공동체 형성에 대한 지지 및 승인 민주주의적 가치에 대한 합의	사회문화 영역의 이질성 극복 공동체적 통합과 소통을 향한 의지 시민적 참여, 시민적 자율과 자유에 대한 가치 공유

3. 지수의 구성: 포괄성, 실질성, 비교가능성

다음으로 중요한 것은 이러한 개념을 구체적 수치로 나타내는 지수화 작업이다. 이 부분은 일차적으로 계량화와 관련된 기술적 사안이 주를 이루지만 수치의 기준과 절대값이 지니는 의미에 대한 철학적·이론적 물음이 그에 못지않게 중요하다. 여기서는 이론적 측면을 먼저 살펴보고 기술적 측면은 간략하게만 언급하기로 한다.

가장 우선 중요한 것은 지수의 수치를 어떻게 구성할 것인가를 정하는 일이다. 수치를 구성하는 방식은 다양하다. 예를 들어 한 사회의 경제발전을 나타내는 GNP는 기준점수는 있으나 최종상태의 값은 존재하지 않는다. 반면 사회불평등 상태를 나타내는 지니계수(Gini's coefficient)는 개념상 완전평등과 완전불평등상태를 상정해 0과 1이라는 값 사이에서 지수가 만들어지도록 설계되어 있다. 그렇다면 남북통합은 어떻게 지수화할 수 있을까. 남북통합지수를 개발하는 과정에서는 이념적으로 그 완전상태를 가정할 수 있다고 보고 0과 1000점 사이에서 지수가 만들어지는 방식을 채택했다. 이때 중요한 것은 0과 1000의 값, 다시 말해 남북통합의 부재와 완전실현이 의미하는 바가 무엇인가다. 0의 점수를 예로 들면 단순히 접촉과 교류가 없고 관계가 단절되어 있는 상태를 의미하는지 아니면 서로 간의 적대성과 불신도가 매우 높은 상태를 의미하는지가 애매할 수 있다. 실제로 남북 간에는 교류부재의 문제 못지않게 상호불신과 적대성의 해소가 중요한데 이럴 경우 0의 값은 무엇을 의미할 것인가가 논란이 된다. 1000이라는 최종값도 과연 어떤 상태를 말하는지 따져봐야 한다. 남북한이 모든 영역과 차원에서 완전한 공동체적 일체성을 이룩한 상태를 말하는 것인지 아니면 어느정도 차이를 유지하면서도 적절한 평화공존상태를 구축한 때를 말하는 것인지에 따라 그 점수의 의미가 달라진다.

이 문제를 해결하기 위해서는 이 지수가 무엇을 드러내기 위한 것인가라는 목적을 재확인해야 하고 지수는 그에 따라 제한적으로 설계할 수밖에 없다. 남북통합이란 관점에서 볼 때 관계의 단절상태로부터 공동체적 완전통합으로 이행하는 과정에 적지 않은 단계와 편차가 나타날 수 있다. 다만 주된 목적이 통합의 정도와 수준을 알기 위한 것인 만큼 관계의 완전한 단절, 교류의 부재는 그것이 적대성에 의한 것이든 상호무시에 의한 것이든, 아니면 물리적 거리에 따른 것이든 같은 수준으로 다루어질 수 있다고 보고 음(-)의 값을 부여하지는 않았다. 그 성격은 이후 통합의 단계가 차차 진행되는 과정에 어떤 형태로든 작용할 것이기 때문이다.

다음으로 위에서 언급한 세 영역에 어느 정도의 값을 부여할 것인가를 정하는 것이 중요하다. 이는 남북통합에서 경제·정치·사회문화 영역이 어떤 비중을 지니는가에 대한 해석인 셈이다. 남북통합지수에서는 이 영역들이 각기 동일한 비중을 점한다고 보고 같은 값을 부여했다. 1000점을 최종값으로 설정했기 때문에 각 영역에 330점을 배점하고 사회문화 분야에 10점을 더 부여했다. 여기에는 지수의 가독성을 높이려는 의도와 함께 사회통합의 완성이 궁극적으로 사회문화 영역에서 이루어질 것이라는 시각도 작용했다. 어쨌든 통합이라는 것이 적어도 이 세 영역에서는 동일한 비중이어야 한다는 논리적 판단에 기초한 점수구성인 셈이다.

서로 다른 차원에 대해 어떻게 다른 값을 부여할 것인가를 정해야 하는데 관계적 통합, 제도적 통합, 의식적 통합 순서로 차등적 점수를 배정했다. 논리적으로 전체 통합과정에서 제도적 통합이 가장 중요하고도 어려운 내용을 담기 때문에 여기에 가장 큰 값을 부여해야 한다는 반론도 가능하다. 통합이 어느정도 진행되면서 실질적 통일체제로 나아갈 경우 각 제도별 통합의 진전이 결정적 관건이 되는 것은 사실이다. 하지만 남북통합지수를 개발한 연구팀에서는 반세기 이상 거의 전면적으로 적대적 단절상태를 유지해온 현실을 고려할 때 교류협력을 가능케 하는 관계적 통합 부문의 비중이 더욱 중시되어야 한다고 판단했다. 특히 초기단계에서는 관계적 통합이 제도적 통합에 선행하면서 이것을 견인해내고 제도화 단계로 이행할 만큼의 동력을 확보하는 것이 매우 중요하다. 낮은 수준의 통합단계에서는 관계적 통합의 역할이 무엇보다도 크고 중요하지만, 점차 제도화의 심화과정을 통해 제도적 차원의 통합으로 이행해가는 것이 필요하다고 판단해 이를 반영하는 점수를 부여했고 이를 통해 각 차원의 상대적 가중치를 구성한 것이다.

의식적 통합에 어느 정도의 값을 부여할 것인가도 쉽지 않은 문제다. 사실 통합을 제도적 차원에서 주로 고찰하면 의식이 차지하는 비중은 크지 않을 수 있다. 하지만 이 부분 역시 남북통합이라는 특수한 목표와 무관할 수 없다. 남북이 60년 이상 서로 다른 정치체를 유지함에도 불구하고 통일을 가장 중요한 과제로 설정하는 까닭은 남북한 주민들이 지니는 통합에 대한 강한 의지이자 집합적 정서 때문이다. 물론 그 배후에는 단일민족이라는 오랜 신념과 공통의 문화적 기반, 그리고 이산가족의 예에서 보듯 혈통적 동포애 등이 자리한다. 통일을 향한 집합적 의식과 의지는 적어도 남북통합 차원에서는 매우 중요한 독립변수일 뿐 아니라 남북통합이라는 목표 자체의 정당성을 뒷받침하는 근거이기도 하다. 그런 점에서 의식 부분에 적지 않은 점수를 부여했다. 다만 의식통합은 그 정도를 단계론적으로 구성하기가 쉽지 않아 전체의 단계구성을 설정하는 데는 포함하지 않기로 했다.

이를 종합해 배점의 구성을 도표화하면 다음 〈표 2〉와 같다.

〈표 2〉 통합의 영역별 배점

	경제적 통합	정치적 통합	사회문화적 통합	합계
관계적 통합	160	160	160	480
제도적 통합	90	90	90	270
의식적 통합	80	80	90	250
합계	330	330	340	1000

* 김병연 외 『남북통합지수 1989-2007』, 서울대출판문화원 2009, 21면 참조.

다음으로 발생하는 문제는 구체적인 지수값의 산출이다. 이 부분에 대해서는 간략하게 그 원칙만 언급하려 한다(『남북통합지수 1989-2007』에 비교적 자세하게 서술되어 있다). 앞서 살펴본 지수는 다양한 형태의 통계나 자료를 모아 포괄적 점수를 내는 방식으로 구성했다. 음의 값을 지니는 수치는 없고 모든 지수가 단순합의 형태로 부가될 수 있도록 설계되어 있다. 이를 위해 지수화할 수 있는 여러 방법을 종합적으로 혼용했는데 일차적으로는 기존의 가용한 통계자료들을 최대한 활용했다. 한국은행, 통계청, 통일부 통계는 물론이고 유엔, 세계은행 등 외국기관에서 제공되는 지표들도 필요하면 원용했다. 뿐만 아니라 필요한 부분은 직접조사를 통해 그 수준과 변화를 수치화하는 방법을 보완했다. 여기서는 사회구성원 전체를 대상으로 하는 조사와 전문가 평가에 기초한 조사를 모두 활용할 수 있다.

이 과정에서 나서는 주요한 문제는 양적으로 표현될 수 없는 부분들을 수치화하기 위한 조작적 방식을 어떻게 마련할 것인가다. 예컨대 매개제도나 위임제도의 존재 및 그 작용 정도에 어느정도 점수를 부여할 것인가는 이론적·논리적 틀에 기초할 수밖에 없다. 또한 법제화의 정도를 어떻게 차별화할 것인가도 쉽지 않은 문제이지만 여기서는 전문가 평가에 일정한 가중치를 부여하는 방식으로 수치화했다.[72]

마지막으로, 지표를 측정하는 데 기준이 되는 준거점의 설정문제가 있다. 일반적으로 지수는 기준 또는 준거점에 대비해 비교 가능하도록 설계한다. 지수에 목표 또는 준거점이 있다면 그 목표나 준거점 대비 성취도를 측정할 수 있다. 남북통합지수에서는 특히 관계적 통합의 경우에 준거점을 어디에 두어야 할 것인가가 매우 중요한 논의대상이었다. 비록 무엇을 준거점으로 할 것인가에 어느정도 자의적 판단(자의성)이 불가피하게 작용한다고 하더라도 현실적으로 제시되는 준거점은 합리성과 타당성을 갖추어야 한다. 따라서 남북통합지수는 가급적 통합이 이미 이루어졌던 사례에서 그 준거점을 도출하고자 했다. 예를 들어, 경제통합 영역의 교역 부문에서는 기준점을 유럽연합과 CMEA(Council for Mutual Economic Assistance, 상호경제원조협의회) 같은 경제공동체의 역내교역 비중과 비교해 상대점수를 부여하는 방식을 채택했다. 또한 사회문화통합 영역에서는 인적 왕래의 경우 기준점을 독일의 경험에 비추어 통일 직전 동서독 간의 인적 왕래 규모가 매년 평균 700만명 수준이었던 점을 감안해 설정했다.

72 각 영역의 구체적 수치화 방법에 대해서는 김병연 외 『남북통합지수 1999-2007』, 서울대학교 출판문화원 2009 참조.

4. 남북통합지수와 통일정책: 실천적 함의

남북통합지수는 발표 이후 사회적으로 꽤 많은 관심의 대상이 되었다. 그것은 남북관계를 지수로 보여주는 유의미한 지표로 받아들여졌고 일반인에게도 눈에 보이는 효과를 주기에 족했다. 하지만 그것이 지니는 다양한 함의가 제대로 전달되기보다 매우 부분적이고 정치적인 이미지 차원에서 강조되는 경향도 없지 않다.

남북통합지수 구성의 실천적 문제의식은 최소한 다음과 같은 논제를 포함한다. 첫째, 통합은 영역별로 다른 속도와 추진력을 지니고 진행되는 복합적 과정이라는 사실이다. 다시 말해 정치통합과 경제통합, 사회문화통합은 서로 맞물리는 측면이 없지 않지만 기본적으로는 독자적으로 진행 가능하며 그 속도 또한 같지 않다. 이는 통합의 초기상태를 넘어서면 더욱 뚜렷하게 나타날 수 있다. 이런 현실은 남북통합에서 이 세 차원의 독자성을 가능하면 승인하고 보장하는 것이 필요하다는 점을 말해준다. 각 영역이 서로에게 미치는 영향을 무시할 수는 없지만 모든 영역의 진행속도를 일치시키려 하거나 서로의 연관성을 지나치게 기계적으로 연결하는 것은 '통합'의 성격에 맞지 않는다. 특히 남북 간에 정치적 긴장과 갈등이 심화될 경우에도 경제와 사회문화 영역이 독자적 관성과 추진력을 유지함으로써 장기적으로 정치적 통합의 동력을 되살려줄 수도 있다.

또한 이를 통해 그동안의 남북통합과정이 어떤 힘에 주로 의지해 왔는지를 성찰적으로 검토한다는 의의도 충분하다. 남북통합지수가 연도별로 어떤 추이를 보이는지를 살펴보면, 지난 20년의 남북통합은 기본적으로 정치이벤트에 추동된 측면이 없지 않다. 즉, 1992년

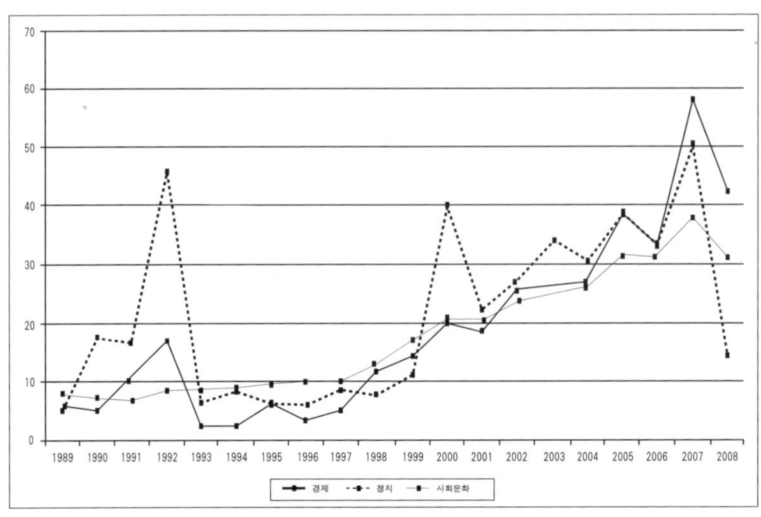

〈그림〉 남북통합지수의 연도별 추이

기본합의서 체결, 2000년 남북정상회담, 2007년 2차 남북정상회담이 지수의 급격한 증대를 추동한 동력이었음을 확인할 수 있다. 다시 말해 남북관계의 발전과 통합증진을 위해 정치 영역을 통합하는 일이 전체 남북통합의 견인효과를 지닌다고 말할 수 있다. 하지만 이런 정치적 차원의 통합은 남북한 정권의 성격 및 정치적 계산에 따라 매우 불안정하다는 점도 뚜렷하게 확인된다. 통합지수가 큰 폭으로 하락한 사례를 보면, 1993~96년 김영삼정부와 2008~11년 이명박정부 시기 등 강경한 대북정책으로 인해 남북관계의 경색 국면이 장기화된 때였다. 앞에서 언급한 두가지의 상반된 특징은 미래의 남북통합에서도 정치 영역에 탄력성과 불안정성이 동시에 내재되어 있음을 말해준다.

반면에 경제통합 영역은 속도가 느린 반면 일단 형성된 방향이 비교적 꾸준히 진행되는 모습을 보여준다. 정치 영역의 등락에 비해 경제통합은 가속도가 붙기 어렵지만 그렇다고 단기간에 요동치는 형태는 아님을 확인할 수 있다. 유럽연합의 경험에서 볼 수 있듯이 경제통합은 어느 수준을 넘으면 정치상황에 관계없이 안정적으로 유지되며 그럼으로써 정치통합과 문화통합을 견인하는 효과가 크다. 한국사회에서도 개성공단 사례는 경제 영역이 지니는 제도적 힘이 매우 중요하다는 사실을 보여준다. 특히 경제통합이 어느 수준을 넘어서면 다른 영역의 통합을 견인해낼 수 있는 강력한 통합엔진으로 기능할 것으로 예상된다. 그러나 현실을 보면 남북관계가 정치상황에 좌우되는 구조로 되어 있어 경제통합의 효과가 크게 상쇄되는 형국이다.

사회문화 영역은 정치 영역에 비해서는 안정적이지만 경제 영역에 비해서는 불안정성이 크다. 이것은 남북관계에서 사회문화 영역을 주도하는 주체들의 독자성 및 자율성이 취약하다는 데서 기인하는 것이라 볼 수 있다. 정치와 경제와는 달리 사회문화 영역은 남북교류협력이 민간에 의해 주도됨에도 불구하고 독자적 네트워크나 활동성이 확보될 만큼 성장하지 못해 남북관계의 정치적 상황에 민감하게 연동되는 불안정한 구조를 지닌다. 따라서 대북지원 등 사회문화 부문에 종사하는 단체들이 좀더 독자적 기반을 확립하는 것이 필요하다.

남북통합지수 구성은 초기의 교류협력만으로는 통합의 질적 발전이 어렵다는 점을 분명하게 보여준다. 초기에는 교류와 협력 그 자체가 매우 중요하지만 그것이 안정적인 중간단계 이상으로 발전하기 위해서는 모든 영역에서의 제도화가 필수적이다. 제도화는 법제화와 함께 공동기구의 작동을 포함하며, 이런 점에서 남북은 궁극적으로 위임제도 아래 단일한 제도적 원리에 포섭될 수 있어야 한다. 이 단계에 이르기 위해서는 교류협력의 양적 확대만이 아니라 질적 전환을 위한 상호 간의 결단과 합의, 원칙의 공유가 불가피하다. 다시 말해 막연한 '남북연합' 내지 '상호존중' 같은 논리로는 통합의 질적 고양이 어렵다. 제도화를 가능하게 할 원칙과 제도의 공유, 법적 원리의 공감이 불가피한 것이다.

이 점과 관련해 남북통합지수의 구성에서는 3단계에서 4단계로 이행하는 국면을 매우 중요하다고 보았다. 이것은 단순한 교류협력의 초기단계를 넘어 통합이 제도화 국면으로 이행하는 질적 전환을 나타내는 것으로 남북한 당국의 정치적 계산이나 단기적 조건에 크게 좌우되지 않을 구조적 통합단계로 이행함을 뜻하기 때문이다. 비행기가 활주로에서 부상하는 '이륙단계'(takeoff)가 매우 중요하다는 사실에 근거해 이 전환의 과정을 분석하면 두가지 요소에 주목하게 된다. 하나는 충분한 앙력(昻力)을 얻기 위해 빠른 속도를 유지할 수 있는 동력이고 다른 하나는 적절한 시점에서 비상하기 위한 기수의 상향조절이다. 전자가 남북관계의 질적 전환을 위해 여러가지 자원과 원료, 동기를 부여하는 남한의 적극적 조치를 뜻한다면 후자는 그와 더불어 북한이 스스로 필요한 제도개혁에 나서는 것을 의미한다. 그리하여 남북관계에서도 단순한 교류 차원이 아니라 경제 영역에서 시장적 합리성, 국제적 경제원리의 존중 같은 표준화, 정치 영역에서 시민적 인권과 민주주의의 원리, 사회문화 영역에서 각 주체의 자율성과 다원성, 자유로운 결합이 허용되는 것이 매우 중요하다. 이런 전환은 남한의 지속적 지원 의지와 북한의 제도변화를 동시에 요구한다. 통일이 정치적 결단만으로 이루어질 수 있는 것이 아니라 광범위한 통합을 수반해야 한다는 점에서 볼 때 통합단계의 질적 고양이 21세기적 보편가치와 결합되어 있다는 담론이 지닌 실천적 의의는 매우 중요하다.

한반도의 현실에서 초기단계가 매우 중요하다는 점은 다시 한번 강조해둘 필요가 있다. 즉, 교류와 협력을 통한 다면적 신뢰구축은 통합의 수준을 높여가기 위한 기초이자 전제다. 제도화 단계에까지 이르지 못한 교류협력일지라도 그것이 어느정도 수준으로 발전할 때에야 비로소 매개제도의 활성화, 나아가 위임제도로의 진행이 가능하기 때문이다. 이 단계 아래의 시점에서 제도화가 미처 완료되지 못했다는 이유로 접촉과 교류를 한정하거나 그 의의를 폄하하는 것은 실천적으로도 도움이 되지 않는다. 2008년 이래 남북통합지수가 눈에 띄게 낮아지면서 제도화의 동력이 상실되는 모습을 보면 초기단계의 중요성이 새삼 뚜렷해진다.

5. 결론과 과제

남북통합지수는 단순히 남북관계가 좋아지는가 나빠지는가를 드러내기 위한 단순한 지표가 아니다. 단기적으로 보면 남북통합지수는 남북관계의 개선과 대북정책의 방향을 어떻게 설정하는 것이 통일과 통합을 촉진하는 것인가를 함축적으로 말해준다. 한편 장기적으로 남북통합지수는 남북의 중장기적 전략으로서의 통일을 좀더 바람직하게 이루어내기 위한 종합적이고 단계적인 구상을 근거로, 표면적으로 드러난 현실과 그밖에 구조적으로 작동하는 동력을 확인하려는 작업의 일환이다. 이런 작업은 지수를 구성하는 내부원리를 유념함으로써 남북관계를 단선적·정략적으로 판단하는 오류를 넘어 종합적이고 복합적으로 사고할 수 있는 근거를 제공해줄 수 있다.

이러한 지적 인프라가 적극적으로 활용될 때라야 학계의 분석적 담론이 정치적 논쟁이나 시민적 주장의 차원과 구별되는 독자성을 확보할 수 있지 않을까 싶다. 통일문제에 대한 학문적 논의가 반드시 정치적 가치판단과 시민의 열정으로부터 분리되어야 하는 것은 아니지만 적어도 그 담론적 내용과 형식, 논의의 엄밀성에서 차별화되지 않으면 의미있는 영향력을 행사할 수 없다.

물론 남북통합지수는 여러 면에서 한계가 적지 않다. 남북통합이라는 개념을 둘러싼 이론적 논란을 차치하고라도 지수구성의 방법론과 기법에서도 여러가지 문제점이 지적될 수 있다. 예컨대 교류협력 부분의 비중이 과다하다거나 의식통합 차원의 비중이 상대적으로 너무 크다는 지적이 가능하다. 또한 서로 다른 차원으로 설정된 정치적·경제적·사회문화적 통합이 실제로는 서로 영향을 미치기 때문에 각 차원의 단순합으로 통합지수를 얻는 것이 가능한지도 문제가 될 수 있다. 관계통합적 차원과 제도통합적 차원 간에, 매개제도와 위임제도의 수준 간에 제시된 상대적 비중이 적절한지도 따져봐야 한다. 실제로 통합의 진전 초기에는 접촉과 교류의 양에 단기적으로 영향을 받을 수밖에 없지만 제도화가 어느정도 가시화되면 관계통합적 요소보다는 제도통합적 요소의 영향력이 상대적으로 더 커질 가능성이 높다.

뿐만 아니라 의식통합 부분은 방법론적으로 여러가지 문제가 있다. 무엇보다 북한주민의 의식을 직접 조사할 수 없는 상황에서 의식통합의 수준과 정도를 제대로 측정하는 것은 기본적으로 불가능하다. 남북통합지수는 현재 북한지역에 사는 주민을 대상으로 한 의식조사가 아니라 남한에 사는 탈북자를 대상으로 한 의식조사라는 점에서 어느정도 편향(bias)이 분명히 존재한다. 의식통합의 측정지표로 사용하는 통일에 대한 열망과 적대감, 상대방에 대한 수용의식과 동질성, 상대방에 대한 인지도 등은 실제 북한지역에 사는 주민의 의식보다 남한지역에 사는 탈북자의 경우 남한주민의 의식에 더 가까울 수 있기 때문에 의식통합의 수준이 전반적으로 높게 나올 수 있다. 따라서 이러한 편향을 극복하기 위해 앞으로는 탈북이주민 의식조사자료를 탈북년도를 기준으로 재분류해 활용한다거나 제3국에 체류중인 탈북자나 개성공단의 북한근로자 등으로 조사대상을 넓혀 복합적인 자료를 모으는 등의 보완책이 필요하다.

제도화의 중요성에 비해 그것이 지수에 반영되는 비중은 크지 못하다는 점이나 관계악화나 무력충돌 같은 통합을 저해하는 요소들이 음의 값으로 반영되지 못하는 점도 한계로 지적될 수 있다. 실제로 남북통합지수는 남북 간의 갈등을 직접 반영하는 모델로 설계되어 있지 않다. 예컨대, 연평도포격 같은 남북 간 군사적 충돌이 발생해도 이 사건은 지수에 직접 반영되지 않는다. 이처럼 남북통합지수에는 비록 통합을 저해하는 특정사건이 반영되지 않지만, 이런 사건들이 교류협력의 위축이나 대화의 단절 등의 결과를 낳게 되면 궁극적으로는 통합의 다면적 차원에서 음의 값으로 반영되어 나타난다. 따라서 갈등을 야기하는 특정사건이 통합지수에 전혀 반영되지 않는다고 볼 수는 없다.

마지막으로, 남북통합이 주변의 지역통합 과정에서 영향을 받는 환경적 변수를 포용하지 못하는 점도 지적될 수 있다. 이와 더불어 기술적 차원에서 북한의 자료가 불충분해 기본적으로 균형있는 수치 도출에 한계를 지닌 점이나, 전문가 분석이나 탈북이주민 의식조사로 대치한 부분이 지니는 한계도 앞으로 남북관계가 진전될 경우 다른 방식으로 보완되어야 할 것이다. 아마도 어느정도 기간이 지나면 남북통합지수의 구성원리 자체를 수정·보완하지 않을 수 없는 때가 올 것이다. 남북통합지수를 북한의 연구기관과 함께 만들어낼 수 있다면 아마 그것 자체가 매우 중요한 지적 통합의 한 지표가 될 것이다. 근래 들어 여러가지 지수의 활용, 조사결과의 논의가 갈수록 활발해지는 양상을 볼 수 있는데, 이것이 단순한 수사나 이론적 깊이 없는 논쟁으로 이어지지 않고 통일을 논의하는 학문적 담론의 질적 고양을 가져오는 중요한 방법론적 발전이 되도록 노력해야 할 것이다.

제9장

남북관계와 세대, 학력, 계층

2012년 현재 남한사회는 새로운 정치질서가 만들어질지 아니면 사회적 균열과 갈등으로 상당기간 내홍을 겪을지의 갈림길에 선 듯 보인다. '무당파층'(지지정당 없는 사람들)의 거대한 정치참여 욕구가 분출하면서 제도정치권이 총체적으로 재편되고 기성(정부, 교사, 부모)의 권위를 비웃는 다양한 일탈과 저항이 사회를 뒤흔든다. SNS를 매개로 이루어지는 사회적 연결망이 이전에는 생각지도 못했던 동원력과 활동공간을 만들어내면서 세대·계층·집단 간 차이가 새롭게 부각된다. 북한문제도 이런 사회적 갈등사안 중 하나다. 특히 김정일 위원장 사망과 김정은체제 출범을 바라보는 시각의 차이가 향후 총선과 대선의 정치일정과 맞물려 상이한 계층과 세대 사이에서 심각한 논쟁을 불러올 가능성이 있다. 그럼에도 불구하고 아직까지 남북관계를 바라보는 시각과 세대, 학력, 계층 변수가 어떻게 연결되는지, 이것이 시기별로 어떻게 변해왔는지를 체계적으로 분석한 연구는 많지 않다.

제9장은 1996년, 2003년과 2007년 이후에 실시된 의식조사를 통해 북한과 관련한 민족의식, 통일의식의 변화 및 미국에 대한 인식변화 추이를 세대, 학력, 계층의 차이와 관련해 검토한다. 다시 말해 이 쟁점들과 관련해 세대별로 얼마나 차이가 나는지, 학력이 미치는 영향이 어떠한지, 그리고 계층별 차이가 얼마나 작용하는지를 자료를 통해 확인해보고자 하는 것이다. 1990년대 이후 한국사회는 탈냉전이라는 세계사적 환경변화와 더불어 내부의 민주화·산업화·정보화·개방화를 겪어왔다. 또한 IMF 경제위기를 거치고 본격적인 대외개방과 노동시장의 유연화가 진행되면서 사회적 쟁점의 내용들이 달라졌다. 이와 더불어 김대중정부의 햇볕정책 이래 남북한의 접촉이 본격적으로 진행되었고 이를 둘러싼 갈등도 커졌다. 2002년 월드컵과 반미정서가 새로운 형태의 국가적 자부심으로 분출하기도 했다. 2006년 북한의 핵실험과 2007년 이명박 후보의 대통령 당선을 계기로 남북관계가 새로운 국면을 맞았고 2010년에는 천안함사건, 연평도포격, 북한 김정은의 3대 세습 공식화, 통일론의 본격제기 같은 상황을 맞았다. 이 다양한 변화는 서로 함께 작용하면서 독특한 대북인식의 변화를 초래했는데, 이러한 각각의 요인이 초래한 변화의 성격과 방향은 반드시 같지 않지만, 이들이 종합적으로 작용해 사회의식에 큰 변화를 가져온 것만은 부인할 수 없다.

1. 북한에 대한 인식

우리 사회에는 북한에 대한 양면적이고 모순적인 인식이 공존할 수밖에 없다. 남북관계의 이러한 양면적 성격이 분단 이후 60년이 지난 지금까지 유지되어온 까닭에 남한 사람들의 대북의식의 바탕에는 이중감정이 존재할 수밖에 없다. 여기서 살펴보는 조사결과들도 일반적 기대와 크게 다르지 않게 각 시기별로 모두 이런 이중감정이 기조를 이루지만, 그 양상은 각기 매우 다르게 나타난다.

'북한은 어떤 대상인가'라는 질문에 대한 1996년, 2003년, 2010년의 응답비율을 대비해보자(서울대학교 사회발전연구소 1996, 2003; 박명규 외 2010). '북한은 어떤 대상인가'라는 질문은 북한에 대해 지닌 인식을 가장 단순하게 물어본 것이다. 즉 북한에 대해 지원하고 싶은 마음, 협력하려는 태도, 경쟁의식, 경계심, 적대적 태도가 각기 어느 정도의 비율로 나타나는가를 조사했다. 지난 15년 정도의 시기를 포괄해 비교해보면 북한을 지원·협력의 대상으로 보는 사람이 주를 이루지만 북한을 경계와 적대감정을 지니고 대하는 사람들의 비율도 무시할 수 없다는 사실을 확인할 수 있다. 특히 세대별·학력별로 그 차이가 꽤 크다는 점에 주목할 필요가 있다.

우선 세대별로 북한에 대한 인식이 같지 않으며 그 차이의 정도나 형태가 시기별로 다르다는 점을 발견할 수 있다. 즉 1996년에는 전반적으로 20~30대가 40~50대에 비해 긍정적인 성향을 보이지만 전체적으로 세대별 차이가 크지 않고 대부분 긍정적인 인식을 드러냈다. 반면 2003년 응답은 이와 눈에 띄게 다른데, 1996년과 비교해 20대와 30대는 비슷한 태도를 보였지만 40대와 50대 이상층에서 부정적 시각이 크게 늘었다. 그 결과 2003년은 젊은 층이 포용적이고 50대 이상의 세대는 매우 비판적인 태도를 보이는 양상이었다.

2010년 응답은 이와는 또다른 모습을 나타내는데 20대의 북한인식이 상당히 부정적으로 변화해 50대와 비슷해진 반면, 30대와 40대가 상대적으로 긍정적인 태도를 나타냈다. 2010년 응답은 현재 북한과 관련해 20대와 50대가 상대적으로 보수적이고 비판적인 시각을, 30대와 40대가 상대적으로 진보적이고 긍정적인 인식이 있음을 보여준다. 세대와 북한인식의 관계가 일률적으로 제시되기 어렵고 시기별로 다른 조건들의 영향을 고려해 설명해야 할 문제임이 여기서 확인된다. 적어도 젊은 세대일수록 진보적일 것이라거나, 세대간 갈등과 격차가 심해지리라는 선입견은 근거가 뚜렷하지 않다는 점이 분명하다.

그렇다면 세대별로는 북한에 대한 태도가 어떻게 변화하는가. 이를 다른 자료를 통해 확인하기 위해 2007년 이후의 시계열별 자료를 검토해보았다. 여기에서도 모든 세대를 통틀어 협력대상이라는 응답이 가장 높은 비율을 차지해, 세대 간 차이에 앞서 공통적인 인식 유형을 확인할 수 있다. 좀더 자세히 살펴보면 지난 몇년간의 변화가 세대별로 다르다는 점도 알 수 있다.

특징적인 점은, 2007년 이후 5년간 모든 세대에서 북한에 대한 부정적 태도가 강화되었다는 사실이다. 특히 그 가운데서도 20대의 변화가 두드러진다. 즉 2007년 이후 20대의 북한인식은 꾸준히 그리고 매우 뚜렷하게 부정적인 방향으로 변화했고 그 결과 2010년 및 2011년 시점에서는 50대 이상층보다도 오히려 더 비판적인 태도가 등장했다. 이 때문에 '20대의 보수화'가 진행된다는 논의가 개진된 바 있고 이를 둘러싼 토론이 이루어지기도 했다. 20대의 사회의식 전반이 보수화한다고 보기는 어렵지만 북한에 대한 태도 면에서 부정적 인식이 커져간다는 점은 특기할 만한 일이다.

한편 학력집단별로 북한을 바라보는 관점의 차이를 살펴보면 대체로 학력수준이 낮을수록 부정적인 태도가 드러난다. 조사 결과, 저

학력층일수록 부정적이고 고학력층일수록 긍정적 인식이 높아지는 패턴이 비교적 일관되게 나타났다. 하지만 연도별로는 다소 차이도 보이는데 1996년에 비해 2003년에 학력에 따른 차이가 훨씬 더 커졌고 2010년에는 고졸 이상의 학력층에서 그 차이가 거의 없는 형태로 변화해왔다. 중졸 이하의 층에서도 1996년에는 긍정적 대북관이 확인되었는데 2003년에는 매우 부정적 태도로 바뀌었고 2010년에는 2003년보다는 완화되었지만 여전히 부정적 반응이 주였다. 학력집단별 차이와 관련해 주목할 것은, 다시 강조하건대, 상대적이긴 하지만 고학력층일수록 대북인식이 긍정적이고 포용적인 면이 있다는 사실이다. 시기별로 다소 차이는 있지만 대체로 고졸 이하와 대졸 이상의 층에서 의식 차이가 뚜렷하게 나타나는 것을 보면, 대학의 경험이 어느정도 영향을 미쳤을 수 있다. 소위 386세대론이 단순히 연령집단을 의미하는 것이 아니라 대학생으로서의 세대경험을 내포했던 것처럼, 대학경험은 남북관계에 대한 사회의식에 중요한 변수라고 해도 무방하다. 흥미롭게도 "학력수준이 높을수록 친북좌파의 말에 속아넘어가는 경향"이 있다고 비난하는 보수단체의 신문광고는 이런 학력효과에 대한 인식이 대중적으로도 널리 퍼져 있음을 보여준다. 하지만 이를 남한의 대학진학률이 전세계적으로 높다는 사실과 함께 고려한다면 학력이 미치는 차별화 효과는 상대적으로 낮게 볼 수도 있다. 즉, 진학 가능한 연령층의 90퍼센트 가까이가 이미 전문대학 이상으로 진학하고 있으므로 30대 이하에서는 학력의 차별화 효과가 그다지 크지 않을 수 있다. 실제로 2010년 조사에서는 2003년에 비해 대학졸업자와 고졸 이하 층 사이의 인식 차가 많이 줄어든 것으로 나타났다.

하지만 학력변수가 북한에 대한 긍정적 인식을 갖게 만드는 기제가 무엇일지는 좀더 분석해볼 필요가 있다. 언뜻 북한의 실상을 좀더 정확하게 이해함으로써 생기는 진보적 태도를 상정할 수도 있지만, 다른 한편으론 남한정부의 대북정책이 갖는 이데올로기적 편협함에 대한 비판이 주된 이유일 수도 있다.

여기에 남북문제가 지나치게 국제적 요인, 특히 한미동맹 차원에서 규정되는 현실에 대한 비판적 인식이 북한의 입장을 좀더 이해해주려는 시각을 강화했을 수도 있다. 최근 젊은 세대에게서 북한에 대한 비판적 인식이 늘어나는 현상도 북한에 대한 평가의 기회 자체가 뒤늦게 주어진 탓으로 설명될 수 있다. 한미관계에 대해 긍정적 인식이 늘어나고 특히 젊은 세대에게서 그 경향이 뚜렷하다는 점도 세계화 속에서 한반도문제를 사고하려는 객관적 시야가 확대되고 있음을 말해준다.

소득계층별로 보면, 소득이 100만원 이하라고 응답한 최저소득층에서는 대북인식 변화의 진폭이 가장 크게 나타났으며, 200만원에서 400만원 미만의 소득층에서도 각각의 조사에 따라 많은 차이가 드러난다. 특이한 사실은 소득수준이 400만원 이상이 되는 상위층에서는 긍정적 인식의 비율이 높을 뿐 아니라 1996년에 비해 크게 변화가 없다는 점이다. 이는 고소득층의 경우 사회적·경제적 환경변화에 따라 크게 유동적이지 않기 때문이라 볼 수도 있고, 고학력층과 유사하게 좀더 진보적 성향을 띠기 때문이라고 해석할 수도 있다. 여기서 고소득층이라 해도 그 조건이 월소득 400만원 이상인 자에 해당하는 것이어서 실제로는 중상위계층일 뿐 최상위 부유층을 대표하는 것은 아니다. 그런 점에서 한국사회에서 고학력·고소득 층이 북한에 대해 상대적으로 포용적이고 긍정적인 인식을 드러내는 것은 현단계 한국 중간계층의 역사의식과 사고경향을 반영하는 것으로 해석할 수 있다. 중산층의 경제적 기반이 약화되고 학력 인플레가 심한 가운데 교육이 점차 부담으로 다가오는 현실에서 이들 중간집단의 대북인식이 내내 유연할 수 있을지는 앞으로 주목해볼 과제의 하나다.

2. 통일에 대한 태도

2000년대 중반 이후 대북의식이 크게 변하면서 북한과 관계 개선이 매우 중요하다는 인식이 높아지는 추세다. 그럼에도 불구하고 각종 연구조사에 따르면 통일의 시급성이나 절박성에 대한 국민의식은 오히려 약화되는 것으로 나타났다. 일례로 통일에 대한 태도를 '경제사정이 나빠지더라도 통일은 빨리 이루어지는 것이 좋다'라는 질문에 대한 응답을 통해 살펴보았다.[73] 이 질문에 대해 반대라는 응답은 1996년 28.8퍼센트, 2003년 45.6퍼센트, 2007년 49.6퍼센트로 늘었고 찬성이라는 응답은 1996년 43.9퍼센트, 2003년 32.8퍼센트, 2007년 23.3퍼센트로 줄었다. 이는 통일을 다른 어떤 가치보다도 우선하는 견해가 점차 약해진다는 점을 반영한다.

해석해보자면, 지난 십수년간 통일이 경제에 미칠 영향에 대해 많은 사람들이 점차 현실적으로 생각하게 된 것이라고 볼 수 있다. 여기서는 우선, 성별에 따른 인식의 변화가 두드러지게 나타난다. 1996년에는 이 질문에 대해 부정적으로 답변한 남성의 비율이 여성의 비

73 국민의식조사의 시계열적 분석을 위해서는 동일한 문항의 반복적 조사가 이뤄져야 하는데, 최근의 조사들은 '통일이 얼마나 필요한가' 혹은 '통일에 대한 당신의 견해는 무엇인가'라는 좀더 직접적인 질문을 이용한다. 1996년 및 2003년 자료와 비교하기 위해 같은 문항을 제시한 2007년 서울대 사회발전연구소 조사자료를 사용해 분석하려 한다.

율보다 높았으나, 2003년과 2007년 조사에서는 반대하는 여성의 비율이 반대하는 남성의 비율보다 높게 나타났다. 경제활동에서 느끼는 부담이 통념상 남성에게 더 많이 작용했지만 최근 10년의 기간 동안 여성 역시 가계경제활동에서 느끼는 부담과 압력이 크게 증가한 결과로 보인다. 반면, 경제적 어려움을 감내하면서라도 통일이 빨리 이루어지기를 원하는 비율은 남녀 각각 1996년 46.3퍼센트와 41.5퍼센트에서 2007년 25.6퍼센트와 21퍼센트로 거의 절반 수준으로 줄었다. 세대별로는 1996년 이후 특히 40, 50대에서 찬성비율이 점차 낮아졌는데, 이 또한 그들의 경제활동에서 긴장도가 작용한 탓으로 보인다.

이 문항에 대한 태도가 지난 10년여에 걸쳐 어떻게 변했는지를 좀 더 명확하게 확인하기 위해, 각각의 응답에 값을 주어 각 집단별 태도를 정량화해보았다. 이 정량화는 흥미로운 사실을 보여준다. 즉 각 연도마다 통일우선론에 공감하는 비율은 세대별로 큰 차이가 없다는 점과 1996년 이후에는 통일우선론에 반대하는 견해가 세대를 막론하고 확대되었다는 점이 확인된다. 수치를 중심으로 말하면 1996년도에는 모든 값이 (+)로 나타나지만 2003년과 2007년에는 모든 값이 (-)로 나타난다. 이것은 경제에 다소 어려움을 주더라도 통일은 추구되어야 한다는 생각에 대해 비판적인 시각이 꾸준히 강화되어왔음을 뜻한다. 이런 변화는 통일의 과정이 남한경제에는 부정적인 영향을 미칠 수도 있다는 사실에 대해 민감해졌음을 말하며, 또한 통일을 경제적 변화와 연결해 이해하려는 현실주의 시각이 확대됨을 의미하기도 한다. 특히 이런 시각은 경제상황이 어려울수록, 시장에서의 경쟁과 퇴출압력을 강하게 받는 층일수록 강해질 수 있을 것이다. 정치적·사회적 쟁점에 대해 기성세대와는 다른 의식을 지닌 20

대에서조차 동일한 경향이 강화된다는 점은 주목할 만하다.

통일의 필요성과 절실함에 대해 다른 문항을 통해 조사한 데에서도 이와 비슷한 결과가 나타난다. 서울대학교 통일평화연구원이 2007년부터 2011년까지 '남북한 통일이 얼마나 필요하다고 생각하십니까'라는 문항을 이용해 실시한 설문조사에서 '통일이 필요하다'라는 응답은 2007년에 63.8퍼센트였으나 2011년에는 53퍼센트였다. 반면 '필요하지 않다'라는 응답은 2007년 15.1퍼센트였으나 2011년에는 21.3퍼센트로 증가했다. 전체적으로는 6~10퍼센트 수준의 변화이지만 '매우 필요하다'라는 응답은 감소하는 반면 '전혀 필요하지 않다'라는 응답이 증가했다는 점은 시사점이 있다.

더불어 이 변화의 추세에 주목할 필요가 있다. 특히 세대별로 구분해보았을 때, 20대와 30대에서 통일에 대한 적극적 태도가 두드러지게 감소한 반면, 비관적 인식이 늘었다는 점이 확인된다. 특히 20대의 부정적 인식이 눈에 띄게 증가했다. 40대의 경우는 부정적 답변이 2007년과 2011년 조사 사이에서 크게 다르지 않게 나타났으며, 50대의 조심스런 자세도 이전의 조사결과와 크게 다르지 않았다. 또한 2011년에 들어서는 고졸 이상의 응답자가 부정적으로 응답하는 경향이 두드러졌으며, 여기에는 지속적인 경제침체 등이 통일에 대한 인식에 영향을 미쳤을 것으로 판단된다. 이와 비슷하게 '통일을 서두르기보다 여건이 성숙되어야 한다' 혹은 '현재대로가 좋다'라는 응답이 증가하고, '어떠한 댓가를 치르더라도 가능한 빨리 통일이 되는 것이 좋다'라는 응답이 감소하는 양상에서도 통일의 필요성에 대한 인식과 유사한 흐름을 발견할 수 있다.

학력집단별로 이 차이가 어떻게 나타나는지를 보여주는 것이 270면의 〈그림 1〉이다. 〈그림 1〉을 보면, 통일의 시급함과 절박성에 대한

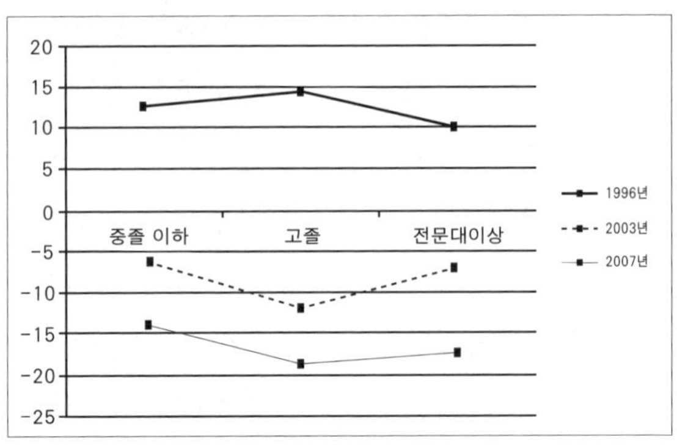

〈그림 1〉 학력별·연도별 통일의 필요성 인식
"경제사정이 나빠지더라도 통일은 빨리 이루어지는 것이 좋다."

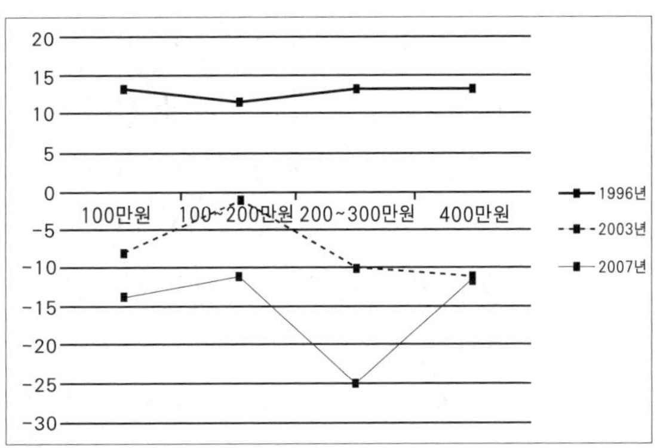

〈그림 2〉 소득수준별·연도별 통일의 필요성 인식
"경제사정이 나빠지더라도 통일은 빨리 이루어지는 것이 좋다."

태도에서 학력별 차이는 그다지 크지 않아, 조사 시점이 같다면 학력 집단 간에는 그다지 큰 차이가 발견되지 않음을 알 수 있다. 다만 연도별로는 역시 뚜렷한 변화가 확인되는데 1996년에 (+)로 나타난 것이 2003년에는 (-)로 바뀌었고 2007년에는 그 (-)값이 더욱 커졌다. 이는 과거에 비해 통일이 경제에 미칠 영향력에 대해 더욱 민감해진 반면, 경제적 어려움이 있더라도 통일을 달성해야 한다는 의식은 학력수준에 관계 없이 지속적으로 낮아졌음을 보여준다.

이 질문은 계층과 연관성이 높을 수 있을 것으로 보이는데, 소득수준별로 응답의 차이를 나타낸 것이 바로 〈그림 2〉다. 〈그림 2〉는 1996년에 비해 2003년이, 2003년에 비해 2007년이 전반적으로 부정적인 답변 쪽으로 바뀌어간다는 점을 보여준다. 즉 1996년에는 전체적으로 (+)로 나타난 응답이 2003년에는 (-) 수준으로 돌아서고 2007년에는 그 (-)값이 훨씬 더 커져, 경제사정에 부정적인 영향을 미칠 통일에 대해 우려하는 경향이 높아진다는 점을 감지할 수 있다. 이와 함께 지난 10년간 소득수준에 따른 견해 차이가 커졌다는 점도 알 수 있는데 특히 200~300만원 소득수준에 해당하는 층, 즉 일반적으로 우리 사회의 중산층을 이룬다고 볼 수 있는 층에서 소극적이고 회의적인 견해가 커져왔다.

여기까지의 내용을 보면, 통일의 필요성은 여전히 공감하더라도 이를 당위적 목표로 보기보다 사회적·경제적 차원에서 현실적으로 고려하려는 경향이 커지는 것이 아닌가라는 질문을 던질 수 있다. 실제로 이런 현실주의적·실용주의적 시각의 확산은 다른 차원에서도 확인된다.

3. 미국에 대한 인식

북한 및 통일 문제는 미국과 별개로 고려할 수 없는 국제적 쟁점이기도 하다. 특히 미국은 한반도의 국가성립 과정에서부터 밀접하게 연계되어 있는 대상이면서 동시에 냉전체제 아래 구축된 동아시아 지역질서를 규정하는 기본적인 힘의 근원이기도 하다. 한국전쟁

와중에 형성된 한미동맹은 지금까지도 한반도의 정전체제를 유지하고 군사충돌을 관리하는 가장 중요한 기제로 작용하고 있고 분단체제 아래 남한경제가 발전하게 된 미국의 후원이 큰 역할을 했던 것도 사실이다. 동시에 미국에 대한 인식은 주변국과의 역학관계 등 이해(利害)에 따라 시기별로 변화해왔다. 특정 대상, 특히 강력한 외국에 대한 집단적 태도는 이성적 판단과 정서적 느낌 면에서 시시각각 달라질 수 있기 때문이다. 2000년대에 중국의 부상과 북한의 핵개발을 겪으면서, 한반도에서 중국이 지니는 중요성이 두드러지게 부각되는 것도 사실이지만 미국에 대한 인식은 북한과 통일을 바라보는 시각 및 태도와 여전히 매우 밀접하게 연결되어 있다.

미국에 대한 정서적 판단을 알아보기 위해 2003년과 2007년에 걸쳐 두차례 '미국이라는 국가에 대해 어떤 느낌을 갖냐'는 질문을 던졌다. 이 조사들은 논리적 판단이나 정책적 고려에 앞서 정서적으로 떠오르는 집단적 호불호의 감정을 확인하고자 한 것인데, 실제로 대중들의 반응에는 이런 집합적 정서가 적지 않은 영향을 미친 것으로 나타났다. 일반인 입장에서 미국에 대해 거부감이나 호감을 갖게 되는 계기는 매우 다양할 것이며 그 근거도 특수할 수 있을 것이다. 여기서 집합적으로 어떤 유형을 발견할 수 있다면 중요한 사회적 사실이 될 수 있다.

조사결과를 보면, 2003년에는 미국에 대해 '매우 거부감'을 갖는다는 반응이 15.5퍼센트, '거부감'을 느낀다는 반응이 26.4퍼센트로 나타났다. 18.9퍼센트의 '호감'과 5.6퍼센트의 '매우 호감'과 대비해 보면 거부감을 느끼는 비율이 훨씬 높다. 반면 2007년에는 미국에 대해 '매우 거부감'과 '거부감' 비율이 각각 3.0퍼센트, 17.6퍼센트였으며, '호감'과 '매우 호감'은 38.8퍼센트, 4.1퍼센트였다.

2002년 초 동계올림픽 김동성 선수 사건, 같은 해 월드컵을 통해 확산된 국가적 프라이드 향상, 미선이·효순이 사건과 광화문 촛불시위로 촉발된 대미 비판, 이라크에 대한 미국의 일방적 태도에 대한 반감 등은 2000년대 초반 한국사회에서 미국에 대한 거부감이 강하게 나타나게 된 요인이었을 것이다. 그렇지만 2007년 조사는 반미의식에 대한 당시 국내의 우려와는 다르게 미국에 대한 정서가 상당히 긍정적으로 바뀐 것으로 나타났다.

세대별로 그 변화를 살펴보기 위해 각 응답에 가중치를 주어 이미지의 긍정성과 부정성을 정량화한 것이 274면의 〈그림 3〉이다. 이 그림에서 보듯 2003년에는 미국에 대한 이미지가 세대별로 상당한 차이를 보여 우선 50대 이상이 '상당히 좋은 이미지를 뜻하는' (+)값을 나타냈다. 40대는 그보다는 낮은 (+)값을 나타낸 것에 비해, 30대는 매우 낮은 (-)값을, 20대는 그보다 훨씬 낮은 (-)값을 보인다. 그래프를 보자면 그 차이가 기울기 심한 직선 모양을 나타내 미국에 대한 이미지와 세대 사이에 뚜렷한 상호관계가 있었다고 말할 수 있다.

이에 비해 2007년 그래프는 그 양상이 매우 다르다. 우선 2003년과 2007년 사이에 50대 이상 세대에서는 그다지 큰 차이가 나타나지 않는다. 뿐만 아니라 2007년에는 대미인식의 긍정성 정도에서 세대별 차이가 거의 보이지 않을 정도로 유사한 모습이 나타난다. 결국 젊은 세대로 내려갈수록 이 기간 동안 대미인식에 상당히 큰 변화가 생겼다는 것으로 설명 가능하다. 특히 미국에 대해 부정적 인식을 지녀온 20대와 30대에서 상당히 큰 폭의 변화가 나타났다고 볼 수 있다. 학력별로 그 차이를 살펴본 〈그림 4〉에서도 기본적으로 유사한 패턴이 확인된다. 즉 2003년에는 학력이 낮을수록 미국에 호감을 보이고 학력이 높아질수록 미국에 대한 거부감이 눈에 띄게 커졌으나 2007년

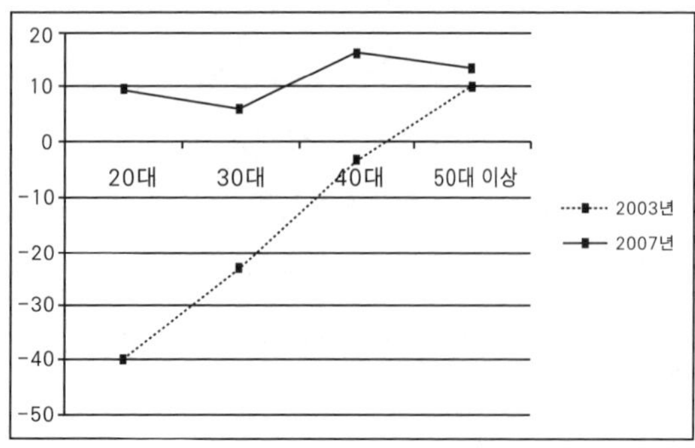

〈그림 3〉 세대별 미국에 대한 호감도

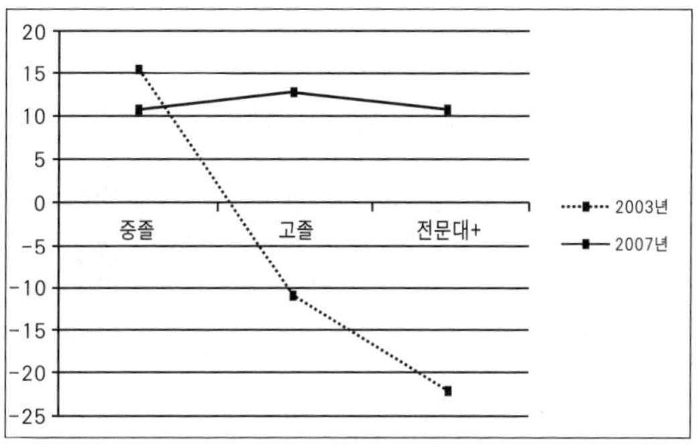

〈그림 4〉 학력별 미국에 대한 호감도

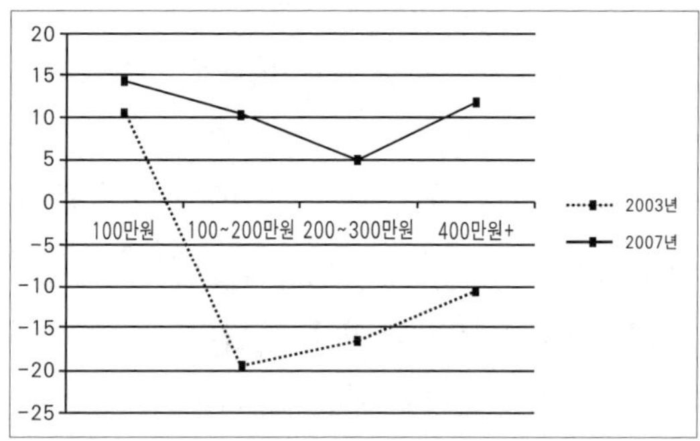

〈그림 5〉 소득별 미국에 대한 호감도

에는 학력 간 차이가 거의 나타나지 않는 모습이다. 역시 고학력자층의 대미인식이 부정적인 데서 긍정적인 방향으로 크게 변모했음을 의미하는데 이런 전환의 이유에 대해서는 별도의 분석이 필요하다.

〈그림 5〉는 소득별 차이를 나타낸 그래프다. 여기서는 저소득층과 고소득층이 미국에 대해 긍정적인데 200~400만원 수준의 중간층은 상대적으로 부정적인 패턴을 볼 수 있다. 여기서 중요한 변화도 나타나는데 전반적으로 2003년의 대미인식에 비해 2007년의 그것이 모든 소득계층에서 똑같이 긍정적인 방향으로 변모했음을 알 수 있다. 2003년에는 최저소득층이 거부감 24.4퍼센트, 호감 41.9퍼센트로 가장 긍정적인 대미인식을 보였고, 나머지 소득층에서는 강한 거부감이 드러났다. 한편 2007년에도 미국에 대한 호감도는 최저소득층이 제일 높게 나타났지만 소득계층별 격차는 크게 줄어들었다. 100만원 이상 200만원 미만 소득층의 대미인식이 긍정적으로 바뀐 정도가 크다는 점이 특징이다.

2003년과 2007년의 조사결과를 비교할 때 이 기간 동안 세대별·학력별·소득별 대미인식의 격차는 많이 줄어들었으며, 이로써 상당히 긍정적인 방향으로 변해왔다고 할 수 있다. 미국에 대한 전반적인 이미지 개선은 다른 조사에서도 비슷하게 확인된다. 서울대학교 통일평화연구원이 2007년부터 매년 주변국에 대한 이미지에 대해 조사한 결과를 볼 때에도 동일한 경향이 나타난다.

2007년 통일의식조사에서는 미국, 일본, 북한, 중국, 러시아 중 '어느 나라를 가장 가깝게 느끼십니까'라는 질문에 53퍼센트가 미국이라고 응답했는데 2011년에는 이 수치가 68.7퍼센트까지 높아졌다(박명규 외 2011). 대미인식 변화는 친밀도만이 아니라 위협인식을 통해서도 파악될 수 있는데 '한반도 평화에 가장 위협적인 나라가 어느 나라인가'라는 질문에 2007년에는 21퍼센트가 미국, 36퍼센트가 북한이라고 응답했다. 반면 2011년에는 46퍼센트가 북한, 33.3퍼센트가 중국이라고 응답했고 미국이 가장 위협적이라고 응답한 경우는 9퍼센트에 그쳤다. 이처럼 2000년대 초중반 미국에 대해 부정적이던 20, 30대조차도 2007년과 2011년 사이에 미국을 가장 가까운 나라라고 응답하는 비율이 눈에 띄게 증가했다. 반면 모든 세대에서 북한과 중국을 가장 가까운 나라라고 응답하는 비율은 눈에 띄게 감소했다. 이 기간 동안 북한에 대한 친밀도나 호감도는 떨어지고 미국에 대한 시각은 긍정적으로 변화된 셈이다. 이는 한반도의 분단과 통일을 바라보는 인식에 적지 않은 전환이 생긴 것이라 볼 수 있다.

4. 결론

이상에서 보듯 북한에 대한 인식, 통일에 대한 태도, 미국에 대한 견해 등에서 세대별·학력별·계층별 차이가 일정하게 나타난다. 세대변수를 보면 20대와 50대가 북한에 대해 비판적 시각을 강하게 드러내는 데 비해, 30대와 40대는 상대적으로 포용적인 견해를 피력한다. 특히 지난 10여년간의 변화추세에서 20대의 태도가 많이 달라졌다는 점을 눈여겨볼 필요가 있다. 20대의 이런 인식은 반드시 사회적·정치적 의식 일반의 보수화를 반영한다기보다 그들의 개방주의적이고 개성추구적인 태도가 북한체제에 대해 비판적인 시각을 강화한 결과라고 여겨진다.

학력집단의 측면에서 보면 대체로 학력수준이 높을수록 북한에 대해 긍정적 태도를 보이는 경향이 있었는데 최근에는 고졸 이상의 학력층에서는 그 경향이 대동소이하다. 현재 남한의 학력수준이 대체로 평균 고졸 이상이라는 점을 고려하면 적어도 북한문제와 관련해 학력변수의 영향력은 점차 약화될 가능성도 있다. 마지막으로 계층변수에서도 하위층과 고소득층에서 상대적으로 긍정적 반응이 높고 중간층이라 할 계층에서는 보수적이거나 부정적인 태도가 더 크게 나타나는 양상이다. 하지만 세대변수에 비해 계층변수는 그다지 뚜렷하지 않고 그 차이도 오히려 축소되는 경향이다. 적어도 지금까지는 북한·통일 문제가 계층구조에 미칠 효과, 각 구성원의 경제적 조건에 어떤 결과를 가져다줄지에 대한 근거있는 태도나 계층적 의식이 형성되지는 않은 듯하다. 하지만 앞으로 이 문제가 좀더 구체적인 쟁점으로 부각되면 세대·학력집단·계층 간 갈등이 더욱 심화될 가능성이 언제나 존재한다. 이렇게 볼 때 남북관계를 동질적인 남한과 동질적인 북한의 양자관계로만 파악하는 것은 적절치 못하다. 남한 내부에서도 사회집단별로 그 이해과 관심이 다르며 시기별로 변화의 경향도 존재한다는 점을 고려하면서 남북관계를 정교하게 설명하는 작업이 필요하다. 특히 젊은 세대가 지닌 생각의 흐름과 중산층의 태도 변화에 유념하면서 대북정책과 통일논의를 준비해나가야 할 것이다.

제4부 통일과 평화, 어떻게 준비할까

제10장

통일평화와 녹색평화

2011년은 한반도는 물론이고 세계사적으로도 특기할 만한 해다. 이와 관련해 인류의 미래에 대해 회피할 수 없는 공통의 문제를 돋보이게 한 몇가지 사건을 떠올려보자. 첫째, 2011년 3월 11일 일본 동북부의 지진과 쓰나미, 뒤이은 후꾸시마원전 사태는 구소련 체르노빌원전 폭발 이래 가장 큰 핵재앙이었다. 일본은 쓰나미로 인한 1만 5000여명의 인명피해(4000여명 실종)뿐 아니라 그보다 훨씬 심각한 핵물질 오염의 피해를 아직까지 겪고 있다. 안전에 관한 한 세계제일이라 자부하던 나라에서 일어난 이 엄청난 핵재앙은 핵에 대한 전지구적 경각심을 불러일으켰다. 독일은 핵발전전략을 폐기하는 정책전환을 결정했고 그밖의 많은 국가들이 원전설립계획을 다시 신중하게 검토하는 모습을 보였다.

2011년을 특징짓는 또하나의 사건은 뉴욕에서 촉발된 '금융자본주의에 대한 저항'의 움직임이다. 시위대는 '월가를 점령하라'

(Occupy Wallstreet)라는 구호 아래 금융자본의 탐욕과 도덕적 해이를 향해 분노를 쏟아냈고, 이는 세계경제의 위기와 맞물려 인류공동체의 미래에 대한 근본적 성찰로 이어졌다. 이 운동은 현란한 경영기법으로 치장한 신자유주의의 성장전략이 실제로는 절대다수의 궁핍과 중간층의 몰락을 가져온다는 인식을 상징하는 아이콘이 되었다. 이 흐름은 2012년 1월 현재 여전히 이어지고 있으며, 이후 전세계 곳곳에서 세계경제 둔화 조짐과 미국 헤게모니의 약화를 틈타 더욱 강력하게 재현될 것으로 보인다.

세번째, 장기간 집권하던 독재자들이 상당수 권좌에서 쫓겨난 일이다. 중동과 아프리카 지역에서 일어난 소위 '자스민혁명'은 삽시간에 전역을 뒤덮었다. 리비아의 카다피(M. Gaddafi)는 반군의 저항과 민중의 이반으로 참혹한 최후를 맞이했다. 이집트의 무바라크(Ḥ. Mubārak) 역시 오랜 절대 지배자의 위치에서 쫓겨나 법의 심판을 기다리고 있다. 뉴스위크를 비롯한 세계 언론은 이들 민중혁명이 비서구사회 전반에 어떤 사회적·정치적 파급효과를 가져올지 주목하고 있다. 부르주아 없는 민중혁명이 안정된 민주주의로 귀결되는 경우가 많지 않았다는 점에서 이들 사회의 향배는 경제상황이 어떻게 진행될 것인가에 크게 영향받을 것으로 보인다. (민중의 저항에 의한 것은 아니지만 북한 김정일도 2011년을 얼마 남겨놓지 않은 때에 사망함으로써 이 해에 사라진 절대권력자 명단에 이름을 올렸다.)

마지막으로 2011년은 모바일 정보기술이 의사소통과 집단행동에 전례없는 가능성을 제공해준 해로 꼽힐 것이다. 인터넷을 기본 망으로 활용하면서 스마트폰과 태블릿PC 등으로 무장한 세대들은 트위트와 페이스북 같은 SNS를 통해, 얼마 전까지도 상상할 수 없었던 변화를 만들어냈다. 그 결과 한국사회에서는 제도권력이 약화되고 자율적 담론장의 영향력이 급증했고, 이와 관련해 선거법을 비롯한 기존의 정치방식 전반을 재조정하지 않을 수 없게 되었다. 극단적 폐쇄사회인 북한에서도 이미 휴대전화 보급대수가 100만에 육박한다는 보고가 있고 강력한 통제에도 불구하고 외부의 다양한 문화콘텐츠가 소비되고 있다는 소식이다. 바야흐로 정보기술사회의 여러 특징이 사적 영역은 물론이고 공적 영역에까지 심대한 변화를 가져올 것으로 예상된다.

이상의 네 사건은 모두 개별적이면서 동시에 상호 밀접하게 연관된 시대적 과제를 잘 드러낸다. 한마디로 21세기형 발전전략의 재구성에 필요한 중요한 쟁점들이 이 사건들을 통해 드러났다. 핵발전에 의존하는 에너지전략, 시장경쟁을 금과옥조로 삼는 신자유주의적 성장전략, 강력한 지도자로 표상되는 정부 주도의 상의하달식 지배구조가 지닌 근본적 문제점이 드러난 것이면서 동시에 모바일혁명이 바꿔내는 시민사회의 공론장, 네트워크적 결집 효과 등이 드러난 것이다. 이 쟁점들은 전세계적으로나 한반도 차원에서나 회피할 수 없는 과제이자 중요하게 고려해야 할 조건이다.

1. 대전략이 필요한 시대

세계와 한반도의 시간을 함께 고려할 때 2010년대는 한반도에 매우 중대한 역사적 전환이 일어날지 모른다. 어쩌면 이 전환이 이미 시작되었는데 낡은 틀에 사로잡힌 우리가 그 시급함을 감지하지 못하는 것일 수도 있다. 낯익은 방식과 해석으로 설명이 불가능한 상황이 점점 늘어나고 이전에는 상상하기도 어려웠을 활동과 실천, 소통이 가능해지고 있는 것 자체가 그 전환의 징조일 수 있다. 특히 한반도의 경우는 이런 안팎의 변화요소가 매우 밀도있게 응축된 채 강력한 자기동력을 행사하고 있는 탓에 앞으로 어떤 전환의 계기들이 만들어질지 기대감과 우려감을 동시에 내놓지 않을 수 없다.

물론 이 역사적 전환의 내용이 '선진화'로 귀결될지, '포스트 근대화'로 불리게 될지, '통일시대로의 이행'으로 규정될지, 아니면 '위기의 시대'가 될지는 확언하기 어렵다.[74] 다만 이전 시대와 질적으로 구분되는 시대를 향해 변해가는 것만은 분명하다.

이런 맥락에서 장기적 비전, 공동체의 목표가치의 중요성을 생각하지 않을 수 없다. 지난 20세기를 되돌아보면 한국사회에는 국가건설, 산업화, 민주화라는 매우 뚜렷한 집합적 목표가 있었다. 따라서 모든 변화과정을 이들 목표의 성취 정도로 평가하고 서술하는 것이 가능했다. 그렇다면 급격한 변화를 겪는 2010년대 한국사회에서 장기적으로 지향하는 목표는 무엇이며 성취하고자 하는 가치는 무엇인가. 어떤 기준을 바탕으로 눈앞의 변화와 정책을 평가하고 조율할 것인가. 과연 지난 시기 국가건설, 산업화, 민주화 같은 수준에서 미래를 조망하고 실천해갈 큰 전략적 목표나 비전이 있는가.

역사적 비전, 특히 미래를 향한 목표가치는 단순히 주어지거나 당위적으로 설정될 수 있는 것이 아니며, 각 사회의 조건을 바탕으로

74 이런 흐름은 여러 형태로 포착된다. 기존 발전모델의 지속가능성에 문제를 제기하는 여러 논저나 한국형 발전전략을 구성하려는 여러 시도는 모두 이런 시대상황을 염두에 둔다. FTA나 세계화, 기후변화 등에 대한 여러 논의도 각각의 입장 차와는 무관하게 새로운 상황을 맞았다는 점에서는 공감대를 이룬다. 남북관계에서도 '분단체제의 흔들림'을 이야기하는 백낙청과 '선진한국모델'을 주창하는 박세일(朴世逸) 사이에서 역사적 전환기에 대한 민감한 반응을 발견할 수 있다. 새로운 성장 패러다임을 찾으려는 경제단체의 주장이나 여러 형태의 통일론을 구상하는 정책연구기관들의 시도도 이런 '새로운 시대'에 대한 예감을 반영한다.

집합적으로 구성되고 만들어지는 것이다. 그런 점에서 2010년대는 한반도 구성원들이 미래를 향해 투사할 만한 가치를 탐색하고 만들어내야 하는 가치창조의 시기이기도 하다. 이를 위해서는 너무 추상적인 이상론에 치우치거나 역으로 당장의 문제해결에 급급한 정책론에 경도되는 것을 넘어서야 한다. 현실을 중시하되 장구한 역사의 흐름과 전지구적 맥락을 조망하는 다층적 시공간 감각에 근거해 공통의 비전과 가치를 구성하는 작업이 필요한 것이다. 당대 세대의 이해관계에 한정되지 않고 다음 세대까지도 고려하는 책임감과 열린 미래의식, 한반도 공간을 넘어 동북아와 전지구적 공간을 아우르는 사유의 폭, 그리고 한반도의 특수성 못지않게 세계사적이고 문명론적인 문제들을 포괄하는 깊이가 필요함은 두말할 필요가 없다.

제10장은 21세기 한반도에 필요한 기본적 목표가치로서 통일과 평화, 그리고 녹색 가치를 상정하고 이 가치들을 연결하는 구상을 시도한다.[75]

2. 발전 패러다임의 성찰

20세기 한국사회 발전론의 핵심은 근대화 패러다임을 바탕으로 크게 세가지 가치의 실현을 위해 전사회구성원의 역량을 동원하는 것이었다. 식민지로부터 벗어나 독립된 자주국가를 형성하는 것, 가

75 2009년 12월 민화협 공개심포지엄에서 이 구상을 처음 제기했고 2010년 민화협 심포지엄에서는 '남북한 재난협력' 문제를 좀더 이 맥락에서 검토해보았다. 졸고 「남북정상회담과 녹색평화선언구상」, 민화협 심포지엄 발제문, 2009. 12. 졸고 「녹색평화와 한반도 재난협력」, 민화협 심포지엄 발제문, 2010. 또한 『민족화해』 2010년 3·4월호는 '한반도 녹색평화 공존을 모색한다'는 내용으로 꾸며져 있다.

난과 배고픔의 상태를 딛고 부유한 산업사회로 이행하는 것, 독재와 권위주의를 넘어 모든 주체의 평등과 자율을 보장받는 민주주의를 실현하는 것 등이었다. 국민국가 건설, 산업화, 민주화라는 이 세가지 목표가치는 20세기 이래 한민족이 공유하고 추구해온 발전 패러다임의 핵심이었다고 해도 과언이 아니다.[76] 21세기에 접어들어 10년이 지난 지금도 이들 가치는 여전히 힘을 잃지 않았다. 남북통일을 고려하는 사람에게는 국가형성론이, 선진화와 경제발전을 외치는 사람에게는 산업화 논리가, 체제비판적인 진보론자에게는 민주화의 가치가 여전히 강력한 영향력을 행사한다.

이런 근대화 패러다임은 사실 한반도에서만 힘을 발휘한 것이 아니며 세계사적 보편성을 지닌다. 하지만 한반도의 맥락에서는 좀더 유별난 측면이 없지 않은데 이를 이해하기 위해서는 두가지 시대적 조건을 고려해야 한다. 하나는 동북아시아 탈식민화과정의 특수성이고 다른 하나는 한반도 분단구조 형성이다. 우선 2차대전 이후 새롭

76 국가는 적자생존, 약육강식의 원리가 작동하는 무한경쟁의 국제질서 속에서 살아남아야 하고 그러기 위해서는 경제력과 무력을 키워야 한다는 논리는 20세기 초 이래 국가의 소멸, 해방투쟁, 민족분단과 전쟁, 냉전적 대립을 거치면서 집합적 가치로 체화되었고 국가 주도의 경제성장정책과 IMF 경제위기를 겪으면서 줄곧 지속되어왔다. 특히 분단과 전쟁, 체제경쟁의 시기를 거치면서 한국의 발전전략은 명시적이든 암묵적이든 분단의 틀을 벗어날 수 없었다. 발전의 단위주체를 대한민국으로 간주하는 시각은 적대적 분단상황 아래에서는 선택이었다기보다 주어진 '조건'이었다. 바로 지난 60여년의 역사는 이 조건 위에서 진행되었던 것이다. 국가나 민족의 틀을 넘어 발전을 사고할 여유가 없었음은 두말할 필요가 없다. 안중근(安重根)이 20세기 초 '동양평화론'을 주장하면서 동양 차원의 발전과 공존이라는 가치에 주목했고 일부 지식인과 운동가가 국제연대를 강조한 경우가 없지 않지만 그런 시각들이 힘을 얻기에는 한반도의 20세기가 매우 힘든 고투의 역사였음을 인정하지 않을 수 없다. 이런 속성은 한반도만의 특성이라기보다 동아시아의 공통된 점이라 할 수도 있다. 유럽연합 같은 실험이 여전히 낯선 모습으로 전해지는 풍토가 2012년 현재 한반도 주변의 현실이라 할 것이다.

게 형성된 동북아시아의 질서는 개별 국민국가체제를 근간으로 하면서 미국이나 소련 등 강대국의 동맹이 강조된 것이었다. 따라서 동북아에는 공통의 지역질서가 구축되지 못했는데 이는 유럽의 경우와 매우 다르다. 지역안보체제를 바탕으로 유럽 단위의 내부통합을 의식했던 유럽에 비해 동북아는 개별국가 단위의 대응과 각국 간의 양자관계가 매우 강조되는 특징을 지니게 되었다. 이에 더해 남북한의 분단구조는 매우 중요한 조건을 형성했다. 한반도에는 분단으로 인해 두개의 정치체가 만들어졌고 민족의 이름으로 서로를 부정하는 독특한 적대관계가 출현했다. 한국전쟁은 이런 적대성을 체제 차원을 넘어 사회심리적 차원으로까지 확장하는 계기가 되었다. 이로 인해 분단구조는 국민국가나 발전론을 사고하는 면에서 매우 강한 영향력을 행사했다. 실제로 남북한의 발전론은 체제경쟁의 성격을 강하게 띠었고 그런 점에서 '분단국가 중심적' 발전가치를 당연시하는 논리들을 강화해왔다.

그리하여 20세기 남한사회의 발전 패러다임은 '대한민국을 틀로 하는 국가중심적 발전론'이 되었고 그 결과는 매우 성공적이었다. 2차대전 이후 독립한 국가로서 가난과 전쟁의 비참을 겪은 남한이 반세기만에 OECD에 가입하고 G20 의장국이 될 정도로 발전한 것은 세계사적으로도 유례를 찾기 어려울 정도다. 사회구성원들이 그 변화를 실감했음은 물론이고 국가 주도형 발전모델 중 하나의 전형적 성공사례로 다른 나라로부터 호평을 받았다. 20세기적 발전 패러다임이 여전히 사회적으로 큰 힘을 발휘하는 배후에는 이런 역사의 성공 경험이 자리한다. 특히 사회주의권이 몰락한 1990년대 이후에는 북한과 체제경쟁이 무의미할 정도로 남북관계에서 획기적 전환이 일어났다. 한국사회 경제규모의 확장과 거대기업의 발전, 민주화와 북방정책, 시민사회의 자율성 확장 등은 북한의 폐쇄구조 심화, 경제 위기 지속, 억압적 체제모순과 대비되어 남북관계의 비대칭성을 확대했다.

21세기의 접어들면서 이런 발전 패러다임의 적합성은 눈에 띄게 약화되고 있다. 우선 북한을 더이상 고정적 상수나 무시할 수 있는 환경변수로 취급할 수 없게 되었다. 60년 가까이 유지되어온 남북 간의 적대적 균형, 냉전적 평화상태가 앞으로도 장기간 지속되기는 불가능할 정도로 불균형상태가 커졌다. 이로써 궁극적으로는 남북관계의 안정성이 위협받을 개연성이 커졌다. 북한체제의 장기적 전망이 불안정해지면서 북한이라는 변수를 어떻게 관리하고 조율할 것인가가 남한의 미래발전 구상에서 매우 민감하고도 중요한 문제로 부각되고 있다. 북한 변수를 소극적으로 관리하는 것도 중요하지만, 통일이 한반도의 향후 발전에 어떻게 연결될 수 있을 것인가에 관한 새로운 사고가 필요해진 것이다. 뿐만 아니라 이미 남한은 시장·금융·생산·정보 등 발전의 동력 자체를 전지구적 개방성에서 얻고 있으며 경기변동, 에너지 위기, 기후 및 환경 변화, 심지어 범죄에 이르기까지 모든 문제가 국제사회와 매우 깊이 연계된 개방구조를 지니게 되었다. 노동력의 구성이나 문화적 정체성도 다민족적 변화를 빠르게 경험하는 추세이고 민족주의적 동원논리나 정당화만으로는 감당할 수 없는 새로운 문제가 점점 늘고 있다. 지금까지 발전의 지표로 여겨졌던 요소들이 새로운 위험과 위기를 가져온다는 문제의식도 커지고 있어, 21세기에 걸맞은 발전의 내용을 규정하는 새로운 방식을 마련해야 할 상황을 맞았다. 특히 화석연료의 무한사용에 기초한 발전방식이 위기에 처할 가능성에 주목하지 않을 수 없다. 국토 내에서 에너지원을 찾기 어려운 한국사회로서는 특히 발전론과 환경 및 에너지 문제의 연관성을 근본적으로 재조명해보아야 한다.

이렇게 볼 때 21세기 한반도는 서로 다른 세 방향의 변화를 함께 수용하면서 이 변화들이 긍정의 시너지 효과를 창출하도록 노력해야 한다. 분단국가 중심의 발전론에서 벗어나 남북을 함께 사고하는 통일지향적 시각이 필요함과 동시에, 자민족중심적 폐쇄성에 사로잡히지 않는 전지구적 개방성과 융합화를 적극적으로 추구해야 한다. 뿐만 아니라 화석연료 중심의 기존발전모델의 한계를 넘어 친환경적이고 지속 가능한 발전모델을 준비해가는 녹색화의 길을 준비해야 한다. 민족통합이라는 과제를 부정하지 않으면서도 개방성, 다양성, 탈경계성을 추구하며 동시에 20세기형 발전론의 근대지향성을 넘어설 수 있는 가치지향을 창출해야 한다. 통일과 개방은 일견 서로 긴장관계처럼 보일 수도 있고 녹색과 발전 역시 상호모순적인 것처럼 여겨진다. 하지만 양자를 동시에 진행할 수밖에 없는 현실을 기반으로 미래가치를 추구해야 하는 것이 매우 중요한 관건인 만큼 창조적 전략은 더욱 절실해진다(박명규·이근관·전재성 외 2010).

3. 발전가치로서의 평화, 통일, 녹색

한 사회의 집합적 목표가치는 시대의 조건에 따라 설정된다. 일례로 식민지하에서는 민족해방과 국가건설이 최대의 목표가치였다. 가난과 궁핍의 시대에는 산업화와 경제성장이 그 자리를 점했고 자율과 자존, 인권이 유린되던 억압체제하에서는 민주화와 자율화의 꿈이 영글었다. 20세기 한반도가 처했던 조건과 우리가 추구했던 여러 목표가치는 크게 볼 때 매우 긍정적으로 상호 연결되어 있었던 셈이다. 그렇다면 개방과 통일, 환경의 시대에 우리가 추구할 만한 목표가치는 무엇일까? 이에 앞으로 공유해야 할 기본가치로서 통일평화와 녹색평화라는 두 화두를 제안한다.

1) 통일평화

평화와 통일은 한반도문제를 다루는 사람들에게는 뗄 수 없는 두 가지 화두다. 이 두 개념을 연결할 경우 대부분은 '평화통일'이라는 말을 떠올린다. 평화통일이라는 말이 널리 사용되어온 탓에 낯익은 용어가 되었지만 친숙한 용어가 반드시 현 상황을 해석하는 데 도움이 되는 것은 아니다. 실제로 평화통일이라는 말에서 양자의 관계에 대한 긴장된 사고를 이끌어내는 경우는 많지 않다. 오히려 이를 평화로운 통일, 또는 통일을 이루는 점진적인 방식 수준으로 이해하는 경향이 많다. 하지만 한반도 상황을 염두에 두고 이 두 개념을 연결한다면 '통일평화'라는 방식의 연결이 더욱 타당하지 않을까 싶다. 평화라는 것이 단순히 통일의 수단적 가치만 지니는 것이 아니라 그 자체를 독자적인 목적가치로 설정되어야 한다는 의미가 잘 부각될 수 있기 때문이다.

평화통일과 통일평화의 차이는 각각 그 반대어가 무엇일지를 생각해보면 더욱 분명해진다. 즉 평화통일은 무력통일의 반대어로, 통일의 수단으로서 '무력' 행사를 반대하고 평화로운 통일과정을 강조한다. 반면 통일평화는 분단평화의 반대어로, 분단상태에서 유지되는 소극적 평화를 넘어 통일을 통해 구현되는 적극적 평화를 지향하는 뜻을 지닌다. 이런 의미에서 통일평화는 좀더 근본적이고 항구적인 평화체제로서의 한반도통일을 상정하는 전략적 구상을 포함한다.

하지만 이 조어는 사람들로부터 여전히 어색하다는 반응을 불러일으킨다. 실제로 2008년 기존의 '서울대학교 통일연구소'를 '통일평화연구소'(2012년 1월 현재 '통일평화연구원')로 바꾸었을 때 많은 사람이 왜 평화통일이 아니고 통일평화냐고 물었다. 통일과 평화가 적어도 한반도에서는 뗄 수 없는 동전의 양면과도 같고 양자의 관계도 다른 지역에서 찾기 어려운 독특한 측면이 있기 때문이라고 설명하면, 일견 수긍하는 듯하면서도 고개를 갸우뚱하는 반응이 적지 않았다. 물론 통일평화라는 명칭 그 자체에 대만족을 피력한 사람들도 없지 않았지만 왠지 낯설다는 사람들이 여전히 있고 지금도 연구소 명칭을 '평화통일연구원'이라고 부르는 사람들이 적지 않다.[77] 평화통일은 낯익은 표현이지만 통일평화는 매우 생소한 조어로 다가오기 때문일 터이다. 그럼에도 이 명칭을 굳이 고수하려 한 이유는 통일과 평화의 관계를 좀더 진지하게, 한반도적 맥락에서 해석하고 이를 구체적으로 실현해갈 화두로 삼고자 하는 문제의식 때문이었다. 통일과 평화는 각각 독자적으로 소중한 가치이며 때로는 길항할 수도 있는 가치임을 확인하는 것은 매우 중요하다. 뿐만 아니라 한반도의 특수성에서 본다면 평화를 통한 통일 추진 못지않게 통일을 통한 평화 형성이 매우 중요하다는 점을 인식할 필요가 있다.

비무장지대를 보자. 이는 곧 무력의 균형만이 평화를 지킨다는 현실주의 시각을 뒷받침하는 표본이라 할 수도 있는데, 어쨌든 정전체제 아래의 한반도는 무장대치했음에도 전쟁은 일어나지 않았다는 점에서 한반도는 소극적 평화기를 60년 가까이 유지해왔다고 할 만하다. 이는 냉전체제와 남북대립을 기본 조건으로 하는 위로부터의

77 김지하(金芝河)는 '통일평화'라는 명칭에 대해 깊은 공감을 표시한 바 있다. 김지하 「생명, 평화, 통일」, 서울대 통일평화연구소 심포지엄 〈평화의 시각에서 다시 보는 남북관계〉 2008.10.9.

평화라는 점에서 분단평화라 불러도 좋을 것이다. 20세기 후반 한반도는 바로 이런 분단평화 상태를 통해 소극적이나마 전쟁을 방지하고 무력을 관리해온 것이다.

문제는 이런 분단평화가 장기간 지속적으로 유지되기 어렵다는 점에 있다. 21세기에 접어들면서 현재와 같은 적대적 공존, 분단체제가 그대로 존속될 가능성은 희박해졌다. 탈냉전과 세계화가 초래한 국제환경의 변화도 있고 남북한 사이의 두드러진 비대칭성과 간극 또한 한반도의 불안정성을 심화한다. 냉전체제에서처럼 북한을 고정적 상수로 간주하려는 시도가 성공하기 어려운 것은 이러한 안팎의 변화 때문이다. 또한 이런 냉전적 평화상태를 국제적으로 보장해주었던 정전체제 역시 언젠가는 변화하지 않을 수 없을 것이 분명한데 즉 북미 간, 북일 간 국교정상화가 진전되면 이 문제는 어떤 형태로든 마무리되지 않을 수 없다. 여기서 평화체제로 어떻게 이행될지에는 논란이 있으나 정전체제의 마감이 현재의 한반도 질서에 매우 중대한 변화의 계기가 될 것은 두말할 필요가 없다. 더불어 북한체제의 불안정성 탓에 북한이라는 변수를 어떻게 관리하고 조율할 것인가가 한반도의 미래발전 구상에서 매우 민감하고도 중요한 문제로 부각된다. 그리하여 소극적인 측면에서 북한 변수를 관리하는 것의 중요성뿐만 아니라 한반도 통일이 향후 발전에 어떻게 연결될 수 있을 것인가에 관한 새로운 사고가 필요하다.

이런 점에서 평화를 소극적 차원에서 유지하고 관리하면서 점차 기능적으로 통일을 추구해가는 전략과는 또다른 측면에서 통일을 추구하는 가운데 평화를 모색하는 적극적 구상이 필요하다. 통일을 위해 필요한 것이 무엇인지, 남북화해를 도모하기 위한 가장 큰 과제가 무엇인지를 근본적으로 사고하는 것은 어쩌면 한반도에서 평화를 실현하는 첩경이 될 수도 있다. 이것은 비단 남북관계에서만 그러한 것이 아니며 동북아 지역 차원에서도 마찬가지다. 결국 한반도 분단질서를 그럭저럭 관리함으로써 동북아의 평화를 유지한다는 발상에서 벗어나, 한반도 통일국가 수립을 지지함으로써 분단에서 초래되는 불신과 위험요소를 근본적으로 해소하는 것이 동북아에 진정한 평화공동체를 구성할 수 있는 길이 될 수 있음을 염두에 두어야 한다.

2) 녹색평화

녹색평화라는 말 속에는 녹색가치와 평화지향을 결합하려는 구상이 담겨 있는데 이것은 물론 양자의 단순한 병렬은 아니며 녹색론과 평화론의 흐름을 창조적으로 변형하는 전과정을 포함한다. 다시 말해 이는 녹색발전을 통한 평화형성, 혹은 평화구축을 통한 녹색발전이라는 말로 설명 가능하다. 추상적·부분적 영역에 한정되어 있는 녹색지향과 평화론을 사회 전반의 제도와 실천 영역으로 연결하는 정책적·종합적 기획을 도모하는 일은 21세기 발전에 중요한 내용이 될 것이다.

실제로 녹색가치는 전지구적 차원에서 지속 가능한 발전론을 모색하는 데 핵심요소가 된다. 비록 진전이 더디고 한계가 보이긴 하지만 1992년 토오꾜오의정서와 2009년 코펜하겐 기후회의를 거치면서 환경문제가 전지구적 과제로 부각된 이래 이 문제는 더이상 무시하지 못할 인류의 주요 의제가 되었다. 물론 선진국과 개발도상국, 자원 수입국과 수출국 사이의 이해관계를 넘어설 보편의 틀을 발전시키는 데에는 아직 성공하지 못했다. 하지만 그럼에도 불구하고 환경과 기술, 기후와 자원 문제에 관한 대안 패러다임의 모색은 더이상 선택항목이 아니라 필수과제다. 평화문제 역시 민족주의, 종족감정, 인종차별, 종교갈등을 해소하기 위한 문명론적 과제에 맞닥뜨리면서 근대문명 자체가 낳은 '위험'을 어떻게 관리하고 해결할 것인가라는 근본적 물음 앞에 서 있다.

그런 점에서 녹색의 요소들을 단순히 성장을 돕거나 가능케 하려는 도구적 차원에서 수용하는 것이 아니라, 녹색가치 실현 그 자체가 발전개념의 핵심이 되도록 발전에 대한 생각과 패러다임을 재조정하는 작업이 필요하다. 환경·생명·생태·자연 등을 강조하는 생태주의 관점이 경제성장, 민주화는 물론이고 전쟁방지와 범죄예방, 일상생활의 행복에까지 영향을 미치는 시대에 걸맞게, 이를 미래전망을 담은 총체적 기획으로 자리매김하는 작업이 요구되는 것이다.

녹색가치와 평화가치의 결합과 관련해 주목할 세가지 쟁점이 있다. 첫번째는 핵전쟁의 위험을 통제하면서 핵의 무기화를 억지하는 것과 핵에너지의 평화적 이용론에 담긴 문제점을 성찰하는 것이다. 핵무기가 전인류를 공멸할 수 있다는 점에서 이를 관리하고 궁극적으로는 핵무기의 없는 세계로 나아가야 한다는 오바마(B. Obama) 미 대통령의 주장에 원론적으로 반대할 사람은 많지 않다. 다만 기존의 핵확산금지조약(NPT, Nuclear Non-Proliferation Treaty)체제가 본질적으로 이미 핵무기를 보유한 국가의 기득권을 용인하기 때문에 이란이나 북한 같은 핵개발국가들의 출현을 원천적으로 막기에는 어려움이 있다. 여기에 비해 핵에너지의 이용은 현 시점에서 개별 국가들의 주권사항으로 이해된다. 화석연료의 생산비용이 높고 안정적 공급도 쉽지 않은 상황에서 핵에너지는 값싼 청정에너지원으로 간주되어 많은 국가들이 핵발전 구상을 구체화하고 있다.[78] 하지만 2011년 후꾸시마원전 폭발은 핵에너지에 의존하려는 전략 자체가 심각한 위험을 불러올 수 있음을 똑똑히 보여주었다.

둘째, 녹색과 평화는 탈민족주의적 발전전략을 모색하는 과정에서 다루지 않을 수 없는 핵심가치다. 기후와 환경 이슈에서 드러나듯 녹색의 문제는 기본적으로 국가적 경계나 문화적 범주를 넘어 지역적이고 지구적인 차원에서 추구되는 가치다. 평화의 제도화 역시 20세기 국제정치의 핵심이라 해도 과언이 아닐 정도로 전지구적인 문제다. 19세기 말에 시작되었던 만국평화회의의 시도, 1차대전 후의 국제연맹, 2차대전 후의 국제연합(UN) 설립 등은 모두가 평화실현을 목표로 한 노력들이다. 아나스타지우(H. Anastasiou)는 국가주의적 상호경쟁을 극복하는 것을 21세기 평화실현의 주요한 과제로 간주하면서 EU의 출현을 일종의 '평화구축체제'(Peace Building System)의 형성이라고 평가한다(Anastasiou 2007). 그가 지적한 EU의 평화론적 의미는 여러가지를 내포한다. 즉 경제적·법적 통합을 민주적으로 제도화하는 것, 공유된 주권론을 통해 영구적 공생과 협력 관계를 구축하는 것, 소극적 평화에서 적극적 평화 개념으로 전환하는 것, 정치·경제·사회문화 등 다양한 수준에서 다층적 평화를 촉진하는 것, 평화의 문화를 확산하기 위해 화해와 평화에 대한 집합기억(collective memory)을 모으고 늘리는 것, 그리고 상호성의 원칙을 살리는 대화와 설득의 문화를 중시하는 것 등이다.

마지막으로 이 둘은 지나친 물질주의, 경쟁론에 빠져있는 상태를 넘어 공존과 공생, 배려와 연대라는 공동체적 가치를 중심으로 새로

78 전통적으로 원자력발전에 강력한 비판자 노릇을 했던 그린피스 역시 공동 창시자 중 한명인 무어(P. Moore)의 원전찬성론으로 내부 논란에 봉착해 있다. "Greenpeace statement on Patrick Moore," http://www.greenpeace.org/usa/press-center/releases2/greenpeace-statement-on-patric#.

운 근대성을 추구하는 노력 속에서 만나게 된다. 갈퉁(J. Galtung)은 소극적 평화와 구별되는 적극적 평화를 강조한 바 있고 실제로 평화학(Peace Studies)은 국가 간 전쟁억지뿐만 아니라 생활세계 내 다양한 폭력과 갈등의 해소를 주요한 연구영역으로 삼는다. 라이클러(L. Reychler)는 평화를 폭력의 상대 개념으로 파악하고 물리적 수단에 의한 폭력, 심리적 수단에 의한 폭력, 문화적 수단에 의한 폭력, 구조적 방식에 의한 폭력, 나쁜 통치, 조직적 범죄, 환경적 폭력 등을 해소하는 노력을 평화학의 목표로 간주한다(Reychler 2006). 전쟁억지라는 평화의 가장 중요한 차원을 강조하면서도 국가와 시장, 개인의 삶과 시민적 유대의 상호연관성이 밀접해지는 21세기에 다차원적 평화를 구상할 때 녹색가치와 평화지향이 맞물리는 것은 필연적이다. 테러방지, 평화를 위한 기술, 종교 간 화해, 민족분규 저지, 비핵화, 군축, 갈등해소 등 21세기형 평화형성을 위한 노력들을 새로운 발전담론에 포함하는 노력이 절대적으로 요청되는 것이다.

4. 정책적 함의들

앞서 언급한 것처럼 한국사회에서 통일과 평화, 그리고 녹색은 각기 추상적으로 중요하다고 인식되면서도 실제로는 주요한 정책의제로 결합되지 못했다. 추상적으로는 통일과 평화의 깊은 연관성에 공감하고 녹색과 평화의 상호관계에 주목하지만 사회적 담론과 실천영역에서 각각은 개별적으로 간주되는 경우가 적지 않다. 아마도 일반인들이 성장과 발전을 여전히 옹호하는 탓에 녹색론이 정책적 대안으로서가 아니라 인문학적 이상론 내지 낭만적 문명비판론으로 받아들여지는 탓이 크지 않나 싶다. 반면 평화나 통일 담론은 지나치게 남북한의 이념적 대립과 정책론에 얽혀 있기 때문에 서로 간의 접점이 잘 만들어지지 못한 탓이 아닌가라고도 짐작해본다.

하지만 바로 그런 연유에서라도 한국사회에서 통일과 평화, 녹색의 가치는 특히 서로 간의 적극적 연계가 필요하지 않을까. 한국전쟁 이후 남북의 대립, 안보가 강조되는 상황에서 평화는 늘 전쟁억지, 안보를 중심으로 논의되는 쟁점이었을 뿐 아니라 남북 간의 첨예한 논리대결의 맥락에서 매우 정치화된 개념이었다. 마찬가지 이유로 인해 녹색가치는 늘 뒷전으로 밀리게 마련이었다. 또한 각각의 가치 실현을 위한 노력이나 지향 면에서 남한과 북한 사이에는 적지 않은 비대칭성이 존재하고 그 격차는 점점 더 커지는 추세다.[79] 녹색가치와 평화구상, 그리고 통일지향을 한데 묶어 사고하는 것은 한반도의 미래를 창의적이고 개방적이며 진취적인 방식으로 전망하는 주요한 이론적 준거가 될 수 있다. 다음에서 몇가지 실천적 항목들을 점검해 보자.

1) 통일한국의 기본가치로서의 비핵화

2012년 초 북한은 공동사설을 통해 핵개발을 김정일시대 최고의 유산으로 강조했다. 전세계가 '비핵화'를 요구하고 있고 이를 위한 6자회담이 가동중인 상태이지만 북한은 핵의 무기화전략을 여전히 고수한다. 북한은 핵실험도 이미 두차례 치르면서 유엔 제재와 미국 및 남한의 강력한 비난에도 불구하고 핵보유 국가로서의 지위를 확

79 구갑우는 이 차이를 남한의 발전주의적 녹색국가·안보국가라는 성격과 북한의 약탈국가적·군사국가적 성격으로 대비한다. 구갑우「평화국가론과 한반도 평화체제」, 『통일과평화』 제2집 1호, 2010, 19면.

보하려는 뜻을 감추지 않고 있다. 이는 그들의 체제유지라는 군사적 목표가 강하고 또한 에너지문제와도 직결되어 있는 것으로 보이지만, 분명한 것은 비핵화를 향한 인류적 희망에 반하는 잘못된 선택이라는 점이다. 21세기에 평화론은 핵문제와 관련해 중요한 가치를 지닌다. 돌이켜보면 냉전시대의 핵경쟁은 전인류를 파멸할 수 있다는 우려를 낳았고 1980년대에는 전유럽에서 반핵운동이 평화운동의 내용으로 자리잡았다. 이런 와중에 원자력의 평화적 이용만을 강조하는 움직임이 핵안보를 중시하는 지배논리와 부딪히게 되었고 전쟁억지와 구별되는 평화형성에 주목하게 만들었다. 적극적 평화론이 지나치게 이상주의적이라는 비판도 없지 않지만 1980년대 유럽의 반핵평화운동은 강한 사회적 영향력을 행사했고 결과적으로 탈냉전으로 가는 길을 여는 데 기여했다. 군축·반핵·평화를 위한 적극적 노력들이 냉전적 대립구도를 해체하는 데 큰 역할을 수행했던 것이다. 그런 점에서 비핵화는 우리의 당연한 목표이자 요구가 되어야 한다.

하지만 비핵화에 대한 관심이 대북정책 내지 북한비판론의 차원에만 머무르지 않고 21세기 발전론, 즉 새로운 문명론적 대안을 모색하는 차원에까지 이를 필요가 있다. 비핵화는 미래의 한반도 통일국가의 성격과 관련해서도 기본적인 대원칙이 되어야 한다. 남과 북이 통일 이후에도 결코 핵무기를 가지지 않을 것이며 핵위협으로부터 전인류를 보호하는 일에 앞장설 것임을 천명하는 일은 매우 중요하다. 이것은 주변국가들로부터 한반도의 통일과정을 긍정적으로 사고하게 만드는 데에도 긴요할 뿐 아니라 한반도통일과 동북아 지역통합이 평화롭게 선순환적으로 연결되게끔 만드는 데도 필수적이다. 제2차 핵안보정상회의(2012년 3월 예정)를 유치한 남한으로서는 더더욱 핵무기의 위협으로부터 전세계를 이끌어내는 데 견인차 역할을 담당하겠다는 비전을 표방할 필요가 있다.

2) 평화체제와 평화구축

다음으로 녹색평화는 한반도 평화구축문제에 대한 진지하고도 근본적인 준비를 요구한다. 그 핵심은 현재의 정전체제를 평화체제로 바꾸는 문제이며 이것은 현 정전체제 아래에서 언제라도 분출될 수 있는 과제다. 6자회담의 기본틀이라 할 2005년 9·19공동성명 당시 이미 6자회담과 별도로 평화체제 구축을 위한 다자모임의 필요성을 명시했으며, 북한 또한 북미협상 및 6자회담 복귀가능성이 언급될 때마다 평화체제 논의를 내세웠다. 미국도 특정한 조건 아래에서 그 논의 가능성에 공감을 보인 바 있다.

녹색평화라는 관점에서 한반도 평화체제는 단순히 정전협정을 대체하는 국제법적·국제정치적 과제만으로 이해될 수 없다. 전쟁억지를 위한 국제적·제도적 조치의 마련이 매우 중요함은 두말할 필요가 없지만 그와 동시에 군사적 긴장완화를 포함해 생태적 삶의 평화까지 포괄하는 총체적이고 능동적인 녹색평화체제를 구상하는 것은 매우 중요하다. 이를 위해서는 기본합의서의 남북 간 군사적 신뢰구축 조치, 6·15선언의 교류협력과 통일지향성, 10·4선언의 상호번영과 평화구축을 위한 노력 등을 총체적으로 계승·보완하는 작업이 필요하다. 더 나아가 남북 당국자들만이 아니라 주민들의 일상생활 속에서 평화가 자리잡을 수 있도록 제도를 개선하고 남북통합의 진전에 더욱 관심을 쏟아야 한다.

나아가 동북아 지역안보에서 '녹색평화'의 개념을 적극 확산하고, 군사력에 의존하지 않는 '적극적' 평화를 강조함으로써 장차 동북아 지역통합이 적극적 평화공동체로 이행하는 데 기여할 방안을 모색해야 한다. 이 과정에서 한반도가 중국이나 일본과 달리 평화의 중추 역할을 표방할 수 있는 근거도 마련될 수 있다.

3) 남북경협과 녹색발전

녹색평화는 발전이념의 패러다임 전환을 요구한다. 즉 개발 위주의 성장전략에서 '지속 가능한 생태적 발전' 개념으로의 변화가 필요하다. 다시 말해 전지구적 기후, 생태자원, 핵에너지 관리 및 이용 등의 문제와 관련해 환경론적 관점을 바탕으로 민족경제공동체에 대해 새롭게 접근해야 한다.

남북의 경제공동체 형성과정에서 자칫 무분별한 개발과 투기, 협잡으로 인한 신뢰추락의 가능성이 적지 않다. 이런 점에서 남북경협은 녹색협력의 성격을 갖추어야 하며 장기적으로 녹색발전, 녹색평화 구상과 연결되어야 한다. 녹색협력을 구상할 때에는 기본적으로 사회구성원 간의 경쟁보다도 협력과 공생의 가치를 존중할 뿐 아니라 현재의 남북관계를 상생공영의 관계로 재조명하면서 생태발전, 녹색성장의 힘을 키워나가는 전략을 적극적으로 내놓을 필요가 있다. 녹색협력은 북한으로 하여금 남한과의 경제협력을 '자본주의적 위협'으로 간주하지 않으면서도 남북경제공동체를 건설하는 주요 동력으로서 새로운 인식을 제공할 수 있을 것이다.

이 점에서 남북 간의 재난협력의 중요성이 부각된다. 기후변화로 인한 홍수나 가뭄의 재난은 갈수록 심해지고 하나의 연례행사처럼 받아들여지고 있다. 남한은 이에 대처하겠다는 명분으로 전국의 강과 산을 파헤치고 있지만, 개발주의적 대처방식 그 자체가 새로운 위험을 불러올 수 있고 근본적으로는 재해위기로부터 자유롭기가 쉽지 않다. 산림이 황폐하고 생태계 복원력이 크게 훼손된 북한에서 재해난이 더욱 심각해질 가능성은 말할 필요가 없다. 뿐만 아니라 이런 재해는 남북 간 경계를 뛰어넘어 상호 간에 영향을 미치기 때문에 공동의 대처와 협력이 절실하다.

기후·환경 문제로 인한 재난에 함께 대처하고 예방체계를 갖추기 위한 공동협력체제를 구축하는 것도 녹색평화의 매우 중요한 영역에 해당한다. 2009년 북한의 신종플루 사태에 대한 지원이나 임진강 홍수문제에서 경험했듯이, 향후 예상되는 기후변화나 생태·환경 문제 등에 대한 광범위한 협력체제를 제도화하는 것은 녹색평화의 주요한 내용이 될 수 있다.

4) 생활세계의 소통·화해와 녹색평화

녹색평화의 가치를 논할 때에는 거시적·체제적 차원에서만이 아니라 일상생활의 미시적 영역에서도 평화가 작동할 수 있는 상황, 즉 '사람의 평화'와 '일상생활의 녹색화'를 중시하는 것이 중요하다. 그런 점에서 현재 남북 간에 존재하는 각종 인도적 사안(이산가족, 납북자, 인도적 지원 문제 등)을 '사람의 평화' 관점에서 해결하도록 노력하는 작업이 필요하다. 이는 또한 생활방식에서의 상호성찰, 상호협력의 가능성을 모색하게 한다. 특히 북한의 기아, 경제적 궁핍과 남한의 낭비적 소비문화 간의 불일치를 해소할 수 있는 협력의 틀을 찾아내는 것도 중요하다.

100년 전 뤼순(旅順) 감옥에서 순국한 안중근이 남긴 '동양평화론'은 막강한 일본제국의 군사력이 몰락한 이후인 오늘에 와서 우리에게 더더욱 강력한 도덕적·역사적 힘을 미친다. 김구가 해방 직후 남긴 '우리가 원하는 국가는 문화국가'라는 주장 역시 우리 가슴에 긴 여운을 남긴다. 이에 비춰 최근 '국격을 높이자'는 말들이 쏟아져나

오는데 과연 21세기 한국은 동북아 및 세계를 대상으로 어떻게 국격을 높일 것인가?

G20 의장국, OECD와 DAC(Development Assistance Committee, 개발원조위원회) 가입, 2012년 핵안보정상회의 개최국으로서 남한만이 지닐 수 있고 또 창출해낼 수 있는 21세기적 보편가치를 적극 부각하고 실현하는 것이 긴요한데 그 핵심가치로 녹색평화를 적극 고려함 직하다. 20세기를 맞으면서 북유럽의 국가들, 스웨덴이나 노르웨이가 세계평화를 주창하면서 강력한 문화적 주도권을 행사했던 것처럼 21세기 한반도는 녹색평화라는 가치를 통해 새로운 문명적 리더십을 발휘할 수 있을 것이다.

20세기 세계사에서 유래를 찾기 어려울 정도로 국가형성, 산업화, 민주화를 달성한 역량을 바탕으로 식민지화, 민족분단, 동족 간 전쟁, 이념적 갈등에 대한 진지한 성찰을 수행한다면, 우리는 21세기 전인류 공동체에 공감을 불러일으킬 보편적 가치를 충분히 만들어낼 수 있을 것이다. 제국주의의 폐해를 비판하고 민족주의의 한계를 넘어서며 근대문명의 장단점을 모두 포괄하는 높은 차원의 성찰적 능력과 비전을 녹색평화라는 가치를 중심으로 만들어낼 수 있지 않을까 기대해본다.

5. 결론

한반도 상황은 앞으로 좀더 유동적인 상태를 맞이할 것이며, 이 기회를 어떻게 활용하고 대처하는가가 한반도 미래질서에 적지 않은 영향을 미칠 것이다. 포스트-김정일시대 북한체제의 어려움, 남북관계의 악화 등을 조망할 때 당장에 필요한 눈앞의 정책 및 대안에 초조해질 수 있다. 하지만 그럴수록 한반도의 비핵화와 남북관계의 개선, 평화체제로의 전환을 넘어 미래 한반도의 궁극적 실현을 위한 종합적인 준비가 절실하다. 중요한 것은 안팎의 중대한 전환과정에서 건강한 21세기 통일한반도를 이루는 방향으로 남북한이 공감대를 이루어가는 일이다.

통일평화와 녹색평화의 가치는 앞으로 한반도의 미래를 준비하는 종합적 발전전략의 핵심요소로 진지하게 고려해볼 필요가 충분하다. 이 가치들은 비핵화의 중요성을 확인하되 대북정책의 차원을 넘어 한반도 전체의 생태평화, 문명적 평화를 강조하는 큰 전략적 비전을 포함한다. 뿐만 아니라 '녹색협력', '사람의 평화'까지 포괄할 수 있는 적극적이고 총체적인 평화 논의를 준비하는 데 도움을 줄 것이다. 생태적·자연친화적·인간중심적 삶의 양식을 남북관계의 변화 및 통일 문제에 접맥함으로써 다원적 협력의 방식, 영역, 가치를 창출하는 데에도 기여할 것이다. 생명·공존·평화·자율·연대 등 21세기적 쏘프트파워의 핵심가치들을 종합적으로 포괄하면서 생태적이고 자연친화적인 녹색평화를 사고할 수 있게 해줄 것이다(조지프 나이 2004).

또한 통일평화와 녹색평화는 한반도를 넘어 동북아 지역의 모든 국가가 공유할 수 있을 정도의 포괄적인 '규범권력'을 제공해줄 수 있다. 현재 동북아에서는 시장 중심의 지역화가 진행되고 있고 한·중·일 FTA를 비롯한 경제통합 구상도 점차 구체화되고 있다. 하지만 지역 내의 긴장과 갈등을 조율하면서 좀더 높은 차원의 지역통합을 구현할 만한 공통의 가치지향은 부재하다. 중국의 힘은 날로 커져가고 일본은 동북아 전체를 포괄할 만한 리더십을 확보하지 못했다. 여기에 북한의 핵개발 시도와 체제불안정성이 겹쳐 동북아의 평화공동체 출현 전망을 어둡게 한다. 동북아 전체의 21세기 미래를 위해서라도 통일평화와 녹색평화의 화두가 한반도에서부터 정착할 수 있도록 노력해야 할 것이다.

제11장

다문화주의와 남북통합

최근 다문화주의에 대한 논의가 활발하다.[80] 학계는 물론이고 정치권, 시민사회 등 여러 영역에서 이에 관심을 보이고 드라마나 예술작품에서도 심심찮게 이 개념이 등장한다. 학계에서는 세계 학계의 흐름 내지 유행을 반영하는 측면이 있고 정치권에서는 새로운 조치의 필요성을 설명할 근거가 요구될 것이다. 소수자 인권이나 외국인 노동자의 권익옹호를 목표로 삼는 사회운동진영에서는 자체 운동의 정당성을 강조하는 가치개념으로도 중요하게 쓰인다. 앞으로도 당분간 이 개념은 여러 분야에서 주요한 화두가 될 것이다.

이 말이 널리 쓰이는 만큼 그것의 사회적 의미나 정치적 지향에 대

80 연구논문이나 기관의 책자에서 이와 관련한 논의들이 점차 많아지는 것도 어렵지 않게 찾아볼 수 있다. 오경석 외 『한국에서의 다문화주의: 현실과 쟁점』, 한울 2007. 유네스코 아시아·태평양 국제이해교육원 엮음 『다문화사회의 이해』, 동녘 2008. 전경수 외 『혼혈에서 다문화로』, 일지사 2008.

해서도 공감대가 넓어지는지는 의문이다. 오히려 개념을 둘러싼 혼란과 혼용이 적지 않은 것이 현실이 아닌가 싶다. 앞으로 이 개념이 중요한 역할을 할 것임은 틀림없으나 그만큼 개념의 적용, 정치적 함의의 편차, 다른 시각과의 조율 등에 관해서는 충분히 검토해야 할 것으로 보인다. 제11장에서는 최근의 다문화담론을 남북관계와 관련해 어떻게 받아들이고 활용해야 할지에 주목한다. 만약 다문화주의가 21세기 한국사회를 이해하는 핵심개념 가운데 하나라면 그것이 장차 남북관계의 전망에 어떤 영향을 미칠 것인지, 통일과정에서 이 문제를 어떤 방식으로 고려해야 하는지 등은 생략될 수 없는 이론적·실천적 과제이기 때문이다.

다문화론이 주로 논의되는 영역을 보면 민주주의, 다원주의, 외국인 노동자, 국제결혼, 다문화교육, 시민권, 인권, 국제화 등 매우 다양하다. 하지만 남북관계나 북한연구, 탈북자 및 통일론과의 연관성은 그다지 관심의 대상이 되지 않는다. 다문화현상 자체가 남한에 한정된 것이고 특히 북한과는 거리가 먼 개념이라는 점이 하나의 이유일 수 있다. 남북관계와 한반도 통일국가의 미래가 현재의 다양한 변화를 주요한 조건으로 삼으며 전개될 것이라 볼 때 적어도 미래의 통일한국을 준비하는 논리에 이 문제의식이 빠져서는 곤란하다.[81] 제11장에서는 다문화에 관한 일련의 상황변화가 현재 한국사회의 변화와 밀접하게 관련될 뿐 아니라 장차 남북관계의 변화에도 큰 영향을 미칠 것이라는 전제 아래, 그런 영향의 여러 차원을 해명하고 대비하기

81 미국의 한국학 연구자인 암스트롱(C. Amstrong)은 최근 저술한 저서의 제목을 '더 코리아'(The Koreas)라고 지었다. 그는 이 책에서 남한과 북한이라는 두 체제만이 아니라 전세계의 코리안 디아스포라(Korean diaspora)를 비롯해 국내의 다양한 구성원까지 포함하는 'many Koreas'의 존재를 드러내려 했다. Charles K. Amstrong, *The Koreas*, London: Routledge 2007.

위해 필요한 개념적·이론적 쟁점들을 점검해보려 한다.

1. 개념의 검토

우선 다문화라는 개념이 이전부터 사용되던 문화적 다원성(다양성)과 어떻게 구별되는지부터 이야기해보자. 즉, 문화적 다양성에 대한 논의들은 다문화 개념이 등장하기 훨씬 전부터 존재했는데 굳이 새로운 용어를 필요로 하는 건 왜인가. 기존의 논의를 보면, 한 사회의 다원성을 구성하는 요소들이 개인적 차원에서 아무런 갈등 없이 자유롭게 선택되고 활용될 수 있을 때나 또는 다소의 갈등이 있더라도 개인적 차원을 넘어서지 않는 경우에는 문화적 다양성 또는 다원사회 개념과 정확히 들어맞는다(Gianni 1997). 이런 다원사회에서는 생활양식과 문화적 요소가 다양하더라도 공동체 전체 차원의 신념과 가치체계는 구성원 사이에서 대체로 공유되기 때문에 그것이 집단의 갈등으로 이어지지는 않는다. 반면에 상이한 문화요소들이 하위집단의 정체성과 연결되어 있어 그 선택이나 해결이 개인 차원에서는 불가능하고 구조적이고 제도적 차원에서 가능한 경우는 다문화 상황이란 개념으로 설명할 수 있다. 다시 말해 다문화 개념은 문화적 다양성이 개인적 취향이나 지향의 문제가 아니라 집합적 정체성의 근간이 되어 있는 경우, 그리하여 문화요소 간의 긴장이 상이한 하위 공동체 간의 정체성 승인 및 권력관계를 내포하게 되는 경우와 연관된다.

따라서 다문화사회란 서로 다른 문화요소를 자기집단의 핵심으로 받아들이는 복수의 문화공동체가 공존하며, 서로 다른 문화집단을 어디까지 승인할 것인지와 그들의 적절한 공존관계를 어떻게 제도화할 것인가를 둘러싸고 긴장과 갈등이 구조적으로 잠재되어 있는 사회를 가리킨다. 다시 말하면 다문화상황에서의 다양성이란 "문화적으로 배태된 차이"(culturally embedded differences)를 가리키며, 따라서 정치적 통합을 이루어야 하는 공동체는 그 내부에 별개의 독자성을 고집하는 하위공동체들이 존재하는 데서 오는 문제를 피할 수 없는 상황을 맞게 된다(Parekh 2000). 여기에는 다양한 소수자 집단, 예컨대 동성애자 집단이나 특수한 반문화 집단도 포함될 수 있다(물론 전세계의 문화요소들이 다양하게 존재한다고 해서 반드시 다문화사회가 되는 것도 아니다). 어쨌든 다문화사회란 일반적 다원사회, 다양한 문화와 생활양식이 공존하는 현대사회를 지칭하는 개념은 아니다.

다문화주의란 이런 다문화상황에 대한 특정한 정치적 견해, 사고방식, 가치관을 반영하는 집합적 태도를 종합해서 가리키는 개념이다. 이는 문화 속에 배태되어 있는, 또는 문화에 의해 지탱되는 차이나 상이한 정체성에 대한 일련의 신념과 행동의 체계로서 다문화상황에 대한 "규범적"이고 정치적인 반응에 해당한다.[82] 위키피디아에는 다문화주의가 "다민족사회에서 문화적 다양성을 관리하는 정책"이라고 씌어 있다. 다문화주의는 대체로 문화에 의해 지탱되는 차이

82 물론 다문화주의를 매우 포괄적으로 규정하는 경우도 있다. 예컨대 마르띠니엘로(M. Martiniel)는 다문화주의가 생활양식과 소비양식의 다원화를 의미하는 '가벼운 다문화주의', '온건한 다문화주의' 심지어 다양한 문화적 요소가 시장상황에서 상품으로 구매되는 '시장 다문화주의'까지 포함한다고 주장한다. 하지만 이런 방식은 문화적 다양성에 대한 옹호와 다문화주의에 대한 주장의 차이를 제대로 드러내지 못하며 자칫 용어의 혼란이 판단의 혼란으로 이어질 수 있다. 마르코 마르티니엘로 『현대사회와 다문화주의: 다르게, 평등하게 살기』, 윤진 옮김, 한울 2002.

나 정체성을 옹호하는 경향을 띠며, 차이를 무시하고 동화하려는 정책에는 비판적인 경우가 많다. 다문화주의는 문화공동체의 독자성을 공적으로 승인하고 다른 공동체와 평등한 대우를 받게 하며 궁극적으로 이를 사회정의를 실현할 수 있는 가치체계로 받아들여질 것을 주장하는 경향이 강하다. 따라서 다문화주의는 진보적 사회운동가, 소수자 권익옹호가, 페미니스트나 소수민족 지도자 등에 의해 지지받는 경우가 많다. 같은 이유로 다문화주의에 강력하게 반발하는 사람들도 적지 않은데 이들에게 다문화주의는 한 사회의 공통적 가치나 질서를 해체하려는 중대한 위협으로 받아들여진다.

이처럼 다문화주의는 문화적으로 배태된 차이를 어떻게 사회 속에서 자리잡게 하는가의 문제이기 때문에 복잡한 정치적 방향성과 제도화의 노력을 포괄한다. 학자들은 이런 정책적 특징을 "차이를 통한 민주주의"(democracy through difference)의 실현(Gianni 1997), "집단별 시민권"(group citizenship)의 보장문제(Young 1995), "다양성에 대한 민주적 관리"(democratic management of diversity)를 위해 국가와 소수자 관계를 어떻게 조율할 것인가의 문제(Kimlicka and Baogang 2005) 등으로 부른다. 이 모든 노력들은 다문화주의가 집합적 태도에서부터 정책적·정치적 원칙의 문제에 이르는 매우 구체적이고 체계적인 대응방안을 담은 개념임을 말해준다. 하지만 그럴수록 이 문제는 정치논쟁의 대상이 되기 쉽다. 다문화상황에 대한 기본적인 태도 차이도 있고 설사 문화적으로 구성된 차이를 관용하고 인정하는 경우에조차 구체적 정책을 둘러싸고는 많은 갈등이 일어날 수 있다. '정체성의 정치'를 원칙적으로 옹호한다 해도 이런 태도를 제도적으로 보장하고 재생산하기 위한 노력은 결코 쉽지 않을 뿐 아니라 정책적 지향성에서는 서로 반목하는 경우들도 적지 않다.

2. 다문화론 등장의 사회적 맥락

현재 논의되는 다문화담론은 분과학문에 따라 또한 쓰이는 영역에 따라 매우 다양하다. 일상적으로는 엄밀하게 정의된 학술 개념어가 아닌, 하나의 표현으로 접두어처럼 사용되는 경우가 적지 않다. 인터넷상에서 '다문화' 포함 어휘를 잠시만 찾아보아도, 다문화가정, 다문화가족, 다문화사회, 다문화센터, 다문화정책, 다문화교육, 다문화도서관, 다문화수업, 다문화 평생교육 등 매우 다양하다. 이런 다양한 쓰임은 일상세계에만 한정된 것이 아니고 학계에서도 분과학별로, 연구관심에 따라, 심지어 개별연구자들의 취향에 따라 다양한 실정이다. 일례로 2008년 한 학회에서 주최한 '다문화주의, 전지구화, 그리고 학교 커리큘럼'(Multiculturalism, Globalization, and School Curriculum)이란 심포지엄의 발표논문들에 등장한 개념어만 나열해보아도 다문화시대, 다문화사회, 다문화교육, 다문화 교육과정, 다문화 사회환경, 다문화주의 교육, 다문화지도 등 다양하다.

앞으로 좀더 정확한 토론과 논의를 위해서는 한국을 어느정도 다문화적이며 다문화사회로 규정할 만한가, 다문화상황을 초래하는 요인은 무엇이며 그 추세는 어떠할 것으로 보는가, 다문화주의는 어느 정도 집합적 가치로 자리잡았으며 어떤 제도적 조치들이 마련되고 있는가, 궁극적으로 어떤 공동체를 구성하겠다는 비전이 내포되어 있는가 등에 대한 검토가 필요하다. 이를 위해서는 일차적으로 한국사회에서 현재 단순한 문화적 다양성이 아닌, 구조적이고 집단적인 관계성을 고려해야 할 복수의 문화공동체가 존재하는가 등을 검토해야 한다.

일반적으로 다문화론이 사회적 적합성을 지니는 사회는 다민족사회다. 혈통이나 언어 같은 종족적 요소는 보통 종교적·인종적·문화적·정치적·계층적 차이를 동반함으로써 한 사회 내에 구조적 분할을 가져오는 가장 뚜렷한 변화요소가 된다(김광억 외 2005). 전통적으로 다민족국가에서 다문화론이 정책적으로나 이론적으로 주요하게 논의된 사정이나, 최근 대규모 이민이나 이주노동이 집중되는 사회에서 다문화론이 주목받는 것 모두 그런 현상의 반영이다.

한국에서도 비슷한 상황을 보게 되는데, 1990년대 이래 외국인 정주집단이 급증하면서 다문화에 대한 관심이 부쩍 커지는 추세다. 예컨대 『국경을 넘는 아시아 여성들』(2008)이라는 책을 출간한 어느 연구자는 부제를 "다문화사회를 만들다"라고 붙였다. 인류학자 전경수(全京秀)는 "오늘날 다문화사회가 된 한국에서의 혼혈현상은 외면하거나 미화될 수 있는 영역이 아니"라고 주장하면서 혼혈화와 다문화화의 연관성을 강조했다(전경수 외 2008). 물론 외국인 정주집단과는 구별되는 소수자집단에 대한 관심도 종종 다문화상황과 관련해 논의된다. 다문화론과 더불어 동성애자, 양심적 병역거부자, 장애인 등에 대한 사회적 관심이 커지는 것도 사실이다.[83] 하지만 기본적으로 종족적 다양성이라는 인구학적 변화가 가장 중요한 사회적 조건이 되는 것은 분명하다.

한국사회의 현 수준은 전형적 의미에서의 다종족·다민족 사회라고 보기는 어려울지 모르나, 어쨌든 그 초보적 속성을 드러내는 추

---

83 한국사회학회와 한국인류학회가 공동으로 수행한 한국의 소수자 실태연구에는 홈리스, 학업중단 청소년, 신체적·정신적 장애인, 성적소수자, 장기수, 디아스포라, 재미·재일·재중 한인, 한국화교, 국제결혼 배우자, 성매매 이주여성, 탈북이주민 등이 포함되어 있다. 최협 외 『한국의 소수자, 실태와 전망』, 한울 2004.

세다. 외부로부터 외국인의 이주가 이어지고 국제결혼가정의 비율이 농촌지역에서는 30퍼센트 이상에 달할 정도가 되어 현재의 추세대로라면 다종족적 성격이 좀더 강하게 드러날 것이다.[84] 이주민들의 출생지와 언어권 별로 생활근거지가 분화되어가며 그들만의 네트워크가 발전되면서 한반도 역사상 보기 어려웠던 종교 및 언어의 하위범주들이 나타나고 있다. 아직은 그 네트워크가 사회 전반에 목소리를 낼 정도로 조직화되어 있지 않고, 정식으로 구조화된 사회집단으로 보기 어려울지라도 현재의 추세가 지속된다고 가정하면 그럴 잠재력은 농후하다. 국제결혼 이주여성의 경우, 그들의 집단화 여부와는 무관하게 이미 사회적으로 이들의 숫자가 급격히 늘고 그것이 한국사회 전반에 미치는 영향이 매우 크기 때문에 정책적으로나 이론적으로 이들 범주의 존재를 상정하지 않을 수 없다. 이들의 자녀교육문제가 현실적 과제로 부각되는 초등교육 현장에서 다문화담론이 일찍이 나타나게 된 이유도 그런 점에서 이해할 수 있다.

이런 맥락에서 본다면 한국사회에서 다문화론의 문제의식이 적실성을 지니는 이유는 분명하다. 하지만 여전히 다문화주의에 대한 공감 정도는 그다지 높지 않다. 다양한 문화나 외국인에 대해 관용하는 것을 다문화주의로 이해하는 수준에서는 꽤 높은 공감대가 존재한다고 볼 수 있지만, 그런 관용이 개인의 윤리나 태도의 차원에 머

84 이주여성인권을 다루는 어느 단체의 대표는 지금의 한국사회를 다음과 같이 설명했다. “2007년 12월 21일자로 한국 거주 외국인 이주민은 단기체류외국인을 포함해 1,066,273명으로 1백만명을 돌파했다. 이중 외국인 노동자가 47.1퍼센트를 차지하며, 결혼이민자가 10.4퍼센트, 외국인 유학생이 5.7퍼센트다. 주민등록인구의 2퍼센트 시대에 돌입했다. 이는 한국사회가 다인종·다문화 사회로 진입하고 있음을 나타낸다.” 한국염 「2007년 이주 외국인의 인권실태와 과제」, 『2007 인권보고서』 대한변호사협회 2008.

무는 논리는 다문화주의의 문제의식을 포괄하지 못한다. 적응에 어려움을 겪는 개인의 아픔에 공감하고 이해하는 것이 윤리와 미덕의 차원에만 머무르고 이러한 관용을 제도화하려는 정치적 실천이 없다면 다문화주의라 부르기 어렵다. 오히려 관용을 강조하는 것이 문화적 통합을 이상적으로 간주하는 동화주의의 변형태로 이어질 가능성도 없지 않다. 집단적 정체성을 용인하고 그들만의 가치와 문화, 정체성의 발현을 제도적으로 보장하려는 태도를 다문화주의의 주요한 준거라 한다면 한국사회에서 다문화주의는 아직 큰 힘을 얻지 못할 뿐만 아니라 과연 그것이 적합한 정치적 지향인지에 대해서도 충분한 공감대를 얻지 못한 상태가 아닌가 싶다.

3. 다문화상황과 남북관계

한국사회에서 다문화주의가 어떤 의미를 지니는가라는 논란과는 별도로 다문화적 상황이 늘고 이에 대한 적절한 대응이 필요한 것만은 분명하다. 또한 이 변화는 남북관계에도 직접적·간접적 영향을 미치게 된다. 단기적으로 여러가지 사회문제를 낳을 수도 있고 이로써 정책의 수정을 요구할 수도 있으며 장기적 국가전략에 변화를 가져올 쟁점이 생길 수도 있다. 이런 면에서 남북관계와 관련해 고려해야 할 몇가지 점을 정리해본다.

1) 단일민족론과의 관계

남북관계는 국내외의 정치적·경제적 조건에 의해 좌우되는 현실이긴 하지만 기본적으로 '하나의 민족'이라는 집합의식, 민족정체성에 대한 공감의식을 전제하는 관계다. 제아무리 남북의 이질화가 심해지고 군사적 대립이 격화되어도 남북을 두개의 국가로 간주하지 못하는 이유는 같은 민족이라는 출발선을 부정할 수 없기 때문이다. 이런 강한 민족의식은 종종 해외의 연구자들로부터 비판의 대상이 되고 근래 들어 국내에서도 적지 않은 논란이 되어왔다. 그럼에도 불구하고 여전히 '왜 통일해야 한다고 생각하느냐'는 질문에 '같은 민족이니까'라는 대답이 압도적으로 많을 정도로 민족정체성에 대한 의식 차원의 동일시는 강하다(박명규 외 2008). 물론 북한과의 관계에서도 같은 민족이라는 정서적 공감이 최대 공통분모로 작용하는 것이 현실이다.[85]

다문화상황의 진전은 이처럼 공고한 민족정체성에 적지 않은 균열과 변화를 초래한다. 한반도의 민족의식은 꼭 혈통적인 것은 아니더라도 오랜 역사와 언어, 관습을 공유한다는 단일민족정서에 바탕을 둔다. 서구의 근대주의 민족이론이 네이션을 근대 이후의 산물로 규정하고 민족 범주의 상상성을 비판적으로 논하지만 남북한을 하나의 민족공동체로 간주하는 관점과 정서는 여전히 큰 힘을 발휘한다.[86] 같은 언어를 기반으로, 오랜 기간 존속해온 농경문화, 가족 중심의 생활관습, 같은 왕조체제 아래에서의 피지배 경험 등이 그런 공통의 요소가 되었을 것이고 일본 제국주의의 지배하에서 벗어나려던 집합적 열망과 노력이 과거의 공통요소에 대한 강한 집착과 동원을

85 북한이 '우리 민족끼리'의 원칙을 가장 중시하는 점은 새삼 지적할 필요가 없다. 물론 북한의 민족 개념이 남한의 개념과 상당한 차이를 보이지만 단일민족론의 정서에 근거해 통일론을 구성한다는 점은 분명하다.

86 한반도 민족의 실재성에 대한 이론적 논의는 신용하 「민족의 사회학적 설명과 상상의 공동체론 비판」, 『한국사회학』 40(1), 한국사회학회 2006 참조.

강화했다. 그런 점에서 한반도의 강한 민족의식은 실상 전근대적 요소와 근대적 경험이 중첩되어 형성된 것이라 할 수 있다.

이런 경험을 전혀 공유하지 못한 사회구성원들이 점차 늘어나게 되면 앞으로 이같이 강력한 정체성을 고수하거나 강요하기 어려워진다. 역사·언어·혈통·문화의 모든 영역에서 기존의 한민족과 다른 정체성을 지닌 사람들에게 전통적 의미의 단일민족론을 강조할 수는 없기 때문이다. 실제로 다문화론은 원초적 민족론의 민족중시에 비판적이고, 정치적으로도 한 사회의 집합적 민족정체성을 소수자가 수용해야 한다는 논리에 동의하지 않는 경향이 강하다. 이론적으로 다문화주의가 가장 경계하는 것이 동화주의인데, 다문화론은 한 사회의 주류 가치나 문화, 혹은 다수집단의 정체성을 보편적인 것으로 강조하고 주입하려는 동화주의로는 다문화상황이 빚어내는 차이와 긴장을 충분히 조절할 수 없다고 본다. 실제로 남한의 다문화주의자들은 거의 예외 없이, 지나친 민족정서, 순혈주의, 단일민족의식에 대해 비판적이다. 여기에는 민족에 대한 강한 동일시가 외국인이나 이질적 문화집단에 대한 배타성 내지 거부감을 초래할 수 있다는 우려가 깔려 있다.

다문화론이 단일민족론에 대해 비판적이라고 본다면 남북관계를 논의하는 데에도 새로운 논리가 필요하다. 남북관계가 민족이라는 공통성을 바탕으로 전개되고 이런 점에서 통합의 근거를 찾으려는 시도에는 다문화론이 논리적으로 친화되기 어렵기 때문이다. 현실적으로 이런 긴장은 이미 곳곳에서 발견된다. 우선 소수자문제에 민족이란 요소가 차별적으로 작용한다는 비판들이 점차 커지는 추세다. 예컨대 국적상 같은 외국인임에도 불구하고 해외한인을 여타 외국인과 구별해 우대하는 정책이 민족 범주에 따른 불공평한 차별이라는 문제제기가 있다. 재외동포법 제정과정에서 이런 논란이 적지 않았는데, 이는 국적을 달리하는 재외동포를 우대하고 도우려는 노력이 다문화상황의 논리와 상충할 수 있음을 잘 보여준다. 또한 최근 탈북자들에 대한 지원과 외국인노동자에 대한 지원의 차이에 대한 이견에서도 유사한 현상을 발견할 수 있다. 현재 정부는 탈북자가 국내에 정착할 때 외국인 노동자에 비해 상대적으로 더 많이 지원하는데 이에 소수자들에 대한 공평한 지원을 요구하는 목소리가 뒤따른다. 탈북자에 대한 정착지원에 비해 턱없이 부족한 외국인에 대한 지원에 관심을 지닌 활동가와 연구자 사이에서 이런 불만과 비판이 제기되는 것이다.

국내의 이런 상황과는 별도로 한국사회의 다문화적 경향에 대해 북한이 매우 강한 비난을 쏟아붓는다는 점에도 주목할 만하다. 북한은 『로동신문』 사설을 통해 다문화론, 다민족론은 민족을 부정하는 매우 잘못된 시각이라고 강력하게 비난한 바 있다.[87] 앞서 보았듯이 북한은 근래 들어 민족 범주를 더욱 강조하고 민족을 구성하는 혈연적 속성을 가장 중요한 요소로 내세우고 있다. 그러다보니 남한에서 다문화적 견해가 늘어가는 것을 이해하거나 수용하기 쉽지 않다. 남한에서도 한편에는 탈북자를 한국사회의 다양한 소수자집단의 하나로 보고 다문화정책의 대상으로 삼는 것이 필요하다는 입장이 있는가 하면, 같은 민족인 북한주민을 소수자와 동일한 범주로 보는 것에 대한 거부감도 강하다. 현재 북한주민은 재외동포법의 대상이 아니며 대한민국 헌법에 의해 국민으로 규정되지만 이들이 중국을 거쳐

87 『로동신문』(2006. 4. 27)은 "최근 남조선에서 우리 민족의 본질적 특성을 거세하고 '다민족, 다인종사회'화를 추구하는 괴이한 놀음이 벌어지고 있다"고 강한 어조로 비판했다.

남한으로 건너오는 과정에서 경험하는 법적 지위의 문제는 헌법상의 규정과는 별도로 매우 복잡하고, 이는 국제법의 조건에서도 자유로울 수 없다. 탈북이주민은 어떤 의미에서 헌법이 규정한 국민과 재외동포법이 보장하는 재외 어느 곳에서도 자기 자리를 찾지 못한 집단이 되었다. 정책적으로는 어느정도 배려와 도움을 받지만 현실에서는 오히려 자기 정체성을 숨기고자 하는 상황조차 나타난다. 앞으로 남북관계가 진전됨에 따라 북한주민의 집합적 정체성을 어떻게 대하고 통합을 이루어갈 것인가는 큰 과제로 제기될 것이다.[88]

앞으로 남한의 다문화상황이 진전되고 동시에 남북관계가 진전될 경우 이런 긴장과 갈등은 더욱 심화될 것이다. 정치적으로도 앞으로 국내 거주 외국인들이나 국제결혼가족, 다문화자녀 및 저소득층에 대한 복지지원과 탈북자 정착지원이나 북한지원기금의 배분을 둘러싼 갈등이 선거쟁점으로 부각될 가능성이 있다. 2008년 서울대학교 통일평화연구원이 수행한 통일의식조사에 따르면, 외국인노동자에 대한 거부감이나 편견에 대해서는 우리 사회가 매우 비판적이다. 또한 여성이나 장애인, 다양한 소수자집단에 대한 국가적 통제에 대해서도 민족적 공동체성에 기초한다는 비판이 활발하다. 이를 종합해보면 다문화상황에 대한 강조는 전반적으로 민족의식에 대한 지적 괴리감을 부추길 수가 있다. 현재 정당이나 정치세력 간에 주로 나타나는 이런 갈등이 국내의 계층, 가족형태 사이에서 심화될 수 있고 그것은 궁극적으로 북한에 대한 태도나 정책에 영향을 미칠 것이 분명하다. 민족이 부정되거나 사라질리는 없으나 앞으로는 다종족

88 한 헌법학자는 헌법개정의 주요한 이유로 "다민족 다문화 사회에 대한 대비"를 꼽았다. 신평 「선진국가로의 발전을 위한 헌법의 새 틀 모색」, 『세계헌법연구』 14(2). 국제헌법학회 한국학회 2008 참조.

적 배경, 다문화적 상황이 진전되는 것과 함께 정치공동체의 단위로서가 아닌, 문화적이고 사회적인 범주로서 강조될 가능성이 있다. 이 경우 국가와 결합되는 네이션이 아니라 국가 내에 통합되는 하위범주로서의 에트니 그룹(ethnic group)에 대한 관심이 커질 것이며, 결국 우리 사회의 단일민족 정서 내지 논리에 대한 진지한 성찰과 조정을 필요로 하는 상황을 맞게 될 것이다.[89]

2) 동화론을 둘러싼 긴장

다음으로 중요한 점은 다문화상황이 초래할 사회통합의 성격변화다. 많은 관련 연구자가 지적하듯 다문화주의는 기본적으로 쉽지 않은 이질적 범주들을 어떻게 한 사회 내로 통합할 것인가라는 근본적 과제를 지닌다. 적어도 다문화주의를 논의하는 문제의식의 바탕에는 차이와 다름을 지닌 문화적 단위의 독자성을 존중하면서 동시에 그들 간에 통합을 이루는 틀을 만들 필요성에 대한 공감이 존재한다. 차이를 승인하면서도 그 '공존의 구조'를 만들어내야 한다는 점에 합의가 있는 것이다.

현재 논의되는 다문화론은 소수자들이 한국사회에 적응하고 동화하도록 하는 논리와 명확하게 구별되지 않는 경우가 많다. 교육현장에서 이야기되는 다문화교육이나 국제결혼자에 대한 다문화적 관심도 결국은 이질적 존재인 그들로 하여금 주류문화의 가치나 규범을 제대로 습득하고 한국인으로 동화되도록 도와주는 배려의 차원을

89 한국사회에서 문화의 집합적 단위가 민족으로 상정되어왔던 측면과 무관치 않을 것이나 문화나 민족에 대한 정밀한 개념정의를 결여한 이런 이해는 문제가 적지 않다. 한경구는 이 점을 잘 지적한다. 한경구 「다문화사회란 무엇인가」, 유네스코 아시아·태평양 국제이해교육원 엮음, 『다문화사회의 이해』, 동녘 2008, 86~134면.

크게 벗어나지 않는다는 비판도 적지 않다. 실제로 남한의 다문화교육은 아직까지는 다중적 정체성을 적극적으로 보장할 정도로 '다문화적'이지 않으며 정책적으로도 소수자집단의 언어나 문화, 관습을 반영하는 정도 역시 매우 미약하다. 하지만 공식적 이민정책이 없고 다문화상황을 경험한 역사가 짧은 한국사회에서, 또한 여전히 의식과 생활 영역에서 단일민족론이 강한 힘을 발휘하는 상황에서 제도적으로 다문화주의를 추구해가기란 쉬운 일이 아님은 분명하다.

이 문제를 남북 간에 적용해보면 결국 다문화주의라는 입장이 남북관계 및 미래의 통일과정에 어떻게 접맥될 수 있을까라는 문제와 연결된다. 지금까지는 주로 남북한의 문화적 이질화를 염려하면서 어떻게 문화적 공통성과 민족동질성을 '회복'하고 '강화'할 것인가에 관심을 두어왔다. 따라서 남북한의 이질화를 동질성이 약화되는 부정적 현상으로 보고 극복해야 할 과제로 간주하는 경향이 있다. 사실 그 바탕에는 언어나 역사 감정, 친족에 대한 정서 등에 여전히 강하게 남아 있을 동질성이 앞으로 강한 힘을 발휘할 수 있으리라고 상정하는 면이 있다. 하지만 다문화상황에서 이질화는 더이상 '불완전한 상태'나 '분단체제의 특수성'이 아니라 현재 남북관계의 불가피한 구조적 특징이며 앞으로 더욱 심화될 듯하다. 의식에서나 실재에서 단일문화, 단일민족, 단일가치를 강조하는 북한과 다원적 가치를 점차 중시해가는 남한 사이에 형성되는 이질성은 이전과는 매우 다를 수밖에 없다. 이것은 구조적·제도적 이질성 못지않게 심리적이고 문화적인 차원을 동반할 가능성이 높고 그만큼 '다문화적 갈등'을 초래할 우려가 크다. 이질적 문화집단들이 한국사회에 억압적으로 통합되든, 소외된 집단으로 남든, 아니면 어느정도 목소리를 내는 주체로 성장하든 이는 남북관계에서 전례를 찾기 어려운 새로운 변수가 될 수 있다.

이런 점에서 민족·종족의 범주와 구별되는 국민·시민 범주에 대한 관심이 좀더 깊어질 필요가 있다(박명규 2009a). 다문화주의는 한 사회의 시민권이 동질적 차원에서 규정되기보다 각 집단의 특수성을 반영하는 방식으로 구성될 가능성에 주목한다. 즉 다양한 종족적·문화적 속성을 가진 집단들이 하나의 국민을 이룰 수 있으며, 같은 국민에 속하는 시민 내부에 매우 다양한 하위범주가 존재할 수 있음을 고려할 필요가 있다. 유럽통합의 예에서 이런 범주 간의 중층성, 복합성을 엿볼 수 있는데 예컨대 EU의 시민권이 생긴다고 해서 기존 국가에 속한 국적이 소멸되지는 않는다. 결국 새로운 시민권이 기존의 정체성을 대체하는 것이 아니라 덧붙여지는 구조인 셈이다. 이 경우 종족적이고 문화적인 속성을 넘어 새로운 대한민국 국민을 구성할 가능성, 나아가 대한민국 국민이라는 정치적 정체성 속에 다양한 문화적 차이들이 공존할 수 있는 개연성을 모색할 필요가 있다. 나아가 이런 논리가 남북한을 하나로 묶으려 할 때 어떻게 적용 가능할지에 대한 세심한 고려가 필요하다.

다문화상황의 진전이 역으로 동화주의를 더욱 강화할 가능성에 대해서도 주목해야 한다. 이미 유럽에서 경험하고 있고 미국에서 역시 9·11 이후 두드러진 현상이지만 다문화상황의 진전이 반드시 유연한 다문화주의를 확산하는 것만은 아니다. 오히려 다문화상황을 기존의 공동체 및 정체성에 대한 심각한 도전으로 받아들이고 이에 대한 격렬한 저항과 비판의 강도가 거세질 수도 있다. 특히 9·11 이후 미국에서는 다문화주의가 강조하는 소수자의 중시, 다원성의 용인, '정체성의 정치'가 미국적 가치와 국가적 정체성에 큰 위협이 된다는 비판이 강한 힘을 얻고 있다. 헌팅턴(S. Huntington)은 소수자

집단, 디아스포라집단, 페미니스트그룹 등이 강조하는 다문화주의가 미국의 공통가치를 잠식하고 미국의 네이션 정체성을 눈에 띄게 흔든다고 우려했다(Huntington 2004). 헌팅턴의 주장 같은 명료한 반(反)다문화주의는 아니라 해도 9·11 이후 미국에서는 미국적 가치와 통합을 강조하는 경향이 크게 증대했다. 부엘(F. Buell)은 이런 흐름을 '민족주의적 탈민족담론'(nationalist post-nationalism)이라는 말로 지적한다(Buell 1998). 다시 말해 표면적으로 탈민족을 내세우는 논리인 듯하지만, 미국적 맥락에서는 그것의 정치적 함의가 매우 민족적이고 국가적인 성격을 띤다는 것이다. 유럽에서도 다문화주의에 대한 거부감이 프랑스, 독일, 이딸리아 등지에서 새로운 보수주의를 강화하는 경향을 낳았다. 아직 그 흐름이 유럽통합의 대세를 뒤집을 수준은 아니지만 어느정도의 정치적 기반과 정서적 공감대를 바탕으로 키워질 가능성도 없지 않다.

다문화 역사가 매우 오래된 서구가 그러할진대 그에 비해 훨씬 역사가 짧고 유연성과 다양성에 대한 경험도 부족한 한국사회에서 앞으로 다문화주의에 저항하는 동화주의적 정서가 커질 것은 쉽게 예상할 수 있다. 더구나 남북한 통합과 통일을 고려할 때에는 불가피하게 민족정서에 기초한 공동체주의, 민족제일주의가 힘을 얻을 것이고 이런 논리는 다문화상황이 요구하는 논리와 마찰을 빚을 수 있다. 이럴 경우 지금까지 한국사회에서 나타나던 이념적 갈등과는 그 성격을 달리하는 사회적·정치적 긴장이 초래될 것이다. 이처럼 앞으로 다문화주의가 확대되고 그것이 남북관계의 중대한 변화와 함께 진행될 때 민족의 정서가 어떻게 정치적으로 활용되고 또 통제되어야 할 것인가는 매우 중요한 과제로 부각될 것이다. 다문화주의가 새로운 형태의 내부정치를 심화할 가능성에 대한 성찰과 그것을 조정할 능력을 갖추는 일은 미리 준비해두지 않으면 안될 과제다.

3) 통합의 제도적 틀

다문화상황에서 통합은 문화적 관용만으로는 불가능하며 결국 다원적 통합을 유지할 제도들이 필요하다. 유럽통합에 관한 이론 연구에 따르면, 다양성을 해치지 않으면서 통합할 수 있는 제도화의 바탕에는 연방적 사고(federal ideas), 다중적 시민권(multiple citizenship)이 중요하며 통일이 아닌 통합(from unity to union)을 중시하는 제도적 고려들이 깔려 있다(Burgess 2009). 연방주의 논리는 성공적 정치통합을 위해 내부의 하위 범주들을 무시하거나 이들을 동질적으로 만들 필요가 없다는 점을 강조한다. 오히려 하위 범주의 다양성, 독립성, 차별성을 승인하고 용인하면서 통합을 이루는 것이 때로는 더 유리할 수도 있다는 유연한 사고가 중요하다는 것이다. 국가연합이든 연방제든 연합국가든, 그 형태의 차이에도 불구하고 단일민족국가의 형태와는 또다른 정치통합의 제도화를 필요로 한다는 지적이다.

유럽이 모색했던 통합의 노력으로부터 어느정도 도움과 시사점을 얻을 수 있다. 다문화적 집단들을 통합하는 방식으로 "사회결합"(social incorporation)을 제안했던 이사지브(W. W. Isajiw)는 사회결합을 이루기 위한 다섯가지 요소를 강조했다(Isajiw 1997). 첫째, 여러 형태의 하위 개념을 포용하는 상위 개념으로 통합을 고려해야 하며, 둘째, 통합은 동적인 과정이지 정적인 상태로 이해되어서는 안된다. 셋째, 통합과정의 최종상태가 반드시 동질화나 동형은 아니라는 점, 즉 전체에 적절히 통합되면서도 이질적 성격을 지니는 하위 범주들의 존재를 상정한다. 넷째, 사회의 전체와 부분 사이의 상호의존관계를 중시하며, 다섯째, 상호성 개념을 중시해 모든 집단 및 행위자 간의 '주고 받는 관계'를 중시해야 한다. 그는 이러한 사회결합이 구조적으로, 문화적으로, 그리고 정체성의 차원에서 각기 진행될 필요가 있다고 주장한다.

이런 논리는 원칙적으로는 무리없이 수용되지만 현실에서 제도로서 정비되기란 결코 쉽지 않다. 다원성이 지나치면 통합을 해치고 통합을 강조하면 다원성을 약화할 수 있기 때문이다. 이 점에서 한 사회가 공유해야 할 원칙 부분과 각기 다른 속성을 유지할 수 있는 부분 사이의 구별이 필요하다. 실제로 다원성과 이질성을 보장한다고 해서 절차와 규정 및 핵심적 가치에 대한 집합적 공통분모까지 상대화할 수는 없다. 특히 정치 영역에서 공유하는 가치가 존재하지 않으면 한 사회로서 질서와 정체성을 유지하기가 어려워진다. 다시 말해 "다문화적으로 구성된 새로운 공통성"이 필요한데, 파레크(B. Parekh)는 이처럼 다문화적으로 구성된 공통문화를 "다문화주의 정신"(spirit of multiculturalism)이라고 부르며 이를 가르치고 내면화하며 동화로 이끌기 위한 교육과 정책이 필수적이라고 주장한다(Parekh 2000). 또한 이것이 가능하기 위해 가장 중립적이고 다문화적 감수성을 지닌 최고재판소의 존재가 필요함을 역설했다. 대화를 기반한 합의를 통해 함께 지켜나갈 가치나 도덕의 원칙이 존재할 수 있어야만 다문화주의가 무조건적인 상대주의나 다원주의로 빠지지 않을 수 있기 때문이다.

이런 문제는 앞으로 남북관계의 진전과 함께 고려해야 할 중요한 문제를 제기한다. 남북연합 단계를 설정하는 것은 물론이고 이럴 경우에 서로의 차이를 인정하면서도 함께 공유할 어떤 가치, 예를 들어 '다문화주의적 정신'이 가능할 것인가에 대한 준비가 필요하다. 이것은 민족정서나 추상적 가치로 담보되기 어렵고 어떤 제도적 틀을 지녀야 한다. 어떤 공유가치를 어느 정도로 어떻게 가르치고 내면화할 것인가, 이것과 상이한 부분질서와의 관계는 어떻게 설정되어야 할 것인가 등에 대해서는 좀더 깊은 탐구와 준비가 필요하다.

4) 통일론의 재점검

마지막으로 다문화상황의 진전은 현재 우리 사회의 공식적 통일론에도 어느정도의 변화를 요구할 수 있다. 2012년 1월 현재 남한의 공식 통일론은 1994년 공포된 '민족공동체 통일방안'이다. 이 방안은 남북관계가 화해협력 단계에서 남북연합 단계를 거쳐 최종적 통일국가 단계로 이행하는 3단계 점진적 이행론에 근거한다. 이 방안은 지난 20년간 가장 공감할 수 있는 통일의 로드맵으로 받아들여져 큰 논란 없이 지속되어왔다. 대북정책을 둘러싸고 심각한 논란이 벌어지고 아울러 그것이 정권교체에 결정적 쟁점이 되었음에도 불구하고 통일방안 그 자체는 큰 논쟁이 되지 않았다.

민족공동체 통일방안이라는 이름에서도 짐작할 수 있듯이 이 통일방안은 '민족공동체'를 통일의 동력이자 가장 중요한 단계로 설정한다. 그런데 민족공동체 개념이 전통적 단일민족론을 기반으로 할 경우 현재 진행되는 다문화상황과 상충할 수 있다. 지난 20년간 남북한이 겪어온 정치적·경제적 전환과정은 남북한 간 비대칭성을 눈에 띄게 높였고 한국사회의 다원화와 다문화화는 그런 비대칭성을 심화했다(박명규 2009b). 통일논의는 남북 간의 이러한 비대칭성, 불균형성과 이로부터 초래되는 불안정성을 반영하지 않을 수 없는 상황에 놓여 있다. 그런 점에서 현재의 민족공동체 통일방안은 그 점진성과 국가연합적 유연성을 최대한 살리면서 동시에 '민족공동체'라는 개념이 동반하는 동질화, 단일화, 민족중심성에 어느정도 변화를 줄 필요가 있다. 이런 맥락에서 유연성과 복합성을 두 축으로 하는 '연성복합통일론'의 시각(제13장 참조)이 보완되어야 할 것이다.

통일은 전통적으로 '나뉘어진 것을 하나로, 다른 것을 같은 것으로' 만드는 것이다. 민족공동체 통일방안에는 이와 관련한 두개의 다른 구상이 공존한다. 하나는 남북연합에서 보여주는 복합국가적 구상이고 다른 하나는 통일의 최종목표로 단일민족국가를 상정한다는 점이다. 하지만 궁극적으로는 통일된 민족국가가 목표로 되어 있고 남북연합은 중간단계로 설정되어 있다는 점에서 통일을 전통적 방식으로 사고하는 경향이 더욱 강하다고 볼 수 있다. 일반인들은 통일을 사고할 때 동질성, 통합성, 단일성 등을 강조하지만 이질성, 다원성, 분산성 등에는 주목하지 않는다. 그런 연유로 이질적 부문의 공존과 연성결합, 복합적 상호작용 등을 그 자체로서 통일의 주요한 속성으로 파악하려는 노력이 필요하다. 미래의 통일이 다양한 가치, 이념, 종교가 공존하며 다양한 주체 간에 자유롭고 새로운 연계와 결합이 만들어지는 다중적이고 복합적인 통일일 수 있음을 인식해야 한다. 그런 점에서 통일은 "여러 작은 통일들의 복합적 결합"(complex integration of small unifications)으로 이해될 필요가 있다.

따라서 통일국가의 최종적 상도 전통적 단일민족 공동체에 기반한 체제의 모습과는 다른 창의적 형태로서 상상할 수 있어야 한다. 통일국가는 상당한 자율성을 지닌 독자적 하위단위들을 내부적으로 포괄할 수 있을 뿐 아니라 외부적으로도 경계가 유연한 복합적 정치공동체가 될 수 있다(박명규 1999). 이런 의미에서 현재 통일방안의 한 단계로 설정된 남북연합이나 연방제 같은 복합국가가 최종적인 통일국가의 형식이 될 수도 있다. 어쨌든 정보화나 개방화, 다양화가 진행되는 미래형 네트워크 정치공동체는 그런 다원적이고 이질적인 것의 네트워크형 공존을 주요한 내용으로 지녀야 한다. 경제·사회·정치·문화 영역이 더욱 분화되고, 근대적 가치와 탈근대적 요소들, 민족적인 것과 탈민족적인 것이 함께 혼재하는 형국이 될 터인데, 이런 미래에 맞는 통일의 상, 통일국가의 공동체적 형태는 훨씬 복합적이고 개방적인 것이어야 할 것이다.

4. 결론

다문화상황, 다문화주의는 21세기 한국사회에서 무시할 수 없는 쟁점의 하나로 부각되고 있고 그 중요성은 점점 더 커질 것이다. 남북관계의 진전 역시 21세기 최대의 과제라는 점에서 볼 때 양자 사이의 논리적·정책적 연관에 대한 검토는 매우 중요하며 시급한 일이 아닐 수 없다.

현 시점에서 양자는 반드시 상충하거나 양립 불가능한 것은 아니다. 하지만 적절한 조정과 논리적 대응을 준비하지 않으면 의외로 상호긴장을 불러일으킬 소인이 적지 않다는 점도 분명하다. 남북관계의 진전과 궁극적 통일이 현재 한국사회가 경험하는 개방화·다원화의 흐름과 어긋날 수는 없다는 점을 고려하면 다문화적 논리를 남북관계 및 한반도 통일구상에 적극 수용하고 접맥하려는 노력을 기울여야 할 것이다.

분단에서 통일로 가는 이행은 양자택일적 도약으로만 구상될 수 없다. 통일과정은 구체적인 수준에서 구별 가능한 여러 단계를 거쳐 변화하는 사회, 정치, 경제 등의 총체적 전환과정이다. 그러므로 각 단계마다 나타나는 사회변화의 성격들을 적극적으로 고려하고 활용해야 한다. 같은 민족으로서의 유대와 협조, 상호이해의 문화를 확대하는 것을 통해 남북의 통일을 지향한다는 민족공동체 중시론은 한반도의 맥락에서 여전히 중요한 의미를 지닌다. 하지만 앞으로는 혈통과 문화의 속성을 달리하는 사회구성원들의 발전까지도 포괄함으로써 혈통주의적인 폐쇄성을 넘어설 수 있어야 한다. 통일이 공동체성의 회복을 의미한다고 할 때 그것은 남북 모두에 도움이 될 뿐 아니라 한반도를 삶의 공간으로 삼는 다양한 부류의 구성원 모두에게 새로운 활력과 신뢰를 가져다주는 것이어야 한다. 이런 점에서 다문화론과 남북관계, 통일론은 앞으로 더욱 그 연관성에 주목하면서 논의해야 할 주제라 하겠다.

제12장

통일시대의 안보

남북관계의 주요 쟁점 중 하나는 통일지향과 안보가치 사이의 긴장이다. 통일과 안보는 둘 다 국가이익과 관련된 중요사안이지만 양자의 관심과 초점이 반드시 일치하는 것은 아니며 사안에 따라서는 대치되는 것처럼 이해되기도 한다. 통일과 안보라는 두 가치가 공존하는 것 자체가 한반도의 특수한 상황인데, 이는 민족분단과 한국전쟁, 그리고 이후의 정전협정체제 등이 주요한 역사적 배경으로 작동하는 탓이다. 분단 60년이 넘도록, 전세계가 탈냉전과 세계화의 흐름 속에 재편되고 있는 21세기에도 한반도에는 군사충돌의 위험이 상존한다. 북한은 선군주의를 표방하며 종종 전쟁불사론으로 남한을 위협하고 남한 역시 북한을 주적으로 규정하는 국방중시론을 토대로 대응해왔다. 따라서 명분과 담론 차원에서는 통일가치가 늘 우선에 있는 듯하지만 현실적으로는 안보가치가 더욱 강력한 힘을 행사한다. 정치는 말할 것도 없고 경제나 사회, 심리적 차원에까지 안보

불안이 미치는 영향이 적지 않은 탓에 매년 정부예산의 10% 가까운 국방비를 요하는 상황이나 20대 남성들이 예외없이 군에 복무해야 하는 징병제에 이의를 제기하는 사람이 별로 없다.

따라서 남한에서의 안보는 늘 북한의 위협을 전제하고 전쟁억지를 위한 충분한 군사력의 강화라는 측면에서 구상되고 논의된다. 하지만 남북한의 비대칭성이 심화되는 가운데 남한경제의 대외의존성, 다원성과 개방성, 그리고 사회불균형과 불안정이 두드러지면서 전통적 의미에서의 북한 위협과는 성격이 다른 문제들이 새로운 안보쟁점으로 부각되고 있다. 그 결과 북한의 군사적 위협만 문제가 되는 것이 아니다. 북한의 허약함과 불안정성 그 자체도 안보불안의 커다란 요인이 되며 무엇보다도 남북 간 신뢰부재 상태가 지속되면서 적대성을 확대·재생산할 개연성도 큰 문제다. 뿐만 아니라 한반도가 처해 있는 동북아의 현실 자체가 새로운 안보과제를 던져주고 있다. 중국의 급속한 부상과 미국 헤게모니의 약화, 전시작전권의 예정된 반환, 시장은 통합되는데 사회문화적 신뢰는 여전히 낮은 동북아의 상황 등은 한반도의 안보문제를 국제적이고 세계사적인 맥락에서 고려하지 않을 수 없게 만든다. 안보의 다차원적 속성이 강조되고 위험의 상호연계성이 심화되면서 개별 국가단위를 넘어 동북아 또는 인류공동체 전체 차원에서 협력해야 한다는 공동안보 논의가 힘을 얻고 있다. 여기에 생태위기, 테러리즘 등 새로운 위험요소들이 늘어나면서 인간안보, 사회안보, 핵안보, 경제안보 등도 덧붙여진다.

따라서 안보의 과제나 전략도 점차 복합적이고 다차원적인 조건들을 반영하는 방향으로 변하고 있다. 국방개혁이나 21세기형 안보구상이 성공적으로 달성되기 위해서는 20세기 패러다임을 넘어서는 적극적 평화구상과 결부된 종합적 안보가 추진될 필요가 있다. 무엇보다도 한반도의 안과 밖에서 빠르게 진행되고 있는 변화의 성격과 방향을 깊이 이해하고 이와 연계된 안보정책을 구상하는 것이 매우 중요하다. 분단현실의 위험을 경시해서는 안되지만 남북관계에 대한 고정된 사고, 냉전적 국제질서관, 군사력강화 일변도의 안보관도 넘어설 필요가 있다. 나아가 그 구상은 한국사회 구성원들이 바라고 지향하는 미래공동체의 모습과도 조응함으로써 국민적 신뢰와 지지를 받는 것이어야 한다. 변화하는 동북아시아, 다차원적 남북관계를 종합적으로 이해하면서 통일과 안보 사이의 긴장을 창의적·혁신적으로 해소하려는 대전략이 마련되어야 할 것이다. 제12장에서는 남북관계의 현재, 통일에 대한 국민들의 생각과 의식을 검토하고 통일을 향한 안보, 평화를 위한 안보, 그리고 21세기형 재난에 대처하는 복합적 사회안보의 적실성에 대해 약간의 생각을 논해보려 한다.

1. 남북관계 변화와 대전략 구상

1) 남북관계의 변화

1980년대 말부터 진행된 전지구적 탈냉전과 남한의 산업고도화, 민주화, 세계화 흐름이 맞물리면서 남북관계는 이전과는 크게 달라진 모습을 띠게 되었다. 그 변화의 내용은 이전과 비교해볼 때 세가지로 설명 가능하다. 첫째, '민족관계'라고 이름할 만한 새로운 관계성이 발전하면서 지금까지의 이념적이고 적대적인 차원과는 구별되는 사회적·경제적 상호관계성이 형성되었다. 1980년대 말 노태우정부는 북한을 적으로 보기보다 미래를 향한 동반자로 보겠다고 선언했고 1991년에는 남북 간 상호불가침 및 교류협력을 규정한 '기본합의서'를 체결했다. 이후 다소 기복이 없지 않았지만 다양한 경제적·사회문화적 교류가 진전되었고 남북교류를 다루는 특수법 등이 제정되어 교류 영역이 자율성을 얻기 시작했다. 개성공단에서는 남의 자본과 북의 노동력이 함께 결합해 새로운 '민족경제'의 한 영역을 구축함으로써, 이전의 논리로는 설명하기 어려운 실질적 상호관계가 확장되기에 이르렀다. 한마디로 남한과 북한이라는 두 당사자로 환원할 수 없는 관계적 속성이 어떤 실체를 지니고 형성되기 시작한 것이다.

둘째, 남북한이 각기 독자적인 정치적 실체로서의 상호성, 상대성을 지니게 되었다는 점을 들 수 있다. 1991년 남북한은 유엔 동시가입으로 상대방의 정치적 실체를 실질적으로 인정하는 단계로 이행했다. 또한 기본합의서를 통해 쌍방 간의 질서를 '통일을 지향하는 과정에서 형성된 잠정적 특수관계'로 규정하면서 상호 불가침과 교류협력을 약속했다. 내부적으로는 이미 분단국가 수립 반세기를 넘기면서 이질성이 심화되고 상대방의 실체성을 인정하려는 젊은 세대들이 다수 성장했다. 이런 변화는 국제사회에서 남북한이 각기 별개의 당사자로 상호 작용하는 기회가 많아짐을 의미했고 내부적으로도 북한문제가 점차 국방부나 통일부가 아닌 외교통상부의 관할 사안이 되는 경우가 늘어갔다.

셋째, 남한의 고도산업화, 민주화의 진전에 따라 북한에 대한 자신감과 여유가 커졌고 전후세대의 부상과 함께 냉전적 적대성도 상대적으로 약화되었다. 사회주의권의 몰락에 따라 이데올로기적 허용공간이 넓어졌고 민주화에 따라 사회적 이견과 토론을 체제 내에서 포용할 수 있게 된 점, 그리고 북한체제의 문제점이 명확하게 드러나게 된 것이 중요한 배경이었다. 또한 1980년대 이래 고도경제성장의 효과로 인해 대한민국체제의 우월성이 입증되고 대한민국 국민으로서 자부심과 소속감이 강화되었다는 점도 지적할 수 있다. 북한에 대한 전향적이고 공세적인 정책을 구사할 수 있었던 사회적·경제적 배경에는 바로 이런 자신감이 있었다고 할 수 있다. 이로써 냉전시기였다면 꿈도 꾸기 어려웠던 변화, 즉 북한을 오가며 그곳의 주민을 접촉하거나 사회주의권의 서적을 읽는 일 등이 가능해졌다.

물론 이러한 변화가 대안적 남북관계질서를 안정화하는 데까지 이르지는 못했다. 교류협력을 통해 민족관계가 꽤 진전되었지만 여전히 제한적 수준에 머물러 있고 상호신뢰의 제도화나 협력의 일상화까지 이르기에는 갈 길이 매우 멀다. 국제사회에서는 서로의 독자성을 인정하는 경우들이 종종 있지만 한반도의 남북관계를 외교관계와 똑같이 대할 수는 없는 일이다. 무엇보다 남북 간의 적대적 대립이라는 기본구도에 본질적 변화가 나타나지 않고 있다. 교류협력의 진전과정에서 북한 핵실험이 감행되고, 남북정상회담의 가능성이 논의되는 가운데 천안함사건과 연평도포격이 발발하고, 남북 간 합의조치들이 상황적 조건을 넘어 제도화되지 못하는 현실은 남북관계의 불안정성을 잘 보여주는 사례들이다. 적대성, 포용성, 상호성이 불안정하게 공존하는 특이한 관계로서 이들 세 요소는 그 비중이 안정적으로 조정되지 못한 채 공존하고 있다.

2) 비대칭성의 심화

21세기 남북관계를 특징짓는 또다른 중요한 현상이 있다. 바로 남북 간의 비대칭성, 구조적 불균등성이 심화된다는 점이다. 남북관계의 '비대칭성'은 적대성, 포용성, 상대성으로 포착하기 어려운 새로운 질적 현상으로서 앞으로 남북관계를 조율하고 한반도의 미래구

상을 실현해가는 데 매우 중요한 고려사항이 될 것이다.[90]

남북한 비대칭성의 핵심은 체제역량의 두드러진 불균등성이다. 체제역량은 한 국가가 보유하고 활용할 수 있는 경제력, 정치력, 외교력, 기술력, 문제해결능력, 교육과 정보력, 창의적 발상과 기획력, 자발성, 통합성 등 모든 역량의 총체를 가리키는 개념이다. 남한은 산업화, 민주화, 개방화, 정보화를 성공적으로 달성했고 2차대전 이후의 독립국 가운데 두마리 토끼(민주화, 산업화)를 잡은 희소한 사례로 손꼽힌다. 반면 북한의 국가능력과 체제역량은 1990년대 이래 지속적으로 약화되어왔고 2011년 현재는 만성적 위기상태에 놓여 있다. 경제력의 차이는 이런 체제역량을 가장 객관적인 지표로 보여주는 것이라 할 수 있는데 생산력 수준, 기술수준, 상품화 능력, 전지구적 마케팅 능력, 경제정책 구상능력 및 조율능력 면에서 남북한의 역량은 매우 비대칭적이다(한반도 남북한이 밝음과 어두움으로 대비되어 나타나는 야간 위성사진은 이런 격차와 비대칭성을 극명하게 드러내주는 예라고 할 수 있다).

남북 간의 비대칭성은 비단 경제적 역량 차이에 국한되지 않는다. 비경제적 영역에서 비대칭성이 지니는 함의는 더욱 큰데 이것은 남한사회의 민주화와 다원화, 개방화가 가져온 결과다. 21세기는 쏘프트파워, 창조력, 혁신적 구상능력 등이 매우 중요한 시기다. 남한은 사회 내의 다양한 주체의 창의력 개발, 상이한 요소의 조절과 통합능력, 첨단의 지식 생산과 기술혁신, 안팎의 변화에 대한 적응능력 등을 비교적 적절히 확장해왔다. 반면 세습체제와 일인지배체제를 구축한 북한의 정치체제는 평시에는 나름의 통제력을 유지할 수 있었

90 여기서 말하는 비대칭성은 군사전략에서 논의되는 비대칭성과는 다소 다른 개념이다. 졸고 「남북관계와 비대칭적 분단국체제론」, 『통일과평화』 창간호, 2009.

겠지만 과도기나 정치적 변혁기, 예상치 못한 안팎의 충격에는 매우 취약한 제도로서 21세기형 발전가능성은 거의 없다고 해도 과언이 아니다. 시민사회 내부의 자율성과 역량 면에서도 다양한 중간집단의 자율적 조직과 활동이 활발한 남한사회와 국가권력의 일인지배적 통치, 억압이 일상화된 북한 간의 격차와 비대칭성은 매우 크다.

현재의 남북한 비대칭성은 단지 역량의 양적 차이에 그치는 것이라기보다 문명적 전환의 향방과도 연결된다. 남한은 근대성의 한계를 넘어 탈근대적 지향과 가치를 폭넓게 수용하는 '근대+탈근대'의 융합과 변화를 향해가는 데 반해 북한은 여전히 사회주의적 근대의 틀에 갇혀 있을 뿐 아니라 이에 전통적 요소까지 동원함으로써 '전근대+근대'의 수준에 머물러 있다(전세계적으로도 선두에 속하는 정보화, 혁신능력, 트위터 문화, 한류, K-Pops 등은 국가나 민족의 틀 속에서만 자신의 활동영역을 찾던 고전적 패러다임을 크게 벗어나고 있는 표본이라 할 수 있다). 이런 차이는 단순히 적대나 포용으로는 설명이 불가능한 이질성이고 비대칭성을 뜻한다. 뒤르켐의 개념을 빌리면 북한사회가 여전히 기계적 연대에 머물러 있는 데 비해 한국사회는 유기적 연대에 기초한 융합의 단계를 보여준다고 할 수 있다.

사회적 자본을 연구하는 학자들은 '관계적 재화'(relational goods)라는 개념을 사용하는데 이것은 일종의 공공재화(public goods)로서 관계 그 자체가 당사자에게 영향을 미치는 독립변수가 된다는 점을 가리킨다. 이것은 개별 당사자 어느 일방에 의해 형성되거나 만들어질 수 있는 것이 아니며, 두 당사자 또는 복수의 참여자 사이에서 '함께' 구성되고 공유되는 것이다. 당연히 이런 재화는 양 당사자의 소통과 참여, 상호작용을 통해 형성되는 어느정도의 신뢰에 바탕을 두게 되고 그런 점에서 포괄적 의미의 사회적 자산(social capital)의 부분을 이룬다(Cappellin 2010). 비대칭적 관계가 심화된다는 것은 관계의 속성이 달라지고 그것이 다시 남북한 모두에 중요한 영향을 미치는 결과를 가져올 수 있음을 뜻한다. 힘과 영향력은 강한 쪽에서 약한 쪽으로 흐르게 마련이어서 형식적 관계와 실질적 관계 사이의 불균등성과 긴장도 커질 수 있다. 당사자들이 그 전환의 방식과 속도, 명분을 어떻게 만들어내고 제도화하느냐에 따라 관계적 재화가 미칠 영향력의 성격도 달라질 것이다.

3) 전환기와 대전략

앞서 언급한 서로 다른 요소들의 불안정한 공존, 비대칭성의 심화 등은 그것 자체로도 한반도 현 질서의 변화가능성을 높이지만 변화하는 국제적 상황이 여기에 추가됨으로써 향후 한반도의 역사적 전환이 불가피해질 개연성이 커져간다. 미국의 단일패권 시대가 저물고 중국의 국제정치적·경제적 지위가 눈에 띄게 상승한다는 점, 동북아의 경제적 통합이 진전되면서 지역공동체에 대한 관심이 커져간다는 점, 전세계가 다양한 차원의 복합적 네트워크 시대로 접어들고 있다는 점, 한 국가가 통제할 수 없는 초국가적·지역적·개별적 상호관계의 비중이 매우 커지고 매뉴얼에 기초한 관리가 아닌, 창의적 발상과 대응력이 중시되는 시대로 접어드는 것이다.

이런 상황에서 역사의 향방을 관리하고 조율할 수 있는 역량은 전통적 의미의 하드웨어적 차원에만 의존해서는 얻어질 수 없다. 이는 국내외의 다양한 조건, 군사적·비군사적 요소, 분명한 목표와 유연한 실행능력, 사회적 동의 창출과 소통능력, 국제협력을 얻어낼 외교력과 이 모든 것을 뒷받침할 만한 경제기획력 등이 종합된 쏘프트파워가 갖추어져야만 가능하다. 20세기 이래 왕조체제개혁-민족해방-

독립국가건설-산업화-민주화-정보화와 개방화 등의 시대적 과제에 부딪혔던 한국은, 그 과제에 따라 어떤 것은 실패했고 어떤 것은 비교적 성공적으로 해결했는데 그 차이가 어디에서 비롯되었는지에 관해서는 진지한 분석이 필요하다. 한가지 분명한 것은 과제의 내용과 성격, 안팎의 조건 등에 대한 종합적 대응력이 없이는 그 과제를 수행해내지 못할 가능성이 높다는 점이다.

이런 점에서 향후의 가장 큰 과제는 한반도 질서의 근본적 변화, 다시 말해 통일문제가 될 것이 분명하다. 분단이라는 조건이 여전히 한국사회의 미래발전을 가로막는 현실에서 이를 극복하고 새로운 한반도 미래공동체를 구축하는 것은 대(大)전략의 근간일 수밖에 없다.[91] 향후 얼마간은 현재의 불안정한 한반도 안팎의 조건들을 역동적이고 창의적인 통일 실현으로 연결하는 종합적 역량을 만들어내는 일이 최대의 숙제가 될 것이다. 이런 의미에서 통일은 결코 분단 이전 상태로의 단순한 회귀가 아니며, 동족 간의 정서적 결합만도 아니다. 이것은 지난 한세기 동안 한반도의 남과 북, 안과 밖에서 다양하게 이루어진 제도적·이념적·역사적 실험 가운데서 가장 바람직하고 현실적이면서 미래전망을 지닌 틀을 새롭게 만들어내는 종합적 프로젝트여야 한다. 통일은 경제성장이나 정치발전, 사회적 성숙도를 진전시키는 일이 되어야 하고 한반도의 평화상태를 증진하는 과정과 연결되어야 한다. 통일은 현재 남북한이 보여주는 상이함, 비대칭성, 불균형성을 상호보완적 통합조건으로 활용함으로써 새로운 민

91 이 점과 관련해 최근 국내에서 논의되는 흐름에 대해서는 다음 책들을 참조해볼 만하다. 박명규·이근관·전재성 외 『연성복합통일론』, 서울대 통일평화연구원 2010. 하영선·조동호 엮음 『북한 2032: 선진화로 가는 공진전략』, 동아시아연구원 2011. 박세일 『대한민국 국가전략』, 21세기북스 2008. 백낙청 외 『21세기의 한반도 구상』, 창비 2005 등.

족적 시너지를 높이는 방향으로 이어져야 한다. 또한 통일은 다원화, 자율화, 민주화, 개방화, 정보화 같은 21세기적 가치를 포용하는 방향으로 구성되어야 한다. 국민국가의 경계를 넘어 전지구적 융합과 소통이 중시되는 흐름이 한반도 통일과정과도 접맥되어야 하고 그런 점에서 한반도 통일이 동북아시아 및 전세계의 통합과정과 함께 진행되도록 조율할 수 있는 능력을 갖추어야 한다. 독일통일이 동서독의 통일에 국한되지 않고 유럽통합의 견인차 역할을 하면서 유럽의 평화에 기여했듯 한반도 통일 역시 이 지역의 평화체제와 공존의 문명을 만들어가는 주요한 동력이 되어야 한다. 이상의 내용을 고려한 대전략을 준비하고 이를 지혜롭게 실현해가는 것이야말로 미래의 한반도 지도자 및 양식있는 시민층의 기본과제가 될 것이다.

2. 국민의 통일의식

앞서 언급한 현 시기의 특징은 우리 국민의 태도, 의식, 지향에도 영향을 미친다. 북한과 통일, 각종 대북정책에 대해 나타나는 국민의식에는 기본적으로 변화하는 남북관계의 현실이 반영된다. 이 점을 몇가지 살펴보기로 하자.[92]

92 서울대학교 통일평화연구원에서 매년 전국적 조사를 통해 발간해온 통일의식조사 결과에 의거한 것이다. 이 절에 서술하는 내용은 모두 박명규 외 『2007 통일의식조사』, 『2008 통일의식조사』, 『2009 통일의식조사』, 『2010 통일의식조사』에 실린 내용에 근거한 것임을 밝히고 별도의 주를 달지 않는다.

1) 통일기대감과 대북비판의식의 동시증대

지난 수년간 국민의식에서 나타난 주요한 특징은 통일에 대한 필요성에 대한 인식은 답보상태이고 기대감은 다소 늘어나는 한편 북한에 대한 비판의식과 불안의식도 늘었다는 점이다. 2010년의 경우 통일이 필요한가에 대한 응답에서 무관심하다는 층은 그 이전에 비해 다소 줄었고 통일이 필요하다고 응답한 숫자는 늘었다. 통일의 시기와 관련해서도 가급적 빠른 통일에 대한 기대감이 높아진 점이 눈에 띈다. 통일에 대한 관심이 그동안 상승해온 것만은 아니었다는 점에서 이런 변화는 주목할 만하다. 하지만 통일과정으로 자연스럽게 진전할 가능성에 대해서는 비관적 전망이 높아지며 통일방식과 관련해서도 두 체제의 공존화합형 내지 절충형 통일가능성에 대한 기대감이 낮아지는 추세다. 이는 북한체제에 대한 전반적 비판의식이 증대해온 경향과 맥을 같이한다. 북한에 대한 비판의식은 2010년에도 꾸준히 늘어나 '협력대상'이라는 인식은 2008년을 정점으로 2009년에 7퍼센트 감소, 2010년에는 다시 6퍼센트가 감소했다. 북한과 대화와 타협이 불가능하다는 불신 정도도 59.1에서 65.1퍼센트로 늘었다. 북한으로 인한 불안의식도 꾸준히 높아져왔다. 북한을 가장 가까운 국가로 느낀다는 응답 비율은 2007년 23.8에서 이후 매년 20.3퍼센트, 15.9퍼센트, 14.8퍼센트로 줄곧 하락해왔다.

통일에 대한 기대감과 대북 비판의식이 함께 늘어나고 동시에 불안심리도 커진다는 점은 현 시기에 매우 진지하게 따져봐야 할 문제다. 북한비판과 불안심리, 통일에 대한 기대는 서로 밀접하게 연관되는 사안들이지만 그 요소들이 관계맺는 방식은 단일하거나 단순하지 않다. 추상적 수준에서 이들은 동시적으로 존재하지만, 본질적으로는 상호긴장을 내포하며 구체적 현실 속에서는 갈등의 소지도 없지 않다. 북한에 대한 비판의식을 지닌 사람이라도 불안이 증폭되는 것은 원치 않으며 통일에 대한 기대가 높은 사람이라도 북한에 대한 비판적 견해를 반드시 표명하지 않는 것도 아니다. 즉, 국민의 의식과 심리에는 통일과 안보, 그리고 북한의 바람직한 변화를 함께 지향하고 이러한 가치들이 적절히 실현되는 변화를 원하는 경향이 있다고 보아야 한다. 상황과 국면에 따라 특정한 지향과 가치가 특별히 부각되는 경우가 있지만 전반적으로는 이러한 균형에 대한 지향이 근간을 이룬다.

통일의식에서 세대별·학력별·지역별·이념별 차이가 존재하는 것은 매년 조사에서 확인된다. 하지만 그러한 차이에 앞서 전체 국민의 공감대가 어느정도 존재하는 측면에 주목할 필요가 있다. 조사결과를 보면 각 범주별 차이보다는 오히려 전반적인 유사성이 더욱 뚜렷하게 나타나는 점을 확인할 수 있다. 예컨대 통일에 대한 기대나 북한에 대한 비판적 의식, 대외인식이나 탈북이주민에 대한 태도 등에서 공통적 지향을 확인하는 것이 가능하다. 이와 함께 통일이 개인에게 어떤 이익이 될 것으로 보는가에 대한 응답은 국가의 이익을 기대하는 것과 비교해 꽤 큰 차이를 드러낸다는 점에 주목할 필요가 있다. 이런 결과는 국민들이 당위적 차원과 현실적 차원을 구별해 응답한 탓일 수도 있고 실제로 집단적 이익과 개인적 이익이 같지 않다는 점을 인식한다는 사실을 반영할 수도 있다. 어쨌든 이 격차가 크다는 사실은 통일의 과정 및 절차와 관련해 명분과 당위의 차원에서만 접근하면 곤란하다는 점을 말해준다. 통일론에 관해 사회적으로 합의하고 국민적 공감대를 형성하기 위해서는 개인별·집단별·계층별 인식의 공통점과 차이점을 좀더 세밀하게 검토할 필요가 있다.

2) 대북정책에서의 양면적 지향

대북정책에 대한 국민의 태도에서는 근래 수년간 양면적 면모를 일관되게 엿볼 수 있다. 즉 한편으로는 북한에 대한 비판의식이 늘어남에 따라 이에 대한 적절한 응징과 압박의 필요성을 인정하면서 동시에 남북관계의 개선과 긴장완화를 원하는 태도가 나타난다. 천안함사건 이후인 2010년 7월 조사결과에서는 이전에 비해 공세적이고 적극적인 대북정책을 지지하는 비율이 좀더 높게 나타난다. 하지만 남북교류와 정치적 대화, 상호접촉의 필요성을 강조하는 응답도 유사한 비중으로 확인된다. 북한에 대한 전사회적 비판과 경계가 강조되던 시점에서도 남북교류나 정치적 해결의 중요성을 지지하는 태도가 큰 변화 없이 유지된다는 점은 주목할 만하다. 북한에 대한 개개인의 비판의식은 강화되어왔지만, 정부정책 면에서는 강경대응 일변도보다는 평화적이고 안정적인 남북관계를 통해 불안정과 위기감을 해소할 필요성을 지지하는 것이다.

이러한 특징은 단지 대북정책에서만 확인되는 것이 아니고 탈북이주민에 대한 이중적 태도에서도 나타난다. 탈북이주민을 남북한의 이질화 해소와 통합에 기여할 것이라 여기며 수용해야 한다고 보면서도 개인적으로 이들과 가까운 관계를 맺는 것에 대해서는 꺼리는 경향이 꾸준히 늘어간다. 당위적 차원에서는 포용적이지만 개인의 일상에서 친밀한 관계를 맺는 일은 그다지 원치 않는 거리두기형 태도가 뚜렷하다. 마찬가지로 탈북이주민들에 대한 정부지원의 필요성은 강조하면서도 그들 역시 우리 사회의 구성원과 동일하게 경쟁해서 살아가야 한다는 요구가 함께 커지는 추세다. 2010년 조사에서 소득수준이 중하위층에 속하는 계층의 탈북이주민에 대한 부정적 인식이 상대적으로 높게 나온 점은 이런 맥락에서 주목해볼 일이다. 이는 탈북이주민문제에서도 역시 의식과 정서 속에 자리잡은 '인식의 경계'를 해소하는 일 못지않게 실질적인 불평등과 양극화 문제를 함께 해소해가는 일이 중요함을 보여준다.

3) 지역 및 세대 변수의 복잡화

통일과 북한 문제에 대한 집단별 차이는 늘 어느정도 확인되어왔다. 예컨대 상대적으로 고학력일수록, 젊은 세대일수록, 또한 이념적으로 진보적이고 정치적으로 야당성향이 강한 집단일수록 대북정책이나 통일인식에서 유화적인 경향을 보인다. 젊은 세대일수록 진보적이라는 통상적 관점은 그러나 좀더 분석적으로 검토해볼 필요가 있다. 최근 조사는 북한문제와 관련해 '20대의 보수화' 경향이 지속됨으로써 20대와 50대 이상이 상대적으로 유사해져감을 보여준다. 많은 문항에서 30대 및 40대가 상대적으로 진보적 태도를 보이고 20대 및 50대 이상이 보수적인 반응을 나타냄으로써 세대변수를 단순히 연령의 고하로 구분하는 것이 부적절할 수 있음을 알 수 있다. 특히 2010년 조사에서는 20대의 보수화가 더욱 진행되어 오히려 50대의 인식과 가까워졌다. 북한의 모험주의적 행동으로 부정적 인식을 강화하는 소위 '북한효과'에 20대가 가장 민감하게 영향을 받았기 때문이라고 해석할 수 있지 않을까 싶다.

이념집단별로 보면 특히 진보집단의 북한에 대한 비판의식이 높아져서 보수집단과의 편차가 줄어들고 있다. 2009년에는 응답자 자신의 성향을 밝힌 이념범주가 진보 24.9퍼센트, 중도 48.3퍼센트, 보수 26.8퍼센트였는데 2010년에는 진보 33.1퍼센트, 중도 45.2퍼센트, 보수 21.7퍼센트로 나타나 전체적으로 보수층은 위축되고, 진보층이 확대된 것으로 확인된다. 진보층이 이처럼 확장된 상황에서도 진보층의 대북신뢰도는 급락(13포인트 하락)했다. 이는 진보가 북한에 대한 불신과 실망감을 보수나 중도보다 더 강하게 느끼는 것을 반영하는 것으로 보인다.

정치적 성향과 안보불안 면에서 드러난 지난 4년간의 변화에서도 흥미로운 현상이 발견된다. 즉 2007년에는 보수(64.7퍼센트)가 진보(54.5퍼센트)보다 북한의 무력도발 가능성이 높다고 인식했는데 2008년에는 진보(57.1퍼센트)가 보수(47.8퍼센트)보다 북한의 무력도발 가능성을 더 높게 보았다. 이어서 2009년에는 보수(67.9퍼센트)가 진보(63.5퍼센트)보다 안보불안을 더 느낀 것으로 조사되었는데 2010년 조사에서는 보수(66.7퍼센트)와 진보(68.1퍼센트) 간 차이가 별로 뚜렷하게 나타나지 않았다. 진보의 대북인식이 비판적·부정적으로 변한 데는 천안함사건 등 북한의 일련의 도발적 행동과 발언이 영향을 미친 것으로 보인다.

4) 유연한 현실주의

최근의 통일의식조사에서 나타난 국제관계에 대한 국민의식은 '유연한 현실주의'라고 이름 붙일 만한 경향을 보여준다. 국제정치에서 현실주의란 국가 간 관계의 기본을 갈등이라고 파악하며, 각국은 자국의 안보를 위해 힘을 추구하고 국제사회의 평화는 이 힘의 균형을 통해 이루어진다고 보는 시각을 말한다. 여기서 2007~10년의 통일의식조사 결과를 보면 남한사람들은 동맹의 중요성과 한반도문제 해결을 위한 국제사회 공조의 중요성을 함께 인지하고 있음을 알 수 있다. 특히 남북문제 및 장래 통일을 고려할 때 미국과 중국, 일본 등 주변국의 역할이 적지 않다는 점을 인식하며, 이들에 대한 기대감이나 실망감 등이 시시각각 변화하는 국제정세와 맞물려 의식에 반영되는 것으로 보인다.

최근의 여러 조사에서 미국은 남한과 가장 가까운 나라로 평가되며, 한반도의 평화와 통일을 위해 미국의 역할이 매우 중요하다는 응답이 매우 강하고 꾸준히 늘었다. 미국에 대한 긍정적 평가는 지난 수년간 꾸준히 확인되어온 경향이지만 특히 2010년 조사에서 이 비율은 70퍼센트 대로 상승했다. 가장 가깝게 느끼는 국가로 미국을 응답한 비율이 2007년부터 2010년까지 4년간 53.0퍼센트에서 59.9퍼센트, 68.2퍼센트, 70.6퍼센트로 줄곧 증대해왔는데, 여기에는 한반도의 유동적 현실을 감안할 때 미국과의 동맹, 한미 간 정책공조의 중요성에 대한 국민적 기대감이 반영된 것으로 보인다. 동시에 강대국으로서의 중국에 대해 부정적인 시각이 다소 강화되는 점도 주목할 부분이다. 가깝게 느끼는 국가로 중국을 선택한 응답비율은 지난 2007년 10.1퍼센트에서 다음해 7.7퍼센트, 작년 6.1퍼센트로 떨어졌다가 2010년에는 4.2퍼센트까지 낮아졌다. 미국에 대한 호감도 증대와 중국에 대한 호감도 하락은 지난 수년간의 경향이기는 하지만 특히 2010년 천안함사건 정국에서 보여준 양국의 행보에 대한 국민적 정서가 영향을 미쳤을 것으로 해석된다. 하지만 중국이 한반도와 동북아 문제에 매우 큰 영향력을 행사할 국가임을 인정하고 중국과의 협력이 매우 중요하다는 점 또한 인식하는 것으로 보인다.

이러한 태도는 현실주의적·실용주의적 국민의식을 잘 보여주는데, 이는 정서적 거부감과 정책적 강경책을 구별하고 실질적 정책수단을 중시하려는 경향을 나타낸다. 중국에 대한 호감도는 낮아지지만 중국과의 협력의 중요성은 뚜렷이 인식하고, 미국에 대한 호감도는 높아지지만 정책의 적절한 독자성을 옹호하는 경향에서 이런 실용적 태도를 확인하게 된다. 이런 실용성은 이데올로기적 견고함이나 냉전적 적대성 또는 민족주의적 도덕론과는 구별되는, 상황에 민감한 대응양식을 말하는 것으로 국민의 집합적 의식이 의외로 탄탄한 현실적 전망을 지님을 시사한다. 실제로 국민들은 북한에 대해서는 분명한 비판의식을 지니면서도 강경한 대북정책 우선론에는 강한 지지를 보이지 않는다. 안보가 불안한 상황에서도 교류협력과 정치적 대화의 효용성과 필요성을 변함없이 인정하는 흥미로운 현상이 발견되는 것이다. 한반도 평화에 가장 위협이 되는 국가로 북한을 지목하는 데 동의하면서도 북한을 적대의 대상이 아닌 협력과 원조의 대상으로 보는 시각이 여전히 상당한 비중을 점하는 것도 이런 현실주의의 반영이라 하겠다. 국민들이 이념적이거나 도덕주의적인 지향보다도 상황의 조건과 초래될 결과에 민감하게 반응한다는 점은 앞으로도 주의깊게 고려해야 할 변수다.

3. 21세기를 향한 안보

남북 간 냉전적 대립구도가 완화되고 비대칭성이 증대하며 토론의 소재가 늘어나는 현상 그 자체는 긍정적이다. 비대칭성이라는 것은 대한민국의 국력과 역량이 커진 것, 남한 국민들의 체제 자신감이 뚜렷해진 것을 의미한다. 또한 토론의 소재가 많아진다는 것도 변화 가능성과 실천적 개입 가능성을 말해주는 것이다. 하지만 적대성, 포용성, 상호성이 불안정하게 공존하는 상황, 남북 간 비대칭성이 심화되는 조건은 예기치 못한 난관과 위기를 불러올 수도 있다. 특히 모순적 요소들의 상호갈등 가능성과 비대칭성이 야기할 수 있는 각종 긴장에 적절하게 대비하면서 남북한의 유연하고 바람직한 통합과 통일을 성취해가는 것이야말로 안보의 주요 내용이자 앞으로의 핵심전략이 될 것이다.

하나의 공동체가 자신의 체제와 구조, 역사와 생활터전을 지키기 위해 노력하는 것은 안보의 기본과제다. 그런 점에서 남한정부가 북한과의 적대적 대치라는 상황을 안보의 가장 중요한 기준으로 삼는 것은 당연하다. 그렇다면 앞서 언급한 대로 남북관계가 새로운 변화를 보이면서도 적대성을 청산하지 못하고 군사충돌의 가능성이 여전하다는 현실을 직시해야 할 것이다. 동시에 21세기 한반도의 위협이 점차 군사적 차원만이 아니라 비군사적 차원에서도 등장할 수 있다는 점에 대한 시각이 필요하다.

남한에서도 이미 안보와 관련한 논의들이 여러 형태로 제기되는 것으로 안다. 안보를 군사적 차원에서만 보지 않고 정치 환경, 경제 조건, 사회의 가치관 및 문명의 전환 면에서까지 바라보는 총체적 시각에서 이를 논의할 필요성이 점점 커지면서 여기에 새로운 패러다임을 반영하는 전략구상의 필요성도 제기되었다(고원 2010; 김병조 2007). 21세기 국방에는 비전형적이고 복합적이며 탈근대적인 형태의 위기에 대비할 수 있는 역량 구축이 중요하며, 그 주요 내용으로는 비정형성, 불확실성, 비대칭성 등의 복합적 상황에 대처하는 종합적 능력 키우기 등을 들 수 있다. 군사위협도 이제는 '복합적 군사위협'의 형태를 띰으로써 재래적 위협과는 다른 다양한 형태의 전투방식과 무기가 혼재하는 상황, 국지적 침투나 도발, 비정규전 등 불특정한 위협이 나타날 것이라는 데 주목한다(Drew 2010; Hammes 2010; 김종하·김재엽 2010). 대응의 방식에 관해서도 네트워크형 사회변화에 주목하는 학자들은 안보의 형태, 복합적이고 네트워크적으로 주체가 재구성되어야 할 필요성을 강조한다. 또한 사회안보 개념을 강조하는 학자들은 정치, 군사 이외에 경제, 사회, 환경 등 다양한 요인과 주체를 종합적으로 고찰한다(하영선 외 2010; McSweezy 1996; Roe 2010).

이에 더해 남한에서 안보는 현 질서의 유지라는 차원에 머물 수 없고 우리가 희구하는 미래공동체의 실현, 다가오는 한반도 질서의 전환을 바람직한 통일의 방향으로 이끌어갈 역량을 면밀히 따져봐야 한다. 이런 점에서 역사적 전환기에 필요한 대전략과의 연계를 염두에 두면서 군사 영역과 비군사 영역, 근대적인 것과 탈근대적인 것, 국가적인 것과 민족적인 것, 국내적인 것과 국제적인 것 등을 종합적인 안보전략 속에서 포괄적으로 고려할 역량을 준비할 필요가 있다. 크게 볼 때 국방 패러다임은 '평화를 위한 안보' '통일을 위한 안보' '복합적 사회안보'의 측면이 적절히 균형을 이루는 방향으로 구축될 필요가 있다고 보는데 다음에서는 이 점들을 간략하게 언급해보고자 한다.

1) 평화를 위한 안보

어느 국가에서와 마찬가지로 남한의 안보도 기본적으로 평화를 유지하고 지키는 역할을 일차적으로 담당해야 한다는 점은 두말할 필요가 없다. 평화는 전쟁을 억지하는 현상유지의 소극적 측면과 분쟁을 야기하는 조건들을 해소하고 방지하는 적극적 측면이 있는데, 일차적으로는 소극적 평화의 유지가 매우 중요하다. 휴전 이후 반세기 동안 남한은 여러가지 어려움이 있었음에도 불구하고 한반도의 전쟁 재발을 방지하고 북한의 무력도발 의지를 성공적으로 통제해왔다. 이를 위해 군의 헌신과 노력이 매우 컸음은 물론인데 군의 그런 소중한 역할에 대해 정부나 기업, 일반시민도 전적으로 협조하고 공감했다고 볼 수 있다.

냉전기의 평화가 상호적대성, 군사적 대치, 접촉이 없는 상태에서의 평화였는 데 반해 이제 탈냉전기의 다양한 접촉과 안팎의 조건 전환을 고려하면 소극적 평화질서의 유지조차도 그 방식이 달라질 수밖에 없다. 평화를 위협하는 조건이 달라지고 분쟁이나 도발이 한반도 경계를 넘을 수도 있으며 전통적 방식의 대응으로는 그 처리가 불충분한 상황도 증대할 수 있다. 따라서 전통적 의미의 도발억지는 물론이고 다양한 비정상적 분쟁이나 갈등에 대한 대처능력을 키우는 것과 함께 평화를 위협하는 국제적 조건도 주목해야 할 것이다. 나아가 한반도를 둘러싼 미국과 중국의 전략, 국제상황의 변화, 다자적 안보협력질서의 논의 등을 염두에 두어야 하고, 중장기적으로는 정전체제의 전환과 역내의 평화체제 구축을 어떻게 수행할 것인가에 대해 깊이 숙고해봐야 한다.

2) 통일을 지향하는 안보

한반도의 향후 안보는 통일의 실현과 함께 발을 맞추어야 한다. 안보가 본질적으로 현 질서의 존속과 방어를 목표로 한다는 점에서 통일은 안보와 결합하기 쉽지 않은 주제일 수 있다.[93] 즉 민족관계의 다른 한 축인 북한과 통일을 이룬다는 과제는 민족사적·정치적·사회적으로 충분히 공감을 얻을 수 있는 경우에도 국방과 안보라는 측면에서는 여러가지 어려움을 동반할 수 있다. 뿐만 아니라 일방적인 군사 헤게모니를 완벽하게 장악하는 경우가 아닌 한 통일과정에서 어

93 실제로 통일과 관련해 국방 및 안보론이 어떤 입장을 피력하는지는 매우 중요하다. 통일이라는 과제를 복합적이고 어렵다며 무시하는 것이나 너무 단순화하는 것 모두 바람직하지 않다. 원론적으로 본다면 통일이라는 정치적·사회적 대변혁이 진행되는 과정에서 평화를 유지하면서 동시에 그 전환이 원만히 이루어질 수 있는 체제를 뒷받침하는 역할이 중요할 것이다.

느정도의 갈등과 충돌, 분쟁이 발생할 가능성이 높아질 수 있다. 군의 최종적 충성대상이 대한민국이라고 할 때 대한민국과 북한과의 관계에서 나타나는 복합적이고 다층적인 속성을 어떻게 종합적 안보논리 속에서 해소할 것인가는 중요한 문제가 될 것이다.[94]

앞으로 어려움이 있더라도 국방은 좀더 큰 시야에서의 통일을 향한 국가전략과 연계되어야 할 것이다. 미국이 세계전략 속에서 자국의 안보전략을 수행하는 것처럼 남한의 21세기 안보전략은 통일한국을 내다보는 대전략의 틀과 맞물려 구성될 필요가 있다. 미국과 중국의 영향력, 한국사회의 세계화, 21세기 문명적 전환 등을 생각하면서 통일을 향해 열린 안보체제를 구축해가는 것이 중요하다. 통일이라는 정치적·사회적 과정이 무력충돌이나 퇴행적 갈등으로 이행되지 않으면서 사회 내부에서 제도적으로 해결될 수 있도록 하는 최종적 보루로서의 역할을 담당할 수 있도록 물질적·기술적·제도적·전략적 대응력을 키우는 것이 중요할 것이다.

3) 복합적 사회안보

마지막으로 21세기 안보는 사회안보, 인간안보의 영역까지 포괄하는 복합적인 안보가 되어야 한다. 21세기의 위협은 외부로부터만 오는 것이 아니며 내부의 여러 위험과 재난에서도 유발될 수 있다.

94 한 보도에 따르면 국방부는 군인복무규율에 명시된 장교임관, 입영선서문에서 '민족'을 '국민'으로 바꾸는 방안을 검토하기로 했다(『조선일보』 2011.4.17). 군이 헌법에 따라 대한민국의 보위를 최고목표로 한다는 점에서, 또한 다문화적 구성원의 국민화를 반영한다는 점에서 이런 변화는 타당하다. 하지만 동시에 그것이 통일에 대한 무관심을 뜻하는 것으로 오해되지는 말아야 한다. 한국사회에서 통일의 가치는 민족 개념과 연결되어 있는 부분이 적지 않기 때문이다. 졸고 『국민, 인민, 시민』, 소화 2010. 졸고 「네이션과 민족: 개념사로 본 의미의 간격」, 『동방학지』 제147호, 2009.

또한 안과 밖의 구분 자체가 쉽지 않은 네트워크형 재난도 발생하기 때문에 안팎의 요인들이 서로 연관된 복합적 위기가 도래할 수도 있다. 예를 들면 심각한 금융위기에 뒤이은 사회적 혼란, 정부의 권위 추락과 사회적 통합의 실패, 예상치 못했던 재해나 계층 간 갈등, 사이버테러 같은 정보망 교란, 김정은체제의 불안 등이 특정 시점의 정치적·군사적 상황과 맞물림으로써 새로운 형태의 안보 위협을 가져다줄 수 있다.

이런 유형의 안보는 다원적 주체의 참여를 필요로 한다. 정부나 군대만으로 이런 위험을 모두 방지할 수 없으며 다양한 민간 영역의 주체들도 각각의 수준에서 사회적 안전과 위험예방을 위해 노력해야 하는 것이다. 민간 영역의 이러한 자발적이고도 다원적인 협조를 이끌어내면서 정부나 군대의 안보능력이 종합적으로 작동하는 21세기형 안보가 필요하다. 최근 주목받는 쏘프트파워에 대한 관심, 창의성과 기획력에 대한 주장, 복합외교의 필요성 등이 모두 이런 측면에 주목하는 것이다.

앞서 언급한 대로 21세기 한반도는 남북관계의 변화 가능성과 더불어 문명적 전환, 다시 말해 탈근대적 가치와 지향이 근대적 요소들과 중첩됨으로써 복합적 위기나 문제가 출현할 가능성이 높다. 국제적으로도 냉전체제 아래에서 익숙해져 있던 방식으로는 대응하기 어려운 21세기형 환경이 형성되고 있다. 정치적·군사적 차원이 아닌, 경제와 정보, 테러와 난민, 종교와 직업 같은 요소들이 새로운 위기 요인으로 대두할 수도 있다. 이런 변화와 과제에 대한 인식의 전환, 새롭고도 종합적인 대응역량을 갖추는 일에 지혜를 모아야 한다.

4. 결론

우리는 21세기라는 새로운 시간을 맞아 위험과 불안정성을 지닌 채 한반도라는 공간에서 살아간다. 남한의 정부와 군대, 민간 영역에서 이전과는 비교할 수 없을 정도의 역량과 힘이 커진 것이 사실이지만, 동시에 이전과는 다른 새로운 종류의 위협과 재난도 늘어나는 추세다. 남북 간 비대칭성의 심화, 한반도를 둘러싼 국제환경의 변화, 전통적 위험이 미처 극복되지 않은 채 빠르게 진행되는 탈근대적 변화 등이 한반도를 '전환기'와 유사한 시대로 이끌어간다.

이 전환이 바람직한 한반도 공동체 형성으로 이어지게끔 하기 위해 우리가 회피할 수 없는 일차적 과제는 현재의 남북 간 적대적 대립상태를 종식하고 통일을 구현하는 일이다. 하지만 이 과제가 쉽지 않다는 점도 직시해야 한다. 남북관계는 적대성과 포용성, 상호성이라는 다차원적 성격이 혼재할 뿐 아니라 최근 비대칭성도 심화되는 복합적 관계다. 북한체제 자체의 모순과 내부적 갈등이 군사적 모험주의로 외화할 가능성도 상존하고 한반도문제가 동북아 및 세계적 분쟁으로 연결될 가능성도 있다. 동시에 전지구가 다양한 네트워크로 연계된 세계화의 흐름과 한반도의 변화를 의미있게 연결해야 할 숙제도 큰 문제다. 이런 조건과 문제를 적절히 관리, 통제, 활용, 조정함으로써 남북의 민족적 시너지 효과를 높이고 바람직한 21세기형 공동체를 만들어내는 종합적이고 창조적인 기획을 준비해야 하는 시대다.

이를 위해서는 종합적 체제역량, 물리적 하드파워만이 아니라 이전 시대와는 다른 창의적 사고, 다원적 정보의 활용 및 창출능력, 다양한 조건을 정교하게 결합할 전략수행, 군사적 요소와 비군사적 요소를 포괄적으로 고려하는 판단력 등을 겸비한 스마트파워가 필요하다. 관행적 상황 판단이나 일면적 대응에 만족하는 것이 아니라 다양한 변수 간의 연계성을 감안하고 네트워크적 상호성까지 고려하는 다차원적·복합적 혁신역량이 필요한 것이다. 이런 과제를 해결해야 할 일차적 책임이 정부에 있는 것은 분명하지만 특히 안보를 책임진 군의 대비와 준비는 그에 못지않게 중요하다. 최근 국방개혁의 필요성이 논의되고 미래 안보질서를 어떻게 재편할 것인가에 대해 다양한 논의가 진행되고 있다. 한반도의 전쟁위험을 불식하고 북한의 오판과 도발 가능성을 사전에 차단함은 물론, 통일을 향한 변화의 흐름이 한반도 질서를 새롭게 혁신함으로써 이 혁신이 선진국으로의 도약을 뒷받침하고 동북아의 평화를 증진하는 방향으로 이어질 수 있도록 돕는 역량을 키워야 할 것이다. 또한 21세기 문명위험과 재난의 국제화에서 초래될 수 있는 다양한 위기, 비대칭적 위협에도 충분히 대비해야 한다. 남한의 국방체계가 한반도 평화를 유지하고 증진하며 통일한국으로의 대장정을 뒷받침하는 든든한 버팀목이 되고 나아가 21세기형의 복합적 재난과 위험을 방지하고 최소화하는 종합적 사회안보의 기능까지 수행할 수 있는 스마트파워를 갖추어가기를 기대한다.

제13장

연성복합통일론

20세기 한반의 핵심적 화두, 즉 민족해방, 국가건설, 산업화, 민주화 등이 어느덧 과거의 역사가 될 정도로 이 모든 과제들은 놀랄 만큼 성공적으로 달성되었다. 전인류가 더불어 중시하는 이런 가치들을 성취한 우리의 근현대사는 우리 스스로가 평가하는 것보다 훨씬 세계사적으로 그 의의를 평가받아왔다. 식민지로 전락하기까지 했던 변방의 한 작은 빈국이 국가건설과 산업화, 민주화를 이뤄내고 이제 정보화와 스포츠, 문화산업 분야에서도 상당한 두각을 나타낸 사례는 다른 데서 좀처럼 찾기 어렵다.

남북관계로 눈을 돌려보면 상황은 눈에 띄게 달라진다. 해방된 지 60년이 넘도록 남북 간의 적대적 긴장과 대립은 근본적으로 달라지지 않았고 오히려 비극적인 군사적 충돌에 대한 우려가 커져간다. 북한의 핵개발이 초래하는 위협과 긴장은 줄곧 심각했고 미국과 중국의 전략적 계산과 맞물려 한반도를 둘러싼 국제적 긴장도 줄어들 기미가 보이지 않는다. 2011년 현재 누적된 경제난과 김정은체제로의 권력이양, 국제적 제재조치 등으로 총체적 위기를 겪는 북한이 한반도 전체의 큰 문젯덩어리가 될 가능성도 배제할 수 없다.

북한 내부의 불확실성, 남북관계의 불안정성, 정전체제의 변화가능성, 중국의 부상과 동북아 질서의 변화 등을 고려할 때 통일한반도의 미래를 위한 근본적이고 종합적인 준비가 필요하다는 사실은 분명하다. 뿐만 아니라 급변하는 국제정세 속에서 통일의지를 피력하는 일은 매우 중요한 의미가 있다. 문제는 통일을 논의하는 정부 및 사회단체의 진정성과 책임감, 종합적 안목과 현실에 대한 냉철한 판단력이 어느정도 갖추어지는가다. 통일논의는 국내 정치적 논란의 차원을 넘어 진정 진지하고도 탈정파적인 한반도 미래전략의 종합구상으로 이어지는 계기가 되어야 할 것이다.

1. 21세기의 통일론

현재 남한정부의 공식적 통일론은 1989년에 '한민족공동체 통일방안'으로 발표되고 1994년에 일부 수정되어 공포된 '민족공동체 통일방안'이다. 이 방안은 남북관계가 화해협력 단계로부터 남북연합단계를 거쳐 최종의 통일국가 단계로 이행하는 3단계 점진적 이행론에 근거한다. 이 통일방안은 지난 20년간 가장 공감할 수 있는 통일의 로드맵으로 받아들여져 큰 논란 없이 지속되어왔다. 그리하여 대북정책을 둘러싸고 심각한 논란이 벌어지고 그것이 정권교체에 결정적 쟁점이 되었음에도 불구하고 통일방안 그 자체는 큰 논쟁이 되지 않았다. 통일문제가 그동안의 현안이 아니었기 때문일 수도 있지만 다른 한편으로는 그 방안의 적실성에 대한 폭넓은 공감대가 있었던 덕분이라 할 수 있다.

지금의 시점에서도 이 통일방안의 뼈대는 여전히 타당하다. 하지만 지난 20년의 변화된 조건을 고려할 때 수정·보완되어야 할 부분도 있다. 통일방안의 원칙과 기조를 재확인하면서 어떤 새로운 시각과 방안을 첨가할 것인가를 진지하게 토론하고 통일론을 업그레이드해야 할 시점이다. 다소 추상적이고 당위론적인 희망을 피력하는 차원이 아니라 매우 구체적으로 향후 국가전략의 핵심부분으로서 통일방안을 구축하는 것이 필요한 것이다. 우선 민족공동체 통일방안이 구상되었던 1990년대 초 이래 변화한 상황과 그로 인해 새롭게 제기된 문제점들을 검토할 필요가 있다. 이 글에서는 1990년대 초부터 2012년 1월 현재까지를 돌이켜보면서 재고해야 할 새로운 현상들을 몇가지로 정리해보았다.[95]

1) 교류협력과 북핵문제: 기능적 통합론의 의의와 한계

교류협력 초기상황에서 구상된 민족공동체 통일방안은 점진적이고 기능적인 통합을 기대한 것이었다. 실제로 탈냉전시대에 접어들면서 교류협력의 진전이 남북 간 통합과 통일의 가능성을 크게 진전시켜주었던 것이 사실이다. 1988년 노태우정부의 7·7선언 이후 20여년간 남북교류를 위한 다양한 노력들이 이어져왔고 그 결과 남북 간의 적대감이 감소되면서 여러 측면에서 통합의 가능성을 보여주었다. 하지만 분야별로 변화의 속도가 달랐고 사회문화적 교류와 경제

95 이 부분에 대한 상세한 내용은 박명규·이근관·전재성 외 『연성복합통일론』, 서울대학교 통일평화연구원 2009, 졸고 「21세기 한반도와 연성복합통일론」, 『코리아 저널』 제2호, 코리아전략연구원 2010 참조.

협력, 그리고 정치적·군사적 화해 사이의 상호연관성도 생각처럼 강하지 않았음이 확인되었다. 교류협력 없이 통합이 진전될 수는 없지만, 그렇다고 교류협력이 곧 통합과 통일의 충분조건은 아니었던 셈이다.

교류협력이 진행되는 시기에 북한의 핵개발이 동시에 진행되었던 사실, 또한 그로 인해 북한핵문제가 남북관계의 진전을 가로막는 주요한 변수가 된 점에서 기능적 통합론이 새롭게 보완되어야 할 필요성이 분명해진다. 북한은 남북 간 교류협력의 차원과 정치적·군사적 체제보장의 차원을 별개로 간주하고 핵문제는 북미 간 의제라는 주장을 고수해왔다. 다시 말하면 남북 간의 교류협력이 미칠 수 있는 효과와 정치적·군사적 차원의 평화 형성을 전혀 다른 차원으로 받아들이는 것이다. 북한의 핵개발이 남북 간에 새로운 군사적 긴장을 초래하는 것일 뿐 아니라 향후 남북관계 및 통일과정에 근본적 변화를 초래할 수 있음에도 그 문제를 남북 간의 핵심과제로 설정하지 않는 논리는 현실에 맞지 않아 보인다. 하지만 이런 논리를 기반으로 행동하는 북한은 그 자체가 현실적 실체다. 따라서 교류협력과 긴장완화, 신뢰구축의 상호연계성에 대해서는 막연한 기대로는 불충분하고 이에 대한 냉정한 전략적 연결점이 필요하다. 지난 수년간 한국사회 내부에서 일어난 대북 관련 논란과 갈등의 근원에는 바로 이런 현실이 놓여 있다. 교류협력과 정치적·군사적 신뢰구축, 비핵화, 그리고 평화체제의 형성이라는 제도적 조치들은 어떻게 연계되고 서로 간에 유의미한 관계성을 확보하게 될 것인가. 다시 말해 교류와 협력의 증대가 안보와 평화유지의 차원을 포괄하면서 동시에 바람직한 통일과정으로 이어질 수 있는 동태적 통일론의 구상이 필요하다.

2) 남북한 비대칭성의 심화: 부담과 책임

1990년 초반부터 2012년 현재까지 남북 간 비대칭성은 눈에 띄게 심화되었다. 1980년대 말까지는 남북한이 서로 적대적이면서도 비슷한 힘을 지닌 양자관계로 이해될 수 있었다. 하지만 탈냉전과 뒤이은 남북한의 정치적·경제적 전환으로 인해 남북 간에는 불균등성과 비대칭성이 심화되었다(박명규 2009). 사회주의체제의 몰락으로 인해 세계체제 내에서 남북한이 점하는 위상에 불균형이 두드러졌고 남한의 급속한 경제발전과 북한의 경제위기가 대비되면서 상당한 경제력 격차가 벌어졌다. 사회 영역에서는 남한의 진전된 민주화와 다원화가 북한의 폐쇄성 및 집단주의적 경향과 뚜렷하게 대조를 보인다. 세계적 차원의 정보와 문화, 상품과의 교류 정도에서도 남북한은 매우 불균형적이다.

이런 비대칭성으로 남한은 대북 콤플렉스로부터 벗어난 반면 북한은 방어심리와 위기의식을 갖게 되었다. 탈냉전 이후 급속하게 악화된 북한의 경제사정은 다수 주민을 아사의 위기에까지 몰아넣었고 배급경제의 기본틀조차 제대로 작동하지 못하는 경제위기로 이어져왔다. 당연히 사회적 불만이 야기될 가능성도 커져가는데 김정일 이후의 정치적 리더십 승계문제의 불확실성까지 겹쳐 전반적인 체제 불안정을 우려하는 목소리가 끊임없이 들려온다. 체제붕괴같은 극단적 상황은 쉽게 오지 않을 것으로 보지만, 남북관계는 한쪽 방향으로의 급격한 쏠림이 나타날 수 있는, 불안정한 양자관계로 이행한다고 볼 수 있다.

따라서 남북 간 비대칭성을 감안하지 않는 남북관계나 통일구상은 현실적합성 면에서 문제가 있다. 이 비대칭성은 통일과정에서의 주도성, 책임 및 부담 문제와도 직결된다. 정치적·경제적 부담이 따르는 흡수통일을 의도적으로 추구하려는 견해는 비판되어야 하지만 통일과정에서 나타날 주체적 개입, 권한과 책임 문제를 충분히 인식하고 준비할 필요는 인식할 필요가 있다. 앞으로의 통일논의는 남북간의 이러한 비대칭성과 불균형성, 그리고 이로부터 초래되는 책임과 부담을 반영하지 않을 수 없는 상황에 놓여 있다.

3) 한국 시민사회의 다원화: 통일의식의 약화와 통합방식의 변화

한국사회는 지난 20여년간 매우 큰 변화를 경험했다. 탈냉전과 경제성장, 민주화와 세계화 같은 큰 역사적 흐름이 초래한 사회적 파장이라 할 수 있는데 그 결과 통일을 절대적 과제로 여기는 정도가 점차 약화되어간다. 북한에 고향과 가족을 둔 사람들이 점차 노령화하거나 사망하면서 정서적 유대감이 약해진 것도 하나의 이유일 테지만 무엇보다도 한국사회가 다원적이고 민주적인 사회로 변모했다는 사실이 결정적 영향을 미쳤다. 한국인의 생활방식이 다양성과 자율성을 강조하는 방향으로 바뀌어갈수록 통합을 목적가치로 수용하는 정도는 약화될 가능성이 커진다. 실제로 민주화 이후 젊은 세대 사이에서는 북한체제의 억압성과 비민주성에 대한 비판적 인식이 꾸준히 늘고 있다(박명규 외 2009).

또 하나 중요한 변수는 한국사회가 인종적으로 다원적인 사회로 변모하는 중이라는 사실이다. 이미 수십만의 외국인 노동자가 남한에 정착했고 국제결혼이 보편화되었을 뿐 아니라 그 자녀들이 새로운 세대의 한 부분을 구성한다. 다문화주의적 개방성이 노동정책의 차원을 넘어 교육, 가족, 세대 등 한국사회의 전분야에 주요한 원칙으로 수용되는 상황에서 고전적인 민족중심적 통일론은 점차 약화될 것으로 보인다. 근래의 조사에 따르면 젊은 세대 사이에서 통일을 해야 하는 이유로서 같은 민족이기 때문이라는 답은 눈에 띄게 줄어드는 추세다. 한국사회가 부딪히는 다양한 사회적·경제적 쟁점과 분명한 연관성을 설정하지 않고서는 통일론 자체가 추상화될 가능성이 커져감을 의미한다.

4) 남북한 독자성의 강화: 국제적 주권 문제

남북관계를 통일의 관점에서 생각할 때는 남한과 북한을 별개의 국가로 상정하지 않고 민족 내부관계의 한 축으로 간주한다. 이런 관점은 한반도의 '2국가론'을 수용하지 않을 뿐 아니라 단일민족으로서의 강력한 통일지향성을 당연하게 승인한다. 실제로 기본합의서에서도 '남북은 나라와 나라 사이의 관계와는 다른, 통일을 지향하는 과정에서 잠정적으로 형성된 특수관계'라고 규정했다. 당시 기본합의서의 비준이 불필요하다고 본 판단도 남북관계가 두 국가 간의 국제적 합의서가 아니라는 통념에 기초한 것이었다. 2000년대 들어서 남북 최고권력자 사이에 이루어진 두차례의 정상 간 합의도 이런 특수관계론을 바탕으로 한다.

하지만 지난 20년의 상황은 국제정치적으로 남북한의 정치적 독자성과 개별성을 상당히 강화했다. 1992년 남북한은 유엔에 동시 가입하면서 각각 별개의 회원국 자격을 얻었다. 그 이전까지는 유엔 동시가입이 한반도 영구분단을 초래한다며 반대하던 논리들이 있었지만, 결국 현실을 인정할 수밖에 없게 된 것이다. 유엔이 독립국가만 참가할 수 있는 국가 간 기구라는 점에서 남한과 북한은 명실상부하게 개별 국가로서 인정받게 되었다. 실제로 북한은 이후 국제사회에 개별 주권국가로서 적극적으로 참여하고자 했고 이에 전세계 160여개 국가가 북한을 독립국가로 승인했다. 또한 2012년 1월 현재 6자회담을 비롯한 다자회담의 틀 속에서 남북한은 각각 별개의 국제법적 주권체로 활동한다. 내부적으로도 60년 넘는 분단을 겪으면서 남북한은 독립적인 국가적 면모를 더욱 강화했고 구성원들 역시 대부분 자기체제 내부에서만 통용되는 공통의 정서와 지향, 가치를 공유한다. 개별성을 강하게 지니는 두 나라, 국제사회에서 서로 다른 주권국가로 승인된 두 체제가 궁극적으로 통일국가를 이루기 위해 고려해야 할 국제정치적 변수들은 앞으로 더욱 복잡해질 것이다. 남북한이 각기 별개의 국가성을 명료하게 하는 현실과 통일지향성을 어떻게 연결할 것인가는 이론적으로나 정책적으로 새로운 문제다.

5) 세계화와 지역화

근래 들어 독자적 주권공동체로서의 국민국가체제가 지닌 절대적 힘은 점차 약화되어가고 다양한 국제적 조직, 협력체, 거버넌스 형태가 급격히 늘어간다. 자본과 노동, 물자와 정보의 빠른 이동과 교류는 더이상 국가적 통제의 범위 내에 있지 않으며 전지구적 차원이나 지역 차원에서 공통의 쟁점을 조절하고 해결하기 위한 노력이 추진된다. 유럽은 이미 국가 단위를 넘어서는 공동체를 발족했고 다른 지역에서도 경제, 문화, 정보 등에서 지역화나 지역주의의 시도가 활발하다.

동아시아의 경우에도 이런 흐름은 매우 뚜렷해졌다. 정치 영역에서는 지역주의의 발전이 취약하지만 경제 영역에서 역내의 상호 작용과 교류는 상당한 수준으로 진전되었다. 동아시아공동체 논의가 꾸준히 진행되는 가운데 한중일 정상회의가 제도화되었고 미래의 지역안보를 위해 다자간 협력체제의 구축이 필요하다는 관점이 힘을 얻고 있다. 특히 기후나 범죄, 에너지 등의 문제에 대해서는 개별

국가 차원을 넘어서는 초국가적·다차원적 접근이 필요하다는 공감대가 널리 확산되어간다.

앞으로 한반도에서 벌어질 통일논의도 지역통합의 가능성, 새로운 정치공동체의 구성원리와 부합하는 방향으로 검토될 필요가 있다. 이전처럼 국민국가건설 프로젝트의 완수라는 방식으로만 접근하는 것은 세계사의 시간성과 괴리를 초래할 우려가 있다. 통일은 과거의 숙제를 마무리하는 것이 아니라 미래의 새로운 정치공동체 창출이어야 하고, 그런 점에서 미래의 변화추이와 함께하는 것이어야 한다.

2. 어떤 업그레이드가 필요한가

이와 같은 문제의식을 바탕으로 기존의 통일론을 재구성할 필요가 있다. 무엇보다도 한반도의 통일을 20세기형 국민국가의 실현, 또는 분단 이전의 민족공동체 회복이라는 단선적이고 정형화된 틀로 이해하는 것에서 벗어날 필요가 있다. 탈냉전과 세계화, 정보화와 개방화가 열어놓은 21세기형 변화와 흐름을 적극 수용하면서 미래의 통일국가 상을 창조적으로 구성하는 논리가 필요하다. 이를 위해서는 통일의 단계나 과정이 복합적이고 다차원적일 수 있음을 인정하는 유연함을 키울 필요가 있다. 통일의 다양한 과정과 절차에 필요한 유연성은 연성적인 조절능력이자 기획능력을 필요로 한다.

연성성이란 일차적으로 통일과정에서 이루어져야 할 여러 변화와 타협, 재구조화에 필요한 조정과 조율이 강압적이거나 일방적으로 이루어지지 않고 소통과 합의에 의해 부드럽게 진행될 수 있도록 하는 사회적 속성이다. 이 용어 속에는 제도적 통합뿐만 아니라 사람들의 마음이 연결되고 새로운 연대감이 창출될 수 있는 통일이어야 한다는 의미도 담겨 있다. 또한 통일을 모든 제도 영역에서 같은 방식의 동질화가 이루어지는 것으로 간주하지 않고 영역별 · 주체별로 상이한 속도와 차별적 방식으로 이루어지는 종합적 과정으로 간주할 수 있어야 한다. 나아가 최종적 통일국가 형태체(形態體)가 중층적이며 복합적인 제도연합에 기초한 새로운 정치공동체가 될 가능성도 수용해야 한다. 다시 말해 21세기형 통일은 남북의 통합은 물론이고 한반도의 공간적 경계를 뛰어넘는 지역적 통합까지도 내포하는 복합적인 것이어야 한다. 이런 의미에서 새로운 통일론을 연성복합통일론이라 했다(박명규·이근관·전재성 외 2009). 이는 자발성을 극대화하는 열린 통일론이면서 다양한 통합들을 복합적으로 포용하는 다차원적 통일론을 지향하는 것으로 이해할 수 있을 것이다.

연성복합통일론은 현재의 공식적 통일방안인 민족공동체 통일방안이 제시하는 기본원칙과 문제의식에 상당부분 공감하며 그 연속성 위에서 통일론을 고찰하려 한다. 하지만 동시에 현재의 변화된 조건을 반영해 통일의 미래나 과정, 절차에 대해 좀더 개방적인 논의를 지향한다. 그런 점에서 이 연구에서 제시하는 연성복합통일론은 기존의 민족공동체 통일방안을 기본적으로 수용하되 기존 통일방안이 포괄하지 못하는 환경이나 영역에까지 논의의 폭을 넓히려는 것이다. 앞에서 언급한 다섯가지 내용을 중심으로 통일론의 업그레이드가 필요한 측면을 언급해보고자 한다.

1) 통일과정론의 재구성: 기능주의, 긴장관리, 신뢰구축의 결합

통일은 결코 자연스럽거나 누군가 희망하는 방향으로만 진행되지 않을 것이다. 교류협력의 진전이 오히려 새로운 긴장을 초래할 수 있고 예기치 못한 갈등이 분출될 수도 있다. 따라서 기능적 통합효과와 함께 구조적 긴장과 갈등을 해소하기 위한 노력이 한데 모이는 동태적이고 체계적인 '과정론'이 필요하다. 한마디로 기능론적 시각과 긴장 관리의 관점, 그리고 신뢰구축을 향한 프로그램이 결합된 통일과정론을 체계적으로 준비해야 한다.

통일은 평화적이고 순리적인 방식으로 진행되는 것이 가장 바람직할 뿐 아니라 그에 따라 비용도 적게 든다. 이를 위해서는 앞으로도 점진적이고 단계적인 통일과정에 대한 선호를 견지할 필요가 있다. 가능하다면 적절한 속도와 단계를 유지함으로써 남북관계가 통일을 향해 연착륙하는 것이 최선일 것이다. 이런 통일과정의 첫번째 조건은 한반도의 평화상태가 유지되어야 한다는 점이다. 탈냉전 이행과 평화체제 구축 과정은 한반도 질서의 심대한 변화를 동반하는 것이어서 단기적으로는 불안정성과 비예측성이 높아질 수 있고 특히 북한체제의 특성상 한반도에 부분적이지만 군사적 충돌이나 위기상황을 가져올 가능성도 없지 않다. 따라서 교류협력의 증대와 더불어 군사적 충돌 가능성을 줄이고 이를 사전에 예방할 수 있는 준비가 필수적이다.

따라서 통일이행 과정을 세부적 단계로 나누고 각 단계에서 예상되는 내부갈등을 통제하고 완화할 수 있는 위기관리, 신뢰구축 조치가 마련되어야 한다. 초기단계에서는 교류협력이 매우 중요한데 광범위한 영역에서 교류협력, 상호접촉을 통한 상호이해 증진효과를 확보할 필요가 있다. 이와 더불어 각 단계가 진행됨에 따라 심화될 수 있는 긴장을 관리하고 상호신뢰를 제도적으로 구축하기 위한 정책적 기획과 프로그램이 준비되어야 한다. 긴장관리, 이해증진, 공동협력, 제도화의 영역과 차원이 결코 동일하지 않다는 점을 인식하고 서로 다른 원리와 영역 간의 선후 연계를 종합적으로 고려하는 능력을 키우는 일이 매우 중요하다. 분단에서 통일로 가는 길은 양자택일적 도약이 아니며, 질적으로 구별 가능하지만 동시에 연결되는, 그러나 결코 자연스럽게 이행되리라 보기는 어려운 단계별 이행이라는 인식을 갖추어야 한다.

또한 통일은 충분한 시간을 거쳐 진행되는 장기적 과정으로서 접근해야 한다. 급속한 통일은 현실적으로 무리가 따르기 쉽고 치루어야 할 비용도 만만치 않다는 점에서 변화의 속도와 기대의 정도를 적절히 조절하는 것이 중요하다. 독일통일의 경우에서도 보듯, 급격한 전환이 벌어지면 정부와 시민사회 모두 평상시와는 매우 다른 안팎의 압력에 처하기 쉽고, 그런 상황에서는 변화의 수준과 속도를 적절하게 조정하는 과정이 긴요하다. 이를 통해 남북한 주민이 통일과정에 따른 제도변화가 현재보다 더 나은 미래를 약속하리라는 신뢰와 기대감을 줄 수 있어야 한다. 남북 간에 유연하고 복합적인 통합과정이 진전되는 흐름과 북한 내부개혁과 체제변화, 그것을 추동할 만큼 여유롭고 다층적인 남한의 정책 등이 병행 발전함으로써 서로를 추동하는 선순환 구조를 형성하게 하는 구상이 마련될 필요가 있다. 이렇게 될 때 북한이 향후 변화과정에서 경제적으로나 정치적으로 연착륙할 수 있고 그것이 남북 간 통합을 진전하는 과정을 더욱 심화할 것이기 때문이다.

종합적으로 통일과정을 준비하는 것은 사회체제 전체 수준에서 기획력과 위기관리능력을 키우는 것과 맞물린다. 통일과정을 제대로 준비하려면 갈등관리, 국민적 소통, 종합적 판단, 정책조율 등 국정 전반의 쏘프트파워 수준이 높아져야 한다. 이런 능력은 책임있는 정책적 개입과 예민하게 포착한 사회구조적 변화추세를 적절하게 통합할 때에만 얻어진다. 다시 말해 통일과정은 결코 방임되거나 희망하는 것만으로는 얻어지지 않으며, 적절한 정책적 개입이 필요하지만 그렇다고 정치적 의지와 통제력만으로 이를 성취할 수 있는 것도 아니다. 그렇기 때문에 통일과정에서 작동할 안팎의 변수, 그동안의 역사적 추세, 사회구조적 경향, 국제적 환경 등을 종합적으로 고려하면서 적절한 수준의 정책적 개입과 사회적 흐름을 결합하는 능력을 키워나가야 하는 것이다.

2) 남북한 비대칭성과 책임

다음으로 고려할 것은 남북 간에 통일을 주도할 책임, 부담, 권한 문제다. 논리적으로 보면 통일은 남북한이 함께 풀어야 할 공동의 과제이며 그런 점에서 동등한 권리와 책임이 주어져 있다고 할 수 있다. 어느 한쪽이 절대적 주도권을 가지고 이를 풀겠다고 나서기는 어려운 문제다. 그럼에도 불구하고 여러가지 점을 고려할 때 막연한 '공동책임론'만으로 충분치 못하다는 점도 부인할 수 없다. 역설적 표현이지만 '차등적 균형'이라는 말이 함축하는 서로 다른 역할과 부담 문제를 적극적으로 고려할 필요가 있다. 남북한이 각기 통일과정에 참여하면서 맡아야 할 책임과 권리, 의무와 부담은 결코 동일할 수 없기 때문이다. 마치 가족의 주요한 대사를 두고 경제력의 차이가 큰 형제 간에 부담을 어떻게 배분할 것인가를 생각하는 것과 비슷하다.

통일과정을 현실적으로 고려하게 되면 남북한의 비대칭성에 대한 진지한 고려가 불가피하다. 남북관계에는 서로 균형적인 적대성을 유지하는 부분과 함께, 두드러진 이질성과 비대칭성을 특징으로 하는 영역이 공존한다. 이러한 특징은 통일 과정 및 정책에 관해 대한민국이 수행해야 하고 또한 할 수 있는 부분과 그렇지 못한 부분, 부담해야 할 책임, 국내외적으로 보장받아야 할 권한 등에 냉정하고도 분명한 판단을 요구한다. 북한의 자존심과 책임성, 그들이 져야 할 부담을 경시하지 않으면서도 여러가지 면에서 동원할 자원을 훨씬 많이 보유한 남한의 역할과 책임을 회피하지 않으려는 자세가 필요한 것이다.

경제 영역이 가장 큰 문제다. 통일과정은 정치적·심리적·사회적 측면을 포함하는 종합적 변화인데, 그 모든 것을 안정적이면서도 바람직스럽게 만드는 주요한 바탕으로서 경제는 매우 중요한 역할을 한다. 통일에 필요한 막대한 재원을 누가 조달할 것인가의 문제와 함께 남북한이 함께 성장할 경제공동체의 제도적 기반을 어떤 형태로 구성할 것인가도 비대칭성의 조건을 떠나서는 풀 수 없는 문제다. 물론 이 문제를 둘러싸고 남북 간에, 주민들 내부에 이견과 대립이 나타날 가능성은 높다. 그런 점에서 이에 대한 준비와 정책적 구상, 국민적 동의를 형성해가는 작업은 그만큼 어렵고 중요하다. 북한에 대한 대규모 투자나 지원도 남한사회 내부에서 비대칭적 책임과 권한 문제로 평가되고 공감되어야만 비로소 떳떳한 제도영역으로 수용될 수 있는 것이다.

평범한 진리지만 책임과 권리, 자신감은 늘 함께하는 것이다. 능력과 자원을 동원할 자신이 있는 자만이 책임감을 갖고 부담을 질 수 있고 부담을 진 자만이 권리를 주장할 자격을 얻는 법이다. 장차 남북한을 하나로 통합하고 대내외적으로 단일한 공동체임을 천명한다는 것은 그만한 자신감, 책임감을 요구하는 것이며 물질적·정신적 부담을 기꺼이 진다는 각오를 요구하는 것이다. 비대칭성에 대한 종합적 대응이 필요한 이유가 여기에 있다.

3) 통일국가 통합원리에 대한 재구성: 다중적 연대

통일의 최종상태는 남북한이 하나의 국가를 이루는 것이고 대외적으로 하나의 주권체를 표방하는 단일정부 구성으로 집약될 수 있다. 하나의 국가를 구성할 이유나 근거는 오랜 단일민족적 동질성에서 찾아진다는 것이 상식인데 실제로 이산가족 상봉행사가 통일의 필요성을 절감하게 하는 것처럼 민족적 동질성이 통합에 큰 자산임은 부인할 수 없다.

하지만 21세기 한반도에서 만들어질 새로운 통일국가는 단순히 혈통적 동질성, 문화적 단일민족론에 근거한 정치체일 수 없다. 통일국가는 다양한 사회구성원이 공존 가능한 복합적 정치공동체여야 하며 이들을 한데 묶는 통합원리도 혈통이나 전통에 근거하기보다 사회적·경제적 연대와 민주적 결합원리에 바탕을 두어야 한다. 민족이산의 고통을 치유하고 같은 민족으로서의 유대와 협조, 상호이해의 문화를 확대하는 것도 단순한 혈연공동체적 범주를 재확인하는 차원에 그쳐서는 안되며 오히려 이를 넘어 다양하고 이질적인 사회구성원들도 함께 환영할 수 있는 공동체성 형성으로 확대되어야 한다.

이런 점에서 최근 논의되는 다문화주의의 연결 문제는 매우 중요하다. 다문화주의는 자율성과 다원성을 보장하면서 새로운 연대와 결합을 가능케 하는 제도적·문화적 장치들을 강조한다. 남북 간의 통일이 우리 사회 안에 있는 다양한 소수자나 비한국계 거주자에게도 부담스럽지 않게 다가올 수 있어야 한다. 이를 위해서는 통일국가가 내부적으로 매우 유연하고 열린 형태의 정치공동체가 되어야 하고 정치·경제·사회문화 영역의 경계 설정이나 통합의 범위, 적용 규범의 종류 등에서 매우 복합적이고 개방적인 단위가 되어야 한다. 사회적 다양성과 경제적 개방성은 이를 통해 확보될 수 있을 것이다.

4) 남북연합의 재구성: 복합적 제도화

통일국가의 실현을 위해서는 남북한 모두 변화와 개혁을 수용할 각오를 가져야 한다. 분단과 적대성에 기초해 형성되어온 관행에 대한 창조적 변형 없이 새로운 통일국가가 제대로 자리잡기는 어려울 것이다. 특히 '북한'의 제도적 변화가 중요함은 두말할 필요가 없다. 현 시점에서 세계사적 흐름과 경제적 동력, 개방성과 민주성 등 여러 측면에서 고려할 때 북한의 체제변화는 더욱 절실하고 또 불가피하다. 다만 이를 실현해나가는 과정에서는 속도와 완급의 지혜로운 조절이 필수적이다. 현재 우리가 목도하는 남북한의 비대칭성을 고려할 때 통일과정에서 올 충격은 남북 간에 매우 불균등하고 상이하게 나타날 가능성이 크다. 이런 사실이 북한으로 하여금 그 변화에 두려움을 품게 할 수 있고 남한으로 하여금 통일국가에 대한 확신을 누그러뜨리고 주저하게 만들 수 있다. 하지만 분명한 것은 북한의 변화가 특히 중요하며 남한 역시 변화의 압력에서 자유로울 수 없다는 점이다.

이런 차원에서 남북연합의 형태와 내용에 대한 진지한 보완이 필요하다. 현재의 통일방안에서 남북연합은 중간단계로 설정되어 있고 국제적으로 '연합'(confederation)으로 알려진 제도 형태와 유사한 것으로 이해된다. 통일이란 남북한이 제도적·법적 통합, 공동의 체제를 어느정도 구축할 때 달성될 수 있는 것이기 때문에 논리적으로만 보면 정치 영역에서의 제도적 통합이 결정적으로 중요하다. 하지만 그 통일이 안정된 체제 유지로 이어지기 위해서는 연합의 질적 기반, 연합이 공유하는 가치에 대해 깊이 숙고해야 한다. 남북연합이라는 구상은 양자의 자율성이 어느정도 보장되면서 하나의 통합체를 이룬다는 양면성은 잘 보여주지만, 궁극적으로 그것이 어떤 제도와 가치에 기반하는 것인지는 분명하게 보여주지 못한다. 이런 점에서 남북연합의 제도적 틀로 작동될 법적 근거, 원칙, 가치 등에 대한 질적 논의는 상당부분 보완할 필요가 있다. 특히 정치·군사·경제·문화·사회·심리의 영역별 차이가 매우 클 것이다. 여기에는 강력한 중앙집권적 제도화가 필요한 부분도 있고 지방적 자율성이 상당히 부여되어야 할 영역도 있을 수 있다. 집권성과 분권성, 통합의 유형과 속도 등은 이 통일국가의 제도적 유연성과 통합성을 유지·심화하는 방향에서 선택적으로 활용될 수 있을 것이다.

한마디로 남북연합은 다양한 차원에서 통합을 향한 제도화의 고양으로 파악될 때 더욱 분석적이고 정책적인 함의를 지닐 수 있다. 통일국가가 '열린 공동체'로 자리잡기 위해서는 다양한 요소를 용인하는 제도적 유연성이 필요함은 물론이지만 그에 못지않게 하나의 복합공동체를 유지할 수 있는 기본가치와 핵심제도에 대한 공감과 합의가 필요하다. 제도통합 못지않게 가치통합을 내포하는 이 통일공동체는 하루아침에 이루어지는 것이 아니고 꾸준한 노력과 시간이 투여되어야 달성되는 '과정'이다. 다만 이 공동체를 가능케 할 핵심요소가 혈통적이거나 반외세적인 것이 아니라 보편적 연대성과 집단적 자기책임성에 근거하는 것임을 꾸준히 강조할 필요가 있다. 시장제도 수용, 민주주의 실현, 정치적 합리성과 신뢰 구축, 시민적 자율성과 인권 보장 같은 요소들은 이런 보편적 가치 기반의 주요 항목으로 포함될 수 있을 것이다.

5) 동북아공동체와 통일 한반도: 선순환 구조의 구축

마지막으로, 그러나 어떤 점에서는 가장 중요할 수도 있는 점 가운데 하나는 한반도의 통일국가 형성이 동북아의 지역적 통합, 평화구축과 함께 진행되어야 한다는 점이다. 독일통일이 유럽통합과 동시에 진행되었던 것은, 한반도 상황에 그대로 적용할 일은 아니지만, 우리에게 주는 의미가 분명하다. 주변 열강의 위협과 우려를 키우는 방향으로 통일정부가 수립되는 것은 실현가능성도 적고, 설사 그런 상태가 온다 해도 지속성과 안정성 면에서 큰 문제가 대두할 수 있다. 향후 지역통합이 빠른 속도로 진행될 것으로 보이므로 그와 연계하면서 통일정부로 전환하는 과정이 설정되어야 한다.

이런 점에서 통일 한반도가 21세기 전인류의 보편적 가치의 실현을 지향하는 개방적이고 미래지향적인 정치공동체를 표방함을 전세계에 설득하고 인정받도록 노력해야 한다. 이를 위해서는 민주적이고 평화지향적이며 유연한 체제로서 지속 가능한 성장과 협력에 공헌하는 국가를 만드는 과정임을 명료하게 설명하는 것이 상책이다. 통일은 21세기에 합당한 새로운 정치공동체를 만들려는 한반도인들의 창조적 실험이자 비전인 셈이다.

남북관계의 개선과 한반도 평화체제의 이행, 그리고 통일과정이 반드시 선순환적으로 연결되리라는 보장은 없다. 하지만 남북한을 통합하는 원리와 동북아 지역통합을 심화하는 원리 사이의 차이를 받아들이면서도 양자 간의 균형과 긍정적 상호작용의 틀을 만들어내려 노력하는 것은 매우 소중하다. 특히 통일과정의 복합성은 한반도를 둘러싼 강대국들, 특히 미국과 중국에 대한 고도로 지혜로운 다각외교를 필요로 할 것이며 단선적이고 양자택일형 전략을 넘어서는 복합적 구상과 창조적 대응론을 모색해야 한다.

좀더 근본적으로 생각하면 통일국가가 근대적 국민국가 차원을 넘어서는 새로운 형태의 공동체, 복합 거버넌스 체제 구축과 연결될 수도 있다는 정치적 상상력도 미리 갖추어야 한다. 향후 한반도에서 전개될 통일과정은 남과 북, 한반도와 주변지역, 동북아와 세계질서, 중심과 주변 간에 지금과는 다른 방식의 조율과 상호작용이 제도화되는 모습이 될 것이다. 이런 점에서 다차원적이고 복합적인 통일과정과 통일국가 상태를 이끌어내기 위한 고도의 복합적 능력, 쏘프트파워, 안팎을 동시에 사고하는 균형적 전략이 필요하다.

3. 결론

통일에 대한 관심과 논의가 늘어나는 것은 21세기 한반도가 새로운 시대를 맞았음을 반영한다. 통일을 논의한다는 것은 여러가지 어려움을 각오하면서라도 한반도의 분단을 극복하고 적대관계를 청산하며 화해와 협력, 평화를 구축하는 과제를 정면으로 다루겠다는 의지의 표명이기도 하다. 그런 점에서 통일논의는 우리 사회의 가장 근본적이고도 총체적인 비전을 재확인하는 일이고 새로운 발전을 꿈꾸는 한반도형 미래구상이다. 점차 개인적 이익의 추구가 중시되는 사회에서 통일에 대한 전망과 열정을 유지하고 파급할 수 있다는 것은 매우 중요하고 보람있는 일이다.

남북관계는 적대관계, 민족관계, 준국가관계라는 세 차원이 중층적으로 공존하는 특이한 질서다(제1장 참조). 통일을 준비한다는 것은 곧 적대관계의 강도와 규정력을 줄여나가고 그로부터 유래된 적대적 문화와 의식을 바꿔낼 준비를 하는 것이다. 또한 민족관계가 지향하는 통합적이고 공동체적인 요소를 최대한 활용하되 배타적이거나 종족주의적인 요소가 개입하지 못하도록 관리하는 지혜를 키워가는 일이기도 하다. 동시에 준국가적인 상호성과 개별주권성을 존중하면서도 그것이 한반도의 영구분단이나 2국가론으로 귀결되지 않도록 섬세한 논리와 실천을 수행해갈 것이 요청된다.

분단질서 아래에서 익숙해진 관행과 문화를 바꾸는 것이 매우 어렵다는 점에서 이는 곧 긴장을 동반하는 지난한 과제이기도 하다. 남북관계가 불안정한 상황에서 남한 입장에서는 통일문제가 벅찬 희망이면서 동시에 힘든 숙제가 아닐 수 없다. 진지한 준비 없이, 막연한 감정이나 정치적 포퓰리즘에 근거해서는 정책의 혼선과 사회의식의 분열, 아노미적 대립을 심화할 가능성이 높다. 독일의 한 연구자의 표현을 빌리면 자칫 '대재앙'이 될 우려도 전혀 없지는 않다(뮐러 2006). 그러므로 지금까지의 역사적 흐름과 전래적 지혜를 무시하지 않되 동시에 창의적 응전 없이는 풀기 어려운 과제임을 직시해야 한다. 급변하는 이 시대에 남북한 적대성에서 기인하는 위험을 관리하면서 통일 한반도의 미래를 어떻게 만들어갈 것인가는 한국사회의 총체적 역량과 지혜가 동원되어야 할 과제다.

2012년 1월 현재 남북관계의 악화는 안타까운 일이지만, 어찌 보면 정치적 찬반의 논란과는 별도로 교류협력의 진전과 통일단계로의 이행과정에 대해 좀더 심층적인 분석과 토론이 이루어질 기회이기도 하다. 또한 통일문제를 한국사회의 장기적 발전전략 속에서 근본적으로 다시 생각하게 만드는 계기이기도 하다. 지난 시기 산업화와 민주화가 한국사회를 이끌어온 집합적 가치이자 국가전략의 원칙이 되었던 것처럼, 통일이 미래의 발전구상에 어떻게 자리매김할 수 있을까를 종합적으로 탐구하는 작업이 절실하게 요청된다. 통일방안은 현실에서 진행되는 변화를 뒤쫓아가는 것이 아니라 앞으로 진행될 여러가지 가능한 변화를 종합적으로 관리하면서 바람직한 방향으로 이끌어가기 위한 전략구상이 되어야 한다. 그러기 위해서는 앞서 말한 기본적 원칙들을 반영할 수 있는 분석적이고 다면적인 변수 설정이 필요하다. 물론 그 과정에서 통일이 21세기 문명의 흐름과 합치되도록 조율하는 것은 중요한 일이다. 통일은 결코 19세기적 공동체로 회귀하는 것이 아니며 미래로 열린 새로운 공동체의 창출 작업이기 때문이다.

한반도를 둘러싼 안팎의 상황이 크게 바뀌어가고 이 변화는 한반도의 미래에 중대한 영향을 미칠 수 있다. 그럼에도 불구하고 이에 대응할 상위전략으로서의 통일안이 불명확하거나 낡은 패러다임에 기초해 낡은 통일론을 부르짖는 형태가 지속된다면 큰 문제다. 특히 현재의 정치권이 대북정책의 단기적 효과나 국내정치의 손익계산 차원을 넘어 한반도 미래전략으로서의 통일구상을 초당적으로 마련할 능력을 갖추었는지에 대한 우려가 적지 않다. 정권교체와 무관하게 대한민국의 국가전략으로서 통일에 대한 명료한 청사진이나 비전이 마련되어 있다는 확신을 품을 수 있도록 모든 주체가 노력해야 할 것이다.

종장

21세기 남북경계선의 재구축을 위하여

짐멜(G. Simmel)은 인간을 "경계 없는 경계인"이라고 불렀다. 불가피하게 공간적·사회적 경계 속에서 살아가지만 그 경계에 한정되지 않고 이를 뛰어넘거나 재구축하는 존재이기도 하다는 뜻에서였다. 세계화·정보화 시대에 들어서도 이 경구가 새삼 부각되는 것은 우리가 실생활 속에서 경계의 변형, 재구축, 중첩, 초월의 다양한 현상을 경험하기 때문이다. 기존의 경계짓기, 즉 국적이나 종교, 성이나 계급으로 인간을 분류하고 차별하는 행위가 정당하게 취급받기가 어려워진 시대를 살고 있는 것이다.

남북한 사이가 가로막힌 지 60년이 넘으면서 마치 남한은 본래부터 대륙과 단절된 양 여겨진 지도 오래다. 철조망 하나가 지리적 공간을 인위적으로 단절해 사람과 물자의 이동은 물론이고 정보와 문화의 소통까지 철저하게 가로막고 있는 현실은 매우 부자연스럽게 느껴진다. 통일을 지향하는 한반도 사람들에게는 물론이고 동북아시아의 평화와 소통을 원하는 주변국의 희망과도 도무지 조응하지 않는다. 따라서 이 선을 계속 고수하려는 시도는 성공하지 못할 것이라고 단언할 수 있다. 마치 19세기 후반, 동북아시아가 세계체제 속으로 편입해가던 거대한 역사적 전환기에 유독 쇄국정책을 고수하려던 조선왕조의 시도가 성공할 수 없었던 것처럼 말이다. 하지만 섣부른 낙관론도 경계해야 한다. 즉 이 경계선을 재조정하는 과정은 새로운 분쟁과 충돌을 야기할 수도 있기 때문에 지혜로운 개입과 전략이 필수적이다. 과연 남북한의 경계선은 어떻게 재조정되어야 할까? 이 경계지대를 어떻게 바꿔야 평화와 통일의 미래가 열릴 것인가? 서장에서 가벼운 에피소드로 살펴본 이 경계선의 성격을 염두에 두면서, 종장에서는 몇가지 긍정적 가능성을 예시하는 것으로 마무리지어보려 한다.

가능성 1: 벽과 문

다시, 짐멜의 사회학적 상상력을 빌려보자. 그는 인간의 경계짓기와 경계넘기의 활동을 설명하기 위해 몇가지 공간적 상징을 활용했다. 벽과 문, 길과 다리 등이 그것이다. 벽은 인간이 자신의 공간과 타자의 공간을 구분하기 위해 만드는 가장 전형적인 조형물이다. 과거 동서독 분단의 상징이었던 베를린의 담장을 '장벽'이라고 불렀듯, 벽은 늘 차단과 단절, 구별을 상징한다. 벽은 내부의 사람들을 보호하고 심리적으로 안정시키는 역할을 하기 때문에 외부에 적이 있을 경우 벽이 얼마나 두꺼운가는 매우 중요하다. 하지만 동시에 벽은 외부를 배제하고 그들과의 단절을 통해 얻어지는 안정에만 기대게 만든다는 단점이 있다. 그런 점에서 벽은 인간존재의 충분조건이 되지 못한다.

인간은 완전히 차단된 벽 안에서만 살아갈 수 없기 때문에 그 사이를 오가는 '문'을 만든다. 물론 문은 대개 내부를 중심으로 만들어진 것이어서 '아무나' 원하는 대로 들어갈 수는 없다. 다시 말해, 문은 기본적으로 일방향적 성격을 지닌다. 그렇더라도 벽에 문이 나 있고, 누군가 안으로 들어가고자 할 때 그 문을 두드릴 수 있다는 점에서 문이 없는 장벽과 근본적으로 다르다. 그래서 짐멜은 이렇게 말했다. "벽은 말하지 않으나 문은 말을 한다."

휴전선이 당대의 가장 엄중한 분단장벽으로 서 있는 것은 사실이지만 그래도 휴전선 곳곳에 '문'이 나 있다는 점이 중요한 이유가 여기에 있다. 지금은 그 문이 주로 닫혀 있을지 모르지만 언제든지 열릴 수 있고 그 열린 틈 사이로 안과 밖은 연결되고 교류한다. 지금도 필자는 금강산관광을 위해 군사분계선을 처음 넘어가던 때의 감격을 잊지 못한다. 오래전부터 많은 문인들이 노래하고 그렸던 금강산을 가게 된다는 감동을 주체하기 어려웠다. 그 관광을 하기 위해서는 누구라도 남과 북이 각기 관리하는 서로 다른 문들을 통과해야 했다. 동서로는 냉엄한 비무장지대가 이어져 있는데 남북으로 좁은 문을 냄으로써 기적 같은 여행길이 열렸던 것이다. 비록 그 문은 삼엄한 경비로 둘러싸이고 절차가 까다로웠지만, 또한 그뒤로 가끔씩 이런저런 이유로 닫히기도 했지만, 철조망 사이에 문을 내는 것이 얼마나 중요한지를 남북한 주민 모두에게 일깨워주었다.

금강산과는 달리 개성공단으로 가는 문은 지금도 열려 있다. 바로 오늘(2012년 1월 현재)도 도라산의 남북출입관리소에는 북한으로 향하는 많은 차량과 사람이 절차에 따라 '출경'과 '입경'을 거듭한다. 2010년 남북관계가 험악해졌을 때부터는 종종 이 문이 닫히지 않을까 염려했지만, 이 개성공단이라는 특수한 남북협력지대는 여전히 중단되지 않고 있다. 제아무리 남북관계가 어려워도 어느정도 조건과 여건이 갖추어지면 남북을 잇는 문이 다시 열리고 좀처럼 닫히지 않을 것이라는 믿음은 이렇게 현실화되었다. 더불어 중요한 것은 새로운 문을 만들고, 이미 만든 문은 더욱 잘 열리게끔 하는 행위자의 선택과 결정이다. 네트워크를 연구하는 사회학자들은 게이트키퍼(gatekeeper)의 역할을 중시하는데, 그것은 문지기라는 말뜻처럼 문의 기능을 조절하는 자리가 지니는 중요성을 지칭할 때 종종 언급된다(정치인들이 주로 쓰는 '문고리 권력'이라는 말이나, 대화국면의 '문이 열려 있다'는 표현 등 문과 관련한 비유는 적지 않다). 21세기에는 문의 이러한 기능이 기존의 장벽의 기능에 덧붙여져야 한다. 이를 위해서는 남북을 막론하고 문을 열기로 결단해야 한다. 또한 이를 수행할 수 있는 정치력을 지닌 문지기가 필요하며 그런 일꾼을 선택할 수 있는 집합적 선택이 절실하다. 강조하건대 무엇보다도 이 닫힌 문을 열고자 하는 열망과 믿음이 필요하다. 성경의 비유대로 "문을 두드리라 그리하면 열릴 것이니라".

가능성 2: 길과 다리

경계선은 구체적으로 좁은 지역에 그어지는 것이지만 정작 그 단절 효과의 범위는 넓다. 남북한의 경계선은 비무장지대에 그어져 있어 우리의 일상에 보이지 않지만 남한과 북한을 완전한 별개로 분절하는 결과를 가져왔다. 이처럼 분리된 공동체, 격리된 일상을 연결하기 위해서는 길과 다리가 필요하다. 길과 다리는 단지 찾아오는 사람을 받아들이는 문과 달리 서로 분리되어 있는 공간을 이어줌으로써 가능성을 일반화하고 제도화한다. 길은 모든 사람의 것이고 공동체적 삶을 가능케 한다. 길이 없는 삶은 유폐된 것이거나 고립된 것일 수밖에 없다. 즉 길이 없으면 문도 무의미하다. 뒤집어 말하면 사람들의 집합적인 삶은 늘 수많은 길을 만들고 그 위를 걸으면서 축적된다. '길이 없는' 개인이나 공동체는 미래에 관한 희망을 품기 어렵다.

한반도의 남과 북 사이에도 많은 길이 있었다. 의주에서 평양으로, 평양에서 서울로, 다시 대전과 부산으로 이어지던 길에는 한반도 주민들의 오랜 역사가 배어 있다. 철원 지역을 가보면 오래전에 남북을 오가던 철길이 끊어진 상태로 놓여 있고 그 옛날의 신작로엔 잡초가 무성하다. 실제로 과거에 오랫동안 남북한 사이를 잇던 길은 수십년간 길 노릇을 하지 못했다. '자유의 다리'는 결코 자유롭게 건널 수 없었고, '돌아오지 않는 다리'는 말 그대로 사람들이 오가게끔 하지 못했다. 다리가 다리 구실을 못하고 길이 길 구실을 못하면서 남북간의 왕래는 그 소통도 접촉도 단절될 수밖에 없었다. 하지만 역시 길은 길인 법. 많은 사람을 설레게 한 민족적 사건들은 모두 이 길을 오가는 것에서 시작되었다. 1998년 6월 정주영 전 현대그룹 회장은 소 500마리를 몰고 남북을 잇는 길을 건넜다. 그의 방북은 반세기 동안 끊어졌던 길을 다시 이었고 이후 금강산관광을 통해 수많은 사람들이 휴전선을 넘나들 수 있는 계기를 마련했다. 이후 교류협력이 본격화하면서 끊어졌던 남북철도가 이어졌고 차량통행을 위해 도로도 보수되었고 실무와 협의를 위한 적지 않은 모임이 이 길을 통해 이루어졌다. 2007년 노무현(盧武鉉) 대통령은 2차 정상회담을 위해 휴전선의 길을 넘으면서 감격의 퍼포먼스를 했다. 2011년 12월 김대중 대통령의 부인 이희호 여사와 현대아산 현정은 회장도 이 길을 넘었다.

과학기술의 발달은 새로운 길을 가능케 한다. 김대중 대통령은 비록 육로를 통하지는 않았지만 하늘길을 이음으로써 2000년 정상회담을 감격적으로 이루어냈다. 전세기가 간간이 오가던 서울과 평양 사이의 하늘길은 앞으로도 얼마든지 다시 열릴 수 있다. 우리에게는 잘 알려져 있지 않지만 속초와 청진 사이에 뱃길도 열려 간간이 물자들을 실어 날랐다. 앞으로도 남북간 항로가 (그것이 국제선이냐 국내선이냐라는 물음은 차치하고라도) 정기적으로 열리는 데는 큰 어려움이 없다. 그보다 더욱 의미있는 일은 정보기술의 발달로 인한 통신길이 열리는 것일 터이다. 비공식적 형태이지만 적지 않은 탈북이주민이 복잡한 길을 거쳐 남한으로 이주하고 있다. 정착 이후에도 북한의 가족과 휴대전화로 통화를 하거나 편지를 주고받는 길이 존재한다. 남한의 드라마와 각종 문화 콘텐츠가 비디오나 파일 형태로 북한에서 소비되고 공유되는 것도 더이상 비밀이 아닌 시대가 되었다. 최근 평양에 AP통신 지부가 개설되었다는 소식이 전해졌는데 이는 북한 역시 정보화시대에서 예외일 수 없음을 보여준다.

또하나 주목해야 할 것은 북한이 중국 및 러시아와 연결한 길들이 점차 분주해지고 있다는 점이다. 압록강을 사이에 둔 의주와 중국 단둥(丹東) 사이에는 두개의 철교가 놓여 있었는데 하나는 한국전쟁 당시 폭격으로 절단된 구교이고 다른 하나는 그 이후 놓여져 열차와 차량, 사람이 오가는 다리다. 최근 북중 간에 오고 가는 물동량이 전에 없이 많아졌다는 소식이 들리는데, 그 때문인지 이 다리로부터 조금 떨어진 곳에 '새로운 북중 간 우의'를 다지는 새로운 다리가 건설중이다. 러시아의 하산(Khasan)과 북한의 나진·선봉을 잇는 열찻길도 다시 정비되었다. 하지만 북한의 미래를 더욱 풍요롭게 하기 위해서는 북쪽으로만 아니라 남쪽으로 길을 내야 한다. 북한의 새 지도부가 한반도의 허리에 끊어진 길을 잇고 새로운 길을 내는 것이 얼마나 소중한지를 재인식해야 한다. 그보다 더욱 긴요한 일은, 북으로 길 트는 일이 얼마나 중요한지를 남한사회가 자각하는 것이다. 북한으로 가는 길이 닫혀 있어도 전세계를 오갈 수 있다고 주장하는 사람들도 없지 않다. 하지만 한반도의 남북을 잇는 길은 단순히 경제적 이익이나 정치적 욕망을 실현하는 도구적 차원이 아니라 대륙과 해양을 잇고 한반도와 동북아를 함께 사고하는 생활세계의 확장이자 사유공간의 펼침이라 할 수 있다. 그런 의미에서 남북을 잇는 길과 다리는 21세기 한반도가 어떤 미래를 보일지 예측하게 해주는 상징물이다. 오가는 사람이 드물어 잘 사용되지 않고 잡초가 무성해도 역시 길이 있는 곳에 길이 생기게 마련이다. 수백년간 한반도의 남과 북을 이어오던 길들이 불과 수십년간의 불신으로 없어질 리는 없다. 끊어진 길은 이어질 것이고 새로운 다리도 놓일 것이다. 육로가 막히면 바닷길이 열리고 그곳이 여의치 않으면 하늘길을 열 수 있다. 직접 오가는 길이 좁으면 멀리 우회하는 길도 있다. 묵은 길을 되살리는 것, 더 많은 길을 뚫는 것, 파인 곳에 다리를 놓는 것은 21세기 미래를 향한 가능성의 중요한 항목이다.

가능성 3: 생태적 복원력—비무장지대의 역설

불행한 전쟁사의 산물인 비무장지대가 60년의 세월을 거치면서 독자적 공간, 별개의 생태지대로 변모했다는 사실은 아이러니다. 비무장지대는 사람의 통행을 막고 불신과 대립을 공고화하려 했지만 각종 동식물들은 이곳을 다시금 이어놓았을 뿐 아니라 다른 어느 지역과도 다른 독특한 제3의 공간으로 만들어냈다. 비무장지대만으로 모자라 민간인통행 제한선까지 만들어 사람의 접근을 막았던 바로 그 이유로 인해, 이곳은 남북한 그 어느 지역에서도 발견하기 어려운 자연과 생태의 보고가 되었다. 인간의 욕망과 개발에서 벗어나 자연이 제 본래의 모습대로 자라고 성장함으로써 환경론자들의 찬사를 불러일으키는 공간으로 변모한 것은, 진정 뜻하지 않던 자연의 축복이라 할 수 있다. 오늘날 비무장지대는 인간의 잘못된 싸움과 갈등, 인위적 단절을 넘어서는 우주적 섭리, 자연의 포용력이 살아 있음을 보여주는 현장이 되었다.

비무장지대를 평화와 생명의 공간으로 만들려는 움직임은 꾸준히 이어지고 있다. 한때 비무장지대 내에 평화도시를 만들려는 논의가 있었고, 한국관광공사는 여러 지방자치단체와 함께 비무장지대를 평화생명지대(Peace and Life Zone)로 만드는 구상을 발표하기도 했다. 지구상 유일하게 남아 있는 냉전의 대립지를 소통과 평화, 교류와 이해의 공간으로 바꾸는 작업은 평화와 회복의 가치를 전인류에게 알리는 좋은 기획이 될 수 있다(일본 히로시마 평화박물관은 원폭피해의 현장을 평화공원으로 바꾸어 핵의 위험을 전세계에 알리는 주요한 역할을 담당한다). 비무장지대는 20세기 역사의 수많은 굴곡, 제국주의와 식민지배, 세계대전과 강대국주의의 폐해를 고발하고 평화와 화해의 소중함을 알려주는 뜻깊은 상징공간으로 자리잡을 수 있다.

이곳은 남북한이 함께 새로운 미래를 구상하는 데 활용할 수 있는 멋스러운 공유자원이기도 하다. 경기도나 강원도 같은 지자체가 중심이 되어 접경지역 협력 및 공동개발의 구상들이 여러 형태로 마련된 바 있다. 급격한 개발주의의 후유증을 심각하게 앓고 있는 남한과 제때에 필요한 개발이 이루어지지 못한 북한, 이 두 공간의 조건을 잘 활용하면서 창의적 개발모델을 만드는 실험이 가능한 곳이기도 하다. 예컨대 21세기형 생태도시나 환경친화적 산업지대의 구축, 여행과 교육의 복합공간 창출, 자연과 인간의 상호소통을 가능케 하는 문화지대, 평화마을의 형성 등의 미래형 기획들은 단지 비무장지대의 미래에만 의미있는 것이 아니라 한반도의 미래발전에도 중요한 의의를 지닐 것이다. 평화의 시대에는 이를 동해와 서해를 이어주는 새로운 동서 교류와 연결의 통로로 활용할 수도 있을 것이다.

가능성 4: 약속들

남북 사이에는 지난 60년간 싸움과 대립만 있었던 것은 아니다. 간간이 뜻깊은 약속이 맺어져 사막의 오아시스처럼 분단의 상처를 싸매고 통일평화의 비전을 꿈꿀 수 있게 했다. 물론 그 약속이 매번 제대로 지켜지지는 않았고 서로를 비난하는 험한 말들이 뒤따랐던 탓에, 남북한의 경계선은 지금도 요지부동이다. 국제정치의 냉엄함을 강조하는 사람들에게 국가 간 약속이란 그다지 믿을 만한 것이 못된다. 실제로 남북한 사이의 약속은 늘 오용되고 배반당했기에 이 약속에 대한 신뢰수준도 높지 않다. 하지만 약속 자체는 엄연히 살아 있어 앞으로 경계선의 재조정이 이루어지는 때가 되면 그것이 수행할 몫은 결코 작지 않을 것이다.

이 약속들은 대부분 평화와 통일을 향한 것이었다. 냉전이 한창이던 1972년 남북은 7·4남북공동성명을 발표해 '자주, 평화, 민족대단결' 원칙 아래 통일을 추구할 것을 천명했다. 비록 몇개월 뒤에 남북이 각기 내부정치를 위해 이를 오용함으로써 그 의의가 크게 퇴색했지만 이 성명은 이후 남북 간 통일논의의 기반이 되었다. 또한 1991년 말 남북은 기본합의서에 역사적으로 합의했고, 이는 이듬해 2월 정식으로 발효되었다. 남북은 이 합의서를 통해 남북화해, 남북불가침, 남북 교류협력 등으로 약속을 구체화했고 다양한 수준의 실행사항을 포함하는 부속합의서도 채택했다. 이 합의서 또한 1993년에 북핵문제가 야기되고 뒤이어 남북관계가 긴장상황으로 치달으면서 더이상 효력을 갖지 못하게 되었지만, 20여년이 지난 지금까지도 남북한 사이에 맺어진 가장 구체적이고도 포괄적인 합의문으로 남아 있다.

남북은 21세기에 들어와 두차례 정상회담을 치렀고 각각 6·15공동선언 및 10·4선언으로 알려진 합의문을 발표했다. 남북 정상이 만나 합의한 최초의 문서이기도 한 6·15공동선언은 민족경제의 복원과 교류협력을 구체화함과 동시에 '남북연합과 낮은 단계의 연방제'의 근접성에 기초해 통일을 추구할 것을 약속했다. 이 선언에 기초해 남과 북, 해외의 3자가 결합하는 공동위원회도 만들어졌고 실제로 다양한 활동이 전개되었다. 또한 10·4선언은 이것의 후속조치라 할 수도 있는데 이전보다 좀더 과감하고 포괄적인 대북투자와 협력조치를 마련한 것이었다. 하지만 이 두차례의 정상회담에서 맺은 약속도 제대로 지켜지지는 못했다. 두 정상회담의 선언 내용에 동의하지 않아온 남한의 보수세력이 북한 핵실험 이후 결집한 것이 큰 요인이었지만, 북한이 신뢰감과 책임감을 결여함으로써 비난을 자초한 측면 또한 크다. 약속의 파기에는 늘 신뢰의 위기가 뒤따름을 남북한의 역사에서도 확인하게 된다.

그동안의 역사를 돌아보면서 남북한 모두 약속이 존재한다는 것 자체가 얼마나 소중하며 이것을 지키려는 자세가 얼마나 긴밀한 것인지를 깨달아야 할 것이다. 나아가 두 정권 사이의 약속이 시민의 동의와 신뢰 위에 기초해야 한다는 점을 교훈으로 배워야 할 것이다. 다원적 민주주의를 원리로 내세우는 남한사회는 특히 민주주의와 남북관계의 불가결한 연관성에 더욱 주목해야 한다. 또한 남북 간의 약속은 국제사회와 함께 연관되어 있어 약속의 국제성이 지니는 동력도 무시할 수 없다. 정전협정도 한국전쟁 당사자 간의 약속이고 평화협정이라는 미해결과제다. 북한의 비핵화를 위해 가동하고 있는 6자회담도 9·19공동성명에 입각해 진행되는 국제적 약속의 한 형태다. 어려움과 난관이 있더라도 이미 맺은 약속을 지키려 노력하는 자세가 필요한 때다.

가능성 5: 융합과 창의의 힘

남북한 체제의 이질성이 심하고 북한문제를 둘러싼 남남갈등이 심하므로 한반도의 분단상태를 해소하는 일이 쉽지 않으리라고 여기는 사람들이 적지 않다. 심지어 민족의 기질상 이성보다는 감성이, 타협보다는 극단의 경향이 강해 적어도 북한문제와 관련해서는 대화와 신뢰가 무용지물이라는 목소리도 없지 않다. 젊은 세대가 더이상 민족과 통일 문제에 관심을 크게 두지 않는 것도 사실이고 북한을 점점 불편한 외국처럼 여기는 경향이 커지는 것도 분명하다.

하지만 이런 변화를 너무 부정적으로 볼 이유는 없다. 이것이 남북한 경계를 더욱 고착하거나 대립을 심화할 것이라는 판단은 일면적이고 근거없는 평가일 수 있다. 사회심리학자들은 지나친 친밀감이 종종 갈등을 유발하며 적절한 거리감이 오히려 제도적 통합에 요긴하다는 점을 지적한다. 따라서 적절한 거리감과 냉정함은 개인적으로는 물론이고 집단적으로도 평화로운 공존과 통합에 긍정적일 수 있다. 사실 남북한 사이의 극심한 불신과 대결의식은 양자 간의 차이와 당사자성을 인정하지 않으려는 경향과 불가분의 관계에 있다. 따라서 이질감과 거리감이 커진다는 것은 반드시 부정적인 것이 아니며 새로운 형태의 통합조건이 될 수 있다. 이러한 차이는 정치적으로 남북 간의 준국가적 관계성을 반영하는 것이고 이미 국제사회에서 별개의 주권단위로 존재하는 상대방과의 호혜적 상호작용을 추동할 기반이 된다.

남북한 사이에 존재하는 이질감, 문화적 차이, 세대 격차, 생활양식의 다름이 빚어내는 비대칭성은 적대적 균형에 기초한 분단체제를 근본적으로 바꾸어낼 힘을 품고 있다. 이 비대칭성은 기본적으로 사회적 역동성과 개인의 창의성, 문화적 개방성에 기인한 터라 앞으로의 통일이 이 방향으로 이루어지도록 하는 방향키 역할을 할 수도 있다. 물론 이 비대칭성이 남북의 대등한 소통보다는 일방적 침투로 이어질 위험도 없지 않지만, 그렇다고 그런 한계를 넘어서는 새로운 창조력을 미리부터 배제할 필요는 없다. 이미 남북 간에는 기존의 통제와 계산을 넘어서는 다양한 소통과 융합의 사례가 나타나고 있다. 2만 3000명(2012년 1월 기준)을 넘은 탈북이주민들은 땀 흘려 번 돈을 북한의 가족에게 송금하고 있다. 해외의 한인들이 이런저런 형태로 남북 간 가교역할을 하려 애쓰고 있는 것도 주목할 일이다.

남북 간에 거리감이 커지는 것이나 젊은 세대에게서 나타나는 탈민족적 경향은 우리 사회의 근본주의적 성향을 완화하는 데 기여할 수 있다. 우리 사회에서는 명분과 원칙을 앞세우는 근본주의적 성향이 없지 않지만 그에 못지않게 서로 다른 것을 통합하는 융합의 문화도 강하다. 신채호는 공자를 낳은 중국보다 더 공자의 사상에 집착하고 기독교의 본고장보다 더 예수의 가르침을 따르려는 조선인들의 태도를 비난했지만, 오늘날 불교와 기독교, 천주교와 전통종교가 한국처럼 평화롭게 공존하는 다종교사회도 드물다. 명분과 관념에 집착한다는 비난도 다른 측면에서 보면 한반도 특유의 보편화의 힘으로 해석될 수 있다. 또한 자국문화에 대한 집착조차도 오늘날 전세계에 흩어져 살고 있는 코리안 디아스포라의 자긍심과 정체성의 원천이 되어 결과적으로는 다양성과 다원화의 밑거름이 되고 있다.

적절한 거리감과 냉정함에 융합과 창의의 기질이 합해지면, 남북경계선도 충분히 새로운 형태로 재구축할 수 있을 것이다. 아마도 이 통합은 동질적인 것을 강요하는 형태가 아니라 이질적인 것의 수용, 연성적 결합, 복합적 연계를 수용하는 유기적 통합이 될 것이다. 21세기에는 개성이 강조되고 다양한 개체의 창의성을 부각하는 문명적 특징이 더욱 강화될 터인데 통일도 이런 흐름과 함께하는 것이 가능하고 또 필요하다. 한가지 예로 한류의 폭발력은 문화와 역사, 인종을 전혀 달리하는 지구 곳곳을 엮어낼 정도의 창의력을 보이는데, 이러한 힘이 남북한 사이에도 작동하지 말라는 법이 없다. 수많은 문화적 요소, 예술적 소재를 뒤섞어냄으로써 새로운 것을 만들어내는 동력은 정치적 기획이나 경제적 타산을 넘어 격리된 지역을 이어주는 상징적 가교가 될 것이다. 수십년간 지속되어온 공고한 관행을 순식간에 바꾸어내는 SNS의 거대한 물줄기도 남북경계선을 재조정하는 데 큰 힘을 발휘할 것이다. 심리적 거리감이 점차 커짐에도 불구하고 여전히 '우리의 소원은 통일'이라는 노래에 힘을 싣는 공감의 정서는 강하다. 민족주의는 이처럼 한반도 역사에 내재한 수용과 대응, 도전과 창조의 자산이 소멸되지 않는 한 유의미한 자원으로 적절히 활용될 수 있다. 다시 말해 융합과 소통을 통한 창의적 대응을 만들어내는 것이야말로 앞으로의 큰 과제라 하겠다.

김정일 북한 국방위원장이 사망했다는 소식이 전해진 직후인 2011년 12월 20일자 헤럴드트리뷴은 1면 톱뉴스로 이 사실을 전하면서 제목을 "북한의 신세계"(North Korea's New World)라고 붙였다. 17년 이상 북한을 유일지배자로 통치한 김정일 국방위원장이 물러나는 것을 계기로 북한이 새 시대로 접어들게 되었다는 뜻이었을 터이다. 지도자의 교체만으로 북한이 당면한 안팎의 어려운 문제들이 해결되기 어렵다는 점이나, 또한 김정일의 사망에도 불구하고 '대를 이은 충성'과 선대의 '유훈통치'가 강조되고 있는 점을 보면 '새로운 시대'가 도래하리라 전망하기는 쉽지 않다. 하지만 김정일시대가 2012년이라는 시점에서 끝났다는 사실이 예사롭진 않다. 그렇지 않아도 2012년은 남한을 비롯해 미국과 중국, 러시아의 권력교체가 예정된 중요한 시기다. 때마침 미국과 중국이 협력과 긴장을 함께 내비치고 있어 점차 한반도를 둘러싼 경쟁과 긴장 또한 고조될 우려가 늘어간다. 경제적 어려움과 사회적 낙담으로 인해 무언가 '새로운 시대'가 오기를 기대하는 마음은 남한에도 마찬가지다. 기대만큼 불안도 커지는 시점에 이른 만큼 한반도를 평화와 안정, 신뢰와 통일의 방향으로 전환하는 것이 우리 모두의 소망이자 과제일 수밖에 없다.

| 참고문헌 |

제1부 남북한, 왜 갈등하는가

1장 남북관계의 세 차원

권오훈 외 (2005)「민족의 수난과 역사교과서: 탈식민의 과제와 한국의 국사 교과서」,『역사교육논집』, 역사교육학회.

김동춘 (2006)『전쟁과 사회』, 돌베개.

김득중 외 (2007)『죽엄으로써 나라를 지키자: 1950년대 반공, 동원, 감시의 시대』, 선인.

김영수 (2006)『건국의 정치』, 이학사.

김학준 (2010)『한국전쟁: 원인, 과정, 휴전, 영향』, 박영사.

박명규 (2007)「21세기 한반도와 평화민족주의」, 이병천 외,『다시 대한민국을 묻는다』, 한울.

박명림 (1996)『한국전쟁의 발발과 기원 1·2』, 나남.

_____ (1997)「분단질서의 구조와 변화: 적대와 의존의 대쌍관계동학 1945-1995」,『국가전략』 제3권 1호, 세종연구소.
박찬승 (2010)『마을로 간 한국전쟁』, 돌베개.
박태균 (2005)『한국전쟁』, 책과함께.
서중석 외 (2010)『전장과 사람들』, 선인.
신용하 (2001)『한국민족의 형성과 민족사회학』, 지식산업사.
이일영 (2009)『한반도 경제』, 창비.
이효원 (2006)「남북한 특수관계론의 헌법학적 기초」, 서울대학교 법학과 박사학위논문.
장명봉 외 (1992)「변화하는 남북한 관계와 법적 문제: 남북한 유엔동시가입을 계기로」,『법과 사회』 특집, 법과사회이론학회.
정형곤 외 (2009)『한반도 경제공동체 그 비전과 전략』, 서울대학교 출판부.
제성호 (1994)「남북한 특수관계의 법적 성격과 운영방안」, 통일연구원.
_____ (2001)「한국 국적법의 문제점 및 개선방안」,『국제인권법』 제4호, 국제인권법학회.
지충남 (2000)「대북포용정책과 주적개념의 조화방안에 대한 연구」,『한국동북아논총』, 한국동북아학회.
Gellner, Ernest (1983) *Nations and Nationalism*, Oxford: Blackwell Publisher.
Grinker, Roy Richard (1998) *Korea and Its Future: Unification and the Unfinished War*, New York: St. Martins Press.
Pai, Hyung Il (2000) *Constructing "Korean" Origins*, Cambridge: Harvard University Press.
Renan, Ernest (2001) "What is a nation?," eds. Hutchinson, John and Smith, Anthony, *Nationalism*, Oxford: Oxford University Press.
Smith, Anthony D. (1986) *The Ethnic Origins of Nations*, Oxford: Basil

Blackwell.

2장 비대칭적 분단국체제론

구갑우 (2007) 『비판적 평화연구와 한반도』, 후마니타스, 109~20, 135~40면.
대한민국정부 (2005) 『남북관계발전에 관한 법률』 제3조 1항 및 2항, 대한민국정부.
박명규 (2007) 「21세기 한반도와 평화민족주의」, 이병천 외, 『다시 대한민국을 묻는다』, 한울.
_____ (2008) 「한국의 내셔널 아이덴티티 담론과 통일문제」, 『한국문화』 제41호, 경북대학교 퇴계연구소.
박명규 외 (2008) 『2008 통일의식조사』, 서울대학교 통일평화연구원.
박명림 (1997) 「분단질서의 구조와 변화: 적대와 의존의 대쌍관계동학, 1945-1995」, 『국가전략』 제3권 1호, 세종연구소.
이교덕 외 (2007) 『남북한 사회문화협력 거버넌스 활성화방안』, 통일연구원.
이상훈 (2004) 「헌법상 북한의 법적 지위에 관한 연구」, 『법제』 제53호, 법제처, 31면.
이종석 (1998) 『분단시대의 통일학』, 한울, 35면.
이효원 (2006) 「남북한 특수관계론의 헌법학적 기초」, 서울대학교 법학과 박사학위논문, 50~55면.
제성호 (1994) 『남북한 특수관계의 법적성격과 운영방안』, 민족통일원, 19~20면.
Crawford, John (2006) *The Creation of States in International Law*, 2nd edition, Oxford: Oxford University Press, 449면.
Hecker, Peter (1996) "Partitioned States, Divided Resources: North/South Korea and Cases for Comparison," *IBRU Boundary and Security Bulletin* (Summer 1996), Durham: IBRU Press, 65-67면.

3장 국민, 인민, 민족

강호정 (2008)「새로운 국가의 주체와 공동체 지향의 언어: 해방시기에 나타난 시어로서 '민족'의 유사개념을 중심으로」,『우리어문연구』제31집, 우리어문학회.

『개벽』창간호, 1920.

『고종실록』제38권 11월 2일자.

권태억 외 (1994)「민주구국선언서」,『자료모음 근현대한국탐사』, 역사비평사 407면.

_____ (1994)「한일국교정상화 반대성명서」,『자료모음 근현대한국탐사』, 역사비평사, 387면.

김동택 (2003)「독립신문에 나타난 국가와 국민의 개념」, 이화여자대학교 한국문화연구원 주최 학술대회 발표문, 116면.

김성보 (2009)「남북국가수립기 인민과 국민 개념의 분화」,『한국사연구』제144호, 한국사연구회, 73~75, 85면.

김오성 (1946)「人民 政權의 性格」, 대조사.

김윤미 (2008)「총동원체제와 근로보국대를 통한 '국민개로'」,『한일민족문제연구』, 한일민족문제학회, 122면.

김윤희 (2009)「근대 국가구성원으로서의 인민 개념 형성(1876~1894): 民=赤子와『西遊見聞』의 인민」,『역사문제연구』제21호, 한국역사연구회.

니시카와 나가오 (2002)『국민이라는 괴물』, 윤대석 옮김, 소명출판.

묘향산인 (1920)『개벽』제5호(1920년 11월호).

민중현 (2004)「국민정서를 인민정서화한 대한인민공화국을 고발한다」,『한국논단』(2004년 1월호), 한국논단사.

박명규 (2010)『국민, 인민, 시민: 한국의 정치주체』, 소화.

박찬승 (2007)『민족주의의 시대』, 경인문화사, 216~26면.

백남운 (1946)『조선민족의 진로』, 2면. (방기중 엮음, 『한국근현대사상사연구』, 역사비평사, 313면에서 재인용.)

서중석 (1999)『조봉암과 1950년대 上』, 역사비평사, 201, 223~24면.

_____ (2006)「국내 독립운동세력의 해방 후 국가건설방향: 여운형의 인민공화국, 인민당, 신탁통치 관련문제를 중심으로」, 『대동문화연구』 제56호, 성균관대학교 대동문화연구원.

손과지 (2007)「상해 임시정부 시기 백범 김구와 한인교민사회」, 『백범과 민족운동연구』 제5집, 백범학술원, 112면.

신채호 (1995)『신채호 역사논설집』, 현대실학사.

오성철 (2000)『식민지 초등교육의 형성』, 교육과학사, 61면.

윤효정 (1907)「형법과 민법」, 『자강회월보』 제11호.

이애숙 (2004)「일제말기 반파시즘 인민전선론」, 『한국사연구』 제126호, 국사편찬위원회.

임화 (1945)「문학의 인민적 기초」, 『중앙신문』 1945.12.12. (강호정 [2009]「새로운 국가의 주체와 공동체 지향의 언어」, 『우리어문연구』 제31호, 우리어문학회, 229면에서 재인용.)

장현근 (2006)『맹자』, 살림, 260면.

정용화 (2000)「안과 밖의 정치학: 19세기 후반 개화개혁론에서 국권, 민권, 군권의 관계」, 『한국정치학회보』 제34권 2호, 한국정치학회.

하영선 외 (2009)『근대한국의 사회과학 개념 형성사』, 창비.

『한국논단』 2004년 1월호, 한국논단사.

古厩忠夫 (2000)「20世紀 中國における 人民, 國民, 公民」, 西村成雄 編, 『現代中國の構造變動 3-ナショナリズム: 歷史からの 接近』, 東京大學出版會, 233~39면.

高柳光壽 (1996)『日本史辭典』, 竹內理三 編, 角川書店, 508~09면.

社會科學辭典編集委員會 (1967)『社會科學辭典』, 新日本出版.

Park, Myoungkyu (2005) "Emerging of 'the Social' and the concept of society in Korea," *Korea Journal* (Autumn 2005), Seoul: Korean National Commission for UNESCO.

Richter, Melvin and Richter, Michaela W. (2006) "Introduction: Translation of Reinhart Koselleck's 'Krise' in Geschichtliche Grundbegriffe," *Journal of the History of Ideas* vol. 67, no. 2 (April, 2006), Philadelphia: University of Pennsylvania Press, 347-49면.

제2부 민족의식과 남북관계

4장 민족론과 통일론

강상중·요시미 슌야 (2000) 「혼성화 사회를 찾아서: 네셔널리티의 저편으로」, 『당대비평』 2000년 여름호, 당대비평사.

김동명 (2010) 『독일통일, 그리고 한반도의 선택』, 한울.

김용민 (2008) 『독일통일과 문학』, 창비.

마틴 발저 (1991) 「독일사태의 현상황에 대해」, 프리데만 슈피커·임정택 엮음, 『논쟁-독일 통일의 과정과 결과』, 창작과비평사.

서경식 (2007) 『난민과 국민 사이』, 돌베개.

신기욱 (2009) 『한국 민족주의의 계보와 정치』, 창비.

염돈재 (2010) 『독일통일의 과정과 교훈』, 평화문제연구소.

위르겐 코카 (1999) 『독일의 통일과 위기』, 김학이 옮김, 아르케, 31면.

위르겐 하버마스 (1996) 『현대성의 새로운 지평』, 한상진 옮김, 나남.

이동기 (2009) 「독일 분단과 통일과정에서의 '탈민족' 담론과 정치」, 서울대학교 통일평화연구소.

전영애 외 (2000) 『독일이야기 2: 통일독일의 사회와 현실』, 거름.

임정택·프리데만 슈피커 엮음 (1991) 『논쟁—독일통일의 과정과 결과』, 창작과비평사.

佐藤健生 (1997) 「ホロコーストと'普通'のドイツ 人」, 『사상』 제877호(1997년 7월호).

Appaduri, Arjun (1993) "Patriotism and Its Future," *Public Culture*, Durham: Duke University Press.

Beyme, Klaus von (1991) "The Legitimation of German Unification Between National and Democratic Principles," *German Politics & Society* vol. 27-22, Washington: Georgetown University Press.

Botz, Gerhard (1990) "Will Unification Bring 'the German Question' to an End? The Case of Austria," *German Politics & Soceity* vol. 21 (Fall 1990), Washington: Georgetown University Press.

Brubaker, Rogers (1992) *Citizenship and Nationhood in France and Germany*, Cambridge: Harvard University Press.

Grinker, Roy (1998) *Korea and Its Future: Unification and the Unfinished War*, New York: St. Martin Press.

Habermas, Jurgen (1995) "Citizenship and National Identity: Some Reflections on the Future of Europe," ed. Beiner, Ronald, *Theorizing Citizenship*, New York: SUNY Press.

Hall, Stuart (1992) "The Question of Cultural Identity," *Modernity and Its Futures*, London: The Open University Press.

Offe, Claus (1997) *Varieties of Transition*, Massachusetts: The MIT Press.

Schissler, Hanna (1997) "Postnationality-Luxury of the Privileged? A West German Generational Perspective", *German Politics and Society* vol. 15-2 (Summer 1997), Washington: Georgetown University Press.

Strauss, Wolfgang Strauss (1969) *Trotz allem-wir werden siegen! Wsjerownomyj Pobedjim!-Nationalistische Jugend des Ostens im Kampf gegen Kolonialismus, Imperialismus, Stalinismus und Arbeiterunterdrückung. Fakten-Augenzeugenberichte-Lehren*, Lehmanns: München 1969.

5장 북한인식과 통일의식

김병로 (2010) 「대북, 통일의식」, 『2010 통일의식조사』, 서울대학교 통일평화연구원.

김병로 외 (2007) 『2007 통일의식조사』, 서울대학교 통일평화연구원.

박명규 외 (1996) 『전환기 한국사회 국민의식과 가치관에 대한 조사연구』, 서울대학교 사회발전연구소.

_____ (2008) 『2008 통일의식조사』, 서울대학교 통일평화연구원.

_____ (2009) 『2009 통일의식조사』, 서울대학교 통일평화연구원.

_____ (2010) 『2010 통일의식조사』, 서울대학교 통일평화연구원.

_____ (2011) 『2011 통일의식조사』, 서울대학교 통일평화연구원.

정은미 (2010) 「이중적 통일인식과 대북인식의 북한효과」, 2010 통일의식조사 결과 발표, 서울대학교 통일평화연구원 심포지엄 자료집.

6장 민족주의의 재인식

권혁범 (2000) 『발전주의와 민족의 환상』, 솔.

박기현 (2007) 『우리 역사를 바꾼 귀화 성씨』, 역사의아침.

박명규 (2007) 「21세기 한반도의 평화민족주의」, 이병천 외, 『다시 대한민국을 묻는다』, 한울.

박명규 외 (2011) 『2011 통일의식조사』, 서울대학교 통일평화연구원.

박정훈·윤인진 외 (2010) 『동북아의 이주와 초국가적 공간』, 아연출판부.

설동훈 (1999) 『외국인 노동자와 한국사회』, 서울대학교출판부.
신기욱 (2009) 『한국 민족주의의 계보와 정치』, 창비.
신용하 (2001a) 『한국민족의 형성과 민족사회학』, 서울대학교출판부.
_____ (2001b) 『3·1운동과 독립운동의 사회사』, 서울대학교출판부.
양문수 (2001) 『북한경제의 구조: 경제개발과 침체의 메커니즘』, 서울대학교출판부.
유네스코 아시아·태평양 국제이해교육원 엮음 (2008) 『다문화사회의 이해』, 동녘.
이홍규 (2010) 『한국인의 기원』, 우리역사연구재단.
전경수 외 (2008) 『혼혈에서 다문화로』, 일지사.
전상숙 (2009) 「평화의 적극적 의미와 소극적 의미: 3·1운동 심문조서에 나타난 민족대표의 딜레마」, 『개념과 소통』 제2권 2호, 한림대학교 한림과학원.
정인섭 엮음 (2002) 『재외동포법』, 사람생각.
찰스 암스트롱 (2006) 『북조선 탄생』, 김연철·이정우 옮김, 서해문집.
香山リカ (2002) 『ぷちナショナリズム症候群』, 中公新書.
Amsden, Alice (1996) *Asia's Next Giant*, Oxford: Oxford University Press.
Bloom, William (1990) *Personal Identity, National Identity and International Relations*, Cambridge: Cambridge University Press.
Eley, Geoff and Suny, Ronald G. eds. (1996) *Becoming National*, Oxford: Oxford University Press.
Gellner, Ernest (1983) *Nations and Nationalism*, Oxford: Basil Blackwell.
Greenfeld, Liah (1992) *Nationalism: Five Roads to Modernity*, Cambridge: Harvard University Press.
Kim, Byoung Philo (1992) *Two Koreas in Development*, New Jersey: Transaction.
Pai, Hyung Il (2000) *Constructing "Korean" Origins*, Cambridge: Harvard

University Press.

Smith, Anthony (1986) *The Ethnic Origins of Nations*, Oxford: Basil Blackwell.

제3부 분석적 통일학의 정립

7장 통일담론과 통일연구

김기봉 (2007) 「민족주의 없는 국민을 형성해야」, 〈레디앙〉 2007.7.24.

김병로 외 (2007) 『2007 통일의식조사』, 서울대학교 통일평화연구원, 102면.

김영호 (2006) 「통일지상주의적 역사인식 비판」, 『시대정신』 2006년 재창간호, 뉴라이트재단.

박명규 (2007) 「21세기 한반도와 평화민족주의」, 이병천 외, 『다시 대한민국을 묻는다』, 한울.

백낙청 (2006) 「한반도의 시민참여형 통일과 전지구적 한민족 네트워크」, 『역사비평』 2006년 겨울호, 역사비평사.

이원섭 (2007) 「노무현정부 시기 남북문제에 관한 언론보도분석」, 『동아연구』 제52호, 서강대학교 동아연구소.

최장집 (2005) 「해방 60년에 대한 하나의 해석: 민주주의자의 퍼스펙티브에서」, 참여사회연구소 주최 〈해방 60주년 기념 심포지엄〉 2005.10.21.

홍석률 (2007) 「민족주의 논쟁과 세계체제, 한반도 분단문제에 대한 대응」, 『역사비평』 2007년 가을호, 역사비평사.

황병덕 외 (2006) 『한반도 평화·번영 거버넌스의 실태조사 上·中·下』, 통일연구원.

8장 남북통합단계의 개념화와 지수화

김병로 (2010) 「남북통합지수의 함의, 쟁점, 활용방안」, 서울대학교 통일평화연구원 주최 학술회의 〈남북통합지수를 통해 본 남북관계의 현실과 전망〉 (2010년 8월 11일) 발표자료집, 3~4면.

김병연 외 (2008) 『남북통합지수 구성을 위한 기초연구』, 서울대학교 통일평화연구원.

_____ (2009) 『남북통합지수 1999-2007』, 서울대학교출판부.

루이스 코저 (2001) 『사회사상사』, 신용하·박명규 옮김, 시그마프레스.

박명규 (2007) 「통일논의와 통일연구의 현주소: 담론의 산출과 학계의 역할」, 『비교와 전망』 제6권 3호, 동아대학교 동아시아연구원.

_____ (2009) 「남북관계와 비대칭적 분단국체제론」, 『통일과평화』 창간호, 서울대학교 통일평화연구원.

_____ (2009) 「다문화주의와 남북관계」, 『국제이해교육』 제4권 2호, 유네스코 아시아·태평양 국제이해교육원.

박명규·서호철 (2003) 『식민권력과 통계』, 서울대학교출판부.

박명규·이근관·전재성 외 (2010) 『연성복합통일론』, 서울대학교 통일평화연구원.

조한범 (2002) 『남북한 사회문화공동체 형성 방안 연구』, 통일연구원.

Thumfart, Alexander (2007) 『동·서독의 정치통합』, 통일연구원.

Haggard, Stephen and Noland, Marcus (2008) "A Security and Peace Mechanism for Northeast Asia: The Economic Dimension," *Policy Brief* (April 2008), London: Open Society Institute.

Park, Myoungkyu (2010) "EU and Inter-Korean Relation: Method, Agency, and Theory," eds. Park, Myoungkyu and Seliger, Reinhard, Park, Sungjo, *EU and North Korea: Between Humanitarianism and Business?*, Minneapolis: LIT Press.

Wiener, Antje and Diez, Thomas (2009) *European Integration Theory*, Oxford:

Oxford University Press.

9장 남북관계와 세대, 학력, 계층

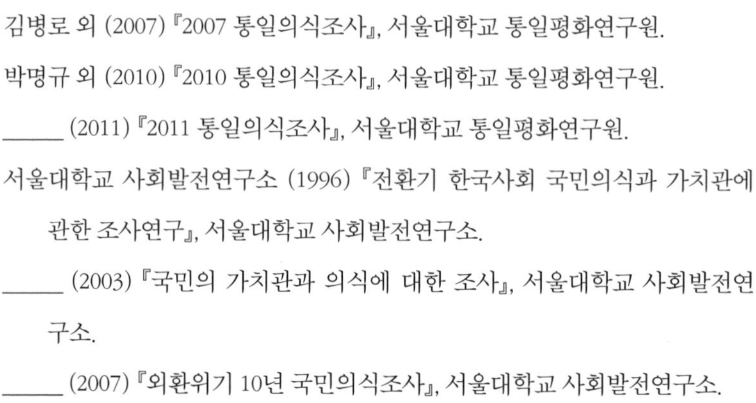
김병로 외 (2007) 『2007 통일의식조사』, 서울대학교 통일평화연구원.

박명규 외 (2010) 『2010 통일의식조사』, 서울대학교 통일평화연구원.

_____ (2011) 『2011 통일의식조사』, 서울대학교 통일평화연구원.

서울대학교 사회발전연구소 (1996) 『전환기 한국사회 국민의식과 가치관에 관한 조사연구』, 서울대학교 사회발전연구소.

_____ (2003) 『국민의 가치관과 의식에 대한 조사』, 서울대학교 사회발전연구소.

_____ (2007) 『외환위기 10년 국민의식조사』, 서울대학교 사회발전연구소.

제4부 통일과 평화, 어떻게 준비할까

10장 통일평화와 녹색평화

구갑우 (2010) 「평화국가론과 한반도 평화체제」, 『통일과평화』 제2집 1호, 서울대학교 통일평화연구원, 19면.

김지하 (2008) 「생명, 평화, 통일」, 서울대 통일평화연구원 심포지엄 〈평화의 시각에서 다시 보는 남북관계〉.

박명규 (2009) 「남북정상회담과 녹색평화선언 구상」, 민화협 심포지엄 발제문.

_____ (2010) 「녹색평화와 한반도 재난협력」, 민화협 심포지엄 발제문.

박명규·이근관·전재성 외 (2010) 『연성복합통일론』, 서울대학교 통일평화연구원.

Anastasiou, Harry (2007) "The EU as a Peace Building System: Deconstructing Nationalism in an Era of Globalization," *The International Journal for Peace*

Studies vol. 12, no. 2, Superior Colorado: International Peace Research Association Foundation.

Reychler, Luc (2006) "Challenges of Peace Research," *The International Journal for Peace Studies* vol. 11, no. 2, Superior Colorado: International Peace Research Association Foundation.

11장 다문화주의와 남북통합

김광억 외 (2005) 『종족과 민족』, 아카넷.

마르코 마르티니엘로 (2002) 『현대사회와 다문화주의: 다르게, 평등하게 살기』, 윤진 옮김, 한울.

박명규 (1999) 「복합적 정치공동체와 변혁의 논리」, 『창작과비평』 제107호, 창작과비평사.

_____ (2009a) 『국민, 인민, 시민』, 소화.

_____ (2009b) 「남북관계와 비대칭적 분단국체제론」, 『통일과평화』 창간호, 서울대학교 통일평화연구원.

박명규 외 (2008) 『2008년 통일의식조사』, 서울대학교 통일평화연구원.

신용하 (2006) 「민족의 사회학적 설명과 상상의 공동체론 비판」, 『한국사회학』 제40(1)호, 한국사회학회.

신평 (2008) 「선진국가로의 발전을 위한 헌법의 새 틀 모색」, 『세계헌법연구』 제14(2)호, 국제헌법학회 한국학회.

오경석 외 (2007) 『한국에서의 다문화주의: 현실과 쟁점』, 한울.

유네스코 아시아·태평양 국제이해교육원 엮음 (2008) 『다문화사회의 이해』, 동녘.

전경수 외 (2008) 『혼혈에서 다문화로』, 일지사.

최협 외 (2004) 『한국의 소수자, 실태와 전망』, 한울.

한경구 (2008) 「다문화사회란 무엇인가」, 유네스코 아시아·태평양 국제이해교육원 엮음, 『다문화사회의 이해』, 동녘, 86~134면.

한국염 (2008) 「2007년 이주 외국인의 인권실태와 과제」, 『2007 인권보고서』, 대한변호사협회.

Amstrong, Charles K. (2007) *The Koreas*, London: Routledge.

Buell, Frederick (1998) "Nationalist Postnationalism: Globalist Discourse in Contemporary American Culture," *American Quarterly*, 50-3, Baltimore: Johns Hopkins University Press.

Burgess, Michael (2009) *Federalism. European Integration Theory*, eds. Wiener, Antje and Diez, Thomas, Oxford: Oxford University Press.

Gianni, Matt (1997) "Multiculturalism and Political Integration: The Need for a Differentiated Citizenship?" *Rethinking Nationalism and Ethnicity: The Struggle for Meaning and Order in Europe* (Baltimore Studies in Nationalism & Internationalism), ed. Wicker, Hans-Rudolf, London: Berg Publishers, 127-42면.

Huntington, Samuel (2004) *Who are We?: The Challenges to America's National Identity*, New York: Simon & Schuster.

Isajiw, Wsevolod W. (1997) "On the Concept and Theory of Social Incorporation," ed. Isajiw, Wsevolod W., *Multiculturalism in North America and Europe*, Toronto: Canadian Scholars Press, 79-102면.

Kymlicka, Will and He, Baogang (2005) "Introduction," eds. Kymlicka, Will and He, Baogang, *Multiculturalism in Asia*, Oxford: Oxford University Press, 1-12면.

Parekh, Bhikhu C. (2000) *Rethinking Multiculturalism: Cultural Diversity and Political Theory*, Cambridge: Harvard University Press.

Young, Iris Marion (1995) "Polity and Group Difference: A Critique of the Ideal of Universal Citizenship," ed. Beinar, Ronald, *Theorizing Citizenship*, New York: State University of New York Press.

12장 통일시대의 안보

고원 (2010) 「전쟁 패러다임의 변화와 한국군에 대한 시사점」, 『국방정책연구』 제26권 4호, 국방대학원.

김병조 (2007) 「국가안보와 사회문화」, 국방대학교 엮음, 『안전보장이론』, 국방대학교.

김종하·김재엽 (2010) 「복합적 군사위협에 대응하기 위한 군사력 건설의 방향」, 『국방연구』 제53권 2호, 국방대학원.

Dennis Drew (2010) 『21세기 전략기획』, 권영근 옮김, 한국국방연구원.

박명규 (2009) 「남북관계와 비대칭적 분단국체제론」, 『통일과평화』 창간호, 서울대학교 통일평화연구원.

_____ (2009) 「네이션과 민족: 개념사로 본 의미의 간격」, 『동방학지』 제147호, 연세대학교 국학연구소.

_____ (2009) 「다문화주의와 남북관계: 이론적 쟁점과 현실」, 『국제이해교육연구』 제4권 2호, 한국국제이해교육학회.

_____ (2010) 『국민, 인민, 시민』, 소화.

_____ (2010) 「21세기 한반도 미래구상과 연성복합통일론」, 『코리아저널』 제2집, 코리아전략연구원.

박명규 외 (2007) 『2007 통일의식조사』, 서울대학교 통일평화연구원.

_____ (2008) 『2008 통일의식조사』, 서울대학교 통일평화연구원.

_____ (2009) 『2009 통일의식조사』, 서울대학교 통일평화연구원.

_____ (2010) 『2010 통일의식조사』, 서울대학교 통일평화연구원.

박명규·이근관·전재성 외 (2008) 『연성복합통일론』, 서울대학교 통일평화연구원.

박세일 (2008) 『대한민국 국가전략』, 21세기북스.

백낙청 외 (2005) 『21세기의 한반도 구상』, 창비.

Thomas X. Hammes (2010) 『21세기 전쟁: 비대칭의 4세대 전쟁』, 하광희 외 옮김, 한국국방연구원.

하영선 외 (2010) 『네트워크 정치』, 서울대학교출판부.

하영선·조동호 엮음 (2011) 『북한 2032: 선진화로 가는 공진전략』, 동아시아연구원.

Cappellin, Riccardo (2010) "Theories of Interregional Co-operation and Trans-border Regions in the European Union: Common Identity, Innovation and Institution," *Peace Economics and Peace Science*, paper presented at the Second International Conference on Conflict Management, Beijing.

McSweezy, Bill (1996) "Identity and Security: Buzan and the Copenhagen School," *Review of International Studies* 22-1, Cambridge: Cambridge University Press.

Roe, Paul (2010) "Societal Security," ed. Alan Collins, *Contemporary Security Studies*, 2nd edition, Oxford: Oxford University Press.

13장 연성복합통일론

박명규 (2009) 「남북관계와 비대칭적 분단국체제론」, 『통일과평화』 창간호, 서울대학교 통일평화연구원.

_____ (2010) 「21세기 한반도와 연성복합통일론」, 『코리아저널』 제2호, 코리아전략연구원.

박명규 외 (2009) 『2009년 통일의식조사』, 서울대학교 통일평화연구원.

박명규·이근관·전재성 외 (2009) 『연성복합통일론』, 서울대학교 통일평화연구원.
우베 뮐러 (2006) 『대재앙 통일』, 이봉기 옮김, 문학세계사.

| 원문출처 |

이 책의 내용 가운데 일부는 이미 발표된 글을 기초로 하여 약간의 수정과 보완을 가한 것이다. 그 글들의 출전은 아래와 같다.

제2장「남북관계와 비대칭적 분단국체제론」,『통일과평화』 창간호, 서울대학교 통일평화연구원 2009.

제3장『국민, 인민, 시민: 개념사로 본 한국의 정치주체』, 소화 2009.

제6장「분단체제, 세계화, 평화민족주의」,『시민과세계』 제8호, 참여사회연구소 2006.

제7장「통일논의와 통일연구의 현주소: 담론의 창출과 학계의 역할」,『비교와 전망』 제6권 3호, 동아대학교 동아시아연구원 2007.

제8장「통일연구와 통합지수」,『통일과평화』 제2권 2호, 서울대학교 통일평화연구원 2010.

제11장「다문화주의와 남북관계: 이론적 쟁점과 현실」,『국제이해교육연구』 제4권 2호, 유네스코 아시아·태평양 국제이해교육원 2009.

제12장「비대칭 남북관계, 통일의식, 그리고 복합적 사회안보」,『사회과학연구』 제33호, 2011.

제13장「21세기 한반도 미래구상과 연성복합통일론」, *Korea Policy* no.2, 코리아정책연구원 2010.

| 찾아보기 |

남북경계선의 사회학

포스트-김정일시대의 통일평화 구상

초판 1쇄 발행/2012년 2월 27일

지은이/박명규
펴낸이/강일우
책임편집/박대우
펴낸곳/(주)창비
등록/1986년 8월 5일 제85호
주소/413-120 경기도 파주시 회동길 184
전화/031-955-3333
팩시밀리/영업 031-955-3399 편집 031-955-3400
홈페이지/www.changbi.com
전자우편/human@changbi.com
인쇄/상지사P&B

ISBN 978-89-364-8573-3 93330